普通高等教育"十二五"规划教材
国际经济与贸易精品系列

进出口货物报关实务

张炳达 顾 涛/编著

U0753924

立信会计出版社
LIXIN ACCOUNTING PUBLISHING HOUSE

图书在版编目(CIP)数据

进出口货物报关实务 / 张炳达编著. —上海：立信
会计出版社,2012.1
(21世纪国际商务丛书.国际经济与贸易精品系列)
普通高等教育"十二五"规划教材
ISBN 978 - 7 - 5429 - 3197 - 9

Ⅰ.①进… Ⅱ.①张… Ⅲ.①进出口贸易—海关
手续—中国—高等学校—教材 Ⅳ.①F752.5

中国版本图书馆 CIP 数据核字(2012)第 003176 号

责任编辑 陈 旻
封面设计 周崇文

进出口货物报关实务

出版发行	立信会计出版社	
地 址	上海市中山西路 2230 号	邮政编码 200235
电 话	(021)64411389	传 真 (021)64411325
网 址	www.lixinaph.com	电子邮箱 lxaph@sh163.net
网上书店	www.shlx.net	电 话 (021)64411071
经 销	各地新华书店	

印 刷	常熟市梅李印刷有限公司	
开 本	787 毫米×960 毫米	1/16
印 张	22.25	
字 数	415 千字	
版 次	2012 年 1 月第 1 版	
印 次	2015 年 8 月第 2 次	
印 数	3 101—4 200	
书 号	ISBN 978 - 7 - 5429 - 3197 - 9/F	
定 价	40.00 元	

如有印订差错,请与本社联系调换

前　　言

加入世贸组织以后的中国,对外经济贸易取得了举世瞩目的成就。各行各业在激烈的国际竞争中经受了洗礼和挑战,其成熟度和竞争力正逐步增强。农业生产和贸易潜力得到发挥,工业产品国际市场份额不断提高,服务业市场规模逐步扩大。政府部门的很多职能由过去单一化的审批工作逐步转变为今天的为企业提供更好的服务和更及时的信息,帮助企业应对贸易摩擦等。中国海关也在不断地深入货物通关改革,把履行职能与促进开放型经济发展结合起来。在借鉴国际海关通行做法的基础上,中国海关大胆改革和创新监管模式,力求更加高效地为促进对外开放服务。

基于政府管理模式和行业发展的最新变革,作为从业多年的教育工作者,我们意识到编写一本理想的《进出口货物报关实务》教材的必要性。教材的编写,应当充分考虑到学科的实际,以及教学的实际。报关实务这门课程政策性强,同时其抽象性也较强,囿于教学条件的限制,不可能像工科课程一样可以马上由每个学生亲自去"验证操作"。所以,光靠一些枯燥的定义、法条文字就不足以满足学生的求知欲。因此,在本教材的编写过程中,我们进行了一些大胆的尝试,主要包括:

1. 在上海海关有关领导以及多个层面工作人员的指导帮助下,尤其是在请教了一些报关从业工作者的基础上,根据笔者多年来的工作经历和教学培训经历,《进出口货物报关实务》一书对于各类学员在学习当中经常认为是难点的内容,在理论阐述上不仅注重深入浅出,而且还补充了不少案例来辅助说明,并在教材后的附录里加入一些与报关有关的单证图样,以增强初学者的感性认识,便于层次不同的各类学员自学。

2. 海关监管相关的法律、法规政策制度条文是从国家意志角度出发制定的,但教材的编写需要将其"转换"成从企业角度来看问题,侧重于讲企业如何在守法的前提下,利用海关的优惠政策为企业利益服务。本教材在这方面做了一定的尝试。

3. 很多和进出口商贸物流有关的"非报关员"岗人员,如货代公司的客户服务、外贸公司的单证员等也需要了解我国海关报关的相关知识,所以我们认为,报关实务的教学不适宜仅仅定位在通过报关员资格全国统考这个唯一的目标上。本教材的编写定位是供贸易、物流类相关专业的高校在校生学习用的入门级教材,在内容深度上不做太高要求,而主要把侧重点放在基础知识点"易于理解"的目标上。

概括起来说,本教材具有以下特色:第一,知识结构全面;第二,时代性鲜明;第三,突出了可操作性和实用性;第四,充分考虑到各类读者的实际需求。

在本教材的编写过程中,参考了不少研究文献和报刊资料,尤其是参考了中国海关出版社出版的 2011 版统考教材的一些最新内容。当然,限于笔者的水平,本教材的疏漏和不足在所难免,我们真诚地希望各界专家学者以及广大企业相关岗位从业人员提出宝贵的批评指正意见,以便日后充实和完善本教材的内容(编者的电子邮箱为:128zhang@126.com)。

编　　者

2012.1

目 录

第三篇　便捷通关与优惠通关政策

第一篇
海关与报关主体

第一章　我国海关与海关制度

第一节　我国海关历史简述

我国的海关是国家主权的象征之一。1684 年，清政府统一台湾后，康熙帝废止禁海令，在沿海多处口岸分别设立了闽海关、浙海关等四处海关，"海关"的称呼就是从那个时候开始出现的，这些衙门机构的设置点当时均在沿海地区。清代在内地的一些陆路交通要道设的关则称为"户关"、"工关"，兼管对内对外贸易。

但是到了乾隆年间，当时的朝廷在一口通商和多口通商之间，在更加封闭和更为开放之间，选择的都是前者。乾隆皇帝下令关闭了浙江的对外通商口岸，只许广州一口通商，形成了此后将近 1 个世纪的一口通商的不变格局。这在后来直接导致了绝大多数中国人接触海外的渠道十分狭窄，对世界状况和西方科学文明毫无所知。

鸦片战争爆发后，西方列强的坚船利炮轰开了清政府的大门，中国的关税自主权被逐步剥夺。比如《南京条约》当中规定，英国商人进出口货物的税率，清政府"均宜秉公议定则例"。1861 年 4 月，英国人赫德受命代理清朝海关的总税务司，他根据《天津条约》和《北京条约》的规定，着手在各新开放的通商口岸设立海关，聘用外籍税务司。后来在这些通商口岸逐渐均设立了由外籍税务司管理的新海关，时称"洋关"。这些海关的高级职员全部由外国人充任，而把持着总税务司职权长达40 多年之久的赫德俨然成了清廷的最高顾问。在他的管理下，侵华各国分占各个口岸海关的重要职位，前后总计约有 23 个国家的人员在中国海关从事管理工作。

自 1859 年确立海关外籍总税务司制度至 1949 年 10 月的 90 余年间，外国人长期在我国海关占据要职，控制海关实权，我国海关的半殖民地特性没有改变过。当然，尽管总税务司制度的根本目的是通过攫取海关主权，为西方列强在华侵略利益服务。但是，相对于此前清朝封建陈旧的海关制度而言，它也促进了中国近代海关比较严密的管理制度的形成，引入了西方文官制度，客观上在海关的某些人事、业务管理制度变革方面也起到了一定的积极的历史作用。

中华人民共和国海关（以下简称"中国海关"）是 1949 年 10 月 25 日正式成立的。中国海关的诞生标志着彻底结束了由西方列强控制中国海关长达近 90 年的屈辱历史，标志着中国海关进入了一个崭新的历史时期。

有关关徽的小知识

　　中华人民共和国海关关徽图案由金黄色钥匙与商神手杖交叉组成。其中两蛇相缠的商神杖源于古希腊神话,是商神赫尔墨斯手持之物,被世人视为商业及国际贸易的象征;而"钥匙"主要是来源于 1950 年 4 月刘少奇同志在庆祝"五一国际劳动节"大会上的讲话。刘少奇在讲话中指出:"我们已把中国大门的钥匙放在自己的口袋里,而不是像过去一样放在帝国主义及其走狗的口袋里。"

　　中国海关关徽寓意着中国海关依法实施进出境监督管理,维护国家的主权和利益,促进对外经济贸易发展和科技文化交往,保障社会主义现代化建设。

　　在我国的关衔制服肩章、海关办公场所乃至报关员资格证书上,都可看到关徽图案。

　　中共十一届三中全会以后,在党中央、国务院领导下,中国海关严格依法行政,有力地发挥了把守国家经济大门的职能,根据国家实施改革开放所赋予的新的历史使命,在加强进出口监督管理和宏观调控的同时,采取各种措施,便利和促进了对外经济贸易和科技文化交流。1987 年,《中华人民共和国海关法》(以下简称"《海关法》")开始颁布实施,以法律形式确定了海关监管、征税、缉私、统计四大基本任务。2001 年以后,我国海关坚持以邓小平理论和"三个代表"重要思想为指导,全面贯彻科学发展观,按照"依法行政、为国把关、服务经济、促进发展"的海关 16 字工作方针,深化改革,适应经济社会发展需要,推行通关作业改革与海关管理现代化,强化风险管理概念,不断优化通关模式、监管体系、管理机制和队伍素质。

第二节　我国当代的海关制度

　　中国海关是国家进出境监督管理机关,实行垂直领导体制。其基本任务是出入境监管、征税、缉私、统计,对外承担税收征管、通关监管、保税监管、进出口统计、海关稽查、知识产权海关保护、打击走私、口岸管理等主要职责。

一、海关的任务

《海关法》明确规定海关有四项基本任务,即监管进出境的运输工具、货物、行邮(行李、邮政)物品和其他物品(以下简称"监管"),征收关税和其他税费,查缉走私和编制海关统计。

(一)监管

监管是海关最基本的任务,海关的其他任务都是在监管工作的基础上进行的。海关监管不是海关监督管理的简称,海关监督管理是海关全部行政执法活动的统称,而海关监管则是专指海关运用国家赋予的权力,通过一系列管理制度与管理程序,依法对进出境运输工具、货物、物品及相关人员的进出境活动所实施的一种行政管理行为。根据监管对象的不同,海关监管分为运输工具监管、货物监管和物品监管三大体系,每个体系都有一整套规范的管理程序与方法。

资料卡 1 - 3

我国海关监管的对象

海关对运输工具的监管,主要包括规定进出境货物(物品)的运输部门(如轮船公司、航空公司、铁路部门、邮局等)必须向海关如实申报进出境舱单等事项("舱单"是指进出境船舶、航空器、铁路列车负责人或其代理人向海关提交的真实、准确反映运输工具所载货物情况的载货清单)。

日常生活中,我们对"货物"和"物品"的称呼并没有太大的意义差别。但在我国海关的通关管理中,货物和物品是区分对待的。在海关定义中:货物更多的是针对企事业单位而言,而物品(如旅客行李、个人邮递物品等)更多的是针对个人而言。这是我国海关法律制度中对于海关法律关系客体中"物"的较有特殊性的划分,其意义可以从以下几个方面来认识:

(1)从实质要件上看,货物的进出境具有一定的直接或间接的盈利目的;而物品的进出境因其具有的自用性质,不具有盈利目的。

(2)从形式上看,货物应当签有贸易合同、协议,或虽无贸易目的但有特定的使用目的(如暂时进出境货物);而物品则不存在签订贸易合同或协议的问题。

(3)从数量上看,海关认定的物品应当在合理数量范围内,通常量不大。

(4)对进出境货物征税的依据主要是《中华人民共和国进出口税则》(以下简称《税则》),而物品的征税依据主要包括《入境旅客行李物品和个人邮递物品进口税税则归类表》、《入境旅客行李物品和个人邮递物品完税价格表》以及《进境物品进口税率表》,均比《税则》要简短得多。

2004 年起实施的《中华人民共和国海关行政处罚实施条例》附则规定,"物品指个人以运输、携带等方式进出境的行李物品、邮寄进出境的物品,包括货币、金银等。超出自用合理数量的,视为货物。"另外对"自用"含义的界定,是指旅客或者收件人本人自用、馈赠亲友而非为出售或者出租;对"合理数量"的界定,是指海关根据旅客或者收件人的情况、旅行目的和居留时间所确定的正常数量。

八旬老妇身绑8部数码相机走私入境被查获

2011年6月1日下午3时30分,80岁的香港老妇许某经深圳罗湖口岸入境,她身着花衬衫和一条宽松牛仔裤,拉着一辆空荡荡的手推车走进海关监管区。经过海关监管区域时,当班关员仔细观察后发现其步伐略显沉重,遂对其进行重点查验。经检查,关员发现其白色棉袜子用胶纸缠裹着,里面装有块状物品,开拆后发现是全新尼康数码相机,共计8部。目前,此案已移交相关部门进一步处理。

——摘自"海关总署网站"2011年6月讯

"自用品"不等于"免税品"

深圳居民李小姐办理"一签多行"赴港签证后,到香港疯狂"扫货",其中包括1部iPad平板电脑和1个LV手袋。入境时海关人员要求其缴纳关税。李小姐一脸委屈:"我买回来自己用的东西,还用申报缴税吗?"海关关员答复:"自用、合理数量的个人物品,不等于可以免税放行。"

目前,内地居民到香港购物已越来越便利,但很多旅客到香港购物前,对海关的许多规定却并不了解,返回内地时才发现自己购买的商品是需要缴纳关税的。

深圳海关有关负责人告诉记者,根据海关监管规定,旅客个人携带进出境的行李物品应当以自用、合理数量为限,但是旅客所携带的行李物品在"自用、合理数量"范围内并不代表就可以免税。例如iPad被归为电脑,属必须征税的20种商品之一,税率为20%。

另外,海关人员提醒:国内居民出境时,若有需复带进境的单价超过5 000元的照相机、摄像机、手提电脑等自用物品,应当填写《海关进出境旅客行李物品申报单》进行申报,从海关申报通道出境。旅客应当妥善保管申报单,该单据将作为复入境时相关物品的免税证明。

——摘自《羊城晚报》2010年10月27日讯

(二)征税

代表国家征收关税和其他税、费是海关的另一项重要任务。"关税"是指由海关代表国家,按照《海关法》和进出口税则,对一部分准许进出口的货物、进出境物品征收的一种税。"其他税、费"是指海关在货物进出口环节,按照关税征收程序替税务局等机关代为征收的有关国内税、费,目前主要包括增值税、消费税等。

《海关法》明确将征收关税的权力授予海关,由海关代表国家行使征收关税职能。因此,未经法律授权,其他任何单位(包括税务局)和个人均不得代为行使征收关税的权力。

(三)查缉走私

查缉走私是海关为保证顺利完成监管和征税等任务而采取的保障措施。查缉走私是指海关依照法律赋予的权力,在海关监管场所和海关附近的沿海沿边规定地区,为发现、制止、打击、综合治理走私活动而进行的一种调查和惩处活动。为此,国家赋予了海关及海关公务员包括检查权、扣留权和佩带使用武器权等在内的一系列工作权力,以保障缉私工作的开展。

资料卡 1-4

走私的表现和查缉走私活动

不法分子走私的意图,一般包括三种(或其中几种兼有):一是逃避缴纳关税和其他税费;二是偷运国家禁止或限制进出口的货物物品,走私分子在没有许可证明的情况下通过走私手段,运输、携带或邮寄相关货物、物品进出境;三是骗取核销、骗取出口退税等其他目的。

按方式不同,走私大体可分为通关走私、绕关走私、后续走私等。其中,通关走私具体有几种常用的手法:藏匿、伪报、瞒报、蒙混过关、低报货物价格等;绕关走私主要是在未设立海关的地点偷运货物物品入境;后续走私是将刚进口的特定减免税货物擅自在境内出售牟利的行为。

走私的危害性很大,包括扰乱经济秩序、冲击民族工业、腐蚀干部群众、毒化社会风气,以及造成病虫害跨国传播危险(因为逃避海关的监管必然也逃避了我国出入境检验检疫部门的监管)等。因此,必须予以严厉打击。

需要说明的是,除了海关外,公安、工商、税务、烟草专卖等政府部门也有查缉走私的权力,但这些机关在执法过程中查获的涉嫌走私犯罪、走私违法以及违反海关监管规定的案件(统称涉嫌走私案件),如果应当予以行政处罚的,移送海关依法处理;如果涉嫌犯罪的,应当移送海关缉私分局或地方公安机关根据案件管辖分工依法处理。

（四）编制海关统计

海关统计是以实际进出口货物作为统计和分析的对象,通过搜集、整理、加工处理进出口货物报关单或经海关核准的其他申报单证,对进出口货物的品种、数（重）量、价格、国别（地区）、经营单位、境内目的地、境内货源地、贸易方式、运输方式和关别等项目分别进行统计和综合分析,全面、准确地反映对外贸易的运行态势,及时提供统计信息和咨询,实施有效的统计监督,开展国际贸易统计的交流与合作,促进对外贸易的发展。

资料卡 1-5

海关统计数据摘选（示例）

海关统计数据显示,2011年4月,我国进口钢材137万吨,1~4月累计进口钢材555万吨,进口量累计比上年同期下降1%；而ABS树脂1~4月累计进口量646 990吨,进口量累计比上年同期下降4.5%。

——数据来源:"海关总署网站"www.customs.gov.cn

国家之所以将编制海关统计这样的工作交给海关而不是交给各地统计局的一个重要原因在于:理论上除走私外,所有进出境货物物品都要经过海关这个口子,那么,由海关来进行统计,数据应当是最完整、最准确的。

有时,报关员填写报关单错误,其性质虽不属于走私,但会明显影响海关统计数据的准确性,将被海关记分。可见,海关统计并非与报关员没有关系。

除了这四项基本任务以外,近几年来国家通过有关法律、行政法规赋予了海关一些新的职责,如知识产权海关保护、海关对反倾销及反补贴的调查等,这些新的职责也是海关的任务。

二、海关的行政管理体制

《海关法》规定,中华人民共和国海关是国家的进出关境监督管理机关。又规定,海关的隶属关系,不受行政区划的限制。海关依法行使职权,向海关总署负责。

（一）垂直管理体制

根据现行《海关法》第3条规定,国务院设立海关总署,统一管理全国海关。国家在对外开放的口岸和海关监管业务集中的地点设立海关。海关的隶属关系,不受行政区划的限制。海关依法独立行使职权,向海关总署负责。第7条规定,各地方、各部门应当支持海关依法行使职权,不得非法干预海关的执法活动,从而在法律层次上明确了海关的垂直管理体制。

资料卡 1-6

新中国海关管理体制的沿革

新中国成立前,周恩来和孔原等几位同志谈话时曾表示:"新中国海关工作性质要求全国统一,要有具有一致对外的统一性,如果做不到这一点,就不可能成为真正独立自主的人民海关。新中国必须把被帝国主义把持的旧海关加以彻底改造,使它成为为新中国建设事业服务的人民海关。"

1953 年 1 月,政务院决定,海关总署划归对外贸易部领导,改称中央人民政府对外贸易部海关总署。

1960 年 11 月,海关总署改为海关管理局,由外贸部领导,各地海关建制下放到各省级机构,受地方党政和外贸部双重领导,以地方领导为主。

"文革"期间,我国海关法律制度遭到破坏,海关统计制度一度被取消,货运监管职能也曾被解除。

1980 年 2 月,国务院发布《关于改革海关管理体制的决定》,指出"必须改革现行以地方为主的海关管理体制,加强集中统一领导……全国海关建制归中央统一管理……海关总署作为国务院直属机构,统一管理全国海关机构和人员编制、财务及其业务"。这一决定纠正了 20 世纪 60 年代以来忽视和削弱海关职能的倾向,从此以后我国海关各项工作重新步入正轨。

在我国,除海关系统外,各地出入境检验检疫局、各地国家税务局等机关也都实行垂直管理领导体制。

(二) 三级事权管理

我国境内海关机构的设置分为海关总署、直属海关和隶属海关三级。在垂直领导的管理体制内,隶属海关由直属海关领导,向直属海关负责;直属海关由海关总署领导,向海关总署负责。海关按照《海关法》和国家有关法律、法规,在国家赋予的职权范围内自主地、全权地行使海关监督管理权,不受地方政府和其他有关部门的干预。

海关总署下设广东分署,在上海和天津设立特派员办事处,作为其派出办事机构。

直属海关共有 41 个,除中国的香港、澳门、台澎金马 3 个单独关境区外,分布在全国 31 个省、自治区、直辖市。直属海关在海关三级事权管理发挥着承上启下的作用。

隶属海关在三级事权管理中处于最基层，负责办理具体海关事务。此外，全国海关还设有多个办事处，办事处不是一级海关行政组织，而是直属海关或隶属海关的派出机构，其职权和业务范围由派出单位确定并管辖。目前，全国隶属海关和办事处约有 600 个。

三、全国海关地理分布

《海关法》规定，国家在对外开放的口岸和海关监管业务集中的地点设立海关。海关的隶属关系，不受行政区划的限制。该规定表明了海关管理体制与一般性的行政管理体制的区域划分无必然联系。如果海关监督管理需要，国家可以在现有的行政区划之外考虑和安排海关的上下级关系和海关的相互关系。例如，位于浙江的杭州海关和宁波海关、位于内蒙古的呼和浩特海关和满洲里海关，都是直属海关；又如，青岛海关（直属级）管辖范围为山东省全境，济南海关隶属于青岛海关等。

对外开放口岸是指经国务院批准，供人员、货物、物品和交通运输工具直接出入国（关）境的港口、机场、车站、跨境通道等；海关监管业务集中的地点是指虽非国务院批准对外开放的口岸，但是海关某些监管业务比较集中的地方，如经常涉及转关运输监管、保税加工监管等。

新中国成立以后相当长的一段时期内，我国海关机构基本上仅设在沿海城市及一些边境口岸，内陆省区一般不设海关。后来随着改革开放的深入和多样化国际交通运输方式的使用（比如空运的发展以及加工贸易业务向内地的延伸），经国务院批准，许多开放城市、开放地区以及内陆省市也相继设立了海关机构。

资料卡 1-7

我国的香港海关也要受北京的海关总署领导吗？

香港海关和海关总署没有隶属关系。香港特别行政区确实是我国的一部分，但是，我国的香港、澳门和"台澎金马单独关税区"当前却并不在海关总署管辖范围之内（香港海关受特别行政区政府管辖），这被称为"单独关境"，在单独关境内，各自实行单独的海关制度。

所以，通常人们都把从内地去香港称为"出境"，而不能称为"出国"。但如果一个人出国，则必定是出境行为。

我国的关境范围是指除享有单独关境地位的地区以外的中华人民共和国全部领陆、领水、领空，由于港、澳、台等地在我国国境内却不在关境内，所以我国关境范围小于国境。

目前,我国在下列地方设立海关机构:① 对外开放口岸和海关监管业务集中的地点;② 边境火车站、汽车站及主要国际联运火车站;③ 边境地区陆路和江河上准许货物、人员进出的地点;④ 国际航空港;⑤ 国际邮件互换局(交换站);⑥ 其他需要设立海关的地点。

四、海关的权力

海关权力是指国家为了保证海关依法履行职责,通过《海关法》和其他法律、行政法规赋予海关的对于进出境运输工具、货物、物品以及相关人员和企业的监督管理职能。根据《海关法》及有关法律、行政法规,海关的权力主要包括如下几个方面。

(一) 行政许可权

在《中华人民共和国行政许可法》(以下简称《行政许可法》)的范围内,海关的行政许可权包括报关企业设立审批、进出口货物免验审批、海关监管货物仓储审批等。法律规定,公民、法人或者其他组织如果未经行政许可,擅自从事依法应当取得行政许可的活动的,行政机关应当依法采取措施予以制止,并依法给予行政处罚;构成犯罪的,依法追究刑事责任。

(二) 税费征收和减免权

海关依法对进出口货物、物品、进出境运输工具征收关税及其他税费。根据法律、行政法规及有关规定,对特定地区(如保税区)、特定企业(如三资企业)或有特定用途(赈灾物资等)的进出口货物,海关有权在权限范围内减征或免征关税。海关如果事后发现有少征、漏征税款的,可依法在规定期限内予以补征、追征。

(三) 行政检查权

根据《海关法》及有关法律、法规的规定,海关在执行职务过程中,为保证其行政管理职能得到履行,可以行使以下权力。

1. 检查权

除法律另有规定的以外,海关有关公务员在海关监管区检查进出境运输工具;在海关监管区和海关附近沿海沿边规定地区,检查有走私嫌疑的运输工具和有藏匿走私货物、物品的场所,检查走私嫌疑人的身体,检查与进出口活动有关的生产经营情况和货物。

海关对进出境运输工具的检查不受海关监管区域的限制;对走私嫌疑人身体的检查,应在海关监管区和海关附近沿海、沿边规定地区内进行;对于有走私嫌疑的运输工具和有藏匿走私货物、物品嫌疑的场所,在海关监管区和海关附近沿海、沿边规定地区内,海关人员可直接检查,超出这个范围,在调查走私案件时,须经直属海关关长或者其授权的隶属海关关长批准,才能进行检查,但不能检查公民住处。

案例链接

福州海关破获首起出境旅客行李藏毒案

　　2010 年 2 月 27 日,正值元宵节前夕,当天福州海关驻机场办事处旅检关员照常对出境的 KA661 航班实施监管时,1 名中年旅客托运行李中的 2 大盒速溶"雀巢"咖啡引起了旅检关员的注意。万里迢迢带 2 大盒咖啡的情况并不多见,经验丰富的旅检关员判断这里面一定另有玄机。不出所料,随机抽取其中的几个小袋开封后出现的并不是咖啡,而是白色晶状粉末。经鉴定,2 大盒"咖啡"中共藏有 K 粉 1551 克。案情重大,现场关员立刻对嫌疑人王某及其行李实施扣留。

　　据王某交代,这些包裹是一个经营快递公司的朋友让他帮忙带的,他并不清楚包裹里具体装着什么物品。海关缉私警察很快找到了王某的朋友潘某,并将其带回进行询问。原来,潘某长期经营一个"地下邮包"公司,主要是利用身边一些经常往返美国的人脉资源承揽国际快递包裹生意。每当得知有朋友要出境并且随身携带行李不多时,潘某就会委托朋友以托运行李的方式帮忙携带他私下揽收来的快递包裹,并以每袋 100 美元的报酬付给对方。在高收益的诱惑下,潘某的"地下邮包"公司生意红火,客源不断。潘某交代称,案发前两天有一个神秘男子到公司投递涉案包裹,但交寄完包裹后就再也联系不上。

　　对此,福州海关缉私警察立即对福州全市"地下邮包"公司展开了秘密的拉网式排查,并最终锁定一黄姓男子。2010 年 4 月上旬,黄某和许某分别在石狮和广州落网。经查实,俩人于 2009 年年底开始走私毒品,前后共作案 5 起,涉嫌走私毒品 K 粉 5 000 克,且均是以"地下邮包"公司为载体,利用不知情的国际旅客为运输工具,企图通过风险转移的方式逃避刑事打击。

　　——根据"人民网"2010 年 8 月讯整理

---

　　2. 查验权

　　海关有权查验进出境货物、物品,不受海关监管区域限制。海关认为必要时,可以径行提取货样。

　　3. 施加封志权

　　海关对于所有未办结海关手续、处于海关监管状态的进出境货物、物品、运输工具,有权施加封志。

4. 查阅、复制权

查阅、复制权包括查阅进出境人员的证件,查阅与进出境运输工具、货物、物品有关的合同、发票、账册、单据、记录、文件、业务函电、录音录像制品和其他的有关资料。

5. 查问权

海关工作人员有权查问违反《海关法》或相关法律、法规的嫌疑人,调查其可能存在的违法行为。

6. 查询权

在调查走私案件时,经有关领导批准,海关可查询涉案单位和涉案人员在商业银行或者其他金融机构的存款账户、汇款记录。

7. 稽查权

海关有权在一定期限内对与进出口货物直接有关的企业、单位的会计账簿、会计凭证明、报关单证以及其他有关资料和有关进出口货物实施稽查。

8. 封存权

发现被稽查人有可能转移、隐匿、篡改、毁弃账簿的,海关可以暂时封存其账簿、凭证等资料;发现被稽查人进出口货物有违反《海关法》和其他有关法律、法规规定的嫌疑的,可封存有关进出口货物。

（四）行政强制权

海关行政强制权是《海关法》及有关法律、法规得以贯彻实施的重要保障,大体包括以下几方面。

1. 扣留权

例如,海关可扣留违反《海关法》的进出境运输工具、货物和物品及与之有关的合同、发票、账册、单据、记录、文件、业务函电、录音录像制品和其他资料。扣留走私罪嫌疑人,时间一般不超过 24 小时,特殊情况可延长至 48 小时。

案例链接

海关有权实施人身扣留吗?

2006 年 9 月 20 日,旅客张×乘坐晚班飞机由泰国飞抵北京首都国际机场,选择走无申报通道过关。当班旅检关员将其截停,询问其是否有需要申报的物品。张×表示自己去泰国是旅游,未携带任何需要申报的物品进境。旅检关员随即对其行李物品进行了检查,发现 1 瓶洋酒,形态可疑,酒液中混杂着其他物质且呈分离状态。凭以往查获过在酒瓶中夹藏液状可卡因的经验,旅检关员对这瓶酒产生了怀疑,遂在现场初步对酒液进行了检验,但根据检验结果无法明确判断是否含有可卡因,需送交北京市公安局毒品检测中心进行进一步化验检测。旅检部门将该案移交缉私局。由于当时已近午夜,送交北京市毒品检测中心化验需待次日上午,经请示首都机场海关关长批准,当晚11时15分,首都机场海关制发《扣留决定书》,对张×实施扣留,并告知其享有的救济权利。张×情绪激动,表示了极大的不满,拒绝在《扣留决定书》上签字,缉私局有关工作人员在注明这一情况后,将其送入扣留室,并通知了张×家属。次日上午9时许,北京市公安局毒品检测中心检测排除了酒液中含有可卡因的可能。得到这一检测结果,首都机场海关立即于当日9时20分制发《中华人民共和国海关解除扣留走私犯罪嫌疑人决定书》,解除了对张×的扣留。

对人身实施扣留是《海关法》赋予海关的一项执法权力,从本质上说,人身扣留是一种短时间内暂时限制人身自由的行政强制措施。而人身自由作为宪法赋予公民的基本权利之一,对其进行限制,是非不得已而不可采取的。因此,法律及行政法规对这种行政强制措施的实施,规定了非常严格的条件和程序,并且,对实施的主体也进行了严格的限制,除公安、司法机关以外,国家行政机关中唯有海关拥有限制人身自由的权力。

2006年1月,《中华人民共和国海关实施人身扣留规定》正式颁布,自2006年3月1日起施行。这是一部依据《海关法》制定出台的既符合海关办案实际,能够保证海关依法履行职责和行使权力;又能充分体现法律以人为本,切实保护公民合法权益的海关扣留规定。它对海关实施人身扣留的适用对象和时限、审批和执行程序等做出了详细的严格规定。

——根据"海关总署网站"2007年5月相关资料整理

2. 滞报金、滞纳金征收权

海关对超期申报货物征收滞纳金;对于逾期缴纳进出口税费的,征收滞纳金。

3. 提取货物变卖、先行变卖权

进口货物超过3个月未向海关申报,海关可以提取依法变卖处理;进口货物收货人或其所有人声明放弃的货物,海关有权提取依法变卖处理;海关依法扣留的货物、物品,不宜长期保留的,经直属海关关长或其授权的隶属海关关长批准,可以先行依法变卖;在规定期限内未向海关申报的以及误卸或溢卸的不宜长期保留的货物,海关可以按照实际情况提前变卖处理。

4. 强制扣缴和变价抵缴关税权

进出口货物的纳税义务人、担保人超过规定期限未缴纳税款的,经直属海关关

长或者其授权的隶属海关关长批准,海关可以:

(1) 书面通知其开户银行或者其他金融机构从其存款内扣缴税款。

(2) 将应税货物依法变卖,以变卖所得抵缴税款。

(3) 扣留并依法变卖其价值相当于应纳税款的货物或者其他财产,以变卖所得抵缴税款。

5. 税收保全

进出口货物纳税义务人在海关依法责令其提供纳税担保,而纳税义务人不能提供纳税担保的,经直属海关关长或者其授权的隶属海关关长批准,海关可以采取下列税收保全措施:

(1) 书面通知纳税义务人开户银行或者其他金融机构暂停支付纳税义务人相当于应纳税款的存款。

(2) 扣留纳税义务人的价值相当于应纳税款的货物或者其他财产。

6. 抵缴、变价抵缴罚款权

根据《海关法》的规定,当事人逾期不履行海关处罚决定又不申请复议或者向人民法院提起诉讼的,海关可以将其保证金抵缴罚款,或者将其被扣留的货物、物品、运输工具依法变价抵缴罚款。

案例链接

海关强制追缴罚款案例

近日,满洲里海关首次通过法院强制执行方式,将 4 万元行政罚款追缴入库。

据悉,行政处罚当事人王某是 2004 年满洲里海关缉私局侦办的一起走私案件犯罪嫌疑人,因检察机关不予起诉,海关作行政处理,并于 2004 年 11 月 30 日发送了行政处罚决定书。当事人以各种方式拒不接受处罚决定书。在法定期限内,当事人对应该履行的义务既不提出申诉意见也不严格履行,在多次催缴未果的情况下,海关对其进行财产调查,发现当事人在满洲里市东兴花园拥有一套住宅楼。期间,呼伦贝尔市法院行政裁定再次催其履行满洲里海关行政处罚规定的义务,当事人仍拒不履行。随后,海关于 2005 年 10 月依法申请呼伦贝尔市中级人民法院强制执行行政处罚。2005 年 11 月 30 日,呼伦贝尔市中级人民法院依法将其在满洲里市中兴花园住宅楼查封,当事人最终履行了行政处罚所规定的义务。目前,满洲里海关已将 4 万元罚款办理委托缴库手续,全部上缴国库。

——根据"海关总署网站"2005 年 12 月信息整理

7. 其他特殊行政强制

（1）处罚担保。处罚货物、物品、运输工具存在走私嫌疑但海关无法或不便扣留的；有违法嫌疑但依法不应当予以没收，当事人申请先予放行或解除扣留的；受处罚的当事人离境前未缴清罚款，或未缴清违法所得和被追缴货物、物品、走私运输工具的等值价款的，海关应当要求当事人提供相当于上述款项的等值担保。

（2）税收担保。税收担保主要适用于以下情形：纳税义务人在规定期限内有藏匿应税货物或其他财产迹象的；有关货物被批准暂准进出境、被批准保税的。在上述情况下，海关可责令或要求纳税义务人或收发货人缴纳保证金或提供其他形式的担保。

（五）行政处罚权

海关有权对尚未构成走私罪的违法当事人处以行政处罚，包括对走私货物、物品及违法所得处以没收，对有走私行为和违反海关监管规定行为的当事人处以罚款，对有违法情事的报关单位和报关员处以警告以及处以暂停或取消报关资格的处罚等。

案例链接

"水客"殴打关员被依法行政拘留

2011年3月28日晚9点半左右，唐姓女子经罗湖口岸入境，在海关关员引导其行李过机，对其行李进行开箱检查的过程中，唐某极度不配合。后经查验，发现唐某行李中带有未向海关申报的应税数码产品。海关核实其身份时，发现唐某有多次携带笔记本电脑、手机包装盒及配件等物品入境被海关处理的违规记录。

当关员依法要求其选择征税带入或退回境外时，唐某情绪激动，开始大声谩骂、大力推搡关员，并试图用手掌掌掴经办关员。在此过程中，现场关员被多次攻击推搡，1名女缉私警察手部更是被其抓伤流血。目前，缉私公安机构已经对涉事人员唐某处以拘留5天的处罚。

根据有关规定，对抗拒、阻碍海关缉私部门的人民警察依法执行职务的行为人裁决行政拘留的，可以将被拘留人送当地公安机关治安拘留所执行。当地公安机关治安拘留所凭海关缉私部门开具的《公安行政处罚决定书》收所执行。

——主要内容根据《广州日报》2011年4月1日讯整理

（六）其他权力

1. 佩带和使用武器权

海关为履行职责，可以配备武器。海关工作人员佩带和使用武器的规定，由海关总署会同公安部制定，报国务院批准。这主要是鉴于反走私的严峻形势和不法分子武装掩护走私的现象无法在短时间内得到根治的现实。

根据海关总署、公安部联合发布《海关工作人员使用武器和警械的规定》，海关使用的武器包括轻型枪支、电警棍、手铐以及其他经批准可作用的武器和警械，武器和警械使用范围为执行缉私任务时。当然，武器的使用条件有一定限制，严禁海关公务员执行公务时滥用武器造成不良后果。

2. 连续追缉权

进出境运输工具或者个人违抗海关监管逃逸的，海关可以连续追至海关监管区和海关附近沿海沿边规定地区以外，将其带回处理。这里所称的逃逸，既包括进出境运输工具或者个人违抗海关监管，自海关监管区和海关附近沿海沿边规定地区向内（陆地）一侧逃逸，也包括向外（海域）一侧逃逸。海关追缉时需保持连续状态。

案例链接

黄埔海关破获首宗"潜艇"走私案

2001年3月，黄埔海关破获一宗利用充气式沉箱进行的走私案。该沉箱运用潜水艇升降原理制成，利用这种手法走私在国内尚属首次。

3月4日12时许，海关接到情报：沙角水域有一"粤番禺01290"号渔船载有走私货物，海查二科马上驱动海关关艇，在半小时后发现并接近目标。"粤番禺01290"号见状掉头就逃，关艇紧咬不放，终于把渔船逼停。

缉私人员跳上渔船进行地毯式的搜查，谁知该船既无任何私货，又无暗格。船员一口咬定自己是出海打鱼而已。然而先前渔船掉头就逃的行为始终令人怀疑。"是否水底下拖有沉箱？"缉私人员便开始艰难地进行水下打捞作业，但由于该水域风浪大，海宽水深，能见度低，缉私人员忙了3个多小时仍一无所获。

已是凌晨4时多，缉私队员把有关情况向上级汇报，经分析，走私分子极有可能采用水底拖箱的走私方法。为了"引蛇出洞"，海关二科的关艇先撤回去，另由海关一科派出情报船对该渔船进行24小时的跟踪。3月5日，从白天到深夜12时，"粤番禺01290"号一直没有动静，伏击人员耐心等候。直至6日凌晨

1时,自以为摆脱了海关监视的"粤番禺01290"号终于蠢蠢欲动了。就在走私人员沾沾自喜将沉箱打捞出水面的一刹那,海关人员突然出现在走私船面前,人赃并获!

　　事后,"粤番禺01290"号渔船连同其走私沉箱被带回码头,缉私人员与记者一道现场剖析走私者的走私新伎俩。现场所见,该船的后部拖有直没水中的一根绳子和一根大拇指粗的橡皮管。橡皮管经短暂充气后,一个长7米、宽1.5米、高1.2米的钢板焊成的沉箱便缓缓"浮头"。细心观察,原来这沉箱中间是货仓,首尾是气仓,样子以及沉浮原理与一艘小型潜水艇差不多。

　　据《广州日报》报道,这种潜艇式沉箱,由于沉在水中不易发现,在装载卸货时,通过充气,浮起沉箱,可减少过驳时间;当遇到查缉又随时弃箱逃遁。因此,在境外曾有走私者用于走私差价大、税率高且体积较小的货物。但尽管走私分子机关算尽,却逃不出海关人员布下的罗网。

——摘自《人民日报》海外版2001年3月20日第五版

3. 行政裁定权

行政裁定权如海关对进出口商品归类税号的裁定、对货物原产地的裁定等。

4. 行政奖励权

行政奖励权包括对符合规定的有关有功单位和个人给予精神上、物质上的奖励的权力。

判断改错题

1. 直属海关是指由海关总署领导,负责管理整个省(直辖市、自治区)内海关业务的海关。　　　　　　　　　　　　　　　　　　　　　　（　　）

2. 上海海关除了受海关总署的领导之外,同时也受上海市人民政府的领导。
　　　　　　　　　　　　　　　　　　　　　　　　　　　　　（　　）

3. 进境的自用合理数量物品都不用缴纳关税。　　　　　　　　（　　）

思考题

1. 有人说,海关是关卡,本质上是对对外贸易的限制和阻碍,因此海关的存在只具有其政治意义。你认为这种说法对吗?

2. 有时,海关对于从上海开往青岛的货轮(轮船上并未装载海关监管货物)也要进行监管、查验。试问其中有何意义?

第二章　报关单位和报关员

第一节　报关概述

《海关法》第8条规定,进出境运输工具、货物、物品,必须通过设立海关的地点进境或出境。由设立海关的地点进出境并办理规定的海关手续,是运输工具、货物和物品进出境的基本规则,也是进出境运输工具负责人、进出口货物收发货人和进出境物品的所有人应当履行的一项基本义务。

进出境运输工具负责人、进出口货物收发货人、进出境物品的所有人或其代理人是报关的主体,而进出境运输工具、货物和物品是报关的对象。

一、报关含义简述

海关是一国管理货物、物品、运输工具进出境的政府机关。作为运输工具代理人、收发货人或其代理人,首先需要关心的就是自己的运输工具、货物、物品如何顺利通过海关进出境。

广义上讲,报关是指进出口货物的收发货人、进出境运输工具负责人、进出境物品的所有人或者他们的代理人向海关办理货物、物品、运输工具进出境手续及相关海关事务的全过程。具体负责和海关进行沟通,并办理相关手续的人应当是具备一定的专业知识的。我国目前的规定是:为进出境的货物向海关报关的专业人员,应当通过海关总署组织的考试,取得报关员从业资格,并在海关注册登记成为报关员;而诸如进出境物品的报关手续由于相对较简单,暂无此严格要求。

本教材的重点是讲述关于进出口货物的报关。其中多数情况下,报关是为进出口贸易的货物报关的,而在2010年国际贸易术语解释通则当中,有9种术语的出口报关和进口报关义务是分离的,同时考虑到现实因素,我国的报关员学习内容范围通常只包括海关总署管辖的关境范围内的有关法律、法规,而国外海关的报关程序以及我国的关境外的海关(如香港海关)的报关,不在本教材的具体覆盖范围内。

报关在实际工作中还有一层狭义的含义,专门指报关程序里面的一个环节,即申报环节。报关过程中,进出口货物的收发货人、进出境运输工具负责人、进出境物品的所有人或者他们的代理人必须主动向海关传递有关自己运输工具、货物物品的信息,这种标准化、格式化的信息传递的方式和过程就是报关中的申报过程。

对于运输工具代理人、进出口货物的收发货人或其代理人而言,报关的申报是途径,运输工具、货物合法通过海关检查或办结全部海关手续是直接目的。

因为对于进出境的货物、运输工具、物品等的情况,自然是包括收发货人等在内的企业、机构掌握的信息要比海关更完全、更详细,所以在信息沟通制度安排里有必要规定先由这些企业、机构主动地向海关传递有关信息,然后海关通过查验、单证比对等手段来核实这个申报信息的真伪,根据信息,海关作出以下的行政行为:

(1) 是否允许该货物、物品、运输工具进出境。

(2) 如果允许进出境,是否该征税,征收哪些税种,税额是多少。

(3) 信息定期汇总整理,形成海关统计数据。

(4) 其他决定和行政行为(如对于货物适用何种海关监管制度、是否继续监管或解除监管、是否对企业进行处罚等)。

世界上大多数国家(地区)的海关基本上都是根据这种模式进行监管的。

为了使这种申报得以顺利进行,针对进出境的货物,海关设计了"进/出口货物报关单"这种统一格式化的数据表格,供报关员填写或电子录入;针对物品,也有统一格式化的数据表格,如"进出境旅客行李物品申报单"、"进出境快件KJ1报关单"等供相关人员填写(或录入),以向海关传递物品信息。

向海关的申报,不管是针对货物、物品还是运输工具,也不论是手工填写方式还是电子数据传送形式,都要求书面方式申报,海关不接受口头形式的申报。这主要是因为书面方式申报便于留作法律证据。

货物进出口申报的程序是一项相对重要而又复杂的法律行为,如果填写"报关单"的内容不符合海关要求规范(如表格内容张冠李戴),海关将不接受申报,企业进出口的货物延缓通关,而且超期还要向海关支付滞报金;如果填写"报关单"的内容被海关接受,但海关通过查验发现货物实际状况并非如报关单上所描述的那样,那么,企业就要承担因此产生的法律责任。

由于广义上的报关程序手续较多,专业性较强,货物情况千变万化,并不是所有的进出口货物企业均可做到游刃有余,所以,海关允许和进出口货物直接相关的企业、机构(通常称为进出口货物收发货人)委托那些对报关知识较为熟悉的报关企业向海关申报,这样,可以大大提高通关效率,减少退单等报关差错。

为了使"企业承担法律责任"落到实处,海关还规定了企业、机构等在向海关报关(货物、运输工具的报关)前,一律应当先提供本单位的真实信息,在海关进行登记注册,否则企业填写的报关单属于无效报关单,并且,即使是进出口企业委托对报关知识较为熟悉的报关企业为自己的货物报关也不能例外。因为日后海关对于企业、机构、个人作出行政处罚、开展稽查等都离不开这些企业、机构在海关登记注册时留下的地址、法人代表等重要信息。

二、报关的范围和分类

(一) 报关的范围

按照海关法的规定,所有进出境运输工具、货物、物品都需要办理报关手续。其具体范围如下所述。

1. 进出境货物

进出境货物的报关手续较复杂,是报关员资格全国统考的重点之一,也是本教材的重点,主要包括一般进出口货物、保税货物、暂时进出境货物、特定减免税货物、过境货物、转运和通运货物等的报关。这些报关的申报须填写《中华人民共和国海关进/出口货物报关单》(包括 H2000 报关单系统录入)。

2. 进出境运输工具

进出境运输工具主要包括用以载运人员、货物、物品进出境,并主要在国际间或地区间运营的各种境内境外船舶、车辆、航空器乃至驮畜等。例如,船方向海关传送舱单数据就属于运输工具报关的一种。

链接

舱单和货物报关的关系

我国海关把舱单管理和对于货物的进出境监管两者结合起来进行管理,舱单是指进出境船舶、飞机等运输工具负责人或其代理人向海关提交的真实、准确地反映运输工具所载货物情况的载货清单(电子数据)。以轮船公司为例,即将货主的提单上的信息,录入到船公司系统中,然后通过其自身的系统生成一种标准的 EDI 格式,内容包括收发货人信息,货物品名、箱号等。再将 EDI 数据传给轮船代理方,代理方通过其自身的系统上传到海关网络系统,当海关接受其数据时,也就是运输工具(轮船)申报成功。

清洁舱单是指经运输工具负责人或其代理人确认的运输工具实际所载货物的舱单;预装舱单是指出境运输工具负责人或其代理人预先计划装载出境货物的舱单。

如果舱单数据和进出口货物收发货人报关数据存在出入,无法吻合(如舱单数据错误但收发货人报关数据正确),海关可能对该批货物重点审查甚至逐票开箱查验。所以,如果收发货人第一时间知道舱单数据有误,应尽量马上联

系船公司,在舱单申报前作更改,这样才能减少后续的不必要的麻烦。

【案例】 2007年11月7日中午12时15分,在美国出生、按中美协议归还中国的大熊猫"美生"经上海浦东机场转关抵达成都双流国际机场。双流机场海关派专人与随机监管的浦东机场海关关员办理移交手续。其间发现舱单件数与实际到货数量不符,经浦东机场海关关员联系确认多出2件货物(鲜竹)系在浦东机场补充(而非进口鲜竹)后,机场海关及时办理了放行手续。

——主要内容摘自海关总署政法司主编:
《完全通关800问》,中国海关出版社2005年版

不进出境的运输工具,如果是运送转关货物、保税货物等海关监管货物的卡车,以及某些航行于我国领海范围内的船舶等,也要受海关的监管。而其他在境内运送普通境内贸易货物、物品的陆上运输工具,如果不出入保税区等海关特殊监管区域,则通常不在海关监管范围之内。

3. 进出境物品

进出境物品主要是指行邮(个人携带或托运进出境的行李物品和邮递进出境的物品)。进出境行邮物品的报关原则为自用合理数量范围内,报关手续相对较简单。例如,"进出境旅客行李物品申报单"的设计要考虑到让绝大部分旅客都基本能看懂并正确填写,而不像报关单那样牵涉到很多规则与限制的专业知识。

(二)报关的分类

按报关的对象划分,可分为进出境运输工具报关、进出境货物报关和进出境物品报关。

按报关的目的划分,主要可分为进境报关和出境报关,这是大多数实际进出境报关业务的范围。当然,在某些情况下,如货物从普通地区的一家企业运进我国境内的出口加工区,并未出境,但也要向海关报关(海关管理上参照进/出境报关的模式管理)。

按报关的执行者划分,可分为自理报关和代理报关。代理报关又可分为直接代理报关和间接代理报关。

第二节　报关单位及分类

一、概念

报关单位是指依法在海关登记的报关企业和进出口货物收发货人。一家企业

或其他单位成为报关单位后,就意味着有了报关权。当然,如果企业、单位的行为违法、违规,也有可能被海关撤销报关登记。依法在海关登记是法人、其他组织或个人成为报关单位的法定要求。

二、报关单位的类型

在我国现行的报关体系中,负责进出口货物报关手续的单位主要有两类:自理报关的进出口货物收发货人和从事代理报关的报关企业。

(一) 进出口货物收发货人

进出口货物收发货人是指依法直接进口或出口货物的中华人民共和国关境内的法人、其他组织或个人(注:这里的个人通常是指办理了外贸备案登记的个体经营户)。

一般而言,进出口货物收发货人是指依法向国务院对外贸易主管部门或者其委托的机构办理备案登记的对外贸易经营者(有进出口经营权)。对于一些未取得对外贸易经营者备案登记表但按照国家有关规定需要从事非贸易性进出口活动的单位(主要是临时报关注册单位),如境外企业、新闻、经贸机构、文化团体等依法在中国境内设立的常驻代表机构,少量货样进出境的单位,国家机关、学校、科研院所等组织机构,临时接受捐赠、礼品、国际援助的单位等,在进出口货物时,海关也视同为进出口货物收发货人。

要注意的是,虽然《海关法》当中的进出口货物收发货人是指货物的进口人或出口人,但并不一定等同于民法中货物的所有权人。例如,展览品报关的收发货人有可能是展会主办方而不是展品所有者,国际贸易实务中的提单持有人也不一定都是符合《海关法》规定的收发货人。

虽在有关外贸主管部门办理了备案登记,但没有在海关注册登记的企业、机构,也不能成为海关法意义上的"进出口货物收发货人"。对于非临时报关注册单位的进出口货物收发货人,应当先办理外贸备案登记,再去海关办理注册登记,获得一个10位数的海关注册登记号码,此号码供以后填写在本企业进出口货物的报关单上。

进出口货物收发货人在海关办理注册登记之后,海关发给《中华人民共和国海关进出口货物收发货人报关注册登记证书》(见图2-1),有效期为3年。

1. 进出口货物收发货人可以采取的报关方式

(1) 进出口货物收发货人本身聘用报关员,然后让该报关员为本企业进出口的货物报关。

(2) 进出口货物收发货人本身聘用或不聘用报关员,委托其他报关企业(如专

<table>
<tr><td>QG08</td></tr>
</table>

中 华 人 民 共 和 国 海 关
进出口货物收发货人报关注册登记证书

企业名称	
企业地址	
法定代表人 (负责人)	
注册资本	（万）人民币
经营范围	代理和自营进出口贸易、国内外贸易代理、企业管理咨询、 外贸咨询、翻译服务、劳务合作、其他经贸营项目

主要投资者名称	出资额及比例

海关注册登记编码

注 册 登 记 日 期 2006 年 04 月 28 日

备注：本证书有效期至 2008 年 04 月 31 日，报关单位
应当在有效期届满前三十日至海关办理换证手续，逾期自动失效。

中华人民共和国

图 2-1 "进出口货物收发货人报关注册登记证书"示例

业的报关行）为进出口货物收发货人自己进出口的货物报关。

2. 进出口货物收发货人不可以采取的报关方式

（1）进出口货物收发货人本身聘用报关员，然后让该报关员为其他进出口货物收发货人进出口的货物报关。

（2）进出口货物收发货人（收发货人 A）要求其他进出口货物收发货人（收发货人 B）聘用的报关员为收发货人 A 的进出口货物报关。

（3）进出口货物收发货人"绕过"报关企业，直接和报关企业的报关员个人联系，在没有报关委托书的情况下让报关员为收发货人的货物报关。

链接

进出口货物收发货人和自理报关单位的区别

进出口货物收发货人和自理报关单位在严格意义上并不是同一个概念，未自聘有本企业的报关员的进出口货物收发货人不能算作自理报关单位。在海

关注册登记过的进出口货物收发货人在聘用了报关员成为员工之后，才有可能自理报关，才能成为自理报关单位。

　　海关一般不会强制要求进出口货物收发货人一定要聘用报关员，但是，如果一家普通企业并没有在海关注册成为进出口货物收发货人，那么这家企业也不能委托报关企业为自己的货物报关。也就是讲，即使一家进出口企业打算委托外面的报关公司来为自己的货物报关，那么，该进出口企业也依然还是要去海关注册成为进出口货物收发货人，取得一个 10 位数的编码。否则，报关单上的"经营单位"栏目将无法填写录入。

　　已在海关登记注册，有报关权的进出口货物收发货人可以让本企业聘用的报关员自行向海关申报，当然也可以委托已在海关依法办理登记注册的报关企业向海关申报。委托他人代理报关的原因，有的是由于进出口货物收发货人没有自己的报关员，有的是因为进出口货物收发货人觉得不方便去报关或对某些报关环节手续不熟而委托报关企业代为办理等。

　　（二）报关企业

　　报关企业是指按照规定经海关准予注册登记，接受进出口货物收发货人的委托，以进出口货物收发货人的名义或者以自己的名义，向海关办理代理报关业务，从事报关服务的境内企业法人。

　　进出口货物报关是一项专业性很强的工作。有些进出口货物收发货人由于经济、时间、地点等方面的原因不能或者不愿自行办理报关手续，因而在实践中产生了委托报关的需求。

　　目前，我国从事报关服务的报关企业主要有两类：一类是经营国际货物运输代理、国际运输工具代理等业务，兼营进出口货物代理报关业务的国际货物运输代理公司等；另一类是主营代理报关业务的报关公司或报关行。

　　报关企业在海关的注册登记手续相比进出口货物收发货人而言更复杂，不光要有注册资本（不低于 150 万元人民币）、报关员人数（不少于 5 名）等方面的下限，而且报关企业先要获得直属海关的"注册登记许可"，再在工商局办理"许可经营项目登记"，然后才能在所在地海关办理注册登记。但报关企业通常不需像收发货人那样先办理外贸备案登记。

　　报关企业在海关办理注册登记之后，海关发给其《中华人民共和国海关报关企业报关注册登记证书》，有效期为 2 年。

现实中的报关单位名称枚举

以前,对于报关单位的划分是分为自理报关单位、代理报关单位(国际货代公司等)、专业报关单位(报关公司、报关行)。现在的划分将自理报关单位归入进出口货物收发货人,将代理报关单位和专业报关单位通称为报关企业。

为了便于更直观地在感性层面上了解报关单位的分类,特举例如下:

进出口货物收发货人包括:××机械进出口有限公司、××对外贸易(集团)公司……以及那些拥有进出口经营权和报关权的生产制造型实业企业等。

报关企业包括:××国际货运代理有限公司、××航空货运代理有限公司、××轮船股份公司……××报关公司(和报关行)等。

报关单位在海关注册登记后,海关给每个报关单位一个独有的10位数经营单位编码,报关企业的第六位数(从左向右数)是8,凡第六位数不是8的报关单位的名称编码都可在填报关单的时候填入"经营单位"一栏里,具体要求应填哪家报关单位的相关规定请参见海关总署编写的教材。

报关企业的直接代理和间接代理报关模式

直接代理报关是指报关企业接受进出口货物收发货人的委托,以收发货人的名义办理报关纳税手续的行为。该报关企业的代理行为的法律后果直接作用于进出口货物收发货人。

在实际业务中,如果采用的是填写报关委托书方式代理进出境货物报关的,通常采用的都是直接代理。例如报关时,甲公司是一家报关企业,乙公司是一家外贸公司,要进口2个40英尺集装箱的货,甲公司是以乙公司的名义进行报关的,则此报关行为属于直接代理报关。

在直接代理报关中,委托方(如上面案例的乙公司)如果没有在海关办理注册登记成为进出口货物收发货人,受托方(如上面案例的甲公司)也不能接受委托报关,因为报关单上的"经营单位"一栏需填写委托方的企业全称和10位海关注册登记代码,"申报单位"一栏应当填写受托方(报关企业)的名称。

间接代理报关是指报关企业接受委托人的委托以报关企业自身的名义向

海关办理报关纳税手续的行为。在间接代理中,报关企业应当承担与收发货人自己报关时所应当承担的相同的法律责任。

间接代理报关当中也存在不完全意义上的"收发货人",但是"收发货人"就不用在海关注册登记,主要包含以下几种货物、物品进出境的情形:

(1)"收发货(物品)人"是普通公民、非涉及外贸类的企业,如中国公民向境外寄送包裹物品(包括快件等),该公民没有必要自身作为自然人还要在中国海关登记一次(况且无此制度)。

(2)转运、通运、过境货物要向中国海关申报,但是这些货物的"收、发货人"通常都是境外企业,属于"两头在外",从制度上看,境外企业不可能或者说是不方便为了一次货物的转运还要专程在中国海关注册登记拿到一个10位数编码,所以转运、通运、过境货物向中国海关申报的任务是由运输方承担的,境外企业根本不必操心。

在上述两种间接代理报关的情形下,邮政机构、快件运营商、运输方都是报关企业,它们要在中国海关注册登记。"收发货(物品)人"在间接代理报关时不用填写报关委托书。

需要注意的是,直接代理和间接代理报关两者并不是可以自由选择的关系,而是各有其适用的场合。间接代理报关通常填写的是诸如KJ1报关单、过境货物报关单等单证,而不是普通进出口报关单。

报关单位首次报关前还需到指定地点按照统一模式刻制自己的"报关专用印章",然后凭《海关注册登记证明书》领取"报关专用章"并到海关进行印模备案。若需开展进出口业务,一般还需办理"中国电子口岸"IC卡。报关专用章式样示例,如图2-2所示。

报关专用章为椭圆形。其中对于报关企业使用的报关专用章的要求是:每一枚专用章仅限在图章上标明的口岸地或海关监管业务集中地使用,每一口岸地或者海关监管业务集中地报关专用章应当只有1枚(而不是刻几枚报关专用章分别给几名报关员使用)。

对于进出口货物收发货人使用的报关专用章的要求是:该专用章可以在全国各口岸地或海关监管业务集中地通用,但

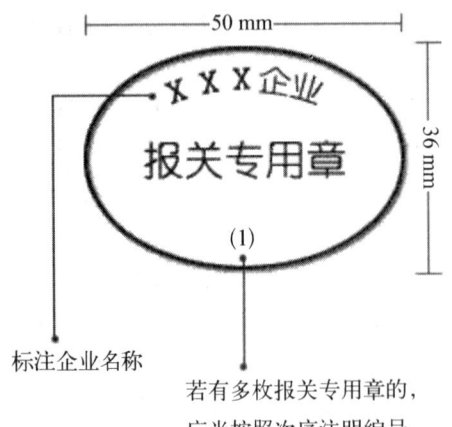

标注企业名称

若有多枚报关专用章的,应当按照次序注明编号

图2-2 报关专用章式样示例

如果有多枚报关专用章，应当依照次序注明编号。

如果是自理报关，则在报关单的下部"申报单位"一栏加盖进出口货物收发货人的报关专用章；如果是直接代理报关，则在"申报单位"一栏加盖报关企业的报关专用章。

实行报关专用章制度可以在一定程度上杜绝少数报关员不经企业授权，瞒着企业违法报关、偷漏税等损害企业权益的行为。

链接

我国报关服务市场的展望

有关资料表明，在美国，进出口货物的 90％ 由报关行报关，进出口商多数不直接与海关发生工作联系，值得我们借鉴。而目前，我国的报关服务市场中，报关企业所占比例还不高，与很多发达国家的报关服务市场体制有较大发展差距，不符合国际惯例和通行做法。而报关服务是一项专业性很强的行业，海关的业务改革在不断推进，相关规定越来越细化和复杂，海关对于报关的要求不断提高。这些工作都需要通过专业性很强的社会中介来承担才能减少差错率、减少走私发案率。因此，未来我国报关单位的结构，应该是以报关企业为主、进出口货物收发货人报关为辅，重点突出专业报关公司的发展方向，积极鼓励和促进报关专业化，是我国报关服务市场发展的重要途径。

——主要内容根据徐道文等主编：
《海关对企业管理业务》，中国海关出版社 2002 年版整理

第三节　报关活动相关人和其他

一、报关活动相关人

报关活动相关人主要是指经营海关监管货物仓储业务的企业、保税货物的加工企业、转关运输货物的境内承运人等。这些企业、单位一般没有报关权，不能办理报关业务，但与报关活动密切相关，需承担相应的海关义务和法律责任。

经营海关监管货物仓储业务的企业包括：经营港口码头海关监管区仓库、出口监管仓库、保税仓库的企业等。

保税货物的加工企业通常是指从事加工贸易生产加工的企业，是和加工贸易的经营企业相对的。有的加工企业本身没有外贸经营权，也没有报关权，但在生产过程中要接触、保管、处理保税的料件、半成品，因此也是报关活动的相关人。

转关运输货物的境内承运人是指经海关批准从事转关运输的企业，其运输工

具和驾驶员须向海关注册登记并且运输工具的车厢(舱)须具备密封装置和加封条件。我们在大街上常常可以看见的车厢两侧刷有"海关监管"字样的厢式货车就属于这种交通工具。

报关活动相关人的一个较明显的特征是：其须在海关注册登记,但不是报关单位,没有报关权。

报关活动相关人虽然不是报关单位,但其在从事与报关相关的活动中,违反《海关法》和有关法律、行政法规的,也一样要承担相应的行政、刑事法律责任。在运输期间转关运输货物损毁或者灭失的,除不可抗力外,承运人应承担相应的纳税义务和法律责任。

二、临时报关单位注册和加工生产企业海关登记

（一）临时报关单位的注册登记

某些单位因特殊需要,虽然没有取得《对外贸易经营者备案登记表》,但有临时进出口活动的,现行规定可以作为例外情况。海关给予临时报关注册编码,允许其临时办理报关纳税事务。

临时报关单位主要是指没有进出口经营权的单位、机构等,如政府部门、新闻机构、驻华使领馆、学校等;从需进出境的时间来看,不像进出口货物收发货人那样有一个持续性的需要,只是临时性质;从进出口的标的物来看,有货样等小件物品,也有如救灾物资等大宗货物。这些都表明了临时报关事宜的基本情况。

海关给临时报关单位的单位编码长度为 10 位数,这和给进出口货物收发货人的编码长度是一样的,只是临时报关单位的单位编码从左向右数第六位是 9,代表单位性质属于临时报关单位。该编码可以填写在报关单的"经营单位"一栏里。

案例链接

临时报关单位注册实例

2008 年 5 月 21 日,陕西省红十字会和省政府外事办分别持各自主管部门相关函件来到某海关办理救灾(汶川大地震)物资通关手续,后发现办理的是同一批物资,经海关协调后决定由省外办办理进口手续。现场业务处按照特事特办的原则,为其办理了临时报关单位注册登记、减免税审批和通关手续,共审批救灾物资 1 130 千克,价值 108 万日元,减免税款近 3 万元人民币。

——根据"海关总署广东分署网站"有关资料整理

由于此类报关属临时性质的,进出口货物的单位没有可能也没有必要像进出

口货物收发货人那样长期聘用 1 名报关员来办理报关纳税事务,只能委托专业报关企业办理有关报关手续。临时报关注册应注意的问题包括:

(1)不允许已在海关注册登记的进出口货物收发货人报关时使用临时报关注册编码。

(2)临时报关注册编码一次性使用,办结报关手续后,通常海关及时将编码作删除处理。

海关并不发给临时报关单位"进出口货物收发货人报关注册登记证书",而只是出具《临时报关单位注册登记证明》,有效期 7 天。

(二)加工生产企业海关登记

海关为了加强对于加工贸易的管理,对加工贸易的加工企业实施海关登记制度。这可以有效防止企业重复备案、跨关区备案等现象。通过对该类企业实施计算机档案管理,还可防止"空壳企业"骗取备案的发生。

为规范对加工生产企业的管理,海关对加工生产企业设置全国统一的登记编码,编码长度也是 10 位数,编号规则类似于进出口货物收发货人的编码规则,只是无进出口经营权的加工生产企业的第六位(从左向右数)为 A 或 B 或 C,分别代表国有企业、集体企业、民营企业(或个体工商户)。像这样的 10 位数编码的第六位为英文字母而非数字的企业虽不能填在进出口报关单的"经营单位"一栏中,但加工贸易合同在海关登记备案时,如果加工企业没有自己的编码,经营企业也就无法填写加工企业的编码,那么,海关就不予办理合同登记备案手续。可见,并非任何企业都能随意成为加工贸易的加工企业。

加工企业在海关登记后,海关向加工企业核发《对外加工生产企业海关登记通知书》,以备加工贸易合同在海关登记备案时使用。

第四节 海关对报关员的管理

报关员是指依法取得报关员从业资格,并在海关注册登记,持有效《报关员证》,向海关办理进出口货物报关业务的人员。

向海关办理进出口货物报关业务的报关员与会计师、审计师一样,是向社会提供专业化智力服务的人员。报关员是联系报关单位与海关之间的桥梁,其综合素质和业务水平的高低,一方面直接关系到海关的通关效率和监管水平,另一方面也关系到企业的物流周期和贸易成本,乃至报关单位所承担的法律责任。

目前在我国,报关员不是自由职业者,更不是经纪人。如果一个人不受聘于任何报关单位,那即使其报关经验丰富,也不是海关认可的报关员。

外国的报关员

日本的报关业称为"通关业",将报关员称为"通关士"。在日本,不分学历、年龄和国籍,只要通过国家统考,且有报关企业录用,任何人都有资格成为通关士。但门槛相对较高,据近几年数据统计,日本共有通关士5 665名,其中20%以上是海关退职退休人员。

在韩国,只有获得资格的专业人员(称"关税士")才能从事报关业。国家制定的报关从业规范和管理机制及制度,都着眼于管住管好关税士,这类似于我国的律师和会计师制度。韩国《关税士法》规定,具有大学毕业学历的韩国公民在通过国家统一考试后可以获得关税士从业资格,而长期从事海关工作的海关关员,参加统考时享有减免科目的优待。

——数据来自徐道文等主编:《海关对企业管理业务》,中国海关出版社2002年版

一、报关员的资格审定

(一)资格考试

为了保证报关人员的整体文化素质和业务知识水平符合海关对报关员的职业岗位要求,《海关法》规定:"报关人员必须依法取得报关从业资格","未依法取得报关从业资格的人员,不得从事报关业务"。

报关员资格考试实行全国统一考试制度,属于国家职业资格考试的范畴,考试合格者可以向海关申请取得报关员资格。我国改革开放以来首次报关员资格全国统考是1997年12月举行的。现在的报关员资格全国统考每年举行一次,一般是在每年的11～12月,网上报名,考试参考教材是中国海关出版社当年出版的《报关员资格全国统一考试教材》。满分200分,全部采用铅笔填涂机读答题卡的方式作答,考生可携带《进出口商品名称与编码》教材、计算器等进入考场。

(二)参加资格考试条件和不能参加考试的人员

报名参加考试的人员应当符合下列条件:

(1) 具有中华人民共和国国籍。

(2) 年满18周岁,具有完全民事行为能力。

(3) 具有大专及以上学历。

我国香港、澳门特别行政区居民和台湾地区居民均可凭有效身份证明来大陆

地区报名考试。

有下列情形之一的,不得报名参加考试,已经办理报名手续的,报名无效:

(1) 因故意犯罪,受到刑事处罚的。

(2) 因在报关活动中发生走私或严重违反海关规定的行为,被海关依法取消报关从业资格的。

(3) 因曾向海关工作人员行贿,被海关依法撤销报关注册登记、取消报关从业资格的。

(4) 曾因被认定为在报关员资格统考中作弊而被宣布考试成绩无效,并被撤销报关员资格、吊销资格证书,不满3年的。

(三) 资格证书的领取

直属海关及受委托的隶属海关应当及时公布成绩合格、并可以申请报关员资格的考生名单。根据海关公布的名单可以申请报关员资格的考生,应当自名单公布之日起6个月内向原报名海关申请报关员资格。

向海关申请报关员资格的,应当提交下列材料:

(1)《报关员资格证书申请表》。

(2) 准考证主证。

(3) 学历证书。

(4) 身份证件。

除当场作出决定的以外,海关应当自受理申请之日起20个工作日内作出是否授予报关员资格的决定。并应当自作出决定之日起10个工作日内颁发报关员资格证书。

链接

关于放宽2010年报关员资格考试
拉萨考区合格分数线的公告

为支持西藏自治区经济发展,海关总署决定适当放宽2010年报关员资格考试拉萨考区合格分数线。现就有关事项公告如下:

(1) 2010年报关员资格考试拉萨考区合格分数线放宽至100分。

(2) 考试成绩在100分至119分区段的拉萨考区考生,可以向海关申领报关员资格证书(B证),该证仅适用于在拉萨关区内报关员注册、执业。

B证持证人今后仍可报名参加报关员资格全国统一考试,取得全国通用的报关员资格。

（3）拉萨考区考生考试成绩达到全国合格分数线、取得报关员资格的，报关员注册、执业地域不受限制。

——摘自海关总署 2011 年第 8 号公告

二、报关员注册

2006 年 6 月施行的《中华人民共和国海关报关员执业管理办法》（以下本节简称《办法》）规定了申请报关员注册应当具备的条件：

（1）具有中华人民共和国国籍。

（2）通过报关员资格全国统一考试，取得《报关员资格证书》。

（3）与所在报关单位建立劳动合同关系或者聘用合同关系。

并且首次申请报关员注册的，应经过在一个报关单位连续 3 个月的报关业务实习。

报关员注册有效期为 2 年。报关员需要延续报关员注册有效期的，应当办理报关员注册延续手续。

链接

报关员为什么要注册?

为什么一个人不是在报关员资格考试合格后便成为报关员了呢？报关员又为什么要在海关注册？这主要是由报关员的工作性质决定的。

报关员的报关行为是一种职务行为，其报关行为即代表着其所在单位的行为。大多数情况下报关员不是为自己个人的货物报关，所以海关必须通过注册措施，使得报关员个人在一个时间段内和一家报关单位"挂钩"，通过报关员注册制度保证这种信息挂钩联系的真实性（真实个人信息、真实单位信息、真实劳动关系），并保证一个报关员在一个时间只能和一家报关单位"挂钩"。

所以，法律意义上不应存在"兼职"的报关员，报关员在我国应当都是专职的，如果某报关员合法地为好几家单位的进出口货物报关，那么，显见该报关员应当是就职于某一家报关企业的报关员。

（一）注册手续

《办法》第 12 条规定，申请报关员注册的，申请人本人应当到海关提出申请。

本人不能到海关提出申请的,可以委托所在报关单位提出申请。申请时应当提交下列文件、材料:

(1)《报关员注册申请书》。

(2)申请人所在报关单位的《中华人民共和国海关报关企业报关注册登记证书》或者《中华人民共和国海关进出口货物收发货人报关注册登记证书》复印件(申请人按照海关规定提交复印件的,应当将正(副)本原件交海关验核,下同)。

(3)《报关员资格证书》复印件。

(4)与所在报关单位签订的合法有效的劳动合同复印件(报关单位为非企业性质的,可以提交聘用合同复印件或者人事证明)。

(5)身份证件复印件。

(6)所在报关单位为其缴纳社会保险证明复印件,但是,法律、行政法规另有规定的,依照其规定。

首次申请报关员注册的,还应当提交报关单位出具的报关业务实习证明材料。

(二)报关员证件的使用

报关员注册后,获得《报关员证》,办理报关业务时应当向海关出示。

报关员证的作用,可以简要归纳为三点:一是表明持证人应当是有《报关员资格证书》的;二是表明持证人现在正处于报关员的执业状态;三是其内容可证明"报关员和报关单位信息挂钩"的真实性、唯一性。

报关员更换所在的报关单位的(譬如劳动关系的变动),应当注销原报关员注册,持调出、调入双方企业证明文件和报关员资格证书重新申请报关员注册。

根据新规定,报关员遗失《报关员证》的,应当及时向注册地海关书面说明情况,并在报刊声明作废。海关应当自收到情况说明和报刊声明证明之日起20日内予以补发。

链接

报关员卡的海关管理

除报关员证外,海关还会发给报关员"条码卡",通过报关大厅现场的电子扫描设备扫描条形码来自动识别报关员身份信息。但是条形码容易被复制,不法分子容易利用漏洞伪造他人条码卡报关。所以未来海关将全面使用较难伪造的报关员IC芯片卡来代替条形码卡。

（三）报关员注册的注销

有下列情形之一的，报关员应当到注册地海关申请报关员注册的注销：

（1）报关员不再从事报关业务的。

（2）报关员辞职的。

（3）报关单位解除与报关员的劳动合同关系的（报关单位为非企业性质的，解除聘用合同关系或者人事关系）。

（4）报关单位申请注销海关注册登记的。

报关员若未按照上述规定申请注销的，报关员所在报关单位应当自报关员离职之日起7日内向海关报告并将报关员证件交注册地海关予以注销。报关员未向报关单位交还报关员证件的，报关单位应当在报刊上声明作废，并向注册地海关办理注销手续。因未办理注销手续而产生的法律责任由企业自行承担。

三、报关员的权利

《办法》第27条规定了报关员有下列权利：

（1）以所在报关单位名义执业，办理报关业务。

（2）向海关查询其办理的报关业务情况。

（3）拒绝海关工作人员的不合法要求。

（4）对海关对其作出的处理决定享有陈述、申辩、申诉的权利。

（5）依法申请行政复议或者提起行政诉讼。

（6）合法权益因海关违法行为受到损害的，依法要求赔偿。

（7）参加执业培训。

四、报关员的义务

报关员应当履行以下义务：

（1）熟悉所申报货物的基本情况，对申报内容和有关材料的真实性、完整性进行合理审查。

（2）提供齐全、正确、有效的单证，准确、清楚、完整填制海关单证，并按照规定办理报关业务及相关手续。

（3）海关查验进出口货物时，配合海关查验。

（4）配合海关稽查和对涉嫌走私违规案件的查处。

（5）按照规定参加直属海关或者直属海关授权组织举办的报关业务岗位考核。

（6）持《报关员证》办理报关业务，海关核对时，应当出示。

（7）妥善保管海关核发的《报关员证》和相关文件。

（8）协助落实海关对报关单位管理的具体措施。

五、报关员记分考核制度

根据《中华人民共和国海关对报关员记分考核管理办法》，海关对出现报关单填制不规范、报关行为不规范，以及违反海关监管规定或者有走私行为未被海关暂停执业、撤销报关从业资格的报关员予以记分、考核。

海关通过对报关员记分计满至考核合格前，中止其报关员证效力、不再接受其办理报关手续的方式，来督促报关员履行义务。记分考核管理从性质上讲是一种教育和管理措施，而不是行政处罚，目的是督促其增强遵纪守法意识，提高自身业务水平。

海关对报关员的记分考核，依据其报关单填制不规范、报关行为不规范的程度和行为性质，一次记分的分值分别为 1 分、2 分、5 分、10 分、20 分、30 分（具体细则可去互联网上搜索"报关员记分对照表"）。

记分周期从每年 1 月 1 日起至 12 月 31 日止，报关员在海关注册登记之日起至当年 12 月 31 日不足 1 年的，按一个记分周期计算。一个记分周期期满后，记分分值累加未到达 30 分的，该周期内的记分分值予以消除，不转入下一个记分周期。

记分达到 30 分的报关员，海关中止其报关员证效力，不再接受其办理报关手续。报关员应当参加注册登记地海关的报关业务岗位考核，经岗位考核合格之后，方可重新上岗。

如果报关员对海关的记分行政行为持有异议，应当自收到电子或纸质告知单之日起 7 日内向作出该记分行政行为的海关部门提出书面申辩，海关应当自接到申辩申请后 7 日内作出答复，如发现记分错误的应及时予以更正。

六、报关员的法律责任

第一，报关员有下列情形之一的，海关予以警告，责令其改正，并可以处人民币2 000 元以下罚款：

1. 《报关员执业管理办法》第 32 条规定情形的

（1）故意制造海关与报关单位、委托人之间的矛盾和纠纷。

（2）假借海关名义，以明示或者暗示的方式向委托人索要委托合同约定以外的酬金或者其他财物、虚假报销。

（3）同时在 2 个或者 2 个以上报关单位执业。

（4）私自接受委托办理报关业务，或者私自收取委托人酬金及其他财物。

（5）将《报关员证》转借或者转让他人，允许他人持本人《报关员证》执业。

（6）涂改《报关员证》。

(7) 其他利用职业之便牟取不正当利益的行为。

2. 报关员姓名、身份证件号码等身份资料以及所在报关单位名称、海关编码发生变更,但报关员未按照规定向海关办理变更手续的。

案例链接

深圳海关破获报关员结伙走私大案

2008 年 10 月,深圳海关缉私局对外发布消息称,自去年至今,该关缉私局所属沙湾海关缉私分局成功侦破"陈某、李某走私系列案",该案案值人民币 3 500 余万元人民币,涉嫌偷逃税额人民币 770 余万元,抓获包括主犯在内的犯罪嫌疑人 5 名。该系列案首批犯罪嫌疑人"陈某"、"李某"和"王某"被深圳市检察院提起公诉,并在一审判决中分别获刑 10 年、7 年和 5 年;高某(香港人)今年 2 月被提起公诉,随后被法院判处有期徒刑 3 年。这宗由报关行报关员与企业报关员互相勾结,采取"空转"等假转厂方式私自将企业保税指标倒卖给其他加工企业,以帮助其骗取海关核销的案件侦查终结。

"陈某、李某走私系列案"的案发源自深圳海关的一次专项稽查行动。经查,自 2005 年 8 月至 2006 年 8 月期间,陈某、李某通谋,倒卖金×厂保税指标多份用于走私大量布料和塑胶粒进口。其中由陈某提供报关单、报关员电子卡、金×厂收货章等相关手续,李某负责具体报关操作,按每吨塑胶粒 700 元人民币,布料 550 元人民币的标准向陈支付"好处费"。随着李某、陈某的落网,整个案件的事实情况逐步呈现。办案组参照两者的供述和调查取证所得的线索,沙湾海关缉私分局又先后对因"假出口"涉嫌走私的高×塑胶(深圳)有限公司、松岗东×吸塑厂等两家涉案企业分别立案侦查。

陈某,女,金×公司报关员,是本案的最重要的主犯之一,案发之初就已经潜逃。最终在地方公安的配合下,掌握了其躲藏地点;通过连续几天的守候埋伏,最终在上海将其抓获归案。陈某的供述牵出了高×塑胶(深圳)有限公司、松岗东×吸塑厂等涉案公司。

——引自"广东新闻网"2008 年 11 月讯,作者陈文

第二,报关员违反《中华人民共和国海关法》和《中华人民共和国海关报关员执业管理办法》等法律、法规,构成走私或违反海关监管规定行为的,由海关依照海关法和《中华人民共和国海关行政处罚实施条例》的有关规定予以处理;构成犯罪的,移送司法机关依照法律追究其刑事责任。

报关员违反海关监管规定的行为及其处罚主要包括:

（1）报关员因工作疏忽或在代理报关业务中因对委托人所提供情况的真实性未进行合理审查，致使发生进出口货物的品名、税则号列、数量、规格、价格、贸易方式、原产地、启运地、运抵地、最终目的地或者其他应当申报的关键项目未申报或者申报不实的，海关可以暂停其6个月以内报关执业；情节严重的，取消其报关从业资格。

（2）报关员被海关暂停其报关执业，恢复从事有关业务后1年内再次被暂停报关执业的，海关可以取消其报关从业资格。

（3）报关员非法代理他人报关或者超出海关准予的从业范围进行报关活动的，责令改正，处5万元以下罚款，暂停其6个月以内报关执业；情节严重的，取消其报关从业资格。

（4）未取得报关从业资格而从事报关业务者，海关予以取缔，没收违法所得，可以对个人并处10万元以下罚款。

链接

报关员的层次

2007年12月7日，《报关员国家职业标准（试行）》（以下简称《标准》）颁布，报关员作为经济业务人员，从此将按照国家制定的职业标准实行职称评定工作。由于报关员职业属行政许可准入职业，从业人员必须取得海关行政许可准入资格并经海关注册后方能从业，为此，《标准》适用对象只能是经海关注册从事报关员职业的人员，即在职报关员。

考虑到海关行政许可准入的条件和要求较高这一实际情况，在职业等级设定时，直接从国家职业资格三级起步，即只设助理报关师、报关师、高级报关师三个等级。

在对助理报关师、报关师和高级报关师的职业功能进行划分时，主要遵循了这样一个基本原则：助理报关师侧重在具体业务操作层面，主要包括报关单填制、报关业务现场操作等；报关师侧重在相对复杂操作和管理层面，主要包括单证复核，对质量、程序的控制，报关核算，报关业务咨询等；高级报关师侧重在全面管理、指导和策划层面，主要包括组织设计、实施报关业务体系、风险管理、企业发展战略管理等。三个职业等级从低到高，依次递进，高级涵盖低级。

标准的制定将有助于激励专业报关人才的健康发展，起到净化报关员队伍的目的。

第五节 其他报关管理制度

一、报关单位报关的地域规则

进出口货物收发货人在海关办理注册登记后,海关发给其《中华人民共和国海关进出口货物收发货人报关注册登记证书》,可以在中华人民共和国关境内各个口岸或者海关监管业务集中的地点办理本单位的报关业务。

报关企业可以在依法取得注册登记许可的直属海关关区内各口岸或者海关监管业务集中的地点从事报关服务,但是,应当在拟从事报关服务的口岸地或者海关监管业务集中的地点依法设立分支机构,并且在开展报关服务前按规定向直属海关备案。

报关企业如需要在注册登记许可区域以外从事报关服务的,应当依法设立分支机构,并且向拟注册登记地海关申请报关企业分支机构注册登记许可。报关企业分支机构经海关依法准予注册登记许可的,向海关办理注册登记后,可在所在地口岸或者海关监管业务集中的地点从事报关服务。

二、报关单位对报关员的管理规则

进出口货物收发货人和报关企业均应对其所聘用的报关员的报关行为承担相应的法律责任。如所属的报关员离职,报关员未按规定办理注销的,其原所在报关单位应当向注册地海关办理注销手续。

三、报关单位的义务

（一）进出口货物收发货人的义务

进出口货物收发货人自行办理报关业务时,应当通过本单位所聘用的报关员向海关办理。

当然,进出口货物收发货人如果自愿,也可以委托海关准予注册登记的报关企业,由报关企业所属的报关员代为办理报关业务。

进出口货物收发货人自行办理报关业务时,向海关递交的纸质进出口货物报关单必须加盖本单位在海关备案的报关专用章。

（二）报关企业的义务

（1）遵守法律、行政法规、海关规章的各项规定,依法履行代理人职责,配合海关监管工作,不得违法滥用报关权。

（2）依法建立账簿和营业记录。真实、正确、完整地记录其受委托办理报关业务的所有活动,详细记录进出口时间、收发货单位、报关单号、货值、代理费等内容,完整保留委托单位提供的各种单证、票据、函电,接受海关稽查。

(3) 报关企业应当与委托方签订书面的委托协议,委托协议应当载明受托报关企业名称、地址、委托事项、双方责任、期限、委托人的名称、地址等内容,由双方签章确认。

(4) 报关企业接受进出口货物收发货人的委托,办理报关手续时,应当承担对委托人所提供情况的真实性、完整性进行合理审查的义务。审查内容包括:① 证明进出口货物的实际情况的资料,包括进出口货物的名称、规格、用途、产地、贸易方式等;② 有关进出口货物的合同、发票、运输单据、装箱单等商业单据;③ 进出口所需的许可证件及随附单证;④ 海关要求的加工贸易手册(纸质或电子数据的)及其他进出口单证等。

报关企业未对进出口货物收发货人提供情况的真实性、完整性履行合理审查义务或违反海关规定申报的,应当承担相应的法律责任。

(5) 报关企业不得以任何形式出让其名义,供其他人办理报关业务。

(6) 对于代理报关的货物涉及走私违规情事的,应当接受或者协助海关进行调查。

另外,报关企业办理报关业务时,向海关递交的纸质进出口货物报关单必须加盖本单位在海关备案的报关专用章。

报关企业执行直接代理报关时,需向海关出具一份《代理报关委托书》,该委托书由作为委托方的进出口货物收发货人和作为受托方的报关企业共同签章,旨在证明报关委托关系与此次报关的联系。海关审核报关单时,需要报关企业解释、说明情况或补充材料的,报关企业应当在接到海关通知后及时进行说明或提供完备材料。在实践当中,报关委托书也可以较为有效地防止报关企业的报关员"揽私活"代理他人报关的情形出现。我们可以把《代理报关委托书》看作是进出口货物收发货人和报关企业之间委托关系"信息挂钩"真实性的一种证明。

四、法律责任

报关单位在办理报关业务时,应遵守国家有关法律、行政法规和海关的各项规定,并对所申报货物、物品的品名、规格、价格、数量等的真实性、合法性负责,承担相应的法律责任。

第一,根据《中华人民共和国海关对报关单位注册登记管理规定》,报关单位有下列情形之一的,海关予以警告,责令其改正,并可以处人民币 1 000 元以上 5 000 元以下罚款:

（1）报关企业取得变更注册登记许可后或者进出口货物收发货人单位名称、企业性质、企业住所、法定代表人（负责人）等海关注册登记内容发生变更，未按照规定向海关办理变更手续的。

（2）未向海关备案，擅自变更或者启用"报关专用章"的。

（3）所属报关员离职，未按照规定向海关报告并办理相关手续的。

第二，报关单位在办理报关业务的过程中，进出口货物的名称、税则号列、数量、规格、价格、贸易方式、原产地、启运地、运抵地、最终目的地或者其他应当申报的项目未申报或者申报不实的，分别依照下列规定予以处罚；有违法所得的，没收违法所得：

（1）影响海关统计准确性的，予以警告或者处1 000元以上1万元以下罚款。

（2）影响海关监管秩序的，予以警告或者处1 000元以上3万元以下罚款。

（3）影响国家许可证件管理的，处货物价值5%以上30%以下罚款。

（4）影响国家税收增收的，处漏缴税款30%以上2倍以下罚款。

（5）影响国家外汇、出口退税管理的，处申报价格10%以上50%以下罚款。

在代理报关业务中，因进出口货物收发货人未按照规定向报关企业提供所委托报关事项的真实情况，致使发生上述情形的，有关法律责任由委托人承担；因报关企业对委托人所提供情况的真实性未进行合理审查，或者因工作疏忽致使发生上述情形的，可以对报关企业处货物价值10%以下罚款，暂停其6个月以内从事报关业务；情节严重的，撤销其报关注册登记。

第三，报关企业有下列情形之一的，责令改正，给予警告，可以暂停其6个月以内从事报关业务：

（1）拖欠税款或者不履行纳税义务的。

（2）报关企业出让其名义供他人办理进出口货物报关纳税事宜的。

（3）有需要暂停其从事报关业务的其他违法行为的。

第四，报关企业非法代理他人报关或者超出海关准予的从业范围进行报关活动的，责令改正，处5万元以下罚款，暂停其6个月以内从事报关业务；情节严重的，撤销其报关注册登记。

第五，报关企业有下列情形之一的，海关可以撤销其注册登记：

（1）报关企业构成走私犯罪或者1年内有2次以上的走私行为的。

（2）所属报关员1年内3人次以上被海关暂停执业的。

（3）被海关暂停从事报关业务，恢复从事报关业务后1年内再次发生上述第3条规定情形的。

（4）有需要撤销其注册登记的其他违法行为的。

进出口货物收发货人、报关企业向海关工作人员行贿的，撤销其报关注册登记,并处 10 万元以下罚款;构成犯罪的,依法追究刑事责任,并不得重新注册登记为报关企业。

企业未经海关注册登记便从事报关业务的,海关予以取缔,没收违法所得,可以并处 10 万元以下罚款。

报关单位提供虚假资料骗取海关注册登记的,海关撤销其注册登记,并处 30 万元以下罚款。

第六,报关单位有违反《海关法》及有关法律、行政法规、海关规章或海关规定程序、手续尚未构成走私的行为,海关按《中华人民共和国海关行政处罚实施条例》的有关规定处理。

报关单位违反《海关法》及有关法律、行政法规,逃避海关监管,偷逃应纳税款,逃避国家有关进出境的禁止性或者限制性管理。非法运输、携带、邮寄国家禁止、限制进出口或者依法应当缴纳税款的货物、物品进出境,或者未经海关许可并且未缴纳应纳税款、交验有关许可证件,擅自将保税货物、特定减免税货物以及其他海关监管货物、物品、进境的境外运输工具在境内销售,尚不构成犯罪的,由海关没收走私货物、物品及违法所得,可以并处罚款;对专门或者多次用于掩护走私的货物、物品,专门或者多次用于走私的运输工具,海关将予以没收;对藏匿走私货物、物品的特制设备,海关将责令拆毁或者没收。

报关单位违反《中华人民共和国刑法》、海关法律法规,逃避海关监管,偷逃应纳税款,逃避国家有关进出境的禁止性或者限制性管理,情节严重、数额较大,构成犯罪的,依法追究刑事责任。

案例链接

报关企业职员为他人虚开报关费用发票被判刑

2011 年 1 月 27 日,梧州市长洲区人民法院对一起涉嫌受贿罪和伪造公司印章罪案进行公开宣判,判处被告人陈某有期徒刑 1 年 2 个月,缓刑 1 年 6 个月。

被告人陈某在担任梧州市对外经济贸易货运报关行(以下简称"外贸报关行")的业务经理期间,根据时任领×电子(梧州)有限公司(简称"领×电子公司")报关员陈某才(另案处理)私下里的请求,为陈某开具实际不发生代理关系的代理报关费用发票,并约定以发票票面金额的 6% 给予陈某回扣。为此,在 2007～2008 年间,被告人陈某就利用其在外贸报关行工作的职务便利,并私刻"梧州市对外经济贸易货运报关行发票专用章"的假印章,先后以"合同核销"、"转厂报关"、"结转报关"、"进口报关"、"出口报关"、"合同变更"等名义多次为陈某才开出虚假的外贸报关行代理领×电子公司报关的费用发票。其中，2007年开出88笔，共85 748元人民币；2008年开出143笔，共128 689元人民币，合计214 437元人民币，陈某获得陈某才给予的好处费共12 866.22元人民币（后被告人陈某向侦查机关退出赃款12 866元）。

长洲法院经开庭审理后认为，梧州市对外经济贸易货运代理公司和梧州市对外经济贸易货运报关行为同一法人单位，属全民所有制企业，因而陈某应以国家机关工作人员论，应以受贿罪追究其刑事责任。被告人陈某身为国家工作人员，利用职务上的便利，非法收受他人财物，为他人获取利益，其行为已触犯刑律，构成受贿罪；被告人陈某私刻"梧州市对外经济贸易货运报关发票专用章"多次为陈某才开出虚假的外贸报关发票，其行为已触犯刑律，构成伪造公司印章罪。被告人陈某既犯受贿罪，又犯伪造公司印章罪，应实行数罪并罚。鉴于被告人陈某在司法机关立案前已交代其犯罪事实属自首，且已退出非法所得款，可从轻处罚。法院据此依法作出上述判决。

——资料来源："梧州市长洲法院网"2011年1月消息，作者林旭东

第六节　海关对企业的分类管理

为了便于海关更好地集中人力、物力去管理部分海关监管风险较大的企业，以及鼓励企业自律守法，我国海关根据企业的守法情况、企业内部管理情况、报关情况等表现，将报关单位划分为AA、A、B、C、D五个管理类别，对报关单位实施动态的分类管理。

2008年4月1日起正式实施的《中华人民共和国海关企业分类管理办法》规定适用对于在海关注册登记的进出口货物收发货人、报关企业的分类管理。

海关总署按照守法便利原则，对适用不同管理类别的企业，制定相应的差别管理措施，其中AA类和A类企业适用相应的通关便利措施，B类企业适用常规管理措施，C类和D类企业适用严密监管措施。

在本关区内的报关单位适用管理类别的审定、调整等具体事务，由直属海关负责。

一、对进出口货物收发货人管理类别的规定

我国海关对进出口货物收发货人管理类别的认定条件，同样也适用于不属于

报关单位但在海关注册登记的加工贸易加工企业的分类管理。

1. AA 类进出口货物收发货人

AA 类进出口货物收发货人,应当同时符合下列条件:

(1) 已适用 A 类管理 1 年以上。

(2) 上一年度进出口总值 3 000 万美元(中西部地区 1 000 万美元)以上。

(3) 经海关验证稽查,符合海关管理、企业经营管理和贸易安全的要求。

(4) 每年报送《经营管理状况报告》和会计师事务所出具的上一年度审计报告;每半年报送《进出口业务情况表》。

2. A 类进出口货物收发货人

A 类进出口货物收发货人,应当同时符合下列条件:

(1) 已适用 B 类管理 1 年以上。

(2) 连续 1 年无走私罪、走私行为、违反海关监管规定的行为。

(3) 连续 1 年未因进出口侵犯知识产权货物而被海关行政处罚。

(4) 连续 1 年无拖欠应纳税款、应缴罚没款项情事。

(5) 上一年度进出口总值 50 万美元以上。

(6) 上一年度进出口报关差错率 3% 以下。

(7) 会计制度完善,业务记录真实、完整。

(8) 主动配合海关管理,及时办理各项海关手续,向海关提供的单据、证件真实、齐全、有效。

(9) 每年报送《经营管理状况报告》。

(10) 按照规定办理《中华人民共和国海关进出口货物收发货人报关注册登记证书》的换证手续和相关变更手续。

(11) 在商务、人民银行、工商、税务、质检、外汇、监察等行政管理部门和机构无不良记录。

案例链接

泉州八成企业仍未实现 A 类通关待遇

尽管 2008 年 4 月 1 日起实行的新《海关企业分类管理办法》对 A 类企业标准的条件放宽了许多,但反映在泉州的进出口企业身上,却并没有明显起色。

记者从泉州海关获悉,截至 2008 年 7 月底,泉州关区共 756 家达到 A 类管理基本条件的进出口企业中,仍有 610 家企业未申请到 A 类企业通关待遇,比例高达 80% 以上。因为违反海关而被降调类别的企业则不在少数,且违法、违

规现象频出。仅在 7 月份当月，泉州关区就有 7 家企业均因涉及违规，被调降类别。违规被降级是一方面，但事实上更多的泉州进出口企业未能"升级"，还是因为对企业分类管理政策不了解所致。

"许多企业没有认识到 A 类企业待遇也是一种无形的名誉资产，更不懂得如何去利用这一资产。"泉州海关办公室庄彬聪认为，特别是近年来，由于银行系统紧缩银根，许多企业流动资金缺乏，且没有充分利用分类管理带来的通关便利降低物流成本，导致经营压力大。"要知道，A 类企业甚至可以以此向银行争取优先考虑发放贷款。"

据了解，早在今年 5 月，南安市政府重点扶持准备上市的一家公司，就已经因为类别调降而吃了亏。该公司在报关进出口时由于违反海关规定，被处以 3 万元的罚款。根据新《办法》，6 月 30 日该公司企业类别由 A 类下调为 B 类，严重影响了企业信誉以及该公司今年的上市时间进程。

据悉，泉州海关已将该现象以专报形式抄送泉州市委、市政府，希望能引起重视。

——摘自《海峡都市报》2008 年 9 月 3 日讯

3. C 类管理进出口货物收发货人

出现下列情形之一的进出口货物收发货人，即列入 C 类管理：

（1）有走私行为的。

（2）1 年内有 3 次以上违反海关监管规定行为，或者 1 年内因违反海关监管规定被处罚款累计总额人民币 50 万元以上的。

（3）1 年内有 2 次因进出口侵犯知识产权货物而被海关行政处罚的。

（4）拖欠应纳税款、应缴罚没款项人民币 50 万元以下的。

4. D 类管理进出口货物收发货人

出现下列情形之一的进出口货物收发货人，即列入 D 类管理：

（1）有走私罪的。

（2）1 年内有 2 次以上走私行为的。

（3）1 年内有 3 次以上因进出口侵犯知识产权货物而被海关行政处罚的。

（4）拖欠应纳税款、应缴罚没款项人民币 50 万元以上的。

5. B 类管理进出口货物收发货人

进出口货物收发货人未发生 C 类、D 类管理条件所述情形，并符合下列条件之一的，适用 B 类管理：

（1）首次注册登记的。

（2）首次注册登记后,管理类别未发生调整的。

（3）AA 类企业不符合原管理类别适用条件,并且不符合 A 类管理类别适用条件的。

（4）A 类企业不符合原管理类别适用条件的。

二、对报关企业管理类别的规定

1. AA 类管理报关企业

AA 类管理报关企业,应当同时符合下列条件:

（1）已适用 A 类管理 1 年以上。

（2）上一年度代理申报的进出口报关单及进出境备案清单总量在 2 万票(中西部 5 000 票)以上。

（3）经海关验证稽查,符合海关管理、企业经营管理和贸易安全的要求。

（4）每年报送《经营管理状况报告》和会计师事务所出具的上一年度审计报告;每半年报送《报关代理业务情况表》。

2. A 类管理报关企业

A 类管理报关企业,应当同时符合下列条件:

（1）已适用 B 类管理 1 年以上。

（2）企业以及所属执业报关员连续 1 年无走私罪、走私行为、违反海关监管规定的行为。

（3）连续 1 年代理报关的货物未因侵犯知识产权而被海关没收。

（4）连续 1 年无拖欠应纳税款、应缴罚没款项情事。

（5）上一年度代理申报的进出口报关单及进出境备案清单等总量在 3 000 票以上。

（6）上一年度代理申报的进出口报关差错率在 3％以下。

（7）依法建立账簿和营业记录,真实、正确、完整地记录受委托办理报关业务的所有活动。

（8）每年报送《经营管理状况报告》。

（9）按照规定办理注册登记许可延续及《中华人民共和国海关报关企业报关注册登记证书》的换证手续和相关变更手续。

（10）在商务、人民银行、工商、税务、质检、外汇、监察等行政管理部门和机构无不良记录。

3. C 类管理报关企业

报关企业有下列情形之一的,适用 C 类管理:

（1）有走私行为的。

（2）1年内有3次以上违反海关监管规定的行为，或者1年内因违反海关监管规定被处罚款累计总额人民币50万元以上的。

（3）1年内代理报关的货物因侵犯知识产权而被海关没收达3次的。

（4）上一年度代理申报的进出口报关差错率在10%以上的。

（5）拖欠应纳税款、应缴罚没款项人民币50万元以下的。

（6）代理报关的货物涉嫌走私、违反海关监管规定拒不接受或者拒不协助海关进行调查的。

（7）被海关暂停从事报关业务的。

4. D类管理报关企业

报关企业有下列情形之一的，适用D类管理：

（1）有走私罪的。

（2）1年内有2次以上走私行为的。

（3）1年内代理报关的货物因侵犯知识产权而被海关没收达4次以上的。

（4）拖欠应纳税款、应缴罚没款项人民币50万元以上的。

5. B类管理报关企业

报关企业未发生C类、D类管理条件所述情形，并符合下列条件之一的，适用B类管理：

（1）首次在海关注册登记的。

（2）首次注册登记后，管理类别未发生调整的。

（3）AA类企业不符合原管理类别适用条件，并且不符合A类管理类别适用条件的。

（4）A类企业不符合原管理类别适用条件的。

三、管理措施的具体实施

报关企业代理进出口货物收发货人开展报关业务，海关一般按照报关企业和进出口货物收发货人各自适用的管理类别分别实施相应的管理措施。

（一）对于A类管理的进出口货物收发货人的管理措施

对适用A类管理的进出口货物收发货人在海关实施常规管理制度的基础上，提供以下便利：

（1）优先选择作为海关便捷通关试点。

（2）经企业申请，海关可对其实施"属地报关、口岸验放"等便捷监管模式。

（3）对应当查验又不便在通关现场实施查验的进出境货物，经企业申请，海关优先派员到企业结合生产或装卸环节实施查验。

（4）优先办理货物申报、查验、放行手续。

（5）优先安排在非工作时间和节假日办理预约通关手续。

（6）优先办理进出口商品归类和化验手续。

（7）对从事加工贸易的企业，实行银行保证金台账"空转"或不实行银行保证金台账制度（海关特殊监管区域内注册的企业除外，从事限制类商品加工贸易业务的企业按照国家加工贸易政策执行）。

（8）对加工企业一般不下厂核查。

（9）优先办理加工贸易备案、变更、报核等手续。

（10）优先实行电子账册联网管理。

（11）优先办理企业注册登记换证及报关员注册登记手续。

（二）对于 A 类管理的报关企业的管理措施

对于 A 类管理的报关企业来说，则适用 5 大便利措施：

（1）优先办理代理报关货物申报、查验和放行手续。

（2）优先办理代理的加工贸易手册登记备案、核销、结转等手续。

（3）优先安排在非工作时间和节假日办理预约通关手续。

（4）优先办理报关注册登记许可延续和分支机构备案手续。

（5）海关根据企业申请，优先组织对该企业报关员的报关业务培训和岗位考核。

（三）对于 AA 类管理的进出口货物收发货人的管理措施

对于 AA 类管理的进出口货物收发货人而言，在适用 A 类进出口企业的 11 项便利措施的基础上另加 4 项便利措施：

（1）进出口货物报关单电子数据经海关接受申报后，在确定商品归类、海关估价和提供有效报关单证、缴清税费或者办结其他海关手续前，企业可凭《进（出）口货物担保验放清单》先行办理担保验放手续（国家对进出境货物有限制性规定的情形除外）。

（2）通关现场一般情况下不查验。

（3）对从事加工贸易的企业，不实行银行保证金台账制度（从事限制类商品加工贸易业务的企业按照国家加工贸易政策执行）。

（4）海关指派专人负责协调解决企业办理海关事务的疑难问题。

且 AA 类管理的企业作为中国海关的"经认证的经营者"，根据中国海关签署的世界海关组织《全球贸易安全与便利标准框架》，将来制度发展的可能方向是我国 AA 类管理企业名称信息还会向境外有关海关通报，方便 AA 类管理企业的出口货物在境外通关(如境外海关可不复验我方 AA 类管理出口企业提供的原产地证书真伪等)。

（四）对于 AA 类管理的报关企业的管理措施

AA 类管理报关企业则在适用 A 类管理报关企业的 5 项便利措施的基础上增加 2 项便利措施：

（1）海关指派专人负责协调解决企业办理海关事务的疑难问题。

（2）海关根据企业申请，专门组织对该企业报关员的报关业务培训和岗位考核。

对 B 类企业适用常规管理措施，而对 C 类、D 类企业，海关则要在审单、查验、核查等通关、加工贸易业务开展和后续管理环节实行严密的监管措施。

如发生因报关企业和进出口货物收发货人两者的管理类别不同导致应当实施的管理措施抵触的，海关按照下列方式实施：

（1）报关企业或者进出口货物收发货人为 C 类或者 D 类的，按照两者之中较低的管理类别实施相应的管理措施。

（2）报关企业和进出口货物收发货人均为 B 类及 B 类以上管理类别的，按照报关企业的管理类别实施相应的管理措施。

四、动态的企业分类管理

海关对企业的分类管理不是一成不变的，而是根据企业的表现和申请，进行实时的动态调整，其中，A 类以下类别管理企业可以提出申请，申请提高自己企业的管理类别等级，A 类管理企业可以通过注册地海关向直属海关提出适用 AA 类管理申请，B 类管理企业可以通过注册地海关向直属海关提出适用 A 类管理申请。直属海关应当自受理之日起规定期限内作出适用或者不予适用决定。

C 类管理企业自海关作出类别调整决定之日起满 1 年未再发生 C 类、D 类管理条件所列情形的，经企业申请，海关将其调整为 B 类；D 类管理企业自海关作出类别调整决定之日起满 1 年未再发生 D 类管理条件所列情形的，经企业申请，海关将其调整为 C 类。

企业有下列应当降低适用类别情形之一的，海关发现后根据有关规定，重新决定其适用的管理类别：

（1）AA 类、A 类企业不符合原管理类别适用条件的。

（2）B 类管理企业有 C 类、D 类管理类别情形之一的。

（3）C 类管理企业有 D 类管理类别情形之一的。

厦门海关关区两企业异地犯案遭分类降级处理

因在外关区犯走私普通货物罪，厦门海关辖区内两家企业被降"诚信度"，海关各业务现场开始对其进出口活动进行严格监控。

厦门海关透露，这两家企业分别是厦门某进出口贸易有限公司和石狮市一家生物食品有限公司。

其中，厦门该贸易公司为逃避海关监管、达到偷逃税款和获取非法利益的目的，采取少报多进、伪报价格和品名的方式走私涤纶丝，偷逃应缴税款人民币148万多元，被江西省南昌市中级人民法院判决犯走私普通货物罪，并被判处罚金人民币350万元。

而石狮该企业则是在加工贸易活动中，采用以米糠顶替卡拉胶的方式向海关申报复出口，致使保税货物脱离海关监管，案发后被福州市中级人民法院判决犯走私普通货物罪，并处罚金人民币52万多元。

据介绍，厦门海关将从本月起正式调整这两家企业的管理类别，由原来的"B类管理"调整为"D类管理"，海关各业务现场将从当月开始对其进出口活动进行严格监控。

——摘自《东南快报》2007年8月讯，记者张志鹏

在本书后面部分所述及的保税加工货物的监管制度当中，海关就是根据企业分类管理的不同，而有区别地实施相应的监管制度。

判断改错题

1. 对经审核不符合 AA、A、B 类管理条件且又不适用于 D 类企业管理类别的企业，海关实施 C 类管理。　　　　　　　　　　　　　　　　（　　）
2. 委托他人为自己进出口商品报关，直接代理报关和间接代理报关两种方式间可以任意自由选择其一。　　　　　　　　　　　　　　　　　（　　）
3. 报关单位是指依法在中国海关登记注册的法人或其他组织。　（　　）
4. 报关员注册的注销多数情况下是由于报关员违反了海关的规定。（　　）

思考题

1. 某单位（已有进出口经营权）负责人认为，自己虽然要进出口货物，但是并不需要去海关申请注册成为自理报关单位，因为届时即使要报关也只要付费委托一

家报关行为自己报关即可,你认为这种说法对吗? 为什么?

2. 一名普通的大专毕业生成为执业的报关员,要经过以下几个程序: ① 拿到报关员证;② 参加报关员资格全国统考;③ 被一家报关单位录用;④ 拿到报关员资格证书;⑤ 向海关提出申请注册为报关员。这些程序从左到右从前到后的顺序依次应该是怎样的?

第三章　部分海关监管法律制度

第一节　知识产权海关保护制度

链接

中国海关获全球"反假冒最佳政府机构奖"

全球反假冒组织于 2011 年 6 月 8 日"世界反假冒日"当天在法国巴黎举行颁奖仪式，向中国海关颁发了"反假冒最佳政府机构奖"，以肯定其在保护知识产权方面取得的成绩和公开透明的作风。中国海关总署是全球唯一获此奖项的政府机构。

中国海关自 1994 年开始在进出口环节展开知识产权保护工作以来，始终坚持不断完善知识产权海关保护相关制度，增进立法、执法工作的公开性与透明度，着力加大口岸执法力度，提高执法能力和水平，取得了很好的效果。海关总署署长于广洲称，"在今后工作中，海关总署将根据中央和国务院关于建设创新型国家的要求和《国家知识产权战略纲要》确定的目标和任务，在开展'双打'专项行动的成果的基础上，继续努力，不断推进中国海关知识产权海关保护工作"。

——摘自"人民网"2011 年 6 月 11 日讯

一、概述

（一）知识产权海关保护的含义和范围

知识产权海关保护是指海关在进出境的监督管理过程中，依法制止侵犯受国家法律和行政法规保护的知识产权的货物进出我国关境的措施。

WTO 的前身——关贸总协定的乌拉圭回合谈判结束时，达成了《与贸易有关的知识产权协议》(缩写为 TRIPS)，该协议规定，今后各缔约方的国内法律均应向该协议靠拢。协议要求促进对知识产权充分、有效的保护，同时保证知识产权的执法措施与程序不至于变成合法的障碍，并要求缔约国海关履行知识产权边境保护职能。

我国海关知识产权保护的对象有其特定的范围,保护的程序有其特殊性。经2010年3月修订过的《中华人民共和国知识产权海关保护条例》(本节以下简称《条例》)第2条规定:"本条例所称知识产权海关保护,是指海关对与进出口货物有关并受中华人民共和国法律、行政法规保护的商标专用权、著作权和与著作权有关的权利、专利权实施的保护。"这条规定的含义包括:

(1)与进出口无关的国内贸易货物即使侵犯知识产权,也不属于海关的执法范围。例如,在境内生产境内销售的侵权商品,主要依靠各地知识产权部门、工商行政管理部门等单位执法查处。但是,如果盗版侵权货物即将或正在进出我国口岸,那么堵截、执法就要依靠我国海关部门。

(2)个人携带进出境的个人自用合理数量范围内的物品,如果涉嫌侵犯他人知识产权,应不适用本条例。例如,某出境旅客身上穿的一件衣服是假冒名牌的,即使我国海关关员发现,也不能适用本条例规定执法。通常对于侵权行邮物品,海关采取"有限豁免"原则,仅在超出自用合理数量范围的情况下,海关才视同侵权货物。

(注:外国海关的规定与此不同,如法国机场海关人员也有权对可疑物品进行检查和鉴别,如确认为假冒商品可以立即没收,情节严重的还有可能被处以罚款。)

(3)虽受境外法律保护但不受中华人民共和国法律、行政法规保护的知识产权,我国海关不予保护。例如,被外国厂商在境外抢注的"六神"牌商标,贴有这种在境外恶意抢注到的商标的商品如果进出我国关境,不仅得不到中国海关保护,而且还可能会因为侵犯我国的合法商标持有人上海家化的商标权而被扣留。

此外,并非所有的知识产权都属于备案范围,可以向海关办理知识产权备案的仅限于商标专用权、著作权和与著作权有关的权利、专利权。除此以外的知识产权,如申请向我国海关备案,海关总署将不予受理。

根据我国有关法规,对于一些特殊标志,包括奥林匹克标志、世界博览会标志(包括会徽、会旗、口号等),已在海关总署备案,因此,也属于我国海关知识产权保护范围。

链接

知识产权海关保护涉及的各方

知识产权海关保护主要涉及海关、知识产权权利人、进出口货物收发货人等。知识产权权利人是知识产权的主体,可以是自然人,也可以是法人,在海关

备案的知识产权权利人并不要求必须有外贸经营备案或报关权。例如，"顶新"国际集团（天津）是"康师傅"方便面商标的知识产权权利人。

进出口货物收发货人在这里专指进出口涉嫌侵犯他人知识产权的货物的货主，其货物并不一定构成对他人知识产权的侵犯，具体结果要由海关等政府部门调查后才能确认。

海关在其中发挥的作用，主要是调查后对当事人（收发货人）进行处罚或移送公安机关，以及对于侵权货物（嫌疑）进出口的制止、扣留，和确认侵权后的没收、销毁货物等工作。

多数侵犯他人商标专用权的案例在我们日常生活中一般俗称"冒牌"，侵犯注册商标专用权的行为在客观上表现为销售或者经销侵权商品。

"盗版"是侵犯他人著作权的常见表现之一，无论是盗版书还是盗版软件，均系侵犯受相关知识产权法保护的软件著作权人财产权的行为。

仿造他人已注册了专利的产品实用新型等设计的，属于一种侵犯他人专利权的行为。

据统计，2007年我国海关查获侵犯商标专用权的进出口商品数量占到了整个查获的侵权货物的99%，价值占97%；侵犯专利权的商品数量所占比例不到1%，价值大约是2%；侵犯著作权的商品数量更少，数量和价值分别占的比例都不到1%，比例很少。海关查获的侵权商品，主要集中在服装、鞋类、箱包、香烟等商品类别里。其中，查获的假冒商品，无论批次、数量和案值都比较大。我国沿海地区口岸仍然是侵权货物的主要进出境地，因为查获的侵权货物中，大多数是以江海运输方式进出境的。

——主要数据引自龚正副署长 2008 年 4 月在
"海关保护知识产权新闻发布会"上的报告

（二）知识产权海关保护的一部分原则

知识产权海关保护应遵循的原则主要包括以下几方面。

1. 主动保护和被动保护相结合的原则

国外的海关实施知识产权保护，主要有以下两种类型：一种被称作"被动保护"，即如果知识产权权利人未提出保护申请，海关也不主动查缉；另一种被称作"主动保护和被动保护相结合"，即除了根据权利人的申请进行保护外，海关还会依职权主动查缉侵权货物。我国海关采用了"主动保护和被动保护相结合"的保护原则。

知识产权海关保护的两种模式

1. 海关的依职权保护模式（主动保护模式）

依职权保护模式通常以知识产权权利人将其知识产权向海关总署备案为前提。口岸海关在对进出口货物实施监管过程中发现货物有涉嫌侵犯在海关总署备案的知识产权嫌疑时，会中止放行货物，并立即书面通知知识产权权利人。知识产权权利人则应当在收到海关书面通知之日起3个工作日内，向海关提出扣留侵权嫌疑货物的申请并提供担保，海关据此会扣留相关货物。这是海关保护知识产权的主流模式。据统计，2007年，我国进出口侵权货物、物品案的查获方式以海关主动依职权查获为主，依权利人的申请扣留货物的（查实）案件不足1%。

假如海关通知权利人后，权利人未向海关提出扣留申请，海关不得继续扣留货物。

2. 海关的依申请保护模式（被动保护模式）

与海关发现涉嫌侵权货物不同，知识产权海关保护的依申请保护模式经常是因知识产权权利人发现有侵犯其知识产权嫌疑的货物即将进出口而启动的。权利人可以请求海关扣留侵权嫌疑货物，并提交申请书和担保。海关会据此扣留相关货物。

在这种模式下，权利人虽然可以直接向侵权嫌疑货物进出境地的海关申请扣留有关货物，不必事先进行备案。然而，权利人要单靠自己的努力和情报系统去"侦察"，显然是较困难的。

2. 担保与反担保相结合的原则

侵权嫌疑货物被扣留之后，进入查证阶段，一般会出现两种结果：一种是货物被确认侵权；另一种是被确认不构成侵权。如果属于后者，则错误扣留该批货物引起的仓储、保管、处置，以及收发货人因为迟交货（或收货）引起的违约等经济损失理应由申请扣留该批货物的知识产权权利人承担。因此，《条例》第14条规定："知识产权权利人请求海关扣留侵权嫌疑货物的，应当向海关提供不超过货物等值的担保，用于赔偿可能因申请不当给收货人、发货人造成的损失，以及支付货物由海关扣留后的仓储、保管和处置等费用……"

并且，担保制度在理论上，也可以有效地防止权利人滥用权利申请扣留商业竞争对手（收发货人）的货物，保护收发货人的合法权益。

反担保是对收发货人合法权益进行救济的一种制度，如果收发货人认为自己货物并未构成对他人专利权侵犯的,应向海关提出书面说明并附送相关证据,并可在向海关提供相当于进口货物 CIF 价或出口货物 FOB 价的担保金(注：在此不适用银行保函等其他担保方式)后,请求海关放行其货物,这被称作收发货人的"反担保"(反担保一般只适用于涉嫌侵犯专利权的货物)。

3. 海关不介入当事人之间的民事纠纷原则

海关对于侵权货物的查处,仅仅是对于侵权引起的行政违法行为(以及犯罪行为)进行查处,而对于权利人和收发货人之间的民事赔偿争议,海关作为行政机关而非司法机关,不予受理。

4. 保守商业秘密原则

《条例》第 6 条明确规定："海关实施知识产权保护时,应当保守有关当事人的商业秘密。"

（三）海关保护知识产权的作用

侵犯他人知识产权的货物进出口,不论这种侵权是某企业侵犯别国的另一企业知识产权,还是我国某企业侵犯国内另一企业/机构的知识产权,均会造成外商来华投资环境受破坏或我国出口商品声誉下降等不良后果,都是对经济的长远发展不利的。海关作为进出口的监督管理机关,具备这个有利条件,在进出口环节对知识产权实行保护。

案例链接

昆明海关查获 8 181 件冒牌货

2011 年 5 月的一天,勐腊海关驻澜沧江关累码头监管点值班关员接到某公司出口泰国的一票货物申报。申报出口商品名称为胶鞋(无牌)、高统防水鞋子(无牌)、手提包(无牌)、女式套头衫(无牌)。现场审单关员敏锐地意识到,货物虽然注明"无牌",但服装、鞋帽、手提包都属于高风险易侵权商品,随即下达三项紧急布控指令,要求查验！果然,查验关员在准备装船的车辆上首先查获了涉嫌侵权的假冒的 CROCS 沙滩鞋。经彻底查验,共查获涉嫌侵权的假冒LV 手提包、钱包、钱夹 977 个,CHANEL 手提包 99 个,PRADA 手提包 133个,GUCCI 手提包、钱包 197 个,CROCS 沙滩鞋 756 双,LACOSTE 服装、皮带270 件,Abercrombie & Fitch 服装 233 件。此外还有假冒 NIKE、KENWOOD、SONY、MOTOROLA、GIORGIO ARMANI、COACH、Wilson 等品牌的服装、手提包、鞋子、对讲机、游戏机等 4 006 件商品,共涉及在海关总署备案的知识产权 22 项。同时,还查获涉嫌盗版光盘 4 175 张。

　　5月19日,权利人法国路易威登马利蒂、法国拉科斯特股份有限公司派员到现场协助海关清点货物并进行侵权确认。该案件是勐腊海关在"全国打击侵犯知识产权和制售假冒伪劣商品专项行动"期间查获的第一起货运渠道侵犯知识产权案件。目前,勐腊海关已经依法对该批货物作暂扣处理。

　　　　　　——摘自"中国广播网"2011年5月25日讯,记者陈鸿燕

二、知识产权海关保护的主要程序

(一) 知识产权海关保护的备案

　　知识产权海关保护备案的申请应由知识产权权利人或其代理人向海关总署提出。海关总署(政策法规司知识产权保护处)是全国海关唯一受理知识产权保护备案的机构。权利人向海关总署提交了有关知识产权的名称内容等信息之后,全国各口岸海关就可立即了解到其知识产权的基本概况,有利于在地理范围上对知识产权进行较有效的全面保护。

链接

深圳某公司出口假冒上海世博会标志专有权商品被查获

　　2009年6月2日,深圳市某有限公司向上海海关申报出口柬埔寨一批牙刷货物。上海海关审单关员审核单证时,经过细致的风险分析发现几点问题:一是深圳的贸易公司跑到上海口岸来出口牙刷,存在一定的"买单"风险;二是牙刷历来是上海海关查获的高发侵权商品,而该批货物申报数量较大,风险较大;三是货物流向地为柬埔寨,侵权风险较高。综合上述因素,上海海关审单关员果断地对该批货物下达了"核查品牌"的布控指令。

　　6月3日,上海海关对该批货物进行查验。开箱后,发现牙刷外包装除了标有"JAGA"标识外,还标有上海世博会吉祥物海宝图形,根据以往的培训经验,查验关员知道该标识在海关总署备案系统中有记录,是明确列名受海关保护的世博标志,并且该批牙刷质量粗糙,集装箱内共计装有牙刷30 000把,价值人民币2.6万余元,单价人民币0.88元,侵权风险很高,在联系了权利人暨上海世博会事务协调局后,确认了该批货物侵权。

　　海关经调查认定,当事人出口货物上的海宝图案,事先未经上海世博会标志专

有权人许可,海关依法对当事人作出了没收侵权货物并处罚款的行政处罚决定。

——节选自"东方网"2010 年 4 月讯

修订后的《条例》允许未在总署备案的知识产权权利人向进出境地海关提出扣留侵权嫌疑货物的申请,并提交担保,海关便可扣留货物,而不再是必须事先在海关总署办理知识产权保护备案之后自己的知识产权才能受保护。但是备案的积极意义仍然是不容忽视的,申请备案的作用主要体现在以下几个方面:

（1）有助于海关发现和查处侵权货物。因为不向总署备案,则海关将无从知晓特定知识产权的名称、内容、特征、合法使用情况等,也就很难主动识别并扣留有侵权嫌疑的进出口货物。

（2）有助于对侵权的进出口企业、个人产生一定的震慑作用,使进出口侵权货物的违法行为有所收敛。

链接

保护知识产权,企业不能成为甩手掌柜

日前,天津机械进出口有限公司监控到河北省一家单位假冒"飞燕"商标对外出口,立即向天津海关申请重点布控。经过几天严密的监控,天津海关终于查获这批价值 5 万元的侵权产品。

一些人以为,只要将自己的知识产权向海关总署备案了,此后的查扣工作都是海关的。而天津机械进出口有限公司在跟海关的合作中得出一条经验:权利人必须主动加强与海关的联系配合,为海关执法提供有力支持,因为权利人作为利益所有者,对自己权利被损害的情况最为了解。

在申请知识产权海关保护备案后,天津机械进出口有限公司走访了侵权货物出口的重点口岸海关,介绍商标产品的特点、主要市场、出口旺季、侵权产品的产地及经海关查扣处罚的侵权单位名单,深化各口岸海关对出口商标产品的认知度。公司专门设立了法律部负责商标维权工作,并与业务部门定时沟通,了解品牌商品的市场销售情况,根据销售季节确定相应的维权重点区域,建立了嫌疑侵权产品产地和嫌疑侵权人的监控网络,实时向各口岸海关提出布控申请,大大提高了维权工作的针对性,也有助于节约海关执法资源,最大限度地降低对通关速度的影响。

——摘自"海关总署网站"2007 年 11 月 13 日讯

知识产权权利人向海关总署备案,应缴纳备案费。收费标准为每件备案 800 元人民币。海关总署应当自收齐全部申请文件(诸如知识产权权利证书、货物照片、商标图案等)之日起 30 个工作日内作出是否准予备案的决定并书面通知权利人,如不予备案,应说明理由。

备案应当自海关总署核准备案申请之日起生效。在知识产权本身继续有效的前提下,海关备案的有效期是 10 年(例如,假如某专利权在我国已失效,不再受有关法律、法规保护,则其在我国海关的备案亦同时失效),权利人可以在备案有效期届满前 6 个月内向海关总署申请"续展"备案,续展备案的有效期也是 10 年。

链接

授权他人用商标也应及时向海关备案

商标权利人未将获授权企业名单在海关备案,致使一些陌生面孔的"李逵"疑似"李鬼",在进出口环节遭遇海关的风险布控指令"拦截",给海关知识产权保护工作造成困扰,也给企业带来了麻烦。今年 8 月,湛江口岸就连续发现了 2 宗此类案例。

(注:授权使用商标最常见于 OEM 委托生产、代工等情形。)

据湛江海关介绍,2008 年 8 月 1 日,某企业向该关申报出口一批"Midea"牌电饭锅,涉嫌侵犯广东美的电器股份有限公司在总署备案的"Midea"商标专用权。湛江海关遂要求该企业补充申报知识产权状况,企业向海关提供了商标使用二次授权书。该海关法规部门联系到权利人后确认这批电饭锅使用的"Midea"商标是经权利人两次授权许可使用的,但许可使用信息未在海关总署备案系统登记。

同月 29 日,另一企业向湛江海关申报出口一批"Frigidaire"牌出口慢炖锅,涉嫌侵犯伊莱克斯家用产品公司在总署备案的"Frigidaire"商标专用权。该海关遂要求其补充申报知识产权状况,企业提供了商标使用的授权书。后经海关联系权利人也确认了该批慢炖锅使用的"Frigidaire"商标已获授权使用,但权利人(伊莱克斯公司)同样没有将授权许可信息在总署登记备案。

对这两批权利人许可使用但未登记备案的出口货物,湛江海关依法给予了放行,并要求相关权利人按知识产权海关保护规定尽快将许可使用情况向总署申请登记备案。

目前,海关在查验过程中核实进出口货物是否涉嫌某品牌侵权时,一般是通过海关内部网络上的知识产权备案系统来核查该品牌权利人是否授权给货主。如果属于已经授权的企业则没有问题,如果发现是未授权企业则要通过海关法规部门联系权利人核实情况。因此,拥有受海关保护的知识产权权利人应及时申请更新授权企业资料来配合海关查验。

权利人未将被许可使用人情况向海关备案,不仅浪费海关行政资源,也给企业带来麻烦。特别是大量的国外企业委托国内企业加工生产,授权企业使用其知识产权的情况较为普遍的情况下,不及时更新备案信息,无异于在进出口环节自设路障,当海关根据品牌的备案信息进行风险布控时,来历不明的"李逵"也就被当作"李鬼"拦截。虽然海关在收到权利人的授权证明后,还是会对货物予以放行,但随之而来的却是通关速度的减慢和企业成本的增加。

对于在海关调查期间货物滞留导致的额外费用,被授权人有权向权利人提出赔偿要求,权利人也有义务将获得授权的企业信息在海关备案。

据湛江海关法规部门介绍,更新备案信息非常简便。已在总署备案知识产权的权利人或代理人,利用电脑进入海关总署备案系统经过密码认证后即可自行维护,即使大量的备案信息频繁更新也可轻松完成。

——主要内容摘自"在线国际商报"网站 2008 年 9 月 8 日讯及
《法制日报》2005 年 8 月讯

(二) 扣留侵权嫌疑货物的申请及其处理

有侵权嫌疑的货物进出口,不论是知识产权权利人发现的还是海关工作人员发现的,也不论相关货物侵权特征是何等明显,知识产权权利人如果要想让海关扣留这批货物,均须先向海关提供担保。

相应担保金额的标准是:

主动保护模式下,权利人要求海关扣留侵权嫌疑货物的,按货值高低适用不同标准:

(1) 货物价值不足人民币 2 万元的,提供相当于货物价值的担保。

(2) 货物价值为人民币 2 万~20 万元的,提供相当于货物价值的 50% 的担保,但担保金额不得少于人民币 2 万元。

(3) 货物价值超过人民币 20 万元的,提供人民币 10 万元的担保。

被动保护模式下,权利人请求海关扣留侵权嫌疑货物,应当提供相当于货物价值的担保,并提供能够证明侵权事实明显存在的证据。

实行担保制度的依据在于:如果最终海关等部门调查结果显示有关货物并未侵犯权利人的知识产权,则海关当初在理论上扣留这批货物就是错的,海关须从权利人提交的这笔担保当中拨付给收发货人一定数额,以弥补收发货人延误进出口的损失。另外,海关扣留有关货物必然产生的仓储、保管、处置费用,也是担保金的一部分(当然此部分如果权利人另行付清,则可不从担保金当中扣除)。在理论上,可以有效地防止权利人滥用权利,保护收发货人的合法权益。

经海关同意,知识产权权利人可以向海关提供总担保。总担保只限于知识产权权利人在一定时间内因接到海关发现侵权嫌疑货物通知,根据有关规定,多次向海关提出扣留涉嫌侵犯其已在海关总署备案商标专用权的进出口货物申请的情形。

总担保金额不得低于人民币 20 万元。自海关总署核准其使用总担保之日起至当年 12 月 31 日止的期间内,知识产权权利人请求境内各海关扣留侵权嫌疑货物,无需再向海关提供担保。

如果权利人逾期仍不提交担保,则海关不得继续扣留嫌疑货物。

链接

权利人提交担保金的必要性

广东省江门海关查获一起涉嫌侵犯国内某知名调味品商标的侵权案件,但因被侵权商标"大厨"的权利人不愿向海关缴纳保证金,因而自动放弃海关保护。这是该海关今年处理的第二宗该类案例。

据悉,7 月 22 日,广东新会市某对外贸易公司向江门海关申报出口标有"大厨"商标的调味粉一批,总价值 1.2 万美元。经查,这批货物涉嫌侵犯"大厨"商标专用权。江门海关按照新的《知识产权海关保护条例》规定,通知"大厨"商标权利人,要求其 3 日内对该批涉嫌侵权的货物进行确认,并提交 5 万元担保金,但"大厨"权利人并未按规定在 3 日内提交申请和担保金,江门海关遂将该批调味料作放行处理。该关向"大厨"商标权利人代理律师侧面了解放弃保护的原因,代理律师称权利人已确认该批调味料是未授权产品,但不愿向海关缴纳 5 万元的担保金,所以放弃海关保护。

据海关法规部门负责人介绍,知识产权侵权案件多出现在出口环节,国内知识产权权利人一般比较重视知识产权在地方的注册或授权,而往往忽略了海关边境保护的重要作用。因此,海关呼吁知识产权权利人应从保护企业品牌的国外市场占有率出发,积极配合海关保护知识产权。

——摘自《中国知识产权报》www.sipo.gov.cn

需要注意的是:在这里,收发货人也不是完全被动的,收发货人认为自己货物

并未构成对他人专利权侵犯的,应向海关提出书面说明并附送相关证据。并可在向海关提供相当于进口货物 CIF 价或出口货物 FOB 价的担保金后,请求海关放行其货物,这被称作收发货人的"反担保"。

反担保原则上只适用于涉嫌侵犯专利权的货物,对涉嫌侵犯商标专用权、著作权、奥林匹克标志专用权以及世博会标志专用权的货物不适用反担保放行。

链接

知识产权滥用行为集中在专利权领域

中国社会科学院知识产权中心教授李明德对"知识产权滥用"这一命题提出了异议:"'知识产权滥用'是一个模糊命题。我国知识产权法律体系主要是由著作权法、专利法、商标法和反不正当竞争法所构成。就著作权、商标权和制止不正当竞争的权利而言,基本不存在滥用的可能性,只有涉及专利权时,才可能发生滥用的问题。由于定义模糊,也就几乎不存在对滥用知识产权行为进行立法限制的必要,现阶段我国更应该注重对于知识产权的保护。"

此前,"DVD 专利池"等知识产权案件引起了社会各界的强烈反应,这些都是因为对专利权合理使用的理解存在差异而引发纠纷的典型案例。"专利权的保护方式,造成了权利滥用的可能性。"李明德一语中的。

李明德进一步解释了可能造成专利权滥用的原因:"专利权所覆盖的技术发明,是一种技术方案或者技术信息。专利权人对于该项技术发明所享有的权利是一种排他性的权利。按照这种保护方式,专利权人提出专利申请并获得授权以后,他人即使独立开发了同样的技术,花费了大量的人力、物力和财力,也不得进行商业性使用。甚至是那些率先做出发明但没有申请专利的人,使用该项技术时也会受到种种限制。这样一来,当某一种产品或者某一个产业必须依赖一项专利技术时,就不得不寻求该专利权人的许可。同样,如果专利权人拒绝许可,或者在发放许可的时候提出不合理的要求,就会形成对于专利权的滥用。"

"尽管专利权存在被滥用的可能性,但并非像很多人设想的那样严重。"李明德对于现阶段我国是否普遍存在专利权滥用情况给予了评价。同时,他向记者介绍道,我国专利局在审查有关的技术发明是否符合新颖性、创造性和实用性的时候,主要是从技术发展的角度考虑。至于一项技术发明获得专利权以后,能否为权利人带来经济利益,则是由市场决定的另外一个问题。从这个意义上说,只有那些具有市场价值,可以制造出市场需求产品的专利技术,才存在权利人滥用的可能性。一般认为,能够制造出市场所需产品的专利技术,大约占整个专利技术的 5% 甚至更少。即使加上跨国公司交叉许可的专利技术，具有市场价值的专利技术，在整个专利技术中所占的比例也不会超过 10%。

——节选自"中国贸易新闻网"2008 年 3 月 21 日新闻

（三）海关调查和处理

主动保护模式下，通常海关应当自扣留之日起 30 个工作日内对被扣留的侵权嫌疑货物是否侵犯知识产权进行调查、认定；不能认定的，应当立即书面通知知识产权权利人。

海关对被扣留的侵权嫌疑货物进行调查，请求知识产权主管部门提供协助的，有关知识产权主管部门应当予以协助。

海关对被扣留的侵权嫌疑货物及有关情况进行调查时，知识产权权利人和收货人或者发货人应当予以配合。

海关对于侵权嫌疑货物的处理方式大体归纳为两种：放行或没收。对于有关当事人的处理包括罚款等行政处罚和向公安机关移送涉嫌犯罪的案件等。

1. 放行货物

（1）主动保护模式放行的情形。在主动保护模式下，知识产权权利人在收到海关书面通知之日起 3 个工作日内出现下列情形之一的，海关将立即放行货物：① 未提供相应担保的；② 权利人认为货物没有侵权的；③ 权利人不申请要求海关扣留有关货物的。

经 30 个工作日的调查，如果海关不能认定被扣留的确侵权嫌疑货物是否侵犯他人知识产权并通知权利人启动司法程序后，自扣留之日起 50 个工作日内未收到人民法院要求海关协助执行有关裁定的通知的，海关应当放行货物。

（2）被动保护模式放行的情形。在被动保护模式下，海关扣留货物后，海关并不对货物的侵权状况进行调查。权利人应当向法院申请采取责令停止侵权行为，或实施财产保全的措施，如果出现下列情形之一的，海关应当放行货物：① 自扣留之日起 20 个工作日内海关未收到人民法院协助执行的通知的；② 涉嫌侵犯专利权货物的收货人或者发货人在向海关提供与货物等值的担保金（反担保）后，请求海关放行其货物的（但涉嫌侵犯商标权的货物不能申请放行）；③ 海关认为收货人或者发货人有充分的证据证明其货物未侵犯知识产权权利人的知识产权的。

2. 没收货物

被扣留的知识产权嫌疑货物，经海关调查后认定侵犯知识产权的，由海关没收。海关没收侵犯知识产权货物后,应当将侵犯知识产权货物的有关情况书面通知知识产权权利人。

海关总署解读依法拍卖没收的侵权货物的公告

海关总署日前对《海关总署关于依法拍卖海关没收的侵权货物的公告》(公告〔2007〕16号)进行解读。

(1) 没收的侵权货物是否可以拍卖?

根据《中华人民共和国知识产权海关保护条例》(以下简称《知识产权海关保护条例》)第27条的规定,被没收的侵犯知识产权的货物无法用于社会公益事业且知识产权权利人无收购意愿的,海关可以在消除侵权特征后依法拍卖。

将侵权货物进行变卖和拍卖,是从我国国情出发考虑的。它有利节约,防止浪费,防止环境污染。由于变卖和拍卖货物时,必须清除侵权标识,保证不给权利人造成损害。有关国家的法律也有类似规定,如美国《关税法》第133章第133.52节的规定,海关对于没收后超过90天的货物,如果不能移交给有关政府部门或赠送给福利机构,可以公开拍卖。

(2) 侵权货物被拍卖前要符合哪些条件?

这就是此次公告中明确的内容,侵权货物被拍卖前应符合两个条件:一是完全清除有关货物以及包装的侵权特征,包括清除侵权商标、侵犯著作权、侵犯专利权以及侵犯其他知识产权的特征。对不能完全清除侵权特征的货物,应当予以销毁,一律不得拍卖。二是海关拍卖侵权货物前应当征求有关知识产权权利人的意见。

明确这两点,可以更好地规范海关拍卖侵权货物工作,增加海关执法的透明度,保障知识产权权利人的知情权。

(3) 海关对没收的侵权货物有哪些处理方式?

根据《知识产权海关保护条例》的规定,海关对侵权货物的处置方式主要有:① 转交给有关公益机构用于社会公益事业;② 知识产权权利人有收购意愿的,海关可以有偿转让给知识产权权利人;③ 被没收的侵犯知识产权货物无法用于社会公益事业且知识产权权利人无收购意愿的,海关可以在消除侵权特征后依法拍卖;④ 侵权特征无法消除的,海关应当予以销毁。

海关将一部分可以用于社会公益事业的侵权货物转交给有关公益机构用于社会公益事业,主要是考虑到我国目前各地区之间经济发展状况十分不平衡,还有很大一部分人生活在贫困线以下。海关将没收的侵权货物用于社会公益事业，既可以帮助贫困者解决生活生产中遇到的困难，又可以节约社会资源，避免浪费。为了保证侵权货物不以任何形式流入商业渠道，海关总署还与中国红十字会总会签订了合作备忘录，对红十字会系统分发用于社会公益事业侵权货物作出了严格的规定，保证了捐赠活动的合法性、有序性、有效性，保证在不损害权利人的利益的前提下做到"物尽其用"。

考虑到权利人有权处置自己的权利，所以，如果权利人愿意收购海关没收的侵权货物，海关可以有偿转让给知识产权权利人。

如果侵权货物不适合捐赠，且权利人也没有收购意愿，那么，海关可以在清除侵权标识后进行拍卖，这也是从节约资源的角度考虑的。但对进口假冒商标货物，除特殊情况外，不能仅清除货物上的商标标识即允许其进入商业渠道。

如果侵权货物不能以上述方式进行处置的，那么海关就必须销毁侵权货物。

——摘自"海关总署网站"2007 年 11 月 23 日讯

海关没收的货物范围只限于由海关认定侵权的部分货物，不包括海关协助法院执行部分的货物。

三、进出口侵权货物的法律责任

1. 行政责任

进出口侵犯知识产权货物的行为，首先是一种行政违法行为，《海关法》第 91 条规定，进出口侵犯中华人民共和国法律、行政法规保护的知识产权的货物的，由海关依法没收侵权货物，并处以罚款。

2. 刑事责任

《知识产权海关保护条例》第 26 条规定，海关实施知识产权保护发现涉嫌犯罪案件的，应当将案件依法移送公安机关处理；第 30 条规定，进口或者出口侵犯知识产权货物，构成犯罪的，依法追究刑事责任。

3. 民事责任

知识产权权利人可依法就收发货人进出口的货物侵犯其知识产权为由向法院起诉，要求收发货人承担民事责任，赔偿损失。

4. 对知识产权状况申报不实的责任

海关认为必要的时候，可以要求收发货人在办理进出口货物的海关手续时，就货物的知识产权向海关补充申报,如果收发货人及其代理人未按规定向海关如实申报,或者未提交合法使用有关知识产权的证明文件的,根据《海关行政处罚实施条例》,海关可处以人民币5万元以下罚款。

第二节 海关事务担保制度

一、海关事务担保的含义

海关事务担保是指与进出境活动有关的公民、法人或者其他组织在向海关申请从事特定的进出境经营业务或者办理特定的海关事务时,经海关同意,以向海关提交货币、保函等方式,保证在海关规定的期限内履行其承诺的义务或者承担相应责任的法律行为。

涉及海关事务担保的业务有很多,如办结海关手续前,货物的收发货人因商品归类、估价暂时无法确定等原因要求海关放行货物,应向海关提供相应的担保后,海关才可能放行。又如,大多数暂时进出口货物的申报通关、申请扣留或放行涉嫌侵犯知识产权的进出口货物的,以及有关部门初步裁定倾销、补贴成立,要求进口人提供担保的等。

建立海关事务担保制度是解决简化手续、加速通关与严密监管、防范风险这一对海关管理矛盾的有效方法之一,特别是在当前海关担负着既要加大查处走私案件力度、维护国家利益,又要便利守法企业、促进贸易效率的双重任务的情况下,建立和完善海关事务担保制度显得尤为必要。

海关事务担保制度对进出境活动的当事人也将产生较强的制约作用,促进企业守法自律,按时履行其承诺的诸如补充单证、补缴税款、按规定进出口当事人等义务。

《海关法》和《中华人民共和国海关事务担保条例》等法规是海关事务担保的执法依据。需要指出的是,海关事务担保不是民事担保,而是行政担保。

链接

适用海关事务担保的情形

适用海关事务担保的主要包括以下三种情形。

(一)担保放行的情形

(1)进出口货物的商品归类、完税价格、原产地尚未确定的。

(2)有效报关单证尚未提供的(但国家对进出境货物、物品有限制性规定,应当提供许可证件而不能提供的除外)。

（3）在纳税期限内税款尚未缴纳的。

（4）滞报金尚未缴纳的。

（5）其他海关手续尚未办结的（但法律、行政法规规定不得担保的其他情形，海关不予办理担保放行）。

（二）特定业务提供担保的情形

（1）运输企业承担来往内地与港澳公路货物运输、承担海关监管货物境内公路运输的。

（2）货物、物品暂时进出境的。

（3）货物进境修理和出境加工的。

（4）租赁货物进口的。

（5）货物和运输工具过境的。

（6）将海关监管货物暂时存放在海关监管区外的。

（7）将海关监管货物向金融机构抵押的。

（8）为保税货物办理有关海关业务的。

（三）海关强制收取担保的情形

（1）进出口货物的纳税义务人在规定的纳税期限内有明显的转移、藏匿应税货物以及其他财产迹象的。

（2）海关在调查违法行为过程中，有违法嫌疑的货物、物品、运输工具无法或者不便扣留的。

（3）受海关处罚的当事人或者其法定代表人、主要负责人在未缴清罚款、违法所得和依法追缴的货物、物品、走私运输工具的等值价款前出境的。

（4）海关稽查中对有违法嫌疑的货物无法或者不便封存以及需追征、补征税款的。

（5）法律、行政法规规定应当收取担保的其他情形。

二、海关事务担保的担保人

《海关法》第 67 条规定，具有履行海关事务担保能力的法人、其他组织或者公民，可以成为担保人。法律规定不得为担保人的除外。对于担保人而言，其履行义务的能力主要表现为拥有足以承担担保责任的财产。

担保人应当在担保期限内承担担保责任。被担保人的某些特殊义务，如向海关提供有效单证等，并不因担保人承担了担保责任而归于消灭，被担保人仍需办理有关的海关手续。被担保人如期履行海关义务的，担保人的担保责任依法予以解除，海关应当及时退还担保金，办理销案手续。例如，当事人已经履行有关法律义务或者海关依法收取担保的情形不再存在的，海关应当及时通知担保人办理财产或权利凭证退还手续。

被担保人在规定期限内未能全面、正确地履行其承诺的义务的，担保人即应承担相应的责任，包括税款、利息、相关费用，甚至罚款等。

链接

担保人和被担保人

担保人和被担保人可以是同一人（法人），也可以是不同的人。例如，某商业银行为 A 公司出具保函，商业银行是担保人，A 公司是担保的受益方，是被担保人。

下列法人、其他组织或者自然人不得作为担保人：

（1）国家机关（包括央行）。

（2）以公益为目的的事业单位、社会团体（如公办学校、医院等）。

（3）企业法人的职能部门、无法人书面授权的分支机构。

（4）法律、行政法规规定不得作为担保人的法人、其他组织或者自然人，如无民事行为能力的人不能作为担保人。

三、海关事务担保的方式

《海关法》第 68 条规定，担保人可以下列财产、权利提供担保：

（1）人民币、可自由兑换货币。

（2）汇票、本票、支票、债券、存单。

（3）银行或者非银行金融机构的保函。

（4）海关依法认可的其他财产、权利。

可自由兑换货币是指国家外汇管理局公布挂牌的可作为国际支付手段的外币现钞。

按照本条的规定，担保人可以银行或者非银行金融机构的保函提供担保。保函是由担保人按照海关的要求向海关提交的、由银行或者非银行金融机构签发的、订有明确权利义务的一种担保文件。

保函是以保证人的信誉和不特定的财产为他人债务提供担保，保证人应当是具有债务清偿能力的第三方，它依赖于银行或者非银行金融机构（另外还包括中国国际商会等机构）的信用，具有一定的可靠性，因此也是一种适合作为担保物的担保方式。保函的签发者有限制性规定,如一家制造型企业自己为自己出具的保证函,由于没有推定可靠的履行能力作保证,是不能作为担保的方式的。

关于担保方式的适用优先规则,海关规定了20多种情形(涉及加工贸易、货物暂时进出境、知识产权保护等)必须用担保资金申请担保,除此以外的情形可以用保函方式申请担保。

四、不得进行担保的情形

(1)国家对进出境货物、物品有禁止性、限制性规定,应当提供许可证件而不能提供的。

(2)法律、行政法规规定不得担保的其他情况。

五、担保财产的处理

除银行或非银行金融机构出具的保函外,当事人提供的作为担保的财产一般要交付海关保存,处于海关的实际掌控之下。这些担保财产的最终去向,取决于海关对案件的处理结果以及当事人对海关决定的执行情况。

如果经调查排除了涉案货物、物品或运输工具的违法嫌疑,海关应当及时解除担保,将担保财物发还当事人。

如果海关经调查审理认定当事人违法行为成立并作出行政处罚决定,当事人按期履行处罚决定、办结货物的海关手续的,或者当事人按时履行了义务的,海关应当及时解除担保,发还担保财物。

如果当事人逾期拒不履行义务或已经发生法律效力的行政处罚决定,海关可依法强制执行当事人的担保财物。

链接

没有缴清罚款就不能离境吗

某企业是一个专门从事道路施工的内地与香港合资机械施工公司,2003年4月从澳大利亚免税进口了4台用于高速公路施工的挖掘机。由于工程进展迅速,2004年11月工程进入施工尾声,挖掘机无法派上用场。该机械施工公司未经海关同意,便将上述4台挖掘机用于抵押公司拖欠银行的贷款,后被海关发现。2005年1月29日,海关依据《海关法》《海关行政处罚实施条例》的有关规定,对其作出了罚款30万元的处罚决定。该公司法定代表人是一林姓香港客商,处罚决定下达之后,适逢春节,公司没有提出复议、诉讼请求,也没有缴纳罚款。林某即准备回香港过年,在其从罗湖口岸出境时,被中国边检人员拦控,理由是他所在的公司因为还没有缴清海关的罚款,而暂时不能出境。

因为违反《海关法》,被海关处罚是企业今后要吸取的教训,应当自觉接受海关处罚,履行处罚所确定的义务。当然,对处罚不服,也可以依法向上级海关申请复议或者向法院提起诉讼。但是,不及时履行处罚决定是海关法律所不允许的。

当事人要么缴清罚款、违法所得等值价款,要么向海关提供相当于上述款项的担保。林某不是不能回家过年,他要么缴清了罚款,要么以相当于 30 万元罚款的物做担保,就可以与家人欢聚春节了。否则,海关可以要求有关机关(出入境管理局)限制其离境。

——摘自"海关总署网站"2007 年 5 月文章

六、可免除担保的情形

当事人连续 2 年同时具备下列条件的,可以向直属海关申请免除担保,并按照海关规定办理有关手续:

（1）通过海关验证稽查。

（2）年度进出口报关差错率在 3％以下。

（3）没有拖欠应纳税款。

（4）没有受到海关行政处罚,在相关行政管理部门无不良记录。

（5）没有被追究刑事责任等。

当事人不再同时符合上述规定条件的,海关应当停止对其适用免除担保。

其他关于海关事务担保的知识如总担保、担保变更、生效、期限、销案等,限于篇幅,在这里就省略了,有兴趣的读者可以参阅中国海关出版社出版的最新教材。

第三节　海关稽查制度

链接

海关执法范围的延伸

在常人的眼中,作为"把守国门"队伍中的海关人员,其工作执法范围似乎只限于港口码头、机场等口岸监管区。但实际上并非这样,海关的行政监管工作并不是只集中在通商口岸的狭小空间和通关短暂时间的模式。

为了监督进出口活动的真实性和合法性,海关有权在一定时期内派员进入被列为稽查对象的企业、单位实施稽查。有许多和企业有关的海关事务都是稽查后得出的结果,如海关对企业的分类管理、向企业补征以前漏征的税费款项等。

一、海关稽查的含义

根据《海关法》第45条的规定,海关稽查是指自进出口货物放行之日起3年内或者在保税货物、(特定)减免税进口货物的海关监管期限及其后的3年内,对被稽查人的会计账簿、会计凭证、报关单证以及其他资料(以下统称账簿、单证等有关资料)和有关进出口货物进行核查,以监督被稽查人进出口活动的真实性、合法性和规范性。

海关实施稽查的法律、法规依据包括现行《海关法》、《中华人民共和国海关稽查条例》(以下简称《海关稽查条例》)、《〈中华人民共和国海关稽查条例〉实施办法》(以下简称《〈海关稽查条例〉实施办法》)等。

二、海关稽查的对象

海关稽查的对象有其特定的范围,并不包括所有社会企业。根据《海关稽查条例》第3条的规定,海关对下列与进出口活动直接有关的企业、单位实施海关稽查:

(1)从事对外贸易的企业、单位,包括在国家主管部门备案,具有进出口经营权的专业外贸公司、工贸公司、科贸公司和其他具有进出口业务经营权的企业、单位。

(2)从事保税加工业务的企业,包括承接来料加工装配业务的企业,承接进料加工业务项下的加工、生产业务的企业等。

(3)经营保税物流与仓储业务的企业,包括经营保税仓库、保税物流中心的企业等。

(4)使用或者经营减免税进口货物的企业、单位,包括三资企业、使用减免税进口物资的科研教学机构等。

(5)报关企业,包括专业报关行、有报关权的国际货代公司等。

(6)海关总署规定的从事与进出口活动直接有关的其他企业、单位,如从事境内转关运输业务的运输企业等其他报关活动相关人。

三、稽查的内容

海关稽查开始后,将有针对性地稽核与进出口活动有关的单位的账册、进出口文件单证等商业记录,并实地查对有关进出口货物的使用情况和实际去向。具体内容包括:

(1)被稽查人的会计账簿、会计凭证、会计报表和其他会计资料。

(2)被稽查人的进出口报关单证、合同以及其他有关资料。

(3)有关进出口货物的购买、销售、加工、使用、损耗和库存情况的书面资料。

在此基础上,海关对被稽查的企业、单位的守法状况作出评价,或对经查实的违法行为依法进行相应处理。

四、稽查程序简述

(一)稽查通知环节

海关在实施稽查 3 日前,应当制发《海关稽查通知书》书面通知被稽查人。

链接

关于径行稽查

有下列情况之一的,经海关关长批准,海关可以不经事先通知,径行对被稽查人实施稽查:

(1)被稽查人有重大违法嫌疑的。

(2)被稽查人的会计账簿、会计凭证、会计报表、会计电算化资料、报关单证等有关资料及进出口货物可能被擅自转移或毁弃的。

(3)情况特殊海关认为有必要的。

径行稽查时,仍应当制发《海关稽查通知书》。

被稽查人收到稽查通知书后,将副本加盖被稽查人的印章并由法人代表签名后交回海关。

(二)稽查实施环节

海关实施稽查应组成不少于 2 人的稽查组。若被稽查人有正当理由提出认为组内的海关稽查人员可能由于正当执法以外的其他利害关系而作出对被稽查单位不利的执法结果的,可以对海关工作人员提出回避申请。但在海关作出回避决定前,有关海关工作人员不停止执行稽查任务。

海关进行稽查时,被稽查人应当配合海关稽查工作,不得拒绝、拖延、隐瞒。其法定代表人或者主要负责人或其指定代表应当到场,如实反映情况,并提供必要的工作条件。与被稽查人有财务往来或者其他商务往来的企业、单位应当配合海关工作人员执行公务,如实反映被稽查人的有关情况,提供有关资料和证明材料。

海关工作人员查阅、复制被稽查人账簿、单证等有关资料时,被稽查人应当按海关要求提供并协助清点。被稽查人实行会计电算化管理的,还应当向海关提供记账软件、使用说明书及其他有关资料。若被稽查人所在地不具备查阅、复制工作条件的,经被稽查人同意,海关可以在其他场所查阅、复制。海关需要异地查阅、复制时,应当填写《账簿单证调审单》,由双方清点、核对后在《账簿单证调审单》上签字、盖章。

海关进行稽查时,发现被稽查人有违反《海关法》和其他有关法律、行政法规行为的,可以扣留被稽查人的账簿、单证等有关资料和进出口货物。如发现被稽查人有可能转移、隐匿、篡改、毁弃账簿、单证等有关资料的,经海关关长批准,可以暂时封存被稽查人的账簿、单证等有关资料(经稽查排除违法嫌疑的,应当立即解除封存,并制发《解除封存通知书》)。

（三）稽查报告与结论的出具

稽查组实施稽查后,应当向海关提出稽查报告。稽查报告报送海关前应当征求被稽查人的意见。被稽查人应当自收到稽查报告之日起 7 日内提出书面意见送交海关。逾期未提交的,视为无意见。海关在收到稽查报告之日起 30 日内作出《海关稽查结论》并送达被稽查人。

链接

海关稽查方法

海关稽查的方法包括查账法、调查法、盘存法、分析法等,这些方法往往有机地组合使用而非单一地应用其中一种。

需要注意的是,海关稽查只是海关鉴别被稽查人进出口相关活动是否真实合法的一种手段和方法,即使对于稽查中发现并查实的需补征税款事宜或被稽查人存在的违法行为,也均在稽查后作出"海关稽查结论"然后由有关部门依法处理,而不能在稽查的同时便由稽查组决定并执行处罚。

五、被稽查人的权利和义务

（一）被稽查人的权利

被稽查人有充分权利以保证其正当权益不受海关稽查中可能出现的非法行为的侵害。其主要权利包括：

（1）要求被告知的权利。被稽查人可以要求海关在实施稽查3日前以书面形式通知其稽查的有关事项，但法律规定有可以实施径行稽查的情形除外；被稽查人还可以要求海关在做出稽查结论前，告知稽查报告的内容。另外，在海关决定对在稽查中发现的有关被稽查人违反法律规定违法行为进行处罚前，被稽查人有权要求海关履行必需的告知程序。

（2）陈述和申辩的权利。被稽查人在海关实施稽查后做出稽查结论前，有权对海关的稽查报告陈述自己的意见，提出不同的看法。海关应对被稽查人提出的意见进行认真研究、核实，必要时可以对有关事实进行复查，并重新做出稽查报告，再征求被稽查人的意见。

海关认为，被稽查人违反法律、行政法规和规章的，被稽查人有权对自己是否存在违法行为的事实和证据，进行辩解，提供反证。

（3）要求进行国家赔偿的权利。海关在实施稽查过程中，如因违法行使职权侵犯被稽查人的合法权益，造成其物质利益损害的，被稽查人有权依法要求海关进行赔偿。

（4）要求海关按照法定程序进行稽查的权利。海关在进行稽查时，被稽查人有权要求稽查人员按照法定的稽查程序实施，对稽查人员不按照法定程序进行稽查或者执行与海关稽查业务无关的事务的，被稽查人可以拒绝配合和协助。

（5）揭发检举海关工作人员在稽查中出现的玩忽职守、徇私舞弊等违纪、违法行为的权利。

（二）被稽查人的义务

海关稽查时被稽查人应履行的义务主要是被稽查人对海关工作的配合，除了在稽查程序中提及的义务外，还包括：

（1）向海关提供必要的工作条件，如提供工作场所，允许稽查组人员使用本单位的电脑、通讯、复印等设备，安排有关人员接受海关询问等。

（2）稽查组到被稽查人的生产经营场所、货物存放场所检查时，被稽查人的法定代表人或者主要负责人或者指定的代表应当到场，并按照海关的要求开启货物存放场所、搬移货物以及打开货物包装等。

（3）被稽查人应按照稽查期限保管本单位以前的进出口报关单证、合同及其他有关资料。

六、法律责任

根据《海关稽查条例》的规定,被稽查人有以下行为之一的,应当承担法律责任并接受处罚:① 向海关提供虚假情况或者隐瞒重要事实的;② 拒绝、拖延向海关提供账簿、单证等有关资料的;③ 转移、隐匿、篡改、毁弃账簿、单证等有关资料的;④ 被稽查人未按照规定设置或者编制账簿、单证等有关资料的。

法律责任包括:① 海关制发"限期改正通知书"责令被稽查人限期改正;② 如限期内不改正,处 1 万元以上 5 万元以下罚款;③ 取消被稽查人的报关资格;④ 对负直接责任的主管人员和其他直接责任人处 1 000 元以上 5 000 元以下罚款。上述处罚可以并处。

链接

深圳皇岗海关稽查破获 350 余万元低瞒报价格案件

2010 年 5 月,皇岗海关在对深圳市龙岗区某制品厂进口的研磨粉、碱性清洁液等商品价格进行技术分析时,发现其申报进口的商品价格竟然长期保持不变,与市场行情波动较大的情况不符,而且价格明显偏低,有悖常理。稽查部门的关员经过讨论和分析,怀疑其中存在低瞒报价格进口的重大风险。

经办关员调查发现,该厂的境外供料商为香港 A 公司(A 公司为日本 B 公司的全资子公司),自身没有独立核算的财务部门,所有财务核算均由香港 A 公司汇总进行。需要生产时,该厂将需求告知 A 公司,再由 B 公司采购后通过 A 公司转给该厂。表面上,该厂的管理相对规范、生产井井有条,企业负责人也积极配合。

调查该厂财务、采购、业务等部门的经办关员均未发现线索,难道真无问题?这时,调查报关部门的关员从部门负责人的电子邮箱内搜索到一些名称古怪的邮件,点击一看,原来是 B 公司出具给香港 A 公司的发票、装箱单等原始贸易单证的电子版。经办关员乘胜追击,最终在厂内查获 A 公司做账用海关缴税凭证复印件数份,案件的突破口摆在了关员眼前。

但让经办关员纳闷的是,如果以原始贸易单证价格为准,查获税单复印件价格为真实价格的 70%～80%,但该厂实际申报价格却仅为真实价格的 20%～30%。出现了两个不同的瞒报价格,这是怎么回事?

经过深入调查发现,该厂采用的是报关员先现金缴税、后凭单报账的管理方式,且香港 A 公司仅负责做账,又很少核账。在贪婪的驱使下,该厂管理者授意按原价 70%～80%报关,而负责的报关员更为"大胆",竟按原价 20%～

30％报关,然后制作虚假缴税凭证蒙骗单位钱财,赚取差额、监守自盗。

2010年12月初,经海关最终计核,该厂涉嫌低瞒报价格走私,案值人民币350余万元,涉嫌偷逃税款人民币70余万元,该厂报关员作为重要嫌疑人被缉私部门依法逮捕,等待不法分子的将是法律的严厉制裁。

——摘自"中国广播网"2010年12月9日讯,记者李强

七、海关稽查的意义

现实中,海关对于很多违反海关监管规定的行为以及后续走私行为等都是通过稽查查获的,如对于特定减免税进口货物的单位的固定资产会计账户的检查(有无销出特定减免税进口固定资产的会计记录等)。

海关通过直接作用于被稽查人(企业、单位)的稽查活动,使原有的海关监管时间、空间得到了大范围的延伸和拓展。稽查的直接目的是通过对被稽查人的会计资料、报关单证及其他有关资料和进出口货物的稽核,监督、检查被稽查人进出口活动的真实性、合法性和规范性;根本目的是通过有计划、分步骤的稽查,是全面规范企业的进出口行为,提高进出口企业守法自律意识,防范和减少企业违法行为的发生,从而提高通关效率,维护正常的进出口秩序,保障国家税收。

第四节　海关行政复议

一、概念和特征

海关行政复议是指公民、法人或者其他组织认为海关及其工作人员的具体行政行为侵犯其合法权益,依法向海关复议机关提出申请,由海关复议机关依照法定程序对该具体行政行为进行审查,并作出决定的活动。

理解海关行政复议,需要把握以下几点特征:

(1)海关行政复议的申请人是公民、法人或者他组织。

(2)海关行政复议的被申请人是作出具体行政行为的海关。

(3)海关行政复议是因公民、法人或者其他组织认为海关具体行政行为侵犯权益而提起的。

(4)海关行政复议的复议机关是海关。

海关行政复议的法律、法规依据包括《中华人民共和国行政复议法》(简称《行政复议法》)及《海关法》、2007年8月1日起施行的《中华人民共和国行政复议法实

施条例》(以下简称《行政复议法实施条例》)和《中华人民共和国海关实施〈行政复议法〉办法》(以下简称《海关实施〈行政复议法〉办法》)等。

海关行政复议和行政诉讼虽然都是解决行政争议的法律制度,但两者是存在区别的,其中重要区别之一就是受理行政复议的机关在这里是原海关的上一级海关,如隶属海关作出具体行政行为,其上级直属海关即为行政复议机关;而审理行政诉讼的机关必定是人民法院。

二、程序

海关行政复议的基本程序可分为"申请"、"受理"、"审理与决定"三大部分。

(一)海关行政复议申请

根据规定,公民、法人或者其他组织可以自知道海关具体行政行为之日起60日内向有管辖权的海关(包括海关总署)提出行政复议申请。其中当场作出具体行政行为的,自具体行政行为作出之日起计算;载明具体行政行为的法律文书直接送达的,自受送达人签收之日起计算;海关做出具体行政行为时未告知有关公民、法人或者其他组织,事后补充告知的,自公民、法人或者其他组织收到补充告知的通知之日起计算。

案例链接

申请海关行政复议的期限约束

2005年1月,宏×公司因货物申报情况与实际进口货物不符,被某海关处以罚款人民币35万元,有关《行政处罚决定书》于1月20日送达宏×公司,该公司对此未提出异议并执行了处罚决定。2005年3月中旬,宏×公司获悉海关对另一公司相似的申报不实行为只罚款人民币10万元,该公司认为某海关先前对其作出的处罚决定过重,有悖于过罚相当原则,遂于4月1日向某海关的上一级海关申请行政复议,请求复议机关考虑其实际过错程度重新进行量罚。复议机关经审查认为,宏×公司针对某海关处罚决定提出的复议请求已超出《行政复议法》所规定的申请时限,且不存在延误期限的法定事由。鉴于此,复议机关根据《行政复议法》和《海关实施〈行政复议法〉办法》的有关规定,对宏×公司的复议申请作出不予受理决定。

关于行政复议的申请期限问题,《行政复议法》第9条明确规定,公民、法人或者其他组织认为具体行政行为侵犯其合法权益的,可以自知道该具体行政行

为之日起 60 日内提出行政复议申请；但是法律规定的申请期限超过 60 日的除
外。因不可抗力或者其他正当理由耽误法定申请期限的，申请期限自障碍消除
之日起继续计算（《海关实施〈行政复议法〉办法》对上述问题也有相同规定）。

——摘自"海关总署网站"2007 年 5 月内容，由政策法规司提供

认为海关作出的具体行政行为侵犯其合法权益的情形范畴很广，如对海关作
出的罚款、没收货物物品、暂停或吊销报关员报关资格的决定不服的；认为海关确
定货物完税价格过高、收取滞报金等费用过高的等。

对各级海关具体行政行为不服的，应当向作出该具体行政行为的海关的上一
级海关（包括海关总署）申请行政复议。申请人向海关申请行政复议，可以书面申
请，也可以口头申请。

一般说来，公民、法人或者其他组织对海关具体行政行为不服，可以选择向海
关申请复议，对复议决定不服再向人民法院起诉，也有的海关事务是可直接提起行
政诉讼。

但是，先向海关申请复议，海关已经依法受理的，在法定复议期限内不得向人民
法院提起行政诉讼。同样，公民、法人或其他组织对海关具体行政行为不服而向人民
法院提起行政诉讼的，不得申请行政复议。如果海关未能查明申请人已经提起诉讼而
受理复议申请，复议期间查明申请复议前已经起诉的，应当立即撤销对复议的受理。

（二）海关行政复议的受理

各直属海关管辖对本关区内的隶属海关作出的具体行政行为不服而提出的行
政复议案件。

海关总署管辖对海关总署或者直属海关作出的具体行政行为不服而提出的行
政复议案件。为了方便广东省内的复议申请人，海关总署将广东省内 7 个直属海
关为被申请人的复议案件委托海关总署广东分署审理，所以对上述 7 个海关的具
体行政行为不服，可以直接向广东分署申请复议。

海关行政复议机关受到行政复议申请后，应当在 5 个工作日内进行审查，对不
符合复议条件的，决定不予受理。

所谓不符合复议条件，主要是指申请人不是认为海关具体行政行为侵犯其合
法权益的公民、法人或其他组织；不属法定的海关行政复议范围；超过法定申请复
议期限，又不属因不可抗力或其他正当理由耽误申请期限；已向人民法院提起行政
诉讼，人民法院已经受理等情况。

复议机关决定不予受理复议申请,应当制作《行政复议申请不予受理决定书》,并送达申请人。对符合海关行政复议申请条件,但不属于本海关管辖的行政复议申请,海关行政复议机关应当在审查期限内告知申请人向有管辖权的复议机关提出。口头告知的,应当记录告知的有关内容并当场交由申请人签章确认;书面告知的,应当制作《行政复议告知书》,并送达申请人。

下列情形,因为不属"认为海关具体行政行为侵犯其合法权益",不能视为申请复议:① 对海关工作人员的个人违法、违纪行为进行举报、控告或者对海关工作人员的态度作风提出异议的;② 对海关的业务政策、作业制度、作业方式和程序提出异议的;③ 对海关工作效率提出异议的;④ 对行政处罚认定的事实、适用的法律及处罚决定无异议,仅因经济原因不能承受而请求减免的;⑤ 不涉及海关具体行政行为,只对海关规章或其他规范性文件有异议的;⑥ 请示解答与海关工作有关的法律、行政法规、行政规章的。

对符合本办法规定,且属于本海关受理的行政复议申请,自海关复议机关复议机构收到之日起即为受理,决定受理的,应当制作《行政复议申请受理决定书》和《行政复议答复通知书》,并分别送达申请人和被申请人。

(三)海关行政复议的审理与决定

海关行政复议案件的审理,一般采取书面审查的办法,即通过全面审查被申请人提交的答复书和有关的证据及全部案卷的材料,审查申请人提供的材料,以有关法律、行政法规和海关规章为依据,确认引起争议的海关具体行政行为是否合法、适当。

海关行政复议机关应当自受理复议申请之日起 60 日内作出行政复议决定。特殊情况下,经海关行政复议机关负责人批准,可以延长 30 日。

经复议审理,行政复议机关分别作出下列行政复议决定:

(1)具体行政行为认定事实清楚,证据确凿,适用依据正确,程序合法,内容适当的,决定维持。

(2)被申请人不履行法定职责的,决定其在一定期限内履行。

(3)具体行政行为有下列情形之一的,决定撤销、变更或者确认该具体行政行为违法:① 主要事实不清、证据不足的;② 适用依据错误的;③ 违反法定程序的;④ 超越或者滥用职权的;⑤ 具体行政行为明显不当的。

决定撤销或者确认该具体行政行为违法的,可以责令被申请人(一般是指海关部门)在一定期限内重新作出具体行政行为。

根据复议法的规定,复议决定书一经送达,即发生法律效力。申请人不服,可向人民法院起诉,但在人民法院作出撤销复议决定或原具体行政行为的判决之前,不影响复议决定的执行。被申请人不履行或者无正当理由拖延履行海关行政复议决定的,上一级海关应当责令其履行。

公民、法人或者其他组织对海关具体行政行为的法定期限内不复议、不起诉又不履行的,海关可以依法强制执行,或者申请人民法院强制执行。

在海关法律、法规领域,行政复议和行政诉讼的承接关系比较复杂,如海关纳税争议案件,如果未经行政复议,当事人不得提起行政诉讼;也有的是如海关行政处罚案件,当事人可选择先复议再诉讼,也可选择直接向法院提起行政诉讼。

链接

某公司不服海关对退运进境返修货物征税行政复议案

2008年9月19日,某公司以"修理物品"的贸易方式向海关申报进口一批干衣机,并提交税款担保金15万元,担保期限为半年,后该公司因技术原因无法按时将货物复运出境,经海关同意将担保期限延长3个月。之后,某公司向海关申报出口该批货物,但在海关放行后因船舶运输企业原因未能按时装船出运,货物在再次延长的期限之后才运离出境。海关根据《中华人民共和国海关进出口货物征税管理办法》(以下简称《管理办法》)规定,认定该公司未能在海关规定期限内将该批货物复运出境,向申请人开具海关交付款通知书,将其提交的担保金转税。

某公司在专业律师的帮助下,提出了行政复议申请,复议申请理由是在规定期限内向海关申报复运出境即已完成复运出境的义务,复议请求是撤销原征税决定并退还缴纳的税款。

经律师查明,在再次延期的期限内,申请人向海关申报该批货物复运出境,并于当日经海关审核放行;随后,申请人接到船舶运输企业通知,称该批货物因故推迟出运。因此,申请人已在海关规定期限内履行将该批货物复运出境义务,海关应根据《管理办法》第48条规定,依法解除申请人税款担保手续,不应当以超过规定期限为由向申请人征收税款。

复议机关采纳了律师意见,依据有关事实,根据《行政复议法》第28条第1款第(3)项之规定,作出撤销原征税决定,所征税款及相关利息退还申请人的决定。

——摘自"中国海关律师网"(www.customslawyer.cn)案评中心有关案例

由于篇幅所限,全国统考大纲上包含的一些海关法律制度,如海关行政许可制度、行政处罚制度、行政裁定制度、统计制度等,本教材就略去了,有兴趣的读者请

参见中国海关出版社出版的最新教材。

判断改错题

1. 知识产权权利人在海关总署备案时,备案费和担保金应同时交纳。 （ ）

2. 在知识产权海关保护领域,海关只有对于确认侵犯他人知识产权的货物才能予以扣留。 （ ）

3. 涉嫌侵犯他人商标专用权的进出口货物,收发货人在向海关提交了足额的"反担保"资金后,海关可以放行其货物。 （ ）

4. 担保物采用担保金形式还是担保函形式,一般由收发货人自主决定选择。 （ ）

5. J市公积金管理中心可以作为海关事务担保的担保人,因为公积金管理中心可以提供公积金贷款,是非银行金融机构。 （ ）

6. 我国法规规定,知识产权权利人必须成为在海关注册登记的报关单位或报关活动相关人后,方可向海关总署备案自己的知识产权。 （ ）

7. 海关行政复议后的决定具有最终法律效力,当事人不得再向法院起诉。（ ）

第 二 篇
货物通关基础知识

第四章　海关监管货物概述和
报关程序

海关监管货物是指自进境起到办结海关手续为止的进口货物,自向海关申报起到出境止的出口货物,以及自进境起到出境止的过境、转运和通运货物等应当接受海关监管的货物。

为方便海关统计,海关监管货物可划分为一般进出口货物、保税货物、特定减免税货物、暂准进出境货物,以及过境、转运、通运货物和其他尚未办结海关手续的货物。海关针对这些不同的货物,分别实施不同的海关监管方式。也就是说,从海关管理的角度来看,对这些货物进行划分的主要依据就在于海关对货物监管方式的不同。

任何海关监管货物所经历的流程均可概括为:① 未处于我国海关监管下→② 处于我国海关监管下→③我国海关对其解除监管。海关监管模式主要是针对步骤①→③的过程的完成和如何完成而展开的。海关监管全程模式(广义的)对于报关人来讲,也可理解为报关程序,报关程序是指进出口货物收、发货人、运输负责人、物品所有人或其代理人按照海关的规定,办理货物、物品、运输工具进、出境及相关海关事务的具体手续和步骤。

链接

海关监管方式的简明介绍

为方便初学者对海关监管方式的理解,有必要对海关监管方式发展的历史作简要介绍。不论是在我国清代中期,还是在欧洲17世纪以前的成形海关,那时多数的海关对于货物只有一种简单的监管方式,这种监管方式有些类似于我们今天海关的"一般进出口货物"监管方式,即货物只要通过海关就征收一遍税收,有时甚至不论进出口都这样做,不交税就不许通过关卡,而遇到禁止进出境的货物/物品海关就扣留、没收,等等。那个时候的"海关"基本上只是财政的"征税机器",海关设置的目的之一,就是要收税以增加财政收入,封建社会的一些最高行政者的着眼点仅在于此,海关职能也比较简单。例如,战国时期商鞅曾主张"关市重征"思想。

　　如果把所有进出境货物统统视作一般进出口货物，并征收税收，这种单一的海关监管方式势必是不利于经济发展的。其实早在 16 世纪中期，在意大利西北部热那亚湾的里窝那就已产生了最初的保税形式——保税储存制度，成为世界上第一个实行保税制度的城市。保税监管方式和一般进出口货物监管方式表面上看就有明显的不同，即保税进口的货物，货已进境，但海关暂缓征税，而不是像以前那样凡是货物进口就一律要征完税才允许进口。这样，里窝那港就成了"自由港"，各国转口贸易商就把这个"自由港"作为转口贸易的货物中转地，意大利的航运业就相对兴旺了起来。虽然海关的税收减少了，但是一国的涉外经济却得以搞活。于是当时欧洲的一些开明君主也纷纷仿效，开辟了一种新的海关监管方式，即较原始的保税监管方式。

　　后来，随着世界经济的进一步发展，为顺应国际经济合作的需要，更多的海关监管方式被"开发"出来，比如暂时进出境货物监管方式等，形成我们今天在教材上所看到的丰富多样化的海关监管制度。海关监管方式的多样化、细致化、严密化，也是一国海关统计制度步入成熟的一大标志。今天，世界上依然有少数不发达国家的海关没有保税监管方式，也没有特定减免税货物监管方式等，便是例证。相信今后随着经济发展和我国进一步融入世界经济体系，还会有更多的海关监管方式被设计出来并投入实施。

　　如果要形象化理解，我们不妨把境外和境内比作一条河的两岸，而海关的一般进出口货物监管方式就好比是架在河上的第一座桥，如果不"走桥"而是"划船过河"，便是蓄意逃避海关监管，是走私，而货物过桥就要交税。后来，为适应经济发展的需要，河上面新架设的桥也就越来越多，这些"桥"包括货物以保税货物方式通关、以暂时进境货物方式通关等，通过有些桥是不用缴税的。当然，货物应该走哪座"桥"，不该走哪座，该怎样走，海关是有严格规定的，不是可以任选的。这个比喻虽然存在其不严谨之处，但对于知识入门还是有一定帮助的。

　　这些不同的通关监管制度的具体规定，是中国海关在长期摸索和实践中借鉴并学习境外海关经验总结设计出来的，报关员和其他外贸从业人员只有学习这些制度，才能做到默契配合海关工作，准确而高效地报关。

第一节　报关程序概述

　　报关程序是指进出口货物收、发货人，运输负责人，物品所有人或其代理人按照海关的规定,办理货物、物品、运输工具进出境及相关海关事务的手续和步骤。

　　根据《海关法》第8条的规定,除了特殊情况外,进出境运输工具、货物、物品,必须通过设立海关的地点进境或出境。具体而言,海关规定了运输工具、货物、物品必须经海关监管场所(设立于国际机场、国际港口、边境列车站等地)进出境才是合法的。通常海关监管场所必须设立隔离围网(围墙)设施,隔离设施以能够有效、醒目地阻隔车辆和人员的随意进出为基本条件,人员和车辆进出海关监管场所必须经过专门的卡口,卡口有海关工作人员值守。货物、物品不能随意进出海关监管场所,如原拟出口货物因故决定不再出口的,必须经海关同意办理退关手续,然后才能将货物运出海关监管场所至境内普通地区。如果没有海关监管场所,海关对于货物和物品的进出境有效监管便无从谈起。

　　海关规定进出境货物经过审单、查验、征税、放行四个海关作业环节,即完成(狭义上的)通关(通关后货物可运离码头机场海关监管区然后装运发货或进口提货)。与之相适应,进出口货物收、发货人或其代理人应当按程序办理相对应的进出口申报、配合查验、缴纳税费、提取或装运货物等手续。但是,对于很多货物,通关还不等于结关,结关是指货物办结海关手续,海关不再监管(海关对货物的监管并不只限于在码头海关监管区内)。整个报关程序不仅包括狭义的通关过程,还包括结关。

　　报关程序按时间先后可以分为三个阶段:前期阶段、进出境阶段、后续阶段。

一、前期阶段

　　前期阶段是指根据海关对保税加工货物、特定减免税货物、暂准进出口货物等的监管要求,进出口货物收、发货人或其代理人在货物进出境以前,向海关办理关于上述拟进出口货物的备案手续的过程。

　　1. 保税加工货物

　　进出口货物收、发货人或其代理人应当办理加工贸易合同的备案申请、加工贸易手册的申领等手续。

　　2. 特定减免税货物

　　应当办理企业的减免税备案登记、货物减免税的申请、减免税证明的申领手续。

　　3. 暂准进出境货物

　　暂准进出境货物实际进出境以前,进出口货物收、发货人或其代理人应当办理货物暂准进出境备案申请手续。

　　4. 其他进出境货物

　　其他进出境货物中的加工贸易不作价设备进口之前,进口货物收货人或其代理人办理加工贸易不作价设备的备案手续;出料加工货物出口前,出口货物发货人或其代理人办理出料加工的备案手续。

二、进出境阶段

进出境阶段是指进出口货物收、发货人或其代理人在进口货物进境时、出口货物出境时，按照海关的要求，向海关办理进出口申报、配合查验、缴纳税费、提取或装运货物手续的过程。从海关角度看，分为接受申报、查验、征税、放行四个步骤。

三、后续阶段

后续阶段是指根据海关对保税加工货物、特定减免税货物、暂准进出口货物等的监管要求，进出口货物收、发货人或其代理人在货物进出境储存、加工、装配、使用后，在规定的期限内，按照规定的要求，向海关办理上述拟进口货物核销、销案、申请解除监管的手续（结关）的过程。

1. 保税加工货物

进出口货物收、发货人或其代理人应当在规定的时间内办理保税加工货物登记手册的核销、银行保证金台账的销账等手续。

2. 特定减免税货物

进出口货物收、发货人或其代理人应当在海关监管期满，或者在海关监管期内经海关批准出售、转让、退运、放弃特定减免税货物后，向海关申请办理解除海关监管的手续。

3. 暂准进出境货物

暂准进出境货物收、发货人或其代理人应当在暂准进出境期限内，或者在经海关批准延长暂准进出境期限到期后，向海关申请办理复运出境或进境或正式进出口销案等手续。

4. 其他进出境货物

其他进出境货物中的加工贸易不作价设备、外包进口货物、出料加工货物、修理货物、部分租赁货物等在被复运出境或进境后，进出口货物收发货人或其代理人在规定的期限内办理销案手续。

链接

海关究竟是怎样识别不同货物相应的监管方式的？

按照货物进出境的不同目的以及报关员填写报关单的征免性质栏的内容不同，海关监管货物可分为一般进出口货物、特定减免税进口货物、保税货物等。

海关识别进出境货物相应的监管方式的主要途径是机审（或人工审查）报关单上的"贸易方式"和"征免性质"这两栏内容,使不同报关单进入相应的逻辑通道,然后再通过验看现场交单时提交的许可证件、随附证单（如"征免税证明"、"加工贸易登记手册"等）或其他措施来确认这种监管方式的执行,并对审核通过的报关单下的货物分别实施不同的海关监管方式。

例如,报关单上"贸易方式"和"征免性质"分别填"一般贸易、一般征税"的,说明该货物属于一般贸易货物,也是一般进出口货物。

如果这两栏分别填"其他贸易、科教用品"的,说明该货物属于一般贸易货物,但却是特定减免税进口货物,如某大学购买进口的、自用的电子显微镜设备。这两栏如果填写"外资设备物品、外资企业"等也是同理。

如果这两栏分别填写"展览品、其他法定"的,说明该货物属于暂时进出口货物当中的展览品,如系进口报关单,事先在海关备案,货物可在担保后免缴税进口,但应当按时复运出境。

如果这两栏分别填"易货贸易、一般征税"的,说明该货物属于一般进出口货物,但不属于一般贸易货物。如该批货物系进口货物,海关将对商品估价后征税,但由于不是一般贸易货物,所以海关将不再介入参与监管进口付汇的过程。

第二节 中国电子口岸和 H2000 管理系统

一、中国电子口岸

中国电子口岸系统又称口岸电子执法系统,简称电子口岸,是与进出口贸易管理有关的国家 12 个部委（包括海关、外汇管理局、国税局、质检总局等）利用现代计算机信息技术,将各部委分别管理的进出口业务信息电子底账数据集中存入在公共数据中心,向政府管理机关提供跨部门、跨行业、跨地区的联网数据核查,向企业提供网上办理各种进出口业务条件的国家信息系统。

中国电子口岸网站（www.chinaport.gov.cn）的优势主要包括:

（1）企业只要接入电信公网,就可以通过公共数据中心在网上直接向海关、检验检疫、商务、外汇管理、工商、税务等政府管理机关申办各种与进出口有关的手续,从而真正实现政府对企业的"一站式"服务。

（2）实现跨部门联网核查进出口数据（资金来往数据、物流数据等）并进行比对,逐步完善对进出口货物、运输工具、监管场所等进出口环节的管理,力求杜绝证明单据的弄虚作假现象,严厉打击走私、骗汇、骗税违法犯罪活动,创造公平竞争市场环境。

(3)促进政务公开,加强廉政建设,使进出口监管业务操作更规范、统一和透明,形成各政府部门相互制约和监督的机制,避免因个别少数公务员被腐蚀而使违法活动轻易得逞的可能。

中国电子口岸目前主要的应用项目有:出口收汇核销 / 进口付汇核销、出口退税、加工贸易备案 / 联网监管、ATA 单证册申办业务等。

二、H2000 通关系统

"用信息技术建立'电子总署'、'电子海关',在口岸执法方面建立'电子口岸'"一直是海关信息化、网络化工作的目标。为进一步加快海关通关速度,提高贸易效率,完善税收征管工作综合水平,中国海关设立了海关 H2000 工程。

H2000 的前身是 H883 系统,H883 是 20 世纪 80 年代中期开始设计的,采用每个海关一套计算机独立运行的方案,信息不易共享、传输,软件也无法保持始终统一。特别是 H883 的系统结构是早期主机—终端方式,一台主机要承担数据采集、处理、存储等各项工作,对业务量大的海关,随着工作负荷增加,时代发展至 21世纪,系统容量很难再扩充,因此,更换新的技术平台是大势所趋。

案例链接

海关公务员利用 H883 系统漏洞协助走私被判无期徒刑

2004 年 12 月的一天,厦门市中级人民法院对一起涉及海关工作人员 3 人,外部人员 12 人,走私 48 票,偷逃应缴税额达 3 661.94 万元的走私大案作出一审宣判。4 名主犯均被处以没收全部个人财产,其中香港籍的方某、王某某分别被处以死刑和死缓,厦门海关技术处原副科长董某某被处无期徒刑,厦门华诚报关行承包人任某被处死缓;其余 12 名从犯被判处 13 年至缓刑的处罚。

2002 年 3~4 月间,香港天×有限公司董事长方某和香港维×运输有限公司法定代表人王某某,通过朋友介绍认识了福建格瑞科技有限公司法定代表人余某某,开始合谋通关走私。经过讨价还价,3 人商定由余设法帮方、王从香港走私 VCD 机芯和 VCD 的 IC 部件进入深圳关境,方、王按人民币 28 万元/集装箱向余支付"通关费"。

在与方某和余某某合谋的过程中,余某某找到厦门××国际货运福建公司空运报关负责人曾海铭商谈走私事宜,曾又介绍了厦门海关技术处副科长董某

某——厦门海关的电脑高手。接触之后,董某某动心了。据其后来供述:2002年年初,他刚买了一套房子,手头较紧,于是与厦门华×报关行承包人任某密谋(系董的老乡),试图寻找海关监管的漏洞走私赚钱。

余、董、曾3人商定以"转关飞料"形式走私,由董设法使走私货物在转关运输中脱离监管,余则向董支付"通关费"人民币16万元/集装箱。董某某找来任某帮忙。他和任某商定,由董编写计算机程序挂接在厦门海关H883系统中,在走私货物入境后,一般贸易转关运输途中,使转关进口货物在深圳报关后,不运至指运地厦门而直接在深圳交货,以逃避海关监管;任某负责拉拢和组织有关人员申报转关运输进口,伪造相关海关手续、运输走私货物等。董某某承认,他从2002年和2003年的走私活动中共收取了100多万元的"通关好处费"。

2003年以后,董某某等觉得"转关飞料"的手法风险较大,他与方某、王某某、任某商量,改成在厦门口岸直接"闯关"方式继续走私。

技术问题仍然由董某某负责"解决",他编写了另一个程序加载在海关H883T系统中,利用该程序生成货物的虚假放行电子信息,同伙则利用该信息从海关监管码头提取货物。在提货后,董从厦门海关舱单运行库中将该货物的舱单电子数据删除,造成无该货物进口的假象。方某、王某某负责在香港组织VCD机芯并海运至厦门口岸,然后由任、董安排走私通关,并负责将走私通关的货物运输至广东东莞、深圳,由方、王二人从之前已经负责找好的渠道处理。

走私给董某某带来了巨大的心理压力,他因形迹可疑被有关组织机关盘问。经教育后,董主动交代了2003年走私犯罪事实,并提供了相关线索。2003年9月6日,董某某被厦门海关缉私局刑事拘留,成为这起走私案中第一个被抓获的案犯。随着他的落网,这个庞大的走私团伙逐渐浮出水面,并相继落入法网。

——根据《厦门日报》2004年12月讯整理,记者王菲菲

H2000通关管理系统是一个以海关总署为中心节点,以境内所有直属海关及下属300多个隶属海关、办事处为分支节点的计算机系统。在H2000系统中,除了发生灾害情况,全部通关数据都集中存储在总署的服务器机组中,包括报关单、舱单、转关单据、加工贸易手册或账册以及企业、风险管理的资料等。H2000通关系统在集中式数据库的基础上建立了全国统一的海关信息作业平台,不但提高了海关管理的整体效能,而且使进出口企业真正享受到简化报关手续的便利。进出口企业可以在其办公场所办理加工贸易登记备案、特定减免税证明申领、进出境报关等各种海关手续。

由于 H2000 系统的启用,报关单数据预录入方式也较以前的 H883 报关单格式有较大变化,各地海关通过加强对报关员的培训,使得系统升级和通关作业改革过程得以顺利完成。与 H2000 兼容的报关申报系统内容界面截图,如图 4-1 所示。

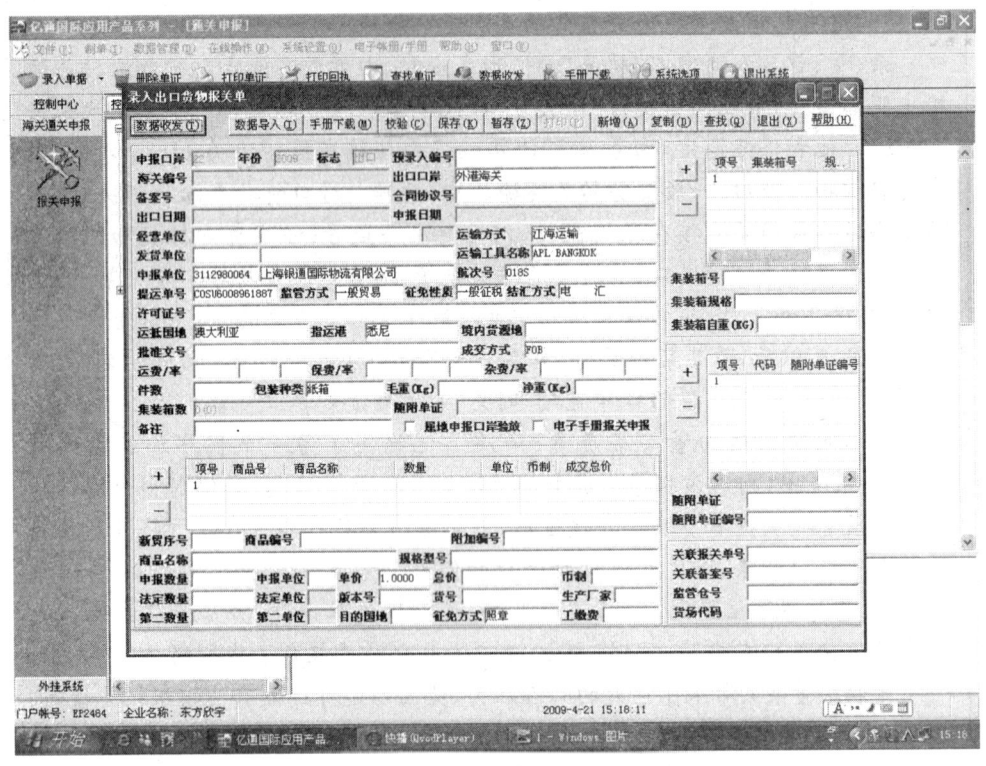

图 4-1　与 H2000 兼容的报关申报系统内容界面截图

判断改错题

1. 当海关允许进口货物收货人将货物运离码头海关监管区,然后运至市中心的时候,意味着海关手续就已经全部办结。　　　　　　　　　　　（　　）

2. 凡是前期不用备案,后期不用后续监管的通关货物都是一般进出口货物。（　　）

3. 在一个对外开放的口岸设立了海关,并不意味着该口岸行政区划的所有机场、车站,乃至工业仓库区、居民区等都同属海关监管场所。海关监管场所仅仅是在口岸行政区内特别规定并辟出的一块或数块区域。　　　　　　（　　）

4. 任何企业只要网上注册用户名后就能登录进入中国电子口岸网办理进出口事宜,如同登录电子邮箱一样。　　　　　　　　　　　　　　　　　（　　）

第五章　对外贸易管制和报关

第一节　对外贸易管制概述

对外贸易管制是指一国政府为了国家的宏观经济利益、国内外政策需要以及履行所缔结或加入国际条约的义务,确立实行各种管制制度、设立相应管制机构和规范对外贸易活动的总称。

绝大多数国家和地区都有自己的相对较独立的外贸管制政策。外贸管制并非是指人为限制甚至是阻碍国际贸易。因为,假如将来某一天即使是实现了完全的自由贸易和零关税,也不可能完全取消贸易管制。例如,广义的贸易管制政策所包括的进出口商品检验检疫、外汇管理制度、濒危物种保护等属于一国长期的相对固定的管制制度,不太可能被取消。这里的贸易管制,是一个广义的定义,并不等同于我们在国际贸易理论中学到的贸易壁垒。

WTO 倡导并致力于推动贸易自由化,要求成员方尽可能地取消不必要的贸易障碍,为货物和服务在国际间的流动提供便利。但并不意味着 WTO 要求当即取消一切贸易限制措施,对于一些国家(地区)的可能限制贸易的措施,WTO 制定了专门协议,以规范成员方的相关行为。

《海关法》第 40 条规定,国家对进出境货物、物品有禁止性或者限制性规定的,海关依据法律、行政法规、国务院的规定或者国务院有关部门依据法律、行政法规的授权作出的规定实施监管,具体监管办法由海关总署制定。海关是贸易管制政策在货物进出口环节的具体执行机关。具体实施的模式大致可概括如下:

(1)国家制定相关规定,对于特定的某 X 类商品,进/出口要向海关提交甲、乙……许可证件。有些种类商品可能同时要缺一不可的几种许可证方可通关,有的可能只要一种许可证,还有的商品是无需许可证自由进出口的。这要依据当年出版的《中华人民共和国海关进出口税则》以及一些临时政策的具体规定而定。

(2)法规规定,甲、乙……许可证分别由非海关的其他政府部门 A 机关、B 机关(如商务部、国家环保部等)……出具给符合条件的进出口人。许可证有的很容易申请得到(如自动进口许可证),有的则较难申请成功。A 机关、B 机关可能并不直接监管货物的进出境,但海关执行相关政策并监管货物的进出境(检查许可证明)即可达到贸易管制的目的。

少数贸易管制措施,如外汇核销、外贸救济等程序和前述内容有所不同,但海关在其中依然是实现贸易管制的重要机关。

第二节　对外贸易经营者管理制度

一、对外贸易经营者管理制度

对外贸易经营者是指依法办理工商登记或者其他执业手续,依照《中华人民共和国对外贸易法》(以下简称《对外贸易法》)和其他有关法律、行政法规、部门规章的规定,从事对外贸易经营活动的法人、其他组织或者个人。对外贸易经营者管理制度是我国对外贸易管理制度之一。

目前,我国对对外贸易经营者的管理,实行备案登记制,也就是法人、其他组织或者个人在从事对外贸易经营前,必须按照国家的有关规定,依法定程序在国务院对外贸易主管部门备案登记,取得对外贸易经营资格(对外贸易经营权)后,方可在国家允许的经营范围内从事对外贸易经营活动。备案登记实行属地化管理。

根据法律规定,企业办理了对外贸易经营者备案后,即可从事进出口业务,其中包括转口贸易。

链接

对外贸易经营者备案登记基本程序

(1) 有关企业、个人领取空白的《对外贸易经营者备案登记表》并填写(图样见附录)。

(2) 将填写好的《登记表》连同营业执照、组织机构代码证书等证明的复印件一起提交给备案登记机关(如当地省、直辖市、自治区级外经贸委、商务厅、计划单列市的外经贸局等)。

(3) 如符合条件,备案登记机关应当在收到提交的材料之日起 5 日内办理备案登记手续,并在《登记表》上加盖备案登记印章。

(4) 一般情况下,对外贸易经营者应凭盖好章的《登记表》在 30 日内去当地海关注册成为"进出口货物收发货人",并办理"中国电子口岸"入网手续,在当地外汇管理局办理"外汇核销备案登记"并领取 IC 卡,在当地国税局办理"出口货物退(免)税认定手续",以及在检验检疫机构等机关办理其他相应手续。逾期未办理的,《登记表》自动失效。

(5) 如果对外贸易经营者的企业名称、地址等登记内容发生变更,应当在 30

内主动去有关部门办理《登记表》变更手续。逾期未办理的,《登记表》自动失效。

(6) 商务部网上备案登记系统入口网址：http：//iecms. mofcom. gov. cn/iecms/index. jsp。

通常,如果有关法人、其他组织或者个人没有在商务部门办理过对外贸易经营者备案登记,则也就不可能在海关等一系列行政机关办理登记手续,自身直接进行进出口贸易经营将"寸步难行"。

一种例外的情形是非企业的机构组织(例如政府部门、公立学校)如需临时性进口一些物资(如赈灾急救物资、展览演出比赛用品等),可以在没有《对外贸易经营者备案登记表》的情况下,在海关办理临时注册登记。

链接

厦门海关工作人员答企业问

厦门某企业问："一个来自马拉维共和国的朋友,他代表他们国家政府来中国采购一批货物,如电脑、手机等,他本人在这里又没有设立公司(没有进出口经营权),这样该以什么方式出口……因以后想经常从厦门采购出口,盼贵关给以指教。"

海关答复如下："个人除行李物品外,无法向海关申报进出口。建议找一家(境内)具有进出口经营权的公司代理进出口……"

——摘自海关总署网站 2009 年 1 月"业务咨询(互动)"资讯

由于外贸实务的专业性较强、相关政策变动较快,很多普通企业单位即使取得外贸经营权,也较难全面精通其中事务,故对外贸易经营者可以接受他人的委托,在经营范围内代为办理对外贸易业务(这是很多专业进出口公司的主营业务)。例如,某玩具厂委托××工贸公司代理出口一批玩具。

链接

代理进出口的类型

代理出口业务可以分为代理出口销售和代理买断制出口两种。代理出口销售是外贸企业的中介服务业务,海外客商在此也不是专业外贸企业(如进出

（续上）

口公司）的直接关系客户，进出口公司在此接受其他单位委托，代办包括对外销售、交单结汇等在内的事务，或同时还可代办托运、制单等工作。出口退税全部归属委托单位而不是进出口公司，经营的盈亏也全都由委托单位负责。进出口公司会向委托单位收取一定比例的手续费。

代理买断制出口中，委托方可以是自己拥有外方客户渠道，也可以没有客户渠道，而由专业外贸公司先买断委托方的货物，然后出口给外商，专业外贸公司赚取外销价和买断价之间的差额，外加退税收入作为代理费收入。

绝大多数代理进口中，专业外贸公司处于中介服务地位，用委托单位的资金进口商品，只按合同约定收取代理手续费，然后把商品移交给委托单位。

二、国营贸易

现代意义上的国营贸易制度出现于第一次世界大战后。战后农产品价格下跌，农业受损、农民生活窘迫成为当时欧洲诸国和其他英联邦国家（澳大利亚、新西兰、南非等国）面临的严峻问题。由国家设立的一系列"农产品营销局"应运而生，成为国营贸易企业的雏形。这些机构作为农产品市场上强有力的交易主体，致力于恢复疲软的农业经济，维持社会稳定。此后，20世纪30年代资本主义社会经济大萧条使西方自由市场经济理论遭到了挑战。危机让统治者意识到国家干预的必要性，主张进行国家干预经济的凯恩斯主义得到政府的认可。国营贸易做法在各国迅速推广开来，并逐渐发展成为国家对特定产品的贸易权管制制度。国家通过法律赋予国营贸易企业经营特定商品的进出口贸易权，实质上保证了政府对这些企业贸易活动的间接控制。

我国商务部（对外贸易司）可以对部分进出口商品依法实施国营贸易管理，或者在一定期限内对部分进出口商品实施国营贸易管理。实行国营贸易管理，其目的是为了对关系国计民生的重要进出口商品实行有效的宏观管理。对列入进出口国营贸易管理商品，只能由国家授权的企业经营（除国家允许的部分数量的国营贸易管理商品可由非授权企业经营的外）。实行国营贸易管理的进出口货物目录由外经贸主管部门会同相关经济管理部门制定公布。同时公布授权进行国营贸易的企业名录。主要为国营外贸进出口公司。未列入名录的企业不得从事国营贸易范围的进出口贸易（国家允许的部分可由非授权企业经营的除外）。

未列入名录的企业需要进出口国营贸易管理的货物，可委托列入名录的企业代理进出口。国营贸易企业应当根据正常的商业条件从事经营活动，不得以非商业因素选择供应商，不得以非商业因素拒绝其他企业委托。对未经批准擅自进出口实行国营贸易管理的货物的,海关不予放行。

第三节　出入境检验检疫制度

出入境检验检疫制度是指由国家出入境检验检疫部门依据我国有关法律和行政法规以及我国政府所缔结或者参加的国际条约、协定,对出入境的货物、物品及其包装物、交通运输工具、运输设备和出入境人员实施检验检疫监督管理的法律依据和行政手段的总和。其主管部门是国家质量监督检验检疫总局以及下属各级出入境检验检疫局。

出入境检验检疫管理是当前我国货物进出口管制的非常重要的部分,《海关税则》中,第一至第二十四章的绝大多数(动植物类等)商品都被列入了"AB"的报关监管条件(注:A 指入境货物通关单,B 指出境货物通关单)。国家质检总局修订并发布《出入境检验检疫机构实施检验检疫的进出境商品目录》(又称《法检目录》),被列入该目录的商品(按商品的种类和编码确定)以及其他虽未被列入但属于其他法律法规规定需要检验检疫的货物(如所有进出口食品添加剂等),进出口人或其合法代理人,在办理正式进出口通关手续前,必须向口岸检验检疫机构报检。

中国的羽绒服，而少数中国人为了快速赚钱，做羽绒服时就把稻草、鸡毛塞进去了。俄罗斯消费者发现上当以后，中俄边贸的数量开始呈直线下降……"

——摘自新东方学校校长俞敏洪的某演讲稿

[案例2]　……更重要的是，曾经盛极一时的"倒爷经济"败坏了中国商品的声誉。20世纪90年代初，众多小贩子的"倒包贸易"，卖过去了开线的运动衣、塞鸡毛的羽绒服、穿一周就露脚趾头的旅游鞋，使中国货在俄罗斯人的心目中成了劣质产品的代名词。一直到现在，在西伯利亚和远东地区，中国货只能在集市上靠低廉的价格参与竞争。目前，在西方优质商品大量拥入俄罗斯的情况下，中国商品要想在俄国消费者中重新找回信誉，还有很长的路要走。

——摘自亚心网 www.xjjjb.com

[案例3]　针对我国广东部分地区发生的红火蚁疫情，国家质检总局紧急行动，要求各直属检验检疫局采取有效措施，严防红火蚁传入传出，以确保相关产品贸易顺利进行。据悉，为防止疫情传出，国家质检总局已专门成立了红火蚁防控应急处置工作组，同时派出调查组和专家组，指导各地检验检疫机构实施紧急防控措施。

红火蚁原分布于南美，会对农业生产、生态环境、公共设施及人身健康造成较大的危害。一是红火蚁取食作物种子、幼芽、根系、果实，造成作物减产；二是破坏生态环境，红火蚁大量捕食其活动区域的节肢动物和蚯蚓等土栖生物，严重破坏生态平衡；三是损坏设施，据国外资料记载，红火蚁可危害供电、电信、农田、堤坝等设施安全；四是当受到干扰时，会叮蜇伤人、畜。

——商务部网站新闻2005年2月

列入法定检验的货物的范围主要包括：大部分动植物及其产品、食品、部分纺织品、部分机电产品、压力容器、车辆等。这些货物有的是因为可能涉及安全、卫生问题，有的是因为质量问题出现较多等原因，抑或属于我国主要出口产业链产品等，因而被我国列入进出口法定检验的范围。

链接

涉及检验检疫的进出口商品举例（摘自税则）

商品编码	商品名称	……	计量单位	监管条件
1704.1000	口香糖	……	千克	AB

一、出入境检验检疫的内容

出入境检验检疫机构日常工作的主要内容和目的是：

（1）对进出口商品进行检验、鉴定和监督管理，保证进出口商品符合质量（标准）要求、维护对外贸易有关各方的合法权益，促进对外经济贸易的顺利发展。

（2）对出入境动植物及其产品，包括其运输工具、包装材料的检疫和监督管理，防止危害动植物的病菌、害虫、杂草种子等有害生物以及带有超标放射性物质由国外传入或由国内传出，保护本国农、林、渔、牧业生产和国际生态环境，以及人类的健康。

上述两项内容为日常报关报检最常接触的项目。

（3）对出入境人员、交通工具、运输设备以及可能传播检疫传染病的行李、货物、邮包等物品实施国境卫生检疫和口岸卫生监督，防止传染病由国外传入或者由国内传出，保护人类健康。

二、出入境检验检疫管制的基本程序

我国相关部门制定当年税则的时候，会将一部分种类的商品列入"法定检验检疫"范围之内，对于法定检验检疫范围内的进出口商品，应当在报关前向出入境检验检疫机构报检，然后海关凭检验检疫机构签发的通关单接受报关。也就是说，原则上货物该检不检（报检或检验检疫）的，无法通过海关，也就无法进出口。

在整个环节当中，出入境检验检疫局负责技术检测工作和签发通关单（证明）的工作，海关负责检查进出口人出具的通关单（证明）的工作。

对于哪些种类的商品进出口需要报检，报关员可以查阅当年的海关税则工具书，确定的商品税则号列项下的"监管条件"栏目内，如果有 A 或 B 等字样，则表明需要检验检疫机构签发的入/出境货物通关单才可报关。

链接

进出口报检和报关的程序

列入必须实施检验的进口商品到货后，必须向卸货口岸或到达站的出入境检验检疫局办理登记报检，然后检验检疫局在并未正式检验（但要先对集装箱外表完成消毒等工作）的情况下就签发《入境货物通关单》，海关凭通关单验放进口货物，然后，货物还要在规定时间内，在港区的指定地点接受出入境检验检疫局的正式检验检疫，合格后方可销售使用。规定先报检再通关再实际检验检疫，主要目的之一是为了减少进口货物占压码头机场的堆场的物流压力（避免

压港、压船、压箱)，促使港口通畅；此外，还有的是因为进口成套大型设备"拆散运输"，只有运至厂区组装通电调试方可完成检验。

不过针对入境的动植物产品、食品等货物，因涉及检疫风险，按要求应当先实施检验检疫，然后才能签发通关单。

列入必须实施检验的出口商品，发货人应当先报检，然后出入境检验检疫局对货物实施检验检疫，合格后签发《出境货物通关单》等证单，海关凭以放行通关，出口装船。

三、入境货物通关单

入境货物通关单是我国出入境检验检疫管理制度中，对列入《法检目录》中属进境管理的商品在办理进口报关手续前，依照有关规定由口岸检验检疫机构接受报检后签发的单据，同时也是进口报关的专用单据，是海关验放该类货物的重要依据之一。

入境货物通关单适用于下列情况：

(1) 列入《法检目录》的货物。

(2) 外商投资进口设备的财产价值鉴定。

(3) 列入有关目录的可再回收利用进口废物。

(4) 进口旧机电产品。

(5) 进口捐赠的医疗器械。

(6) 其他虽未列入《法检目录》，但有关法律法规明确应当由出入境检验检疫机构负责检验检疫的入境货物和特殊物品。

在税则列表中，需要使用入境货物通关单的商品"监管证件"代码中含有"A"。

链接

厦门口岸"通关单联网核查"

厦门海关和厦门检验检疫局联合召开新闻发布会，宣布从2008年1月1日起实施"通关单联网核查"，实现信息共享。

关检的联网，意味着不法企业利用假通关单通关、虚报瞒报等违法行为将得到有效遏制。而报检报关企业再也不用在两个部门之间奔波，既省时间又省成本。

以前，纸质通关单流通以来，企业进出口货物时，必须先向检验检疫局申报，经检验检疫合格领取纸质通关单后，再凭这张通关单向海关报关进出。但是，在实际监管中，这张纸质的通关单也会带来不少麻烦。

据悉，有些企业会伪造一份假通关单报关，或者企业之间买卖单证，以逃避法定检验检疫，瞒报漏报情况不时发生。"出口方面给'中国制造'蒙上阴影，进口方面则给我国相关领域安全带来不良影响。"

据厦门海关副关长钱明城介绍，实施"通关单联网核查"后，检验检疫机构在审验进出口企业货物的同时，将这些信息实时以通关单电子数据的形式，由电子信息平台传输至海关，海关将报关单相关数据与通关单电子数据进行比对，并在办结海关手续后实时将通关单核销回执反馈出入境检验检疫机构。这种"先报检，后核查"的形式将有效遏制不法企业利用假通关单通关、虚报瞒报等违法行为。

据厦门海关监管通关处介绍，企业向检验检疫部门发送电子数据并从电子回执中获取一个通关单编号后，即可据此直接向海关发送电子报关数据办理报关手续。这样报关员不必为领取和递交纸质通关单而在海关和检验检疫部门间来回奔波，极大地缩短了货物的通关时间，同时也保证了通关单数据的真实可靠。

——《海峡导报》2007 年 12 月 22 日（记者香卉辉）

四、出境货物通关单

出境货物通关单是我国出入境检验检疫管理制度中，对列入《法检目录》中属出境管理的商品在办理出口报关手续前，依照有关规定由口岸检验检疫机构接受报检后签发的单据，同时也是出口报关的专用单据，是海关验放该类货物的重要依据之一。

出境货物通关单适用于下列情况：

（1）列入《法检目录》的货物。

（2）出口纺织品标识。

（3）对外经济技术援助物资和人道主义紧急救灾援助出口物资。

（4）其他虽未列入《法检目录》，但有关法律法规明确应当由出入境检验检疫机构负责检验检疫的出境货物等。

在税则列表中，需要使用出境货物通关单的商品"监管证件"代码中含有"B"字样。

出/入境货物通关单均实行"一批一证"制度，证面内容不得更改。企业应确保已申领通关单项下的进出口货物可一次性报关进出口,如通关单签发后需要分成多票报关单报关的,企业应向出入境检验检疫机构申请拆分通关单。

第四节 进出口货物收付汇管理制度

管理方式,对企业的贸易外汇管理方式由现场逐笔核销改变为非现场总量核查,通过货物贸易外汇监测系统,全面采集企业货物进出口和贸易外汇收支逐笔数据,定期比对、评估企业货物流与资金流总体匹配情况。

试点期间,试点地区企业出口报关仍按现行规定提供出口收汇核销单。将来在货物贸易外汇管理制度改革全国推广后,海关总署与国家外汇管理局将调整出口报关流程,取消出口收汇核销单。

骗汇是指违反国家外汇管理法规,使用伪造、变造的海关签发的报关单、进口证明、外汇管理部门核准件等凭证和单据,或者重复使用海关签发的报关单、进口证明、外汇管理部门核准件等凭证和单据,或者以其他方式骗购外汇,数额较大的行为。典型的骗汇是"虚构进口事实,申请购取外汇"。

国家为了打击这些违法行为,实行较为严格的进出口货物收付汇管理制度。海关是贯彻执行该政策必要环节的政府机构之一。

一、出口货物收汇管理

（一）出口收结汇联网核查制度

国家外汇管理局、商务部、海关总署联合颁布实施了《出口收结汇联网核查办法》,决定自 2008 年 7 月 14 日起对出口收结汇实行联网核查管理。

出口收结汇联网核查系统是外汇管理局与商务部、海关等部门借鉴先前进口付汇联网核查的成功经验,依托中国电子口岸建立的。实行联网核查,是以电子信息联网手段取代传统的纸质单证审核做法,实现对货物贸易外汇收结汇的监管。这一方式方便了银行和企业操作,节省了时间,提高了效率,同时改善了监管的有效性。

办法规定,出口收结汇应当具有合法、真实的交易背景。企业出口收汇(含预收货款)应先进入企业的出口收汇待核查账户;出口收汇进入待核查账户后,需要结汇或者划出的,企业应当如实填写《出口收汇说明》,连同中国电子口岸操作员IC卡,一并提交银行办理。

企业在通过待核查账户办理资金结汇或划出手续时,银行应登录出口收结汇联网核查系统,在具体贸易类别相对应的可收汇额范围内进行收汇核注;并按照有关规定,在企业相应出口可收汇额内办理结汇或划出资金手续,同时在核查系统中核减其对应出口可收汇额。银行不得超过核查系统内企业出口可收汇额为其办理结汇或者划出资金手续。

实行该新制度的主要目的在于加强预收货款与未来实际出口的跟踪监管,防止无真实贸易背景的"热钱"借用贸易渠道流入境内投机获利;有利于加强跨境资金流动监管,防范国际经济风险。

(二) 出口收汇核销制度

我国对出口收汇管理采取的是外汇核销形式。国家外汇管理局先后颁布了《出口收汇核销管理办法》和《出口收汇核销管理办法实施细则》,规定了出口外汇核销单管理的方式,对出口货物实施直接收汇控制。

"出口收汇核销单"是指由国家外汇管理局制发、出口单位和受托行及解付行填写,海关凭以受理报关,外汇管理部门凭以核销收汇的有顺序编号的凭证。凡通过货币媒介出口的,就一定要收回外汇。由于我国是外汇监管的国家,外汇管理局要监控出口单位收回外汇,出口收汇核销单便是跟踪、监督出口单位出口后收汇核销和出口单位办理货物出口手续的重要凭证之一。

这个流程可以较通俗地解释为:我国出口企业从外汇管理局申领的每一张纸质核销单,每张上都有唯一的编号,都在外汇管理局的电脑数据库中有备案。核销单跟随外贸业务其他单证一路"走过"海关、银行和国税局,被盖上不同印章或撕开。但最终的核销单存根必须回到外汇管理局,以核对原来数据库的电子档案并注销此核销单号码。这一过程称作"核销",表示这笔出口交易在外汇的收支上是合法的,如果超时没有去外管局核销,则说明一定是出了问题,有关部门将顺着被领走但未交回的核销单的线索,质询乃至追究相关企业的责任。

出口企业完成外贸经营备案后,应该在海关办理"中国电子口岸"入网手续,并在外汇管理局备案登记,在外管局建立出口收汇核销档案。

在实践中,收汇核销的程序通常为:

(1) 申领核销单。企业操作员通过登录 www.chinaport.gov.cn 出口收汇系统 95199 企业界面申领核销单。

(2) 外管局发放外汇核销单。企业持相关单据前往外汇管理局领取纸质的出口收汇核销单,外管局登陆出口收汇系统外管局界面查询企业申请记录并向企业发放纸质核销单,发放的出口收汇核销单共三联(第一联为存根联供海关报关及企业向外管局交单使用、第二联供核销使用、第三联为退税专用)。领取的空白核销单长期有效,但是不得转卖给其他企业,企业在核销单正式使用之前,应在空白核销单上加盖企业相关印章。

(3) 口岸备案。核销单用于出口报关前,企业操作员上网登录企业界面对核销单进行口岸备案(如果不备案,届时报关单"批准文号"栏数据发送至海关会因"无该外汇核销单数据"而被退单)。

(4) 出口单位出口报关时,核销单要随附在报关单的随附单证之列一起递交给海关。

(5) 海关核对无误后,在收汇核销单上盖"验讫"章,把核销单退还给报关员,并在货物出口后出具"报关单出口收汇证明联"给企业。如果是代理报关的,报关企业应当在报关完毕后把核销单等单证交还给报关委托方。

(6) 企业在网上登录进电子口岸后输入核销单号码,查找出该核销单及对应的报关单号,然后进行网上交单(向外管局交单),并登录进入电子口岸的出口退税数据报送中心报送(向国税局报送)。

(7) 出口企业收汇后将外汇兑给银行,银行会出具打印的"外汇核销专用联(结汇水单)"交给企业,然后企业持报关单(出口收汇证明联)、银行结汇水单、出口收汇核销单存根等单据到主管外汇管理局申请核销。外管局核销后,在核销单上加盖"已核销"章,并将其中的出口退税专用联退给出口单位,作日后退税证明用。

货物出口之后,如果出口单位超过预期收汇日期 30 天未去外汇管理局办理核销手续的,视为出口收汇逾期未核销,外汇管理局将定期催核,企业应该进行认真清理核对,确认数据,及时办理出口收汇核销手续。

在现实工作中,通常多是出口方先把货物和外汇核销单交给货代公司,货代公司持核销单等单证去为出口货物报关,报完关之后将核销单再返还给出口方企业,供出口方办理外汇核销和出口退税之用。

二、进口货物付汇管理

进口货物付汇管理与出口货物收汇管理均采取外汇核销形式,国家为了防止汇出外汇而实际不进口商品的逃汇行为的发生,通过海关对进口货物的实际监管来监督进口付汇情况。其基本程序为:

(1) 进口单位需要办理对外付汇时应当向银行申领国家外汇管理局统一制发的"贸易进口付汇核销单",按照规定如实填写核销单(一式三联),属于货到汇款的还应当填写有关"进口货物报关单"编号和报关币种金额,将核销单连同其他付汇单证(如进口合同等)一并送外汇指定银行审核。

(2) 外汇指定银行审核进口单位提供的各种单据内容相符无误后,填写核销单下方的内容,并加盖印章,将第二联退还进口单位。然后银行为进口方开立信用证或售汇给进口方。

(3) 进口单位应当在有关货物进口报关后 1 个月内还要向外汇管理局办理核销报审手续。在办理核销报审时,对已到货的,进口单位应当将正本"进口货物报关单"等核销单证附在相应核销单后(凭"备案表"付汇的还应当将"备案表"附在有关核销单后),并如实填写"贸易进口付汇到货核销表";对未到货的,填写"贸易进口付汇未到货核销表"。

出口收汇核销单
出口退税专用

编号：

未经核销此联不得撕开

出口单位：

货物名称	货物数量	出口总价

报关编号：

外汇管理局核销情况：

年　月　日(盖章)

出口收汇核销单

编号：

外汇指定银行结汇/收账情况：

我行已凭此单办理结汇/收账　年　月　日(盖章)

海关盖章

海关核放情况：

年　月　日

外汇管理局核销情况：

年　月　日(盖章)

出口收汇核销单
存根

编号：

出口单位：

出口总价：

收汇方式：

预计收款日期：

报关日期：

图5-1　出口收汇核销单式样

进口单位在办理到货报审手续时，须提供进口货物报关单（付汇证明联）、银行结汇水单、进口付汇核销单等证明文件。

和出口收汇核销不同的是：进口货物报关时，海关通常不要求在报关单后随附"进口付汇核销单"，而是在货物进口放行时海关签发进口货物报关单（付汇证明联），报关单位凭此去银行、外汇管理局进行付汇核销。这是因为，如果没有进口货物，就没有真实的进口报关单付汇证明联，也就无法核销。这意味着企业未核销的信息将必然被有关部门掌握。

链接

不使用收汇核销单的监管方式

注：并非所有的货物进出境报关都要使用"外汇核销单"，如包括捐赠物资、暂时进出口货物、无代价抵偿货物等在内的 62 种海关监管方式由于未发生外汇交易，并不需要使用"出口收汇核销单"。

海关签发的进口货物报关单证明联是货物实际进口的证明，是现行进口售付汇和付汇核销的重要依据之一，但并非所有有报关单的进口货物都需对外支付外汇，有些进口货物是不应该发生相应的对外支付的，有些则需要依据其他材料才能判断是否应该发生相应的对外支付。为了防止企业使用不需要对外支付的报关单购付汇或以此作为核销凭证，国家外汇管理局会同海关总署依据海关对进口货物的监管方式和有关外汇管理规定，对进口货物按报关单上的"贸易方式"（即海关"监管方式"）代码进行了分类。例如，来料加工、补偿贸易、易货贸易等 24 种监管方式属于不得对外售（付）汇的贸易方式。

出口收汇核销和进口付汇核销采取"收支两条线"的管理原则，进口付汇和出口收汇严禁进行相互抵扣的结算方式。

链接

有人利用"海关单证"行骗

2007 年 4 月 27 日至 5 月 11 日，湛江海关社会公众建议举报邮箱连续收到自称"深圳达力实业有限公司"、"深圳益达实业有限公司"的"刘先生"、"张×明"等人发来的 20 多封邮件，声称可提供纸质的"海关核销单"等多种"单证"，邮件还称这些"单证"价格优惠，交接方便，购买量多还可商讨。

湛江海关迅速组成调查小组,分别向海关业务现场、关区企业、有关管理部门调查了解,同时又以"顾客"身份致电能提供"海关核销单"的"刘先生"。"刘先生"称,有纸质"海关核销单"提供,每单 300 元,通过快件发货,银行账号收款,还声称绝对保险,可以解决管理部门电子数据对碰方面的问题。"顾客"要求"刘先生"先送一份"核销单"来看看,待鉴别真伪后再大量购买,"刘先生"满口应承着,但当第二天再催促时就找借口推脱了。

湛江海关提醒企业:"海关核销单"是不存在的,骗子所指的可能是出口货物报关单"收汇核销联"、进口货物报关单"付汇证明联"或"出口收汇核销单"。但由于海关和外管部门之间已实现了电子数据对碰,所以任何纸质的"收汇核销联"、"付汇证明联"或"出口收汇核销单"在办理通关手续时,海关和外管部门都会将纸质单证与中国电子口岸上的电子数据进行核对,如果中国电子口岸上没有纸质单证的信息,或者纸质单证与电子数据不符,海关和外管部门都会不予认可。因此,仅凭单独的纸质单证没有任何实际用途。

——摘自新华网 2007 年 5 月 16 日新闻

第五节　我国货物、技术进出口许可管理制度

进出口许可制度作为一项非关税措施,是世界各国管理进出口贸易的一种常见手段,在国际贸易中长期存在,并被广泛运用。

货物、技术进出口许可管理制度是我国进出口许可管理制度的主体,是国家对外贸易管制中极其重要的管理制度。其管理范围包括禁止进出口货物和技术、限制进出口货物和技术、自由进出口的技术以及自由进出口中部分实行自动进口许可管理的货物。

鉴于报关员的日常业务范围,本章重点讲述我国海关对于货物的进出口许可管理。首先值得注意的是:对于货物的进出口许可管理究竟是属于禁止,还是限制类,这要根据进出口货物的种类(归类)来确定。只要某货物被归入了一个确切的税号类别,那么,该税号类别的进出口许可管理对于所有进出口货物收发货人都是"一视同仁"的(另行规定的国营指定贸易除外)。

一、禁止进出口管理

为维护国家安全和社会公共利益,保护人民的生命健康,履行中华人民共和国所缔结或者参加的国际条约和协定,商务部会同国务院有关部门,依照《对外贸易

法》的有关规定,制定、调整并公布禁止进出口货物、技术目录。海关依据国家相关法律、法规对禁止进出口目录商品实施监督管理。

报关单位违反国家进出口管理规定,进出口国家规定禁止进出口的货物的,海关将责令退运,并处100万元以下的罚款。

（一）禁止进口

对列入国家公布的禁止进口目录以及其他法律、法规明令禁止或停止进口的货物、物品与技术,任何对外贸易经营者不得经营进口,任何个人亦不得邮递、携带入境。

1. 有关货物管理

我国公布的《禁止进口货物目录》共6批,其中:

（1）《禁止进口货物目录》(第一批)包括虎骨、犀牛角、鸦片、四氯化碳、三氯三氟乙烷等,于2002年元旦起实施。

（2）《禁止进口货物目录》(第二批)均指旧机电产品类,包括旧压力容器、锅炉,旧医疗器具、游艺机等。主要是考虑到生产安全、人身安全和环境保护等因素禁止这些商品进口。

（3）《禁止进口货物目录》(第三批)主要是一些对环境有污染的工业废渣废料,如含铅汽油淤渣,含汞、铊等重金属的废渣,以及下水道淤泥、医疗废物等。

（4）《禁止进口货物目录》(第四批)包括猪鬃和猪毛、马毛的废料,旧衣物、废电池等,并补充进了一些含金属的工业残渣。

（5）《禁止进口货物目录》(第五批)包括废空调、废电冰箱、废计算机类设备等。

（6）《禁止进口货物目录》(第六批)包括长纤维青石棉、多氯联苯、多溴联苯、二噁英等。

链接

禁止进口的其他货物

除了列入《禁止进口货物目录》的货物不准进口外,其他法律、法律规定不准进口的货物还包括:

（1）未列入《限制进口类可用作原料的废物目录》及《自动进口许可管理类可用作原料的废物目录》的废物进口。

（2）受放射性污染的废旧金属。

（3）右置方向盘汽车和二手(旧)汽车、二手(旧)摩托车。

（4）仿真枪。

（5）以工业用二氟二氯甲烷（CFC-12）为空调制冷剂的汽车及以 CFC-12 为制冷剂的汽车空调压缩机。

（6）动植物病源（包括菌种、毒种等）、害虫和其他有害生物。

（7）动植物疫情流行的国家和地区的有关动植物、动植物产品等。

（8）动物尸体和土壤。

（9）旧服装。

（10）滴滴涕、氯丹等农药。

（11）莱克多巴胺和盐酸莱克多巴胺。

（12）以氯氟烃物质为制冷剂、发泡剂的家用电器产品和以氯氟烃为制冷工质的家用电器产品用压缩机。

另外，下列商品停止进口：Ⅷ因子制剂等血液制品、硝酸铵、氯酸钾。进口货物及其包装上如带有违反"一个中国"原则内容的，不得进口。

2. 有关进口技术管理

根据《对外贸易法》、《技术进出口管理条例》以及《禁止进口、限制进口技术管理办法》的有关规定，商务部会同国务院有关部门，制定、调整并公布禁止进口的技术目录。属于禁止进口的技术，不得进口。

目前，《中国禁止进口限制进口技术目录》（第一批）所列明的禁止进口的技术涉及钢铁冶金技术、有色金属冶金技术、化工技术、石油炼制技术、石油化工技术、消防技术、电工技术、轻工技术、印刷技术、医药技术、建筑材料生产技术等 11 个技术领域的 26 项技术。

（二）禁止出口

1. 有关禁止出口货物管理

对列入国家公布禁止出口目录的以及其他法律、法规明令禁止或停止出口的货物（物品）、技术，任何对外贸易经营者不得经营出口，任何个人亦不得邮递、携带出境。

链接

海关查获半吨走私麻黄草

摩托车零配件里竟然匿藏了大量国家禁止出口的麻黄草。黄埔海关隶属的老港海关日前查获一起麻黄草走私出口案,查获麻黄草506千克。

这批麻黄草夹藏在一批生地、牛膝粒、紫苏叶等中草药材之中,但却申报成脚踏板、链条、刹车片、尾架等摩托车零配件。海关用H986大型X光集装箱检查设备检查出其中猫腻。据了解,麻黄草产于我国新疆、甘肃、内蒙古等地,可以作为原料加工提取生物碱(麻黄碱),制成价格昂贵的天然麻黄素,具有较高的药用价值。天然麻黄素,既是多种药品的制药原料,又是非法制造"冰毒"的半成品原料。1998年以来,我国对麻黄草和麻黄素的生产、经营、运输、使用、出口均实行严格的专项管理。

——摘自《羊城晚报》2010年5月讯,记者姚志德

我国政府明令禁止出口的货物主要有列入《禁止出口货物目录》的商品,国家有关法律、法规明令禁止出口的商品以及其他各种原因停止出口的商品。

(1) 列入《禁止出口货物目录》的商品。目前,我国公布的禁止出口货物目录是指《禁止出口货物目录》(第一批至第五批):①《禁止出口货物目录》(第一批)包括虎骨、犀牛角、牛黄、麝香、麻黄草、发菜(有防风固沙作用)、四氯化碳、甲基氯仿、红木及樟木原木、铂金等;②《禁止出口货物目录》(第二批)包括大于一定尺寸的木炭(使用原料为竹子、果壳制作的炭除外)等,主要是为了保护我国匮乏的森林资源;③《禁止出口货物目录》(第三批)包括长纤维青石棉、多氯联苯、多溴联苯、二噁英等;④《禁止出口货物目录》(第四批)包括禁止天然砂出口(不适用于我国台湾、香港、澳门地区);⑤《禁止出口货物目录》(第五批)包括森林凋落物、泥炭(草炭)等。

(2) 除了列入《禁止出口货物目录》的货物不准出口外,其他法律、法律规定不准出口的货物还包括:① 劳改产品;② 未定名的或者新发现的有重要价值的野生植物;③ 原料血浆、商业性出口的野生红豆杉及其部分产品;④ 滴滴涕、氯丹、敌蚜胺等农药;⑤ 莱克多巴胺和盐酸莱克多巴胺。

另外,白氏贝、企鹅贝和白蝶贝均属我国特有的珍珠贝类,已经列入《我国现阶段不对国外交换的水产种质资源名录》,任何单位和个人不得对外提供这类物种,包括成体、幼苗和卵等。

自2007年5月1日起,禁止进、出口以氯氟烃物质为制冷剂、发泡剂的家用电器产品和以氯氟烃为制冷工质的家用电器产品用压缩机。

2. 禁止出口技术管理

根据《对外贸易法》、《技术进出口管理条例》以及《禁止出口限制技术管理办法》的有关规定,国务院对外贸易主管部门会同国务院有关部门,制定、调整并公布

禁止出口的技术目录。属于禁止出口的技术,不得出口。

目前,列入《中国禁止出口限制出口技术目录》禁止出口部分的技术涉及核技术、测绘技术、地质技术、药品生产技术、农业技术等 25 个技术领域的 31 项技术。

(三)法律责任

《中华人民共和国货物进出口管理条例》第 64 条规定,进口或者出口属于禁止进出口的货物⋯⋯依照《刑法》关于走私罪的规定,依法追究刑事责任;尚不够刑事处罚的,依照海关法的有关规定处罚⋯⋯

另外,根据有关规定,进出口国家禁止进出口的货物的,海关将责令退运,可处 100 万元人民币以下的罚款。

二、限制进出口管理

为维护国家安全和社会公共利益,保护人民的生命健康,履行中华人民共和国所缔结或者参加的国际条件和协定,国务院对外贸易主管部门会同国务院有关部门,依照《对外贸易法》的规定,制定、调整并公布各类限制进出口货物、技术目录。海关依据国家有关法律、法规对限制进出口目录货物、技术实施监督管理。

限制进出口的管理基本模式是:海关规定进出口某些特定种类的货物需要持有许可证件海关才可予放行(或海关才给予优惠低税率),在可控范围内一部分进出口单位能够获得该许可证件。

(一)限制进口管理

国家实行限制进口管理的货物、技术,必须依照国家有关规定取得国务院对外贸易主管部门或者由其会同国务院有关部门许可,方可进口。

国家对货物或技术实行限制进口管理的主要原因包括:① 为维护国家安全、社会公共利益或者公共道德,需要限制进口的;② 为保护人的健康或者安全,保护动物、植物的生命或者健康,保护环境,需要限制进口的;③ 为实施与黄金或者白银进出口有关的措施,需要限制进口的;④ 为建立或者加快建立国内特定产业,需要限制进口的;⑤ 根据我国缔结或者参加的国际条约、协定的规定,其他需要限制进口的等。

1. 限制进口货物管理

目前,我国限制进口货物管理按照其限制方式,划分为许可证件管理和关税配额管理。

(1)许可证件管理。许可证件管理是指在一定时期内根据国内政治、工业、农业、商业、军事、环保等方面的形势需要,以及为履行我国所加入或缔结的有关国际条约的规定,经国家各主管部门签发许可证件给收货人的方式来实现各类限制进口的措施。这是一种绝对数量的限制,因为发出许可证的数量是一定的,而海关凭证验放通关,所以正常渠道进口的特定货物数量也是可事前确定的。

许可证件管理主要包括进口许可证、濒危物种进口、可利用废物进口、药品进口等管理。

许可证件管理模式的概要是:商务部或国务院其他有关部门(如人民银行、农业部等)在各自的职责范围内按规定签发上述各项管理所涉及的各类许可证件给收发货单位。然后,收发货单位报关时出示许可证件给某地海关,某地海关予以放行。

(2)关税配额管理。关税配额管理是指一定时期内(一般是 1 年),国家对部分商品的进口制定关税配额税率并规定该商品进口数量总额,在限额内,经国家批准后允许按照关税配额税率征税进口,如果超出限额则按照配额外税率征税进口的措施。一般情况下,关税配额税率优惠幅度很大,有的商品关税配额税率比配额外税率低好几倍。国家通过这种行政管理手段对一些重要商品,以关税这个成本杠杆来实现限制进口的目的,由于没有配额,依然可以进口(只要进口人自愿支付高额关税),因此,关税配额管理属于一种相对数量的限制。

链接

涉及关税配额管理的进口商品举例(摘自税则)

商品编码	商品名称	……	进口(最惠国)税率(%)	监管条件
1701.9910.10	砂糖(配额内)	……	15	ABt
1701.9910.90	砂糖(配额外)	……	50	AB

2. 限制进口技术管理

限制进口技术实行目录管理。属于目录范围内的限制进口的技术,实行许可证管理;未经国家许可,不得进口。

目前,列入《中国禁止进口限制进口技术目录》(第一批)中属限制进口的技术包括生物技术、化工技术、石油炼制技术、石油化工技术、生物化工技术和造币技术 6 个技术领域的 16 项技术。经营限制进口技术的经营者在向海关申报进口手续时,必须主动递交技术进口许可证,否则经营者将承担为此而造成的一切法律责任。

(二)限制出口管理

国家实行限制出口管理的货物、技术,必须依照国家有关规定取得国务院对外贸易主管部门或者由其会同国务院有关部门许可,方可出口。

国家对货物或技术实行限制出口管理的主要原因类同于实行限制进口管理的原因。

1. 限制出口货物管理

目前,我国货物限制出口按照其限制方式,划分为出口配额限制、出口非配额限制。

(1)出口配额限制。出口配额限制是指在一定时期内为建立公平竞争机制、增强我国商品在国际市场的竞争力、保障最大限度的收汇,保护我国产品的国际市场利益,国家对部分商品的出口数量直接加以限制的措施。在我国,出口配额限制又划分为两种管理形式,即出口配额许可证管理和出口配额招标管理。

第一,出口配额许可证管理。出口配额许可证管理是国家对部分商品的出口,在一定时期内(一般是1年)规定数量总额,经国家批准获得配额的允许出口,否则不准出口的配额管理措施。出口配额许可证管理是国家通过行政管理手段对一些重要商品以规定绝对数量的方式来实现限制出口的目的。

出口配额许可证管理是通过直接分配的方式,由商务部或者国务院有关部门在各自的职责范围内根据申请者需求并结合其进出口实绩、能力等条件,按照效益、公正、公开和公平竞争的原则进行分配。国家各配额主管部门对经申请有资格获得配额的申请者发放各类配额证明。申请者取得配额证明后,到商务部及其授权发证机关,凭配额证明申领出口许可证(因为海关不凭配额证明验放通关,海关只验看许可证)。

链接

中国海关破获亿元走私出口稀土大案

2010年7月,南宁海关成功侦破一起通过货运渠道走私出口稀土大案,犯罪嫌疑人涉嫌以伪报品名的方式走私出口稀土金属及其化合物约4 196吨,案值1.09亿元,涉嫌偷逃税款1 300多万元,该案曾被列为海关总署缉私局挂牌督办案件。目前,已经有7名涉案的犯罪嫌疑人被检察机关批准逮捕。

据海关介绍,2009年7月,南宁海关收到一封举报南宁奥×公司通过伪报品名方式走私稀土的信,南宁海关对线索进行了深入摸查,经过近9个月的侦查,于2010年3月在南宁、防城港、梧州、成都、昆明等地展开抓捕行动,将涉案的犯罪嫌疑人全部抓捕归案。

2009年7月22日,400多公里外的梧州海关首先查获了伪报品名走私稀

土的案件。一家名为佳佩莹的商贸有限公司向海关申报,往印度出口"热压铁块"20吨,海关关员查验发现这些"热压铁块"被分装在集装箱里绿色铁桶内,"铁块"拿起来有金属压坠感,敲起来"铛铛"作响,表面看并没有什么大问题,但是仔细推想却有些不对:印度是一个富铁国家,铁产品与国内并不存在多大差价,出口热压铁块无利可图,这家公司为什么会出口而且出口量还这么小呢?

该票货物的两份样品被送往广州的海关化验中心,检验结果证实了现场关员的怀疑,两份样品中镧和锶(稀有金属元素)的含量均超过了97%,货物是稀土矿石。

整个案件被破获后,海关才发现,本案几个主要的犯罪嫌疑人都是熟悉稀土方面的人士,此前他们根据每票稀土矿石的外形的不同特点,分别用硅藻土、硫酸铝、玻璃成型剂等与稀土外形相似的货物来报关,企图鱼目混珠。虽然这些人利用自己的专业优势,做足了功课,但是还是难免留下破绽,就凭这些蛛丝马迹,他们也难逃海关的查办和法律的制裁。

——主要内容节选自"广西新闻网"2010年7月讯,记者贺建东

第二,出口配额招标管理。配额招标管理是国家对部门商品的出口,在一定时期内(一般是1年)规定数量总额,采取招标分配的原则,经招标获得配额的允许出口,否则不准出口的管理配额措施。出口配额招标管理是国家通过行政管理手段对一些重要商品以规定绝对数量的方式来实现限制出口的目的的。

国家各配额主管部门对中标者发放各类配额证明。中标者取得配额证明后,到商务部及其授权发证机关,凭配额证明申领出口许可证。

(2) 出口非配额限制。出口非配额限制是指在一定时期内根据国内政治、军事、技术、卫生、环保、资源保护等领域需要,以及为履行我国所加入或缔结的有关国际条约的规定,以经国家各主管部门签发许可证件的方式来实现的各类限制出口措施。目前,我国非配额限制管理主要包括出口许可证、濒危物种、敏感物项出口以及军品出口等许可管理。

2. 限制出口技术管理

限制出口技术实行目录管理,属于目录范围内的限制出口的技术,实行许可证管理;未经国家许可,不得出口。我国目前限制出口技术目录主要是依据《核出口管制清单》、《生物两用品及相关设备和技术出口管制清单》、《导弹及相关物项和技术出口管理清单》等制定的《敏感物项和技术出口许可证管理目录》以及《中国禁止出口限制出口技术目录》。

（三）法律责任

根据规定,进出口国家限制进出口的货物,收发货人向海关申报时不能提交有关许可证件的,货物不予放行,并可处货物价值30%以下罚款。

三、自由进出口管理

除上述国家禁止、限制进出口货物、技术外的其他货物、技术,均属于自由进出口范围。自由进出口货物、技术的进出口不受限制,但基于监测进出口情况等的需要,国家对部分属于自由进出口的货物实行自动进出口许可管理(通常多指进口)。当然,并非所有自由进出口管理的货物进出口都要提交自动进/出口许可证。

纳入自动进口许可管理的商品虽属自由进口,进口报关时仍然必须向海关出示自动进口许可证。在税则列表中,对应货物的监管条件中有"7"字样的,代表需要自动进口许可证通关。

《货物自动进口许可管理办法》第8条规定,凡内容正确且形式完备的许可申请,发证机构收到后应在管理可行的限度内立即核准,签发自动进口许可证。特殊情况下,最多不超过10个工作日。可见,这种进口许可实际上是一种在进口前的自动登记性质的许可制度,是在任何情况下对进口申请一律予以批准的进口许可制度。

进口属于自动进口许可管理的货物,进口经营者应当在办理向海关报关手续前,向有关部门提交《自动进口许可证申请表》;进口经营者相关部门发放的自动进口许可证明,向海关办理报关手续。

经修订后的2011年《自动进口许可管理货物目录》分为三个部分,目录一(非机电类商品)内的货物包括部分烟草、植物油、煤、废钢、铜、大豆等进口商品,主要由商务部配额许可证事务局和各地省级的外经贸厅局委负责发证;目录二(机电产品)内的货物主要包括部分光盘生产设备、移动通信设备、汽车产品、锅炉等,主要由商务部和国务院各部委办局以及地方政府的机电产品进出口办公室负责发证;目录三(重点工业原料)内的货物主要包括化肥、铁矿石、成品油、钢材等。

我国《海关行政处罚实施条例》第14条根据涉案货物属性的不同,作出相应规定:进出口属于自动进出口许可管理的货物,当事人向海关申报时不能提交自动许可证明的,进出口货物不予放行。

第六节　许可证管理的一些其他规定

进出口许可证管理属于国家限制进出口管理范畴,分为进口许可证管理和出口许可证管理。商务部是全国进出口许可证的归口管理部门,负责制定进出口许可证管理办法及规章制度,监督、检查进、出口许可证管理办法的执行情况,处罚违规行为。商务部会同海关总署制定、调整和发布年度《进口许可证管理货物目录》及《出口许可证管理货物目录》。

一、进口许可证管理

2011 年实行进口许可证管理的货物共两种，即消耗臭氧层物质和重点旧机电产品。由商务部配额许可证事务局（简称许可证局）和商务部授权的地方商务主管部门（简称地方发证机构）负责签发相应货物的进口许可证。其中，许可证局负责签发重点旧机电产品的进口许可证，地方发证机构负责签发消耗臭氧层物质的进口许可证。

在京中央管理企业的进口许可证由许可证局签发。

凡属于进口许可证管理的货物，除国家另有规定外，对外贸易经营者应当在进口前按规定向指定的发证机构申领进口许可证，海关凭进口许可证接受申报和验放。

进口许可证的有效期为 1 年，当年有效。特殊情况需要跨年度使用时，有效期最长不得超过次年 3 月 31 日，逾期自行失效，海关不予认可，不予放行。

进口许可证不得擅自更改证面内容。如需更改，经营者应当在许可证有限期内提出更改申请，并将许可证交回原发证机构，由原发证机构重新换发许可证。

进口许可证管理实行"一证一关"（"一证一关"指进口许可证只能在一个海关报关）管理。一般情况下，进口许可证为"一批一证"（"一批一证"指进口许可证在有效期内一次报关使用）。如要实行"非一批一证"（"非一批一证"指进口许可证在有效期内可多次报关使用），应当同时在进口许可证备注栏内打印"非一批一证"字样，但最多不超过 12 次，由海关在许可证背面"海关验放签注栏"内逐批签注核减进口数量。但消耗臭氧层物质的进口许可证均实行"一批一证"制。

链接

"非一批一证"的使用次数

海关对"非一批一证"的具体管理措施规定是：每次报关数是指同日同运输工具的同批货物，海关对同批货物加总后在"非一批一证"许可证上作一次批注，如此类推 12 次后，此证即使还有剩余数量也不可再使用（如果 12 次未满但货物总量已扣减完毕，此证也不可再使用，海关将收去该纸质许可证留存归档）。

——主要内容选自《完全通关 800 问》第二篇

二、出口许可证管理

2011 年实行出口许可证管理的 49 种货物，分别实行出口配额许可证、出口配额招标和出口许可证管理。

(1) 实行出口配额许可证管理的货物是：玉米、大米、小麦、玉米粉、大米粉、小麦粉、棉花、锯材、活牛(对港澳)、活猪(对港澳)、活鸡(对港澳)、煤炭、焦炭、原油、成品油、稀土、锑及锑制品、钨及钨制品、锌矿砂、锡及锡制品、白银、铟及铟制品、钼、磷矿石。

(2) 实行出口配额招标的货物是：蔺草及蔺草制品、碳化硅、滑石块(粉)、镁砂、矾土、甘草及甘草制品。

(3) 实行出口许可证管理的货物是：活牛(对港澳以外市场)、活猪(对港澳以外市场)、活鸡(对港澳以外市场)、冰鲜牛肉、冻牛肉、冰鲜猪肉、冻猪肉、冰鲜鸡肉、冻鸡肉、消耗臭氧层物质、石蜡、锌及锌基合金、部分金属及制品、铂金(以加工贸易方式出口)、汽车(包括成套散件)及其底盘、摩托车(含全地形车)及其发动机和车架、天然砂(含标准砂)、钼制品、柠檬酸、维生素C、青霉素工业盐、硫酸二钠。

对港澳出口的活牛、活猪、活鸡实行全球许可证下的国别(地区)配额许可证管理；对港、澳、台出口天然砂实行出口许可证管理，对标准砂实行全球出口许可证管理。

链接

提升战略性出口门槛

钨、钼、铟等数十种稀有金属是不可再生的重要战略资源，广泛应用于国防工业、航空航天、信息产业、制造业等。对于宝贵的稀有金属资源，如果现在不加以节约利用，任由企业盲目过量生产和出口，届时势必会出现资源短缺，影响国民经济的发展。

商务部与海关总署联合发布公告，从2007年6月起，对铟及铟制品、钼及钼制品出口实行出口配额许可证管理，这透露着一个重大信息：我国再次提高了高耗能战略性资源的出口门槛。

——根据《中国矿业报》2007年6月20日相关资料整理

出口许可证的有效期不得超过6个月，且有效期截止时间不得超过当年12月31日。出口许可证应当在有效期内使用，逾期自行失效，海关不予放行。

出口许可证不得擅自更改内容。如需更改，经营者应当在许可证有效期内提出更改申请，并将许可证交回原发证机构，由原发证机构重新换发许可证。

出口许可证管理实行"一证一关"制、"一批一证"制，也有的实行"非一批一证"制。实行"非一批一证"管理的货物主要包括：

(1) 外商投资企业出口货物。

(2) 加工贸易方式出口货物。

（3）补偿贸易项下出口货物。

（4）大米、玉米、小麦、活牛、活猪、活鸡、牛肉、猪肉、鸡肉、原油、成品油、煤炭、汽车（包括成套散件）及其底盘、摩托车（含全地形车）及其发动机和车架。

链接

不予放行货物如何处理？

进出口货物因不能提交相关许可证件，海关作出不予放行的决定后，如何处理上述直接关系到货物所有人或收发货人的切身利益，是进出口企业非常关心的问题。根据有关规定，"无证进出口"当事人在此情况下有三种处理方式可供选择：① 积极争取补办有关许可证件，以使货物顺利通关；② 如果无法补办，当事人可向海关申请退运无证货物。海关将依据有关规定对当事人的退运申请进行审查，符合条件的，准予退运；③ 对于既无法补办许可证件也不便或不能退运的货物，当事人可以声明放弃。海关将接受货物并依法进行处理。

——摘自"海关总署网站"2007 年 12 月资料

对实行"一批一证"进出口许可证管理的大宗、散装货物，以出口为例，其溢装数量在货物总量 3% 以内的原油、成品油可以免证，其他货物溢装数量在货物总量 5% 以内的予以免证；对实行"非一批一证"制的大宗、散装货物，在每批货物出口时，按实际出口数量进行许可证证面数量核扣，在最后一批货物出口时，应按该许可证实际剩余数量溢装上限，即 5%（原油、成品油在溢装上限 3%）以内计算免证数额。

第七节　对一些特殊进出口货物管制的规定

本部分所讲的对于一些特定进出口货物管制，主要是这些货物的种类或属性较特殊，国家出于各种需要对其进出口采取一定的限制。这部分属于前面的"限制进出口"管理范围。

海关对本节讲到的这些特殊进出口货物管制方式也是通过验看各种许可证件的方式执行的。但是与前面我们讲到的"进出口许可证"管理制度当中的"进出口许可证"不一样的地方在于：

（1）本节的货物管制，主要是由于这些货物本身的属性较特殊，而且本节的货物管制所使用的许可证件名称都是和货物种类直接挂钩的，如固体废物进口许可证、濒危野生动植物种国际贸易公约允许进出口证明书，等等。而前述的进出口许可证并不与特定货物种类挂钩，还会逐年变动，如 2003 年实行进口配额许可证和进口许可证管理的商品共 8 种,到了 2006 年,我国实行进口许可证管理的商品就只有 1 种(消耗臭氧层物质)了。

(2) 本节当中的货物管制,其许可证件的发放机关多数情况下不是商务部,而是诸如中国人民银行、国家环保部、农业部等政府职能机关。

一、两用物项和技术进出口管制

两用物项和技术一般是指可用作军事武器用途也可用作和平生产(如民用)的物质与技术,也包括既可用作正常医药业、化工业用途也可用作不法分子制毒之用的物质。

(一) 两用物项的进口管制范围

根据 2011 年元旦起执行的(新版)《两用物项和技术进出口许可证管理目录》,两用物项的进口管制物质范围包括:

(1) 可用作化学武器的化学品,和可作为生产化学武器关键前体的化学品,如三氯化砷、蓖麻毒素、碳酰二氯(剧毒)等。

(2) 易制毒化学品,如硫酸麻黄碱、麦角胺、高锰酸钾、盐酸、硫酸等。

(3) 放射性同位素,如铀、镭、钴及其化合物等。

链接

公安部等六部门发布公告加强对"K 粉"管理(节选)

为加强对羟亚胺的管理,防止其流入非法渠道制造毒品氯胺酮(俗称"K"粉),国务院批准将羟亚胺列入《易制毒化学品管理条例》(下简称《条例》)附表品种目录的第一类易制毒化学品……

进口、出口羟亚胺的,按照《条例》和《易制毒化学品进出口管理规定》第一类易制毒化学品的要求,到国家商务主管部门申办两用物项和技术进出口许可证,取得进出口许可证后方可进行进口、出口活动。海关凭进口、出口许可证办理通关验放手续。对羟亚胺进口、出口不实行国际核查制度。

羟亚胺包括羟亚胺及其盐类(如盐酸羟亚胺等),商品名称为羟亚胺及其盐,商品编码为 2925.2900.20。

本公告自 2008 年 8 月 1 日起施行。

(二) 两用物项的出口管制范围

(1) 核材料、核反应堆及为其专门设计的设备和部件等。

(2) 人及人畜共患病病原体,如炭疽芽孢杆菌等。

（3）生物双用途设备，如生物安全柜等。

（4）可用作化学武器的化学品和可作为生产化学武器关键前体的化学品。

（5）某些特定的计算机整机和CPU部件。

（6）易制毒化学品。

（7）有关化品及相关设备和技术出口管制清单所列物项和技术，如氟化氢、耐腐蚀多重密封阀等。

（8）导弹和相关物项、技术（如运载火箭、火箭燃料、风洞等）。

链接

涉及两用物项进出口管制的商品举例（摘自税则）

商品编码	商品名称	......	计量单位	监管条件
2806.1000	盐酸	......	千克	32

在税则列表上，相关商品的"监管证件"代码有"2"（进口）或"3"（出口）或"G"等字样的，即为涉及两用物项进出口管理，进出口报关时须向海关提交《两用物项和技术进/出口许可证》（如图）。

根据国家相关进出口管制法规规定，企业需经许可方能从事两用物项和技术的进出口业务，企业可通过商务部网上政务平台办理敏感物项和易制毒化学品的申请、领证、查询等事项（网址：exportcontrol. mofcom. gov. cn）。

链接

违规出口敏感物项物资受罚

上海×通化工有限公司在明知氟化氢钾属于《有关化学品及相关物项和技术出口管制办法》的管制物项、出口需要办理《两用物项和技术出口许可证》的情况下，将氟化氢钾伪装成氟硼酸钾，采取伪报品名的方式企图逃避海关监管，2006年6月，上海海关已对该公司进行行政处罚。

为落实国家出口管制政策法规，依据《敏感物项和技术出口经营登记管理办法》的规定，商务部决定自2007年4月5日起注销上海×通化工有限公司的敏感物项和技术出口经营登记证书。

——资料来源：商务部机电和科技产业司网站

121

两用物项和技术进口许可证实行"非一批一证"制和"一证一关"制,同时发证机关在两用物项和技术进口许可证备注栏内打印"非一批一证"字样;两用物项和技术出口许可证则实行"一批一证"制和"一证一关"制。两用物项和技术进口和出口许可证有效期一般不超过1年。许可证样本,如图5-2所示。

中华人民共和国两用物项和技术出口许可证
EXPORT LICENCE FOR DUAL-USE ITEMS AND TECHNOLOGIES OF PRC

No.

1. 出口商 Exporter	3. 出口许可证号 Export licence No.	第一联（正本）出口商办理海关手续 海关验放签注栏在背面
2. 发货人 Consignor	4. 出口许可证有效截止日期 Export licence expiry date	
5. 贸易方式 Terms of trade	8. 进口国（地区） Country/Region of purchase	
6. 合同号 Contract No.	9. 付款方式 Payment	
7. 报关口岸 Place of clearance	10. 运输方式 Mode of transport	
11. 收货人 Consignee	13. 最终用户 End-user	
12. 合同签订日期 Date of contract signed	14. 最终目的国（地区） Destination	

15. 商品名称 Description of goods		商品编码 Code of goods			
16. 规格、等级 Specification	17. 单位 Unit	18. 数量 Quantity	19. 单价（ ） Unit price	20. 总值（ ） Amount	21. 总值折美元 Amount in USD
22. 总计 Total					

23. 备　　注： 　　Supplementary details	24. 发证机构签章 　　Issuing authority's stamp & signature 25. 发证日期 　　Licence date

中华人民共和国商务部监制(2006)

图 5-2　许可证样本

二、进口废物管理

入境废物是指以任何贸易方式和无偿提供、捐赠等方式进入我国境内的一切废物(含废料)。这里所称的废物,是指《中华人民共和国固体废物污染环境防治法》管理范围内的废物,即在生产建设、日常生活和其他活动中产生的污染环境的固态、半固态废弃物质。包括:

(1)工业固体废物(指在工业、交通等生产活动中产生的固体废物)。

(2)城市生活垃圾(指在城市日常生活中或者为城市日常生活提供服务的活动中产生的固体废物以及法律、行政法规规定视为城市生活垃圾的固体废物)。

(3)危险废物(指列入国家危险废物名录或者根据国家规定的危险废物鉴别标准和鉴别方法认定的具有危险性的废物)以及液态废物和置于容器中的气态废物。

链接

知 识 背 景

从资源获取的途径看,除了开采、储备,还有一个重要途径是再生。当我们从地下、海底、山区找矿产越来越难时,其实很多矿产资源就在我们的身边,只是它已经不再以"资源"的形式出现,而是堆在我们周围的"废旧物资"。世上有多少新,就有多少旧。废旧物资是全球唯一在增长、迟早要取代地下矿藏、俯拾皆是的"富矿"。

例如,把铁矿石炼成钢水,要消耗大量能源,还会产生很多废渣,如果将废钢作为炼钢原料,则可节省大量能源投入。物流意义上来看,某一国家的废钢的产出和消耗如果不平衡,就要输入或者输出废钢,以达到平衡,目前,美国是主要的废钢输出国,而我国则为主要的废钢输入国。

同时海关有关人士也指出,可回收利用的进口废旧物资不可一律视为"洋垃圾"。

我国作为缺铜缺铝大国,对铜、铝的需求量非常大,从国外进口一定量的可回收铜、铝,不但可以满足我国的生产需要,缓解国内铜矿、铝矿开采业的压力,还有助于保护我国的生态环境。从海关监管的角度看,只有国家禁止进口的货物是"洋垃圾",而国家许可进口的有再生利用价值的废旧物资,不能算作"洋垃圾"。废旧物资回收给环境带来的危害,在国内有关部门监管到位的情况下是可以预见、可以防止的。否则,有关部门应及时将无法有效管理和控制的废物列入禁止进口的目录。

——部分内容摘自张典焕编《现代物流实务》教材章节

我国综合考虑资源的紧缺度、环境保护的要求以及对国内相关产业的保护等

各因素,对于冶炼渣、金属废碎料、回收纸或纸板、塑料的废碎料等十类可再利用的入境废物实施限制进口管理。这十类废物被列入了《限制进口类可用作原料的废物目录》及《自动进口许可管理类可用作原料的废物目录》中。这些废物在我国海关当年的"税则"列表中,对应的监管证件代码一般为"P"、"A"。

对未列入上述两目录的固体废物禁止进口(包括不准存入保税仓库),对应税则上的监管证件代码一般为"9"、"6(禁止进口的旧机电产品)"等。

但是,即便是列入上述两目录的固体废物也并不是完全自由进口的,进口废物前,进口单位应事先取得环境保护部签发的《固体废物进口许可证》。进口废物运抵口岸之后,出入境检验检疫局凭《固体废物进口许可证》以及其他单证受理报检,出入境检验检疫局如检验废物没有违反环保要求的,向进口人或代理人签发《入境货物通关单》。废物进口在海关报关时,《入境货物通关单》和《固体废物进口许可证》缺一不可。

如果出入境检验检疫局检验结论认为该批废物不应进口,海关将会同地方环保部门依法对废物进行处理,或直接退运出境。

虽列入上述两目录但未取得有效《固体废物进口许可证》的废物,也一律不得进口和存入保税仓库。

链接

重庆海关查获 10 吨电子垃圾

2009 年 5 月,龙某与徐某在香港认识后,双方预谋从香港进口欧美国家的电子垃圾,利用内地低价劳动力,组装电子产品销售。经多次共谋,同年 8 月 7 日,两人以进口光驱为名,将 10 吨电子废物夹藏在集装箱里,从香港走私到内地。后该批货物被重庆海关查获。经有关部门检验认定,该批散装的废旧电子元件均属我国禁止进口的固体废物。

据龙某和徐某交代,这批电子垃圾是他们从欧洲和美国买来的,想偷运到国内后卖掉。

承办检察官介绍,根据国际条约——《巴塞尔公约》,我国已将电子垃圾列入禁止进口的固体废物。电子垃圾不仅量大而且危害严重。特别是电视、电脑、手机、音响等产品,有大量有毒有害物质。

检方调查发现,这批电子垃圾中的显像管、阴极射线管、印刷电路板上的焊锡和塑料外壳等,都含有大量的有毒有害物质,1 台电脑显示器中仅铅含量平均就达 1 千克多。

——根据《重庆晨报》2010 年 1 月讯整理

自 2003 年 7 月 1 日起,国家环保总局(现为环境保护部)不再接受废物的外贸代理进口申请,《固体废物进口许可证》只发给直接加工利用进口废物的单位。报关员持有效固体废物进口许可证及入境货物通关单报关,海关方能接受进口人(或代理报关的企业)进口废物的报关。

鉴于可进口的废物多属价值低、体积重量大的货物,往往可能需要分批运输进口,因此固体废物进口许可证实行"非一批一证"管理。

进口的废物不能转关(废纸除外),只能在口岸海关办理申报进境手续。由于绝大多数废物不允许转关,进出口废物又极少使用飞机运输,所以通常《固体废物进口许可证》上的口岸不应该是内陆城市。

链接

涉及固体废物进口管制的商品举例(摘自税则)

商品编码	商品名称	……	计量单位	监管条件
3915.1000	乙烯聚合物的塑料废碎料	……	千克	AP
38253000	医疗废物(注:跨境传播疾病等危险性极大,无害化处理成本较高)	……	千克	9(代表禁止进口)

《刑法》第 155 条规定,走私废物罪是指违反海关法规和国家关于固体废物、液态废物、气态废物管理的规定,逃避海关监管,将境外固体废物、液态废物、气态废物运输进境的行为。对走私主体可处 5 年以下有期徒刑;情节特严重的,处 5 年以上有期徒刑,并处罚金。

三、濒危物种进出口管理

野生动植物是人类的宝贵自然财富。如果对濒危动植物种的活体或部分(如象牙等)进出口不加以限制,那么无异于放纵国际间的盗猎等非法行为。但是,科学研究、国际交流等活动有时又确实需要涉及濒危动植物的进出口(如我国将大熊猫出借给美国动物园若干年),因此又不能像禁止虎骨犀角的进出口一样简单地一禁了之。国家需要有相关的管制措施来限制、管理濒危物种进出口活动。

(一)法律依据

我国加入的《濒危野生动植物种国际贸易公约》,及《中华人民共和国森林法》、

《中华人民共和国野生动物保护法》、《中华人民共和国野生植物保护条例》和《濒危野生动植物进出口条例》等相关法律法规，是实施濒危物种进出口的海关管理的法律依据。

而 2006 年 9 月 1 日起正式实施的《濒危野生动植物进出口条例》是我国应"濒危野生动植物种国际贸易公约(CITES 公约)"(本节内以下简称公约)秘书处的要求制定的。我国系该公约的缔约国之一。

《濒危野生动植物进出口条例》规定，凡我国参加的国际公约禁止以商业贸易为目的进出口的濒危野生动植物及其产品，禁止进出口；以及禁止进出口国务院或国务院野生动植物主管部门规定禁止出口的濒危野生动植物及其产品。同时规定，进出口中国参加的国际公约限制进出口的濒危野生动植物及其产品，以及国务院或者国务院野生动植物主管部门规定限制进出口的濒危野生动植物及其产品，应当经国务院野生动植物主管部门批准。

（二）货物范围

凡列入《濒危野生动植物种国际贸易公约》附录一和附录二文件中的全部物种，列入《国家重点保护野生动物名录》中的国家一级、二级保护野生动物，和列入《国家重点保护野生植物名录》中的国家一级、二级保护野生植物均属《进出口野生动植物种商品目录》管理的珍贵稀有野生动植物种。且上述物种包括：① 活的或死的动物、植物；② 任何可辨认的部分；③ 物种的衍生物；④ 人工培养的野生物种；⑤ 野生动物的皮张、羽毛、掌骨、器官等。

列入《进出口野生动植物种商品目录》的野生动物及其产品，其中既包括野外来源的，也包括通过人工驯养或人工繁殖获得的。

对进出口货物包装说明中声称含有《进出口野生动植物种商品目录》所列野生动植物成分的(如含有珍稀野生动植物成分的中药材)，按《进出口野生动植物种商品目录》所列物种的相关要求进行管理。

链接

涉及濒危物种进出口管理的商品举例(摘自税则)

商品编码	商品名称	……	计量单位	监管条件
94033.000.10	濒危木制办公室用木家具	……	件/千克	ABFE

在税则列表上，相关商品的"监管条件"代码有"E"、"F"的，即为涉及濒危物种进出口管理。

一泰籍旅客欲走私 1 497 株兰花被截

2005 年 7 月 3 日上午 9 时 30 分,昆明机场海关旅检现场查验关员发现有一名泰籍旅客的申报单上未填写任何需要申报的物品,却随身携带两个巨大的行李箱:明明是泰国人却又选乘 10 时 45 分的航班前往老挝万象。情况反常,加之其神色紧张,形迹十分可疑。现场查验关员遂决定对其行李进行检查。行李箱一打开,现场所有人员均大吃一惊:两只行李箱装满了精心包裹好的兰花活体。鉴于该泰籍旅客不能提供任何相关的合法手续和证明,查验人员立即与中国科学院昆明植物研究所联系,并通知了海关缉私警察。

经中国科学院昆明植物研究所专家现场清点,该批走私兰花全部为野生濒危兰花,十分珍贵。经中国濒危物种进出口管理办公室昆明办事处鉴定,查获野生兰花有 13 个属共计 1 497 株(丛),均为受国际公约和国内法律保护的珍贵物种。专家介绍,其中的兜兰属兰花 194 株,被列入《濒危野生动植物种国际贸易公约》附录Ⅰ中,属禁止国际贸易类(非商业目的除外),其余的均被列入《濒危野生动植物种国际贸易公约》附录Ⅱ中,属国际贸易受限制类型,进出口时须凭《濒危野生动植物种国际贸易公约进出口证明书》验放通关。

——资料来源"新浪网"2005 年 7 月讯

(三)有关程序

如有正当理由需要进出口中国参加的国际公约所规定的限制进出口的濒危野生动植物及其产品,需领取到"濒危野生动植物种国际贸易公约允许进出口证明书"(简称公约证明),公约证明由中华人民共和国濒危物种进出口管理办公室(简称国家濒管办)或其授权的办事处签发。我国海关凭该公约证明受理报关。

如有正当合法理由需进出口列入《进出口野生动植物种商品目录》(本小节内以下简称目录)中属于我国自主规定管理的野生动植物及其产品的,进出口人或其代理人需领取到"中华人民共和国濒危物种进出口管理办公室野生动植物允许进出口证明书"(简称非公约证明)。我国海关凭该非公约证明接受报关。

公约证明、非公约证明均实行"一批一证"制度。

由于受濒危管理的动植物种很多,认定工作的专业性相当强,为使濒危物种进出口监管工作做到既准确又严密,不至于使不法分子报关"伪报货名"等手段得逞,海关总署和濒危物种进出口管理办公室共同商定,对海关可能无法准确识别辨认的动植物或产品,由濒危物种进出口管理办公室指定机构进行认定并出具"物种证明"。

当实际进出口商品被列入"物种证明"管理范围内,海关提出对于有关进出口动植物或产品是否属于受濒危管理的动植物种范围的质疑时,报关单位应凭"物种证明"办理报关手续。"物种证明"一式三联,分别用于向海关报关、持证者留存及签证机关留存。

"物种证明"适用于进出口列入《进出口野生动植物种商品目录》中适用"公约证明"、"非公约证明"管理的《濒危野生动植物种国际贸易公约》附录及国家重点保护野生动植物以外的其他列入商品目录的野生动植物及相关货物或物品和含野生动植物成分的纺织品。"物种证明"按时效分为"一次使用"和"多次使用"两种,其中多次使用的《物种证明》只适用于同一物种同一货物类型在同一报关口岸多次进出口的野生动植物。

多次使用《物种证明》有效期截至发证当年的 12 月 31 日,其余的均办理一次使用"物种证明"。

四、进出口药品管理

为加强对药品的监督管理,保证药品质量,保障人体用药安全,维护人民身体健康和用药合法权益,国家食品药品监督管理局依照《中华人民共和国药品管理法》、有关国际公约以及 2004 年元旦实施的《药品进口管理办法》等其他法规,与海关一同对进出口药品实施监督管理。

本部分所述的"药品",不包括农药、兽药(包括某些人畜两用的兽药)、有毒化学品等。

进口药品必须取得国家食品药品监督管理局核发的《进口药品注册证》(或《医药产品注册证》),或者《进口药品批件》后,方可办理进口备案和口岸检验手续。

进口备案是指进口单位向允许药品进口的口岸所在地药品监督管理部门(以下称口岸药品监督管理局)申请办理《进口药品通关单》的过程。麻醉药品、精神药品进口备案,是指进口单位向口岸药品监督管理局申请办理《进口药品口岸检验通知书》的过程。

口岸检验是指国家食品药品监督管理局确定的药品检验机构(以下称口岸药品检验所)对抵达口岸的进口药品依法实施的检验工作。如果进口口岸没有药检机构,可将进口药品作为"海关监管货物"转关运输至指运地海关验放。

链接

外籍男子欲携5万粒新型毒品出境被查获

记者从广州海关获悉,白云机场海关近日查获一宗外籍旅客携带新型毒品出境案,收缴新型毒品"红五"15.5 千克。这是广州海关近年来查获的最大宗"红五"走私案。

据介绍,日前,白云机场海关关员在对广州到马来西亚航班的托运行李进

行检查时,发现一名东南亚籍男性旅客的托运行李 X 光图像异常,怀疑藏有违禁物品。经开箱查验,海关关员在该行李箱中的食品包装盒内发现印有"ERIMIN"标识的颗粒物 49 990 粒,毛重 15.5 千克。缉私警察接报后紧急出警,并迅速控制嫌疑人。经技术鉴定,该颗粒状药丸属于新型毒品,俗称"红五"。目前,该旅客已被刑事拘留。

"红五"的主要成分为尼美西泮,是国家《麻醉药品和精神药品品种目录(2007 年版)》中列名的精神药品,其作用为中枢神经抑制剂,在临床医学上是用来治疗焦虑、失眠、酒精戒断以及肌肉紧缩的症状。如果滥用就会产生对这种药物的依赖性和耐药性,并且对人的记忆力、注意力造成障碍;若与其他药品或者酒精并用,更会增强危险性;情形严重者,甚至会导致死亡。

——摘自"新华网"2008 年 4 月讯

(一) 药品范围

1. 精神药品

某些药品和毒品的差异,在很大程度上仅是指其用途不同,一旦流入非管制渠道,就容易变为毒品,如杜冷丁(盐酸哌替啶)。

精神药品是直接作用于中枢神经系统,使之兴奋或抑制,连续使用可以产生依赖性的药品,如苯丙胺(安非他明)、苯巴比妥等。税则上相应被列入《精神药品管制品种目录》的药品的"监管证件"代码包含"I"字样,表明此类药物进出口通关需提交《精神药品进(出)口准许证》,该准许证由国家食品药品监督管理局核发,海关凭以接受报关、验放。

2. 麻醉药品

麻醉药品是指连续使用后易产生生理依赖性,能成瘾癖的药品,如临床上常用于止痛的杜冷丁、海洛因、吗啡等。由于许多麻醉药品本身亦可作毒品使用,如果使用不当,失之管理就会发生流弊,危害人民健康,危害社会治安,所以必须严加管理。

税则上相应被列入《麻醉药品管制品种目录》的药品的"监管证件"代码包含"W"字样,表明此类药物进出口通关需提交《麻醉药品进(出)口准许证》,该准许证由国家食品药品监督管理局核发,海关凭以接受报关、验放。

《精神药品进(出)口准许证》和《麻醉药品进(出)口准许证》在海关验放后,由海关在准许证的第一联背面盖章,将第一联寄回国家食品药品监管局。

此外,精神、麻醉药品的进出口实行专营制度,由商务部指定的国有单位按照国家有关外贸的规定办理,其他部门、企业未经允许一律不得办理精神、麻醉药品的进出口业务。

3. 兴奋剂进出口管理

兴奋剂是指列入《兴奋剂目录》的药品,主要包括蛋白同化制剂品种、肽类激素品种等共7类。

链接

知 识 背 景

为防止在体育运动中使用兴奋剂,保护运动员的身心健康,维护体育竞赛的公平精神,根据《中华人民共和国体育法》和其他有关法律,我国制定颁布了《反兴奋剂条例》。根据该条例及有关法律法规的规定,国家体育总局会同商务部、卫生部、海关总署、国家食品药品监督管理局制定颁布了《兴奋剂目录》。

国家对进出口蛋白同化制剂和肽类激素分别实行"进口准许证"和"出口准许证"管理。如需进出口蛋白同化制剂、肽类激素,进出口单位应当事先向国家食品药品监督管理局申领"进口准许证"或"出口准许证"。在办理报关手续时,应多提交一联报关单,并向海关申请签退该联报关单。海关凭药品"进口准许证"和"出口准许证"验放货物后,在该联报关单上加盖"验讫章"后退还给进出口单位,进出口单位应当在海关验放后1个月内,将"进口准许证"或"出口准许证"的第一联以及海关签章的那一联报关单退回发证机关。

"进口准许证"、"出口准许证"均实行"一证一关"制度,证面内容不得更改。个人如因医疗需要携带或邮寄进出境自用合理数量范围内的蛋白同化制剂和肽类激素药品的,海关应凭医疗机构处方予以验放。无法出具处方或超出处方剂量的,均不准进出境。

4. 监管条件为"Q"的进口药品

国家对一般药品的管理实行目录管理。国家食品药品监督管理局依据《中华人民共和国药品管理法》、《中华人民共和国药品管理法实施条例》制定和调整《进口药品目录》;国家食品药品监督管理局授权的口岸药品检验所以签发《进口药品通关单》(一式三联)的形式对该目录商品实行进口限制管理。《税则》中监管条件代码为"Q"的进口药品主要包括:

(1)进口列入《进口药品目录》的一般药品,包括用于预防、治疗、诊断人的疾病,有目的地调节人的生理机能并规定有适应症状、用法和用量的物质,包括中药材、中药饮品、中成药、化学原料药及其制剂、抗生素、生化药品、血清疫苗、血液制品等药品。

（2）进口列入《生物制品目录》的药品，包括疫苗类、血液制品类及血源筛查用诊断试剂等。

（3）首次在中国境内销售的药品。

（4）对进口暂未列入《进口药品目录》的原料药的单位，必须遵守《进口药品管理办法》中的各项有关规定，主动到各口岸药品检验所报检。

（二）报关须知

（1）向海关申报进口监管条件为"Q"的药品，报关单位应主动向海关提交有效的进口药品通关单及其他有关单据。通关后，海关留存《进口药品通关单》的红字联，绿字联由药品进口方存档。

（2）进口药品通关单仅限在该单注明的口岸海关使用，并实行"一批一证"制度，证面内容不得更改，通关单证明自签发日起30日内有效，过期须重新办理。

（3）海关放行一般药品进口后，必须经发证的药品检验所检验合格后，才可以调拨、使用。

（4）任何单位以任何贸易方式进口列入《进口药品目录》的药品，不论用何种用途，均须事先申领进口药品通关单。

链接

涉及药品进出口管理的商品举例（摘自税则）

商品编码	商品名称	……	计量单位	监管条件
12119039.30	大麻（麻醉药品）	……	千克	AWB
29393000.10	咖啡因（精神药品）	……	千克	I
1211.9022	天麻（中药）	……	千克	AQBFE

对列入《进口药品目录》、《生物制品目录》的（一般）药品的进口以及列入《精神药品管制品种目录》、《麻醉药品管制品种目录》中的药品的进口必须经由北京市、天津市、上海市、广州市、深圳市、宁波市等19个城市口岸办理进口通关。进境人员随身携带的个人自用的少量一般药品，应当以自用、合理数量为限，并接受海关监管。

五、黄金制品进出口管理

（一）范围

进出口黄金管理是指根据中国人民银行与海关总署公布的《黄金及其制品进

出口管理商品目录》，列入该目录的黄金商品在进出口通关时，海关须凭央行或其授权分支机构签发的"中国人民银行黄金及其制品进出口准许证"，办理验放手续。

作为物品出入境的黄金制品，如旅客随身佩戴的合理数量范围内的黄金首饰等，不属于该目录管辖。

列入该《黄金及其制品进出口管理商品目录》的商品包括黄金制首饰及其零件（包括含金量高于一定标准的手表带、表壳等）、部分金化合物（如氰化金、氰化金钾等）、金制工业及实验室用制品、非货币用金等。

实施黄金及其制品进出口管理主要目的是为了对我国的宏观经济安全与金融市场的稳定起一定的保障作用。

（二）通关

税则上相应被列入《黄金及其制品进出口管理商品目录》的商品的"监管证件"代码包含"J"字样，意味着需要提交"黄金及其制品进出口准许证"通关，涵盖的商品包括税则号列以7108、7113开头的金（制品）等。中国人民银行为黄金及其制品进出口的审批机关。

以下情形的黄金进出口不用提交"黄金及其制品进出口准许证"通关：

（1）自2004年1月1日起，黄金及其制品的加工贸易进出口，中国人民银行不再审批，海关不再凭中国人民银行的批件验放。但其中不能复出口的黄金及其制品经批准内销的，按一般贸易进口管理，仍由中国人民银行审批，海关凭人民银行的批件并按内销有关规定办理核销手续。

（2）从我国保税区、出口加工区以及其他海关特殊监管区域、保税监管场所与境外间进出的黄金及其制品，免予办理"黄金及其制品进出口准许证"。

（3）各个海关特殊监管区域、保税监管场所之间进出的黄金及其制品，免予办理"黄金及其制品进出口准许证"。

链接

涉及黄金制品进出口管理的商品举例（摘自税则）

商品编码	商品名称	……	计量单位	监管条件
7108.1100	非货币用金粉	……	克	J

六、音像制品进口管理

新闻出版总署和海关总署共同制定了2009年《音像制品进口管理目录》，如表

5-1所示。

表 5-1　　　　　　　　　　实施进口管理的音像制品和税号

商品编号	商 品 名 称	备 注	单位
8523292800	重放声音或图像信息的磁带	已录制的录音带、录像带	盘
8523292900	已录制的其他磁带		盘
8523299000	其他磁性媒体		盘
8523401000	仅用于重放声音信息的已录制光盘		张
8523409900	其他光学媒体		张
8523801100	已录制唱片		张
8523809900	其他媒体	磁性、光学或半导体媒体除外	张

国家对列入有关范围的音像制品进口实行许可制度。在税则列表中,进口通关需要使用"音像制品批准单"的商品"监管证件"代码中含有"Z"字样。

对于有反对《宪法》确定的基本原则的;危害国家统一、主权和领土完整的;危害国家安全或者损害国家荣誉和利益的;攻击中国共产党,诋毁中华人民共和国政府的;煽动民族仇恨、民族歧视,破坏民族团结等 12 类内容的印刷品及音像制品禁止进出境,涉及国家秘密的信息载体不得出境。

2008 年 8 月起,音像制品进口管理的职责由文化部划入新闻出版总署。凡从外国及我国香港、澳门和台湾地区进口音像制品成品和进口用于出版、信息网络传播及其他用途的音像制品,均应报新闻出版总署进行内容审查,新闻出版总署负责全国音像制品进口的监督管理工作。

新闻出版总署设立进口音像制品审查委员会,由若干名专家组成,新闻出版总署根据专家审查意见作出批准或不批准的决定。批准的,发给《进口音像制品批准单》;不批准的,发给《进口音像制品审查通知单》。

（一）进口用于出版或用于信息网络传播的音像制品

进口用于出版或用于信息网络传播的音像制品,应当由有关出版单位向新闻出版总署提出申请并报送以下文件和材料:

（1）《进口录音(像)制品报审表》。

（2）版权贸易协议(中外文文本)草案,原始版权证明书,版权授权书和国家著作权认证机构的登记认证文件。

（3）节目样片(载体形式为 CD、VCD 或 DVD)。

（4）内容审查所需的其他材料。

审查通过后，进口单位应当持新闻出版总署签发的《音像制品（版权引进）批准单》到海关办理母带（母盘）等的进口手续。

（二）进口音像制品成品（不涉及版权交易）

音像制品成品进口业务由新闻出版总署指定的音像制品经营单位经营。如需进口音像制品成品（不涉及版权购买情形），音像制品成品进口单位应当向新闻出版总署提出申请，报送的材料参照进口用于出版或用于信息网络传播的音像制品，不同的是在此无需提交涉及版权的协议和证明，而应提交进口协议草案。

审查通过后，进口单位应当持新闻出版总署签发的《音像制品（成品）进口批准单》到海关办理音像制品成品的进口手续。

（三）进口用于展览、展示的音像制品

进口用于展览、展示的音像制品，由展览、展示活动主办单位提出申请，并将音像制品目录和样片报新闻出版总署进行内容审查。

链接

划为物品监管的音像制品

2007年6月1日起施行的《海关进出境印刷品及音像制品监管办法》（以下简称《办法》）规定，单行本发行的图书、报纸、期刊类出版物，每人每次10册（份）以下；单碟（盘）发行的音像制品，每人每次20盘以下；成套发行的图书类出版物，每人每次3套以下；成套发行的音像制品，每人每次3套以下，海关予以免税验放。超出上述规定，但仍属于合理数量以内的个人自用进境印刷品及音像制品，海关将按照进出口关税条例有关规定，对超出规定数量的部分予以征税放行。

如果超出个人携带的合理数量，如个人携带、邮寄单行本发行的图书、报纸、期刊类出版物进境，每人每次超过50册（份）的；个人携带、邮寄单碟（盘）发行的音像制品进境，每人每次超过100盘的；个人携带、邮寄成套发行的图书类出版物进境，每人每次超过10套的；个人携带、邮寄成套发行的音像制品进境，每人每次超过10套的，海关将对全部进境印刷品及音像制品按照进口货物（而不是个人物品）监管方式办理相关手续。其余规定详见该《办法》全文。

七、有毒化学品及化学品首次进境管理

(一) 有毒化学品进出口管理

"有毒化学品"是指进入环境后通过环境蓄积、生物累积、生物转化或化学反应等方式损害健康和环境,或者通过接触对人体具有严重危害和具有潜在危险的化学品,如丙烯腈、砷化合物等。

税则列表当中,这类"有毒化学品"监管证件代码中含有"X"(大写)字样。

为了保护人体健康和生态环境,环境保护部和海关总署于 2010 年年底联合发布了《中国严格限制进出口的有毒化学品目录(2011 年)》,凡进口或出口《中国严格限制进出口的有毒化学品目录》中的化学品(包括砷化锌、砷化镓、甲胺磷、壬基酚等化学产品)的,应到环境保护部办理"有毒化学品进/出口环境管理登记证"和"有毒化学品进/出口环境管理放行通知单(在此简称通知单)"。

通知单实行一批一证制,是用来证明对外贸易经营者经营列入《中国禁止或严格限制的有毒化学品名录》的化学品合法进出口的证明文件,是海关验放该类货物的重要依据。

链接

涉及有毒化学品进出口管理的商品举例(摘自税则)

商品编码	商品名称	⋯⋯	计量单位	监管条件
2805.4000	汞	⋯⋯	千克	X

(二) 化学品首次进口管理

"化学品"是指人工制造的或者是从自然界取得的化学物质,包括化学物质本身、化学混合物或者化学配制物中的一部分,以及作为工业化学品和农药使用的物质。

"化学品首次进口"是指外商或其代理人向中国出口其未曾在中国登记过的化学品,即使同种化学品已有其他外商或其代理人在中国进行了登记,仍被视为化学品首次进口。

外商或其代理人向中国出口所经营的未曾在中国登记(除食品添加剂、医药、兽药、化妆品、放射性物质外)的任何化学品,必须向环境保护部提出化学品首次进口环境管理登记申请,并按规定填写《化学品首次进口环境管理登记申请表》,免费提供试验样品(一般不少于 250 克)。

环境保护部在审批化学品首次进口环境管理登记申请时,对符合规定的、准予

化学品环境管理登记并发给准许进口的《化学品进口环境管理登记证》。对于认为不适于进口的化学品不予登记发证,并通知申请人。

对于未取得登记证(或临时登记证)的化学品,一律不得进口。

八、进出口农药登记证明管理

进出口农药登记证明是国家农业主管部门依据《中华人民共和国农药管理条例》和《在国际贸易中对某些危险化学品和农药实行事先知情同意程序的鹿特丹公约》(简称 PIC),对税则号列以 3808 开头的商品中的一部分杀虫剂、杀菌剂、除草剂、植物生长调节剂等化学产品实施管理的进出口许可证件。其国家主管部门是农业部。值得注意的是,家用的蚊香(税号 3808.9111)、喷雾杀虫剂等的进出口也包含在"农药管理"之内。

凡进出口税则规定报关监管条件中含有"S"字样的化学药剂、制品,应事先向农业部农药检定所申领《进/出口农药登记证明》,凭以向海关办理进出口报关手续。《进/出口农药登记证明》是我国进出口许可管理制度中用来证明对外贸易经营者经营特定范围内所列农药合法进出口的证明文件,是海关验放该类货物的重要依据。如欲查看进出口农药登记证明办理情况,可以登录中国农药信息网(http://www.chinapesticide.gov.cn)查询。

《进/出口农药登记证明》实行"一批一证"制,证面内容不得更改,如需更改,须由农业部农药检定所换发新证。

链接

涉及农药进出口管制的商品举例(摘自税则)

商品编码	商品名称	……	计量单位	监管条件
29012990.10	诱虫烯	……	千克	S

链接

海关对"无证进出口"的处理

所谓"无证进出口",是指进出口货物收发货人在没有领取国家有关主管部门颁发的准予进口或出口证明文件的情况下,擅自进出口国家实行许可证件管理商品的行为。该行为由于违反国家进出口管理的有关法律、法规,属于明令禁止的违法行为。实践中,"无证进出口"行为是一种较为常见的违反海关监管规定行为,对此类行为的处理原则和处罚标准,现行《中华人民共和国海关行政处罚实施条例》第14条有明确规定,处罚包括罚款等。

有关当事人如果事后仍无法补办许可证件,可以向海关申请退运,如果退运亦不方便,在法律允许范围内可以放弃货物,海关拍卖有关货物(废物等不能放弃)。

除了以上货物外,我国对于美术品的进出口、密码产品及设备的进口、兽药的进口等也有相应的贸易管制措施,有关内容可以参阅中国海关出版社出版的最新教材。

第八节 对外贸易救济措施

对外贸易救济制度属于我国外贸管制政策的一部分。"贸易救济"通常是指在对外贸易过程中,一国国内产业由于遇到不公平进口行为(如国外产品低价倾销)或过量进口的冲击,造成了不同程度的损害,各国政府给予本国有关产业的帮助或救助。

贸易救济法律包括国内法和国际法两部分,作为国内法的贸易救济法律是国内法律制度的有机组成部分。2004年修订的《中华人民共和国对外贸易法》第40条规定,国家根据对外贸易调查结果,可以采取适当的对外贸易救济措施。

作为国际法的贸易救济法律是世贸组织法律体系的一个重要内容。WTO允许成员国(或地区)在进口产品倾销、补贴和过激增长而对国内(或地区内,下同)产业造成客观损害的情况下,使用反倾销、反补贴和保障措施的手段以保护国内产业不受损害。反倾销、反补贴和保障措施是贸易救济的主要方式。其中,反补贴和反倾销措施针对的是价格歧视这种不公平贸易行为,保障措施针对的则是进口产品数量激增对国内产业的冲击。

值得注意的是,海关总署并非我国相关贸易救济措施实施的决策机构,而是仅在这方面作为具体政策的执行机构之一(当然有关决策依据资料、证据也要依靠海关统计数据)。

一、反倾销措施

在本章,倾销通常是指在正常贸易过程中进口产品以低于其正常价值的出口价格进入中华人民共和国市场。出口商目的常常是以暂时的利润损失来换取进口国(或地区,下同)国内有关产业的衰退,以期将来垄断进口国国内有关市场。绝大多数国家都通过国内立法的有关手段对倾销行为进行反击。

反倾销措施包括临时反倾销措施和最终反倾销措施。

1. 临时反倾销措施

我国对倾销的调查和确定,一般由商务部产业损害调查局、进出口公平贸易局等机构负责。在初步认定进口产品存在倾销至最终认定倾销成立,存在一个调查的时间段,为了防止在该调查的期间国内产业继续受到倾销损害,政府可以采取临时性的反倾销措施。对此,商务部出台了有关《反倾销产业损害调查规定》。

临时反倾销措施包括:① 征收临时反倾销税;② 要求国内进口商提供现金保证金、保函或者其他形式的担保。

链接

临时反倾销案例

[摘自海关总署公告 2007 年第 66 号]根据《中华人民共和国反倾销条例》的规定和对原产于日本、新加坡、韩国和中国台湾地区的进口丙酮反倾销调查结果,决定自 2007 年 11 月 23 日起对原产于日本、新加坡、韩国和中国台湾地区的进口丙酮实施临时反倾销措施。

自 2007 年 11 月 23 日起,对原产于日本、新加坡、韩国和中国台湾地区的进口丙酮,除按现行规定征收关税和进口环节增值税外,还应区别不同的供货厂商……征收反倾销保证金及相应的进口环节增值税保证金。

凡申报进口丙酮的进口经营单位,应当向海关提交原产地证明。如果原产地为日本、新加坡、韩国或中国台湾地区的,还需提供原厂商发票。对于申报进口丙酮时不能提供原产地证明,且经查验也无法确定货物的原产地不是日本、新加坡、韩国或中国台湾地区的,海关应当按照本公告所列的最高反倾销保证金征收比率征收保证金。

临时反倾销措施实施的期限,自临时反倾销措施决定公告规定实施之日起,不超过 4 个月;在特殊情形下,可以延长至 9 个月。

2. 最终反倾销措施

终裁决定确定倾销成立,并由此对国内产业造成损害的,我国海关可以征收反倾销税。具体由商务部提出建议,国务院关税税则委员会根据其建议作出决定,由商务部予以公告,我国关境内各海关自公告规定实施之日起执行。

最终反倾销案例

[摘自海关总署公告2011年第3号]根据《中华人民共和国反倾销条例》的规定,国务院关税税则委员会决定自2011年1月23日起,对原产于欧盟的进口X射线安全检查设备征收反倾销税,期限为5年……现将有关事项公告如下:

自2011年1月23日起,对原产于欧盟的进口X射线安全检查设备[税则号列:90221910,该税则号项下采用X射线交替双能加速器技术(IDE Technology)的第二代X射线安全检查设备除外],除按现行规定征收进口关税外,还应区别不同的供货厂商,按照……所列的适用税率和下述计算公式征收反倾销税及相应的进口环节增值税:

反倾销税税额=海关完税价格×反倾销税税率

进口环节增值税税额=(海关完税价格+关税税额+反倾销税税额)×进口环节增值税税率

……

二、反补贴措施

补贴是指出口国(地区)政府或者其任何公共机构提供的并为接受者带来利益的财政资助以及任何形式的收入或者价格支持。在这里主要就是指出口补贴。补贴的结果,往往也是出口商可以长期地低价向进口国大量出口有关商品。

2004年修订的《中华人民共和国对外贸易法》第43条规定,进口的产品直接或者间接地接受出口国家或者地区给予的任何形式的专向性补贴,对已建立的国内产业造成实质损害或者产生实质损害威胁,或者对建立国内产业造成实质阻碍的,国家可以采取反补贴措施,消除或者减轻这种损害或者损害的威胁或者阻碍。对此,商务部出台了相关《反补贴产业损害调查规定》。

根据2004年3月修订的《中华人民共和国反补贴条例》,我国反补贴措施也可分为临时反补贴措施和最终反补贴措施。均由商务部提出建议,国务院关税税则委员会根据商务部的建议作出决定,由商务部予以公告。海关自公告规定实施之日起执行。

1. 临时反补贴措施

临时反补贴措施采取以要求提供担保(现金保证金或保函)或征收临时反补贴税的形式。临时反补贴措施实施的期限,自临时反补贴措施决定公告规定实施之日起,不超过4个月。

2. 最终反补贴措施

《中华人民共和国反补贴条例》第38条规定,在为完成磋商的努力没有取得效果的情况下,终裁决定确定补贴成立,并由此对国内产业造成损害的,可以征收反补贴税。征收反补贴税应当符合公共利益。

并且,终裁决定确定存在实质损害,并在此前已经采取临时反补贴措施的,反补贴税可以对已经实施临时反补贴措施的期间追溯征收。

链接

反补贴案例

[摘自海关总署公告2010年第58号]根据《中华人民共和国反补贴条例》的规定,国务院关税税则委员会决定自2010年8月30日起,对原产于美国的进口白羽肉鸡产品征收反补贴税,期限为5年。商务部为此发布了2010年第52号公告。现将有关事项公告如下:

自2010年8月30日起,对原产于美国的进口白羽肉鸡产品(税则号列:02071100、02071200、02071311、02071319、02071321、02071329、02071411、02071419、02071421、02071422、02071429和05040021),除按现行规定征收关税,还应区别不同的供货厂商,按照……所列的适用税率和下述计算公式征收反补贴税及相应的进口环节增值税:

反补贴税税额＝完税价格×反补贴税税率

进口环节增值税税额＝(完税价格＋关税税额＋反补贴税税额)

×进口环节增值税税率

凡申报进口白羽肉鸡产品的进口经营单位,应当向海关提交原产地证明。如果原产地为美国的,还需提供原生产厂商发票。对于申报进口白羽肉鸡产品时不能提供原产地证明,且经查验也无法确定货物的原产地不是美国的,海关按照……所列的最高反补贴税税率征收反补贴税;对于能够确定货物的原产地是美国,但进口经营单位不能提供原生产厂商发票,且通过其他合法、有效的单证也无法确定原生产厂商的,海关按照……所列的相应国家中的其他公司适用的反补贴税税率征收反补贴税。

……

三、保障措施

根据2004年3月修订的《中华人民共和国保障措施条例》,进口产品数量增加,并对生产同类产品或者直接竞争产品的国内产业造成严重损害或者严重损害威胁的,依照本条例的规定进行调查,采取保障措施。这里的"进口产品数量增加",是指进口产品数量的绝对增加或者与国内生产相比的相对增加。调查的具体操作依照商务部颁布的《保障措施产业损害调查规定》进行。

保障措施实际上分为临时保障措施和最终保障措施。在《保障措施条例》的书面上,将"最终保障措施"称为"保障措施"。

1. 临时保障措施

有明确证据表明进口产品数量增加,在不采取临时保障措施将对国内产业造成难以补救的损害的紧急情况下,可以作出初裁决定,并采取临时保障措施。

临时保障措施采取提高关税的形式。其实施期限,自临时保障措施决定公告规定实施之日起,不超过 200 天。其程序是:由商务部提出建议,国务院关税税则委员会根据商务部的建议作出决定,由商务部予以公告。海关自公告规定实施之日起执行。

2. (最终)保障措施

终裁决定确定进口产品数量增加,并由此对国内产业造成损害的,可以采取最终保障措施。最终保障措施可以采取提高关税、数量限制等形式。

如果终裁决定确定不采取保障措施的,以前已征收的临时关税应当予以退还。

如采取提高关税形式的,由商务部提出建议,国务院关税税则委员会根据商务部的建议作出决定,由商务部予以公告;如采取数量限制形式的,由商务部作出决定并予以公告。

海关自公告规定实施之日起执行。《条例》规定,保障措施的实施期限一般不超过 4 年,一项保障措施的实施期限及其延长期限,最长不超过 10 年。

和其他救济措施不同的是:保障措施一般针对某类正在进口的全部产品实施,并不区分产品来源国(地区),但 WTO 特殊保障措施除外。

链接

保障措施的终止

[摘自海关总署公告 2003 年第 76 号] 根据国务院关税税则委员会的决定和商务部关于终止实施对热轧普薄板、冷轧普薄板(带)、彩涂板、无取向硅电钢、冷轧不锈薄板(带)5 类进口钢铁产品保障措施的公告(2003 年第 76 号),自 2003 年 12 月 26 日起,海关不再对该保障措施项下的进口钢铁产品加征关税。中华人民共和国海关总署 2002 年第 36 号公告、第 38 号公告……同时废止。

报关员学习相关贸易救济知识的重要意义在于：尽管报关员个人不能影响国家的决策，但是报关员应当能够理解海关忽然对某种货物加征税款（以及报关时开始要求报关员提供原产地证明等）的措施，并明白其背后的原因（因为这种变化未预先印刷在税则工具书上）。为此，各地海关也往往在报关大厅的布告栏里及时贴出有关实行贸易救济措施的最新文件，以便报关员及时了解并向所在企业报告，以免我国企业在不清楚最新政策的情况下发生贸易亏损。

我国海关在实施的外贸救济措施中对于产品原产地的认定，通常属于非优惠原产地规则。

单项选择题

1. 下列各项中，不属于我国进出口药品管理对象的是_____。
   A. 一般药品的进口　　　　　　B. 一般药品的出口
   C. 麻醉药品的进出口　　　　　D. 精神药品的进出口

2. 决定对原产于某国的进口产品采取反倾销、反补贴措施的国家机关是_____。
   A. 海关总署　　　　　　　　　B. 商务部
   C. 外交部　　　　　　　　　　D. 国务院关税税则委员会

3. 保障措施这种外贸救济制度针对的是_____。
   A. 价格歧视
   B. 国外有疫病的动植物正在或可能进入我国
   C. 我国重要物资资源（如贵金属）大量流出国门
   D. 进口产品数量激增对国内有关产业的不利影响

4. 对进口列入《限制进口可用作原料的废物目录》和《自动进口许可管理类可用作原料的废物目录》的废物，报关单位向海关申报时应提交《进口废物批准证书》。而对于进口未列入上述目录的废物，国家规定_____。
   A. 仍须申领批准证书
   B. 不须申领批准证书，但须交验《入境货物通关单》
   C. 禁止进口
   D. 不须证明，自由进口

判断改错题

1. 有进出口经营权的企业一般自动享有报关权。　　　　　　　　（　　）
2. 进出境动植物检疫制度方面，进出口收发货人可以自主选择决定是否将动植物送检。　　　　　　　　　　　　　　　　　　　　　　　　（　　）

3. 收汇核销单要先在电子口岸网上进行口岸备案，然后才能用于出口报关。

（　　）

思考题

为何我国只对一部分国家或地区的出口货物采取反倾销反补贴措施，却要求所有这类进口货物（不管产自哪里）的进口人报关时提交原产地证书？

第六章　进出口税费

第一节　进出口税费概述

进出口税费是指在进出口环节中由海关依法征收的关税、消费税、增值税、船舶吨税以及海关对于少数货物的监管手续费等。

税费的缴纳,关系到收发货人承担的法律责任。税费的高低更关系到企业的经营成本,以至于进出口贸易的决策。

一、关税

关税是国家税收的重要组成部分,是由海关代表国家,按照国家制定的关税政策和公布实施的税法及进出口税则,针对准许进出关境的货物和物品而向纳税义务人征收的一种流转税。

链接

关税的分类

关税可以从多种角度进行分类:

(1)按照征税货物的流向,分为进口关税、出口关税。进口关税是指海关对进入其关境内的货物和物品征收的关税;出口关税是指海关对出境货物和物品征收的关税。

(2)按计征标准,分为从价税、从量税、复合税等。从价税是以课税对象的价格作为计征标准,以应征税额占价格的百分比为税收征收的关税;从量税是以课税对象的计量单位(如重量、数量、容量、长度等)作为计征标准,以每一计量单位的应征税额征收的关税;复合税是指在海关税则中,对一个税目中的商品同时使用从价、从量两种计征标准,计税时按两者之和作为应征税额征收的关税。

(3)按照差别待遇,分为最惠国关税、协定关税、特惠关税、普通关税。

(4)按照征税的主次程度,分为进口正税与进口附加税。进口正税是按海

关税则中的法定进口税率征收的进口税；进口附加税是对进口货物除征收正税之外另行征收的进口税，它一般具有临时性特点，包括反倾销税、反补贴税、报复性关税等。

与其他税收不同，关税是由海关根据国家制订的关税税法、税则负责征收管理，其他任何政府机关和个人未经同意均无权代海关征收关税。

二、增值税

增值税是以商品的生产、流通和劳务服务各个环节所创造的新增价值为课税对象的一种流转税。我国进口环节的增值税由海关代为征收，其他环节的增值税由各地税务局征收。增值税的纳税义务人是在中华人民共和国境内销售货物或提供加工、修理、修配劳务以及进口货物的单位和个人。进口环节增值税的起征额为人民币 50 元，低于 50 元的免征。

对于进口货物征收增值税，主要着眼点还是在于体现税负公平，使进口货物和国内生产同类货物不至于存在除关税以外的税负差别。

我国增值税的征收原则是中性、简便、规范，采取了基本税率再加一档低税率的征收模式。对于纳税人销售或者进口低税率和零税率以外货物，提供加工、修理修配劳务的，适用基本税率 17％，而适用按低税率 13％计征增值税的货物有下列商品：

（1）粮食、食用食物油。
（2）自来水、暖气、冷气、热水、煤气、石油液化气、天然气、沼气、居民用煤炭制品。
（3）图书、报纸、杂志。
（4）饲料、化肥、农药、农机、农膜。
（5）国务院规定的其他货物。

链接

海关总署公告 2009 年第 69 号（部分内容）

经国务院批准，自 2009 年 11 月 1 日起，对进口粗铜中所含的黄金价值部分免征进口环节增值税，非黄金价值部分仍照章征收进口环节增值税。

进口锭状未精炼铜的进口货物收货人，需在相关货物申报进口前先就作价情况向海关提交书面说明并提交以下有关单证，方能享受上述进口税收优惠政策：

（1）分别列明锭状未精炼铜所含黄金及其他成分各自比例或含量的商检证书。

（2）单独列明锭状未精炼铜所含黄金成分价值的合同或发票。

（3）海关需要的其他相关证明文件。

进口货物收货人在向海关申报进口锭状未精炼铜时，其中所含黄金价值部分的商品编码应填报为7402000001，非黄金价值部分的商品编码应填报为7402000090。进口货物收货人向海关申报进口税则号列74020000项下其他商品时，商品编码应填报为7402000090。

三、消费税

消费税是以消费品或消费行为的流转额作为课税对象而征收的一种流转税。在中华人民共和国境内生产、委托加工和进口应税消费品的单位和个人是消费税的纳税义务人。

和增值税不同，消费税的征收对象是较为有限的，在我国一般是对于不鼓励多消费的商品征收消费税。应税消费品大体可分为以下四种类型：

（1）一些过度消费会对人的健康、社会秩序、生态环境等方面造成危害的特殊消费品，如烟、酒、酒精、鞭炮、焰火等。

（2）奢侈品、非生活必需品，如贵重首饰及珠宝玉石等。

（3）高能耗的高档消费品，如小轿车、摩托车等。

（4）不可再生和替代的资源类消费品，如汽油、柴油、石脑油、溶剂油、润滑油等。

链接

消费税的征收范围的调整

2006年3月21日　财政部新闻办公室　经国务院批准，财政部、国家税务总局联合下发通知，规定自2006年4月1日起，对我国现行消费税的税目、税率及相关政策进行调整。

此次消费税政策调整的主要内容是：

（1）新增高尔夫球及球具、高档手表、游艇、木制一次性筷子、实木地板等税目：其中，高尔夫球及球具按应纳消费税税额的10%征收；高档手表按应纳消费税税额的20%征收；游艇10%；木制一次性筷子5%；实木地板5%。

（2）增列成品油税目，原汽油、柴油税目作为该税目的两个子目，同时新增石脑油、溶剂油、润滑油、燃料油、航空煤油5个子目。其中,石脑油、溶剂油、润滑油、燃料油暂按应纳消费税税额的30％征收;航空煤油暂缓征收消费税。

（3）取消"护肤护发品"税目。

（4）调整部分税目税率。现行11个税目中,涉及税率调整的有白酒、小汽车、摩托车、汽车轮胎几个税目。其中,对进口白酒类征收复合消费税时,应按20％的税率计征从价消费税,同时按1元/千克的单位税额计征从量消费税。

从2008年9月1日起调整汽车消费税政策。具体包括：一是提高大排量乘用车的消费税税率,排气量在3.0升以上至4.0升(含4.0升)的乘用车,税率由15％上调至25％,排气量在4.0升以上的乘用车,税率由20％上调至40％;二是降低小排量乘用车的消费税税率,排气量在1.0升(含1.0升)以下的乘用车,税率由3％下调至1％。

——部分资料来源:《报关员资格全国统一考试教材》(2006年版),中国海关出版社

第二节　进出口货物完税价格的确定

我国海关对实行从价税的进出口货物征收关税时,必须依法确定货物应缴纳税款的价格,即海关依法审定的完税价格,是海关对进出口货物征收从价税时审查估定的应税价格。进出口货物关税完税价格是凭以计征进出口货物关税及进口环节税税额的基础。

链接

海关估价问题的提出

首先,由于很多关税等税款是从价计征的,如果税率为10％,50美元的货物和5 000美元的货物税款当然是相差100倍,海关如果只听信报关时申报的货物价格,那么势必会造成大量货物报关时价格故意低报,偷漏税款。

并且,即使有买卖双方的真实货款支付凭证,这种凭证也是不足以证明货物价值真实性的,如可能存在关联企业交易情形等。

有的时候,进口货物价值还会被故意高报,如免税进口的一些设备,外商故意高报投资价值,向合资方牟取非法利益等。

以易货贸易为例，假如我国出口棉花，换回废钢铁，中间未采用货币交易，那么废钢进口时也是一样要交关税的，但废钢的关税如何计算呢？肯定不能以多少吨棉花的实物来标价征税，所以海关就必须对其进行估价（价格审定）。

此外，即使不考虑征税，进出口环节货物价格的低报、高报，还必然会扰乱海关统计数据的真实性。

一、我国海关估价的依据

为防止海关估价被所在国用作"非关税壁垒"的用途，WTO 的《估价协定》旨在要建立一套"公平、统一、中性"的海关估价制度，公平是指海关估价原则要科学、公正、准确，要符合商业习惯；统一是指海关估价原则不分货物供应来源，对待所有商人一视同仁；中性是指客观公正，对国际贸易"既不偏爱也不阻碍"。

为履行我国加入 WTO 的承诺，全面实施《估价协定》，海关总署制订了《中华人民共和国海关审定进出口货物完税价格办法》（以下简称《审价办法》），并于 2006 年 5 月 1 日起施行。

二、一般进口货物完税价格的审定

进口货物的完税价格，由海关以该货物的成交价格为基础审查确定，并应包括货物运抵中华人民共和国境内输入地点起卸前的运输及相关费用（如装卸费、搬运费）、保险费。

我国海关估价原则是"客观、公平、统一"。"客观"是指：一方面，要求海关估价应该尊重贸易实际，并且尽可能依据进口货物的实际成交价格，只有在成交价不能确定或不能采信的时候，才可以依次采用其他估价方法估价；另一方面，对于价格调整等工作，也必须以客观的可量化的数据为依据。"公平"是指海关估价必须本着公平的理念，保障进口商合法权益。"统一"强调海关估价的普遍性和非歧视性。

（一）审定程序

纳税义务人向海关申报时，应当按照《审价办法》的有关规定，向海关如实提供发票、合同、提单、装箱清单等单证。海关按规定审定价格。

海关对于申报价格的真实性、准确性有疑问时，应当制发《价格质疑通知书》，将质疑的理由书面告知纳税义务人或代理人，纳税义务人或者其代理人应自收到价格质疑通知书之日起 5 个工作日，以书面形式提供资料证明其申报价格真实、准确或者双方之间的特殊关系未影响成交价格。

海关制发《价格质疑通知书》后,有下列情形之一的,海关与纳税义务人进行价格磋商后,依次使用其他估价方法审查确定进出口货物的完税价格:

(1)纳税义务人或者其代理人在海关规定期限内,未能提供进一步说明的。

(2)纳税义务人或者其代理人提供有关资料、证据后,海关经审核其所提供的资料、证据,仍然有理由怀疑申报价格的真实性、准确性的。

(3)纳税义务人或者其代理人提供有关资料、证据后,海关经审核其所提供的资料、证据,仍然有理由认为买卖双方之间的特殊关系影响成交价格的。

海关按照本办法规定通知纳税义务人进行价格磋商时,纳税义务人应当自收到《中华人民共和国海关价格磋商通知书》之日起5个工作日内与海关进行价格磋商。纳税义务人未在规定的时限内与海关进行磋商的,视为其放弃价格磋商的权利。

链接

关于价格瞒骗

世界海关组织(WCO)对价格瞒骗的定义是:"向海关申报进出口货物价格时的欺诈行为。"价格瞒骗的目的,有时不仅仅是为了偷逃海关税收,还有骗取付汇额度和非法获取其他利益等多方面的因素。

有些较为直接的价格瞒骗手段是海关打击的对象,如被称为"洗单"的手法,通常是进口企业在我国香港地区等境外开设"公司",制作一套完全不是真实价格的合同、发票等单证,把CIF或CIP价格等降低,企图达到少缴税的目的。

由于海关会掌握部分商品的价格信息,进口企业通过这种"洗单"手段很可能会被揭穿,因此部分企业采取较为间接的变相瞒骗手段,即伪报商品品质,如将高浓度高价值的化工品伪报为低浓度低价值的商品等,根据《海关行政处罚实施条例》第7条,这是一种走私行为。

链接

北京海关首次查获走私纯血马逃税案

2011年1月,北京海关向媒体披露有关执法人员查获一起纯血马走私案,犯罪嫌疑人孟某以虚假购马合同和低报价格等手段，申报进口澳大利亚纯血马21匹，偷逃海关税款共计约62.6万元。

据海关人员介绍，2009年4月，犯罪嫌疑人孟某从澳大利亚进口纯血马，以其经营某养殖场（系个体工商户）的名义，委托北京某专业进出口公司作为代理。为逃避海关征税，孟某让澳洲售马方出具一份每匹马单价为1 500澳元（约合人民币1万元）的虚假发票，交由北京某进出口公司办理进口通关手续。

海关经核查发现，孟某所引进的马匹中，每匹马的最低购买成本都得人民币几十万元，有些则高达百万元，此价格远远高于企业进口的报关1万元人民币的价格，这一情况引起海关执法人员的警觉。海关缉私部门接手此案后，很快就取得低报价格的有力证据，并将此案移送到检察机关。

——摘自《法制日报》2011年1月19日讯

（二）审定办法

海关确定进口货物完税价格有六种估价方法：成交价格法、相同货物成交价格法、类似货物成交价格法、倒扣价格法、计算价格法和合理方法。这六种估价方法必须依次使用，也就是说，只有在不能使用前一种估价方法时才可顺延使用其他估价方法。其中，倒扣价格方法和计算价格方法在进口货物收货人提出要求并提供相关资料而且征得海关同意的情况下可以颠倒适用次序。

1. 进口货物成交价格方法

进口货物的成交价格法是《WTO估价协定》中最基本、最重要的一种估价方法，是海关确定应税货物完税价格的首选方法。

海关估价所使用的成交价格概念与商业上所使用的成交价格概念有所不同。商业上所说的成交价格就是买卖双方所议定的价格，贸易中所实际发生的发票价格或者合同价格；海关估价所使用的成交价格是为了完税目的而建立的一个海关意义上的概念。例如，某一批进口货物，发票价格是FOB 200美元，除了交易价格外，国内的买方还向国外支付了一笔50美元的卖方佣金。这里海关意义上的成交价格应该是250美元，因为卖方佣金是属于必须计入实付或应付价格的调整因素。

海关意义上的进口货物的成交价格，是指卖方向中华人民共和国境内销售该货物是买方为进口该货物向卖方实付、应付的，并按有关规定调整后的价款总额，包括直接支付的价款和间接支付的价款。

间接支付的理解

间接支付常见的有两种情况:一种是由于卖方欠买方债务,因此在实付或应付价格中已经扣减上述债务。第二种情况是买方向第三方清偿卖方欠第三方的债务。

[例1] 中国上海某公司向法国某玩具厂支付了一票货物的价款,共1 850美元,实际上法国玩具厂应向上海公司收取2 200美元,但由于法国玩具厂欠上海公司350美元,因此,法国玩具厂向上海公司收取1 850美元。海关完税价格2 200美元。

[例2] 中国上海某公司向法国某玩具厂支付了一票货物的价款,共3 500美元。在此以前,法国玩具厂向中国北京的一家公司出售了一批玩具,但在运输过程中货物受到了损失。基于长期的合作关系,法国玩具厂邀请中国上海公司先向北京公司赔偿索赔,然后法国玩具厂从发票中冲减500美元。因此,待估货物的价格3 500美元是减500美元之后的价格。海关完税价格4 000美元。

实付或应付价格是构成成交价格的第一要素,是指买方为进口货物向卖方或为卖方的利益直接或间接、已经支付和将要支付的总额。也就是说,实付或应付价格必须由买方支付,支付的目的是为了进口货物,支付的对象是卖方或者与卖方有联系的第三方,包括已经支付和将要支付的总额。

另外,如果进口货物交易双方不是一种买卖关系,则不存在成交价格。

关于不存在买卖关系

(1) 货物所有权转移,但买方没有支付价款。例如,免费交付的进口货物如以捐赠、赠送方式进口的货物或免费提供的货样、广告品、礼品等。

(2) 货物所有权不发生转移,买方没有支付价款。例如,寄售进口货物,在寄售贸易合同下,出口人将货物托运给国内的代理人,委托代理人代销,货物卖出去之后,代理人扣除佣金,把剩下的货款交委托人。再如,租赁进口货物下,货物所有权不发生转移,而且承租人支付的不是价款,而是租金。

以上这些情况都是没有存在销售,也就不存在交易价格,因此,海关只能依次采用其他估价方法进行估价。

再有,成交价格还必须满足一定的条件,否则也不能适用成交价格法。成交价格必须满足的条件有：

（1）买方对进口货物的处置和使用不受限制。其中，对买方对进口货物的处置和使用进行限制，且对交易价格会造成实质性影响的情形包括：进口货物只能用于展示或者免费赠送的；进口货物只能销售给指定第三方的；进口货物加工成成品后只能销售给卖方或者指定第三方的；其他经海关审查确定的。

（2）进口货物的价格不应受到某些条件或因素的影响，由于这些条件或因素导致该货物的价格无法确定。其中，导致货物成交价格无法确定的条件或因素包括：出口商确定的进口货物的价格是以进口商同时向其购买一定数量的其他货物为条件的（如搭售）；出口商确定进口货物的价格，建立在买方必须向其出售另一种货物的价格基础上（即对销或互售）；出口商确定的进口货物价格，建立在与进口货物无关的支付形式上。

（3）卖方不得直接或间接从买方获得因转售、处置或使用进口货物而产生的任何收益，除非上述收益能够被合理确定。例如，国内公司为了筹建一个彩色照片冲扩部，进口 1 台自动冲扩设备，销售合同规定，在该彩照冲扩部成立 1 年内，由该公司将冲扩部的营业利润的 12％ 按月汇给卖方。在这种情况下，由于货物进口时不可能预计开业后利润，故买方返还给卖方的利润无法合理确定。因此，不适合用成交价格法。如果说有客观化的数据资料可以确定，那么海关可以作出调整后按成交价格法审核完税价格。

（4）买卖双方之间没有特殊关系或者虽有特殊关系但不影响价格。其中，买卖双方特殊关系包括：买卖双方为同一家族成员；买卖双方互为商业上的高级职员或董事；一方直接或间接地受另一方控制；买卖双方都直接或间接地受第三方控制；买卖双方共同直接或间接地控制第三方；一方直接或间接地拥有控制或持有对方 5％ 或以上公开发行的有表决权的股票或股份；一方是另一方的雇员、高级职员或董事；买卖双方是同一合伙的成员。

注意：商业上的独家代理、独家经销或独家受让人并不一定构成特殊关系，只有满足以上条件之一的，才视为有特殊关系。

2. 相同及类似货物成交价格方法

相同货物是指与进口货物在同一国家或地区生产的，在物理性质、质量和信誉等所有方面都相同的货物，但表面的微小差异允许存在。例如，一辆黄色的本田雅阁 2.0 轿车和一辆红色的本田雅阁 2.0 轿车都是日本生产的，在物理性质、质量和信誉等所有方面都完全相同，只是颜色上有细微的差别，所以它们还是属于相同货物。

类似货物是指与进口货物在同一国家或地区生产的，虽然不是在所有方面都相同，但却具有类似的特征、类似的组成材料、同样的功能，并且在商业中可以互换的货物。

商业水平是指进口人在货物供给系统中所处的地位,或者说是指进口人在进口货物"行销通路"中所处的地位。其中,行销通路是指一组相互关联的单位,促使产品或劳务利用或消费的过程。

相同或类似货物成交价格法这两种估价方法除了货物本身有区别外,在其他方面的适用条件是一样的,都应该具备五个条件:

(1)必须与进口货物相同或类似。

(2)必须在同一国家或地区生产(这里,同一国家指的是货物的生产国,并不是货物的出口国。属于同一关境内的两个不同的国家不能视为同一生产国。有关货物由两个国家或更多的国家生产时,其原产地的确定取决于各国的立法。一般可以通过进口货物的原产地证来确定)。

(3)必须与进口货物同时或大约同时(在进口货物申报之日前后45天之内)进口。

(4)必须是相同商业水平和大致相同的数量。

(5)当存在两个或更多的价格时,选择最低的价格。

链接

使用相同及类似货物成交价格方法的两条规则

规则一:

(1)首先要使用同一生产商生产的相同或类似货物的成交价格。

(2)在没有同一生产商生产的相同或类似货物的成交价格的情况下,使用同一生产国或地区不同生产商生产的相同或类似货物的成交价格。

(3)如果有多个相同或类似货物的成交价格,应当以最低的成交价格为基础估定进口货物的完税价格。

规则二:

(1)首先应使用和进口货物处于相同商业水平、大致相同数量的相同或类似货物的成交价格。

(2)在没有和进口货物处于相同商业水平、大致相同数量的相同或类似货物的情况下,采用以不同商业水平和不同数量销售的相同或类似进口货物的价格(但要做调整)。

(3)对进口货物与相同或类似货物之间由于运输奖励和运输方式不同而在成本和其他费用方面产生的差异进行调整。

---

3. 倒扣方法

倒扣方法是以进口货物、相同或类似货物在被估货物进口时或大约进口时,按进口时的状态在境内第一级销售环节,以最大销售总量单位售予境内无特殊关系方的单价估定完税价格。

从另一个角度来讲,倒扣方法是指海关以进口货物在国内市场转售的价格,减去通常佣金和利润、国内运保费、关税和国内税、加工增加值四项因素后的价格。通常进口货物在国内出售时,进口商是以进口货物的 CIF 价加上关税、进口环节的国内税费、进口后运输费、包储费、销售营业税以及利润确定其国内销售的价格,如果能得到进口货物在境内转售的价格,则从境内转售价格中扣除关税、进口环节的国内税费、进口后运输费、包储费、销售营业税以及利润,即可以推出货物的 CIF 价。

进口时或大约同时是指在进口货物接受申报之日的前后各 45 天之内。如果找不到同时或大约同时的价格,可以采用被估货物进口后 90 天内的价格作为倒扣价格的基础。

第一级销售环节是指有关货物进口到我国境内后的第一层级的销售,即进口商转售给他人的销售,而不能是再次转售。因为多次转售的价格可能因每次转售的加价不同而变得面目全非,无法判断进口货物本身的价格。

链接

对按进口时的状态转售的理解

倒扣方法的运用必须以进口货物、相同或类似进口货物按进口时的状态转售的价格为基础,如果没有按进口时的状态转售的价格,可以使用经过加工后在境内转售的价格作为倒扣的基础,但必须扣除加工后的增值部分。

如果货物在我国境内经过重新包装,甚至是经过进一步加工的,则不能作为倒扣价格的基础。但是,风干、缩水、蒸发等自然变化不能被认为是改变了状态。

链接

最大销售总量的单价的理解

国内某一进口商,在货物进口之后按不同的价格分 7 批销售了 400 件衣服,其中:

按 100 元的单价销售了 80 件;

按 90 元的单价销售了 60 件；

按 100 元的单价销售了 30 件；

按 95 元的单价销售了 100 件；

按 105 元的单价销售了 50 件；

按 90 元的单价销售了 70 件；

按 100 元的单价销售了 10 件。

这里的最大销售总量单位的单价,不是指这 7 批销售中间最大的一批销售的单价,而是指把以同一价格销售的所有衣服数量相加,找出其中数量最大的一种的单价,也就是说：

按 90 元的单价总共销售了一批衣服,总量是 130 件；

按 95 元的单价总共销售了一批衣服,总量是 100 件；

按 100 元的单价总共销售了三批衣服,三批的总量是 120 件；

按 105 元的单价总共销售了一批衣服,总量是 50 件。

这里,130 件总量单位是最大销售总量,所以,进口衣服最大销售总量的单价是 90 元。因此,应该以 90 元为基础进行倒扣必要的费用,从而确定进口衣服的完税价格。

4. 计算方法

计算方法是以生产被估价的进口货物所使用的料件成本和加工费用、向国内销售同等级或者同种类货物通常的利润和一般费用,以及该进口货物运抵我国境内输入地点起卸前的运输及其相关费用、保险费的总和计算的价格为基础,确定进口货物完税价格的方法。

也就是说,计算方法是海关以被估货物的生产成本为依据确定的价格。

同等级或者同种类货物是指与进口货物属同一类别或同一档次的货物,由同一生产行业或同一生产行业中同一专门生产部门生产制造或经营的一组或一系列货物,它的范围比相同或类似货物要大。

因为计算方法所需要的数据和材料只有进口货物的制造商才能取得,所以,只有在进口货物的制造商愿意提供有关资料和便利的前提下才能使用计算方法进行估价。所以,这种方法在使用起来的时候还是有非常大的局限性,从国外的情况来看,这种方法也是使用率最低的一种方法。

5. 合理方法

所谓合理的估价方法,实际上不是一个具体的估价方法,而是规定了使用方法的范围和规则,也就是说运用合理方法,必须符合公平、统一、客观的估价原则,必须以境内可以获得的数据资料为基础。

链接

使用合理方法估价时应禁止使用的价格

(1) 国内生产商的价格,也就是国内生产的商品在国内的价格。

(2) 从高估价,也就是在备选价格中选择高的估价。

(3) 出产地市场价格,也就是出口国国内的市场价格。

(4) 规定外的费用和价值,也就是说只能按生产该货物所使用的原材料价值和进行装配或其他加工的费用、与向我国境内出口销售同级或同类货物相符的利润和一般费用、运输及其相关费用和保险费的总和来计算,不能按这三项之外的费用或成本来计算。

(5) 向第三国销售的价格。

(6) 最低限价或武断、虚构的价格。

三、出口货物完税价格的审定

出口货物的完税价格是由海关以该货物的成交价格为基础审查确定,包括货物运至中华人民共和国境内输出地点装卸前的运输及其相关费用、保险费。

出口货物的成交价格是指该货物出口销售时,卖方为出口该货物向买方直接收取和间接收取的价款总额。

$$出口货物完税价格 = FOB(中国境内口岸) - 出口关税$$

$$= FOB(中国境内口岸)/(1 + 出口关税税率)$$

链接

出口关税完税价格计算时为何要减去出口关税

进口关税的税额是不会计入进出口买卖双方的成交价当中的,但出口关税就不同了,如遇出口商品要缴纳出口关税,则出口方只能通过事先提高成交价的办法(EXW成交除外),把税负"转嫁"给进口方,也就是说,FOB价里就已经包含了出口关税的税额,假如直接把FOB价视作出口关税的完税价,则完税价格里面本身又包含了关税数额参与计算,就不合理了。

在 FOB 价格里扣去税额的办法是用 FOB 价除以（1＋出口税率），这个公式可以通过"完税价＝FOB－完税价×税率"等式的变形得证。

链接

进出口货物完税价格中的运输及其相关费用、保险费的计算

（1）进口货物的运输及其相关费用、保险费的计算：① 海运进口货物，计算至该货物运抵境内的卸货口岸。如果该货物的卸货口岸是内河口岸，则应当计算至内河口岸；② 陆运进口货物，计算至该货物运抵境内的第一口岸。如果运输及其相关费用、保险费支付至目的地口岸，则计算至目的地口岸；③ 空运进口货物，计算至该货物运抵境内的第一口岸。如果该货物的目的地为境内的第一口岸以外的其他口岸，则计算至目的地口岸。

（2）陆运、空运、海运进口货物的运费，应当按照实际支付的费用计算。如果无法确定或未实际支付，则海关按该货物进口同期运输行业公布的运费率计算。

（3）陆运、空运、海运进口货物的保险费，应当按照实际支付的费用计算。如果无法确定或未实际支付，则海关按"货价加运费"两者总额的3‰计算保险费。

（4）邮运的进口货物，应当以邮费作为运输费用及相关费用、保险费。

（5）以境外边境口岸价格条件成交的铁路或公路运输进口货物，海关应按照货价的1‰计算运输及其相关费用、保险费。

（6）作为进口货物的自驾进口的运输工具，海关可以不另行计入运费。

（7）出口货物的销售价格如果包括离境口岸至境外口岸之间的运费、保险费，该运费、保险费应当扣除。

第三节 税 费 计 算

虽然，在实际业务中，税费的数额是由海关计算得出的，但对于报关从业人员而言，了解进出口税费的知识还是有很大必要的。例如，可以协助企业会计在事前算出税费负担的大体数额，以及在确认当地海关计算有误的情况下提出行政复议等。

一、进口关税税款的计算

我国对进口关税采用的计征标准主要有：从价关税、从量关税、复合关税和滑准关税。所有的税种当中，至于究竟是采用从价计征，还是从量……并不是可以自由选择的，而是根据税则规定的特定商品适用规定的计征方法，如我国海关自1997年7月1日起对啤酒、石油原油和部分感光胶片等试行从量计征关税。

1. 从价计征关税

从价关税的计算公式是：

$$应征进口关税税额＝完税价格×法定进口关税税率$$

完税价格主要参照进口货物的 CIF 价核定。

［实例］ 上海某公司从我国香港地区购进日本皇冠牌轿车 10 辆，成交价格为 CIF 上海 125 800 美元，已知该小汽车对应的税目税号为 8703.2314，对应的税率（最惠国）为 28％，适用中国银行的外汇折算价为 1 美元＝6.373 元人民币，计算应征进口关税。

解：完税价格＝CIF 价，而且当进出口货物的成交价格是以外币计价的时候，海关按照该货物适用税率之日所适用的计征汇率折合为人民币计算完税价格，完税价格计算至分。

将外币价格折算成人民币＝125 800×6.373＝801 723.4（元）

应征进口关税税额＝完税价格×法定进口关税税率＝801 723.4×28％

$$＝224 482.55（元）$$

2. 从量计征关税

从量关税的计算公式是：

$$应征进口关税税额＝货物数量×单位税额$$

汇率、货物成交价不影响从量计征关税税额。

［实例］ 国内某公司从我国香港地区购进柯达彩色胶卷 50 000 卷（宽度 35 毫米，长度不超过 2 米），成交价格合计为 CIF 上海 10.00 港币/卷，已知 1 卷＝0.05775 平方米，货物税目税号为 3702.5410，对应的最惠国税率为 30 元/平方米，适用中国银行的外汇折算价为 1 港币＝0.819 元人民币，计算应征进口关税。

解：确定其实际进口量＝50 000×0.05775＝2 887.5（平方米）

应征进口关税税额＝货物数量×单位税额＝2 887.5×30＝86 625.00（元）

3. 复合关税的计算

$$应征进口关税税额＝货物数量×单位税额＋完税价格×关税税率$$

[实例] 国内某公司从日本购进广播级电视摄像机 20 台,其中有 10 台成交价格为每台 4 000 美元 CIF 境内某口岸,其余 10 台成交价格为每台 5 200 美元 CIF 境内某口岸。已知当时适用中国银行的外汇折算价为 1 美元=7.7310 元人民币,该批摄像机归入 8525.3091,其对应的关税为:完税价格低于 5 000 美元/台的,关税税率为单一从价 35%;完税价格在 5 000 美元/台以上的,关税税率为 12 960.00 元从量税再加 3% 的从价关税。计算应征进口关税。

解:成交价格为每台 4 000 美元 CIF 境内某口岸的 10 台适用单一从价关税计征方法

其每台完税价格=4 000×7.7310=30 924.00(元人民币)

总共完税价格=10×30 924=309 240.00(元)

单一从价关税税额=完税价格×进口关税税率=309 240.00×35%

$\qquad$=108 234.00(元)

成交价格为每台 5 200 美元 CIF 境内某口岸的 10 台适用复合进口关税计征方法,其每台对应的完税价格=5 200×7.7310=40 201.20(元人民币)

总共完税价格=10×40 201.20=402 012.00(元)

复合进口关税税额=货物数量×单位税额+完税价格×关税税率

$\qquad$=10×12 960.00+402 012.00×3%

$\qquad$=129 600.00+12 060.36=141 660.36(元)

合计进口关税税额=从价进口关税税额+复合进口关税税额

$\qquad$=108 234.00+141 660.36=249 894.36(元)

滑准关税是指在海关税则中,预先按产品的价格高低分档制定若干不同税率,然后根据进口商品价格的变动而增减进口税率的一种关税。当商品价格上涨时采用较低税率,当商品价格下跌时则采用较高税率,其目的是使该种商品的国内市场价格保持稳定。例如,我国自 2006 年 1 月 1 日起,对配额外进口的一定数量的棉花征收 5%～40% 的滑准税。具体计算公式可参考海关出版社的有关教材。

二、出口关税税款的计算

目前,我国仅对小部分关系到国计民生的重要出口商品征收出口关税。例如,煤炭、原油等能源或资源类产品,化肥,钨初级加工品、未锻轧的锰、钼、锑、铬金属等具备资源战略性意义的产品等。

对化肥出口征收高额关税的政策

为平抑农产品价格,国务院关税税则委员会发布通知,从 2008 年 9 月 1 日起,将氮肥及合成氨的特别出口关税税率上调至 150%,并实施至当年 12 月 31 日。2008 年 10 月 1 日至 12 月 31 日,对除氮肥及合成氨外的其他化肥及化肥原料继续征收 100% 特别出口关税。

受国际能源和粮食价格大幅上涨的影响,从 2007 年开始,国际化肥价格不断上涨。同样的化肥品种,国内外价差可翻倍,因此,不仅加大了国内化肥价格的压力,而且也促使企业对化肥出口积极性更大。上调出口关税是为了限制出口,保证国内农业的需要。

1. 从价计征标准下

$$应征出口关税税额 = 完税价格 \times 出口关税税率$$

其中,完税价格 = FOB − 出口关税 = FOB ÷ (1 + 出口关税税率)

[实例] 国内某企业出口一批合金生铁,申报出口量为 86 公吨,每公吨 98 美元 FOB 国内某口岸。已知其适用中国银行的外汇折算价为 1 美元 = 人民币 6.3735 元,该批合金生铁归入税号 7201.5000,出口关税税率为 20%,要求计算出口关税。

解:审定完税价格 = 98 × 86 × 6.3735 ÷ (1 + 20%) = 44 763.22(元人民币)

应征出口关税税额 = 完税价格 × 出口关税税率 = 44 763.22 × 20%

$$= 8 952.64(元)$$

2. 从量计征出口关税的方法可参考从量计征进口关税的方法

我国海关征收的税费一律以人民币计征;完税价格、税额采用四舍五入法计算至分,分以下四舍五入。我国海关征收的各种税费的起征点为 50 元人民币。

当进出口货物的成交价格是以外币计价的时候,海关按照该货物适用税率之日所适用的计征汇率折合为人民币计算完税价格。其中,计征汇率一般是按照上个月的第三个星期三(若该星期三为法定节假日则顺延采用第四个星期三)央行公布的外汇基准汇率计算。

三、进口环节消费税的计算

大部分进口商品的消费税适用从价计征方法,进口环节消费税的计算公式是:

从价消费税额＝[(关税完税价格＋关税税额)÷(1－消费税率)]×消费税率

有的商品进口环节消费税是从量计征的(如进口啤酒)，

从量消费税额＝应税消费品数量×消费税单位税额

还有的商品进口，属于应同时实行从量、从价复合征收的消费税，是运用上述两种征税方法计算的税额之和。

从价计收消费税办法的消费税计税价格的一大特点是：计税价格内是包含着消费税额本身的，也就是说，消费税计税价格在数值上比关税完税价格加关税税额要大。

四、进口环节增值税的计算

进口环节增值税的计算公式是：

进口环节增值税＝(关税完税价格＋关税税额＋消费税额)×增值税税率

对于多数报关员来讲，关税、增值税、消费税是进口商品时最常接触到的缴税税种，计算的顺序是：先算关税，再算消费税，最后算增值税。

五、船舶吨税

船舶吨税在此是指由海关针对自境外港口进入中华人民共和国港口的船舶征收的用以航道设施建设的一种使用税。吨税按照船舶净吨位和吨税执照期限征收，有优惠税率和普通税率两档税率。

其中，中华人民共和国籍的应税船舶、船籍国(地区)与中华人民共和国签订含有相互给予船舶税费最惠国待遇条款的条约或者协定的应税船舶，适用优惠税率；其他应税船舶适用普通税率。

六、滞纳金

纳税义务人应当自海关填发税款缴款书之日起15日内向海关缴纳有关税费，滞纳金是指应纳税的单位或个人因逾期向海关缴纳税款而依法应缴纳的款项。计算依据是：

关税滞纳金＝滞纳的关税数额×0.5‰×滞纳天数

进口环节税滞纳金金额＝滞纳的进口环节税税额×0.5‰×滞纳天数

一票货物的滞纳金起征额为50元，不足50元的免予征收。

在实际计算纳税期限时，应从海关填发税款缴款书之日的第二天起计算，当天不计入。如果关税缴纳期限的最后一日是星期六、星期天或法定假日，则关税缴纳期限顺延至双休日或法定假日过后的第一个工作日。假如海关于 9 月 6 日(周五)填发税款缴款书,纳税人本应最迟于 9 月 21 日缴纳税款,但由于 9 月 21 日是星期六,缴纳期限顺延至 9 月 23 日(星期一)缴纳税款。如果纳税人 9 月 24 日(周二)缴纳税款,即构成滞纳,滞纳天数为 1 天。

[实例] 国内某公司从我国香港地区购进日本皇冠牌轿车 10 辆,成交价格为 CIF 境内某口岸 125 800 美元。已知该批货物应征关税税额为人民币 352 793.52 元,应征进口环节消费税为人民币 72 860.70 元,进口环节增值税税额为 247 726.38 元人民币。海关于 2007 年 3 月 14 日填发《海关专用缴款书》,该公司于 2007 年 4 月 9 日缴纳税款。请计算应征的滞纳金。

解:首先确定滞纳天数,税款缴款期限为 2007 年 3 月 29 日(星期四),3 月 30 日至 4 月 9 日为滞纳期,共滞纳 11 天。

$$关税滞纳金 = 滞纳的关税数额 \times 0.5‰ \times 滞纳天数$$

$$= 352\ 793.52 \times 0.5‰ \times 11 = 1\ 940.36(元)$$

$$进口环节消费税滞纳金 = 进口环节消费税税额 \times 0.5‰ \times 滞纳天数$$

$$= 72\ 860.70 \times 0.5‰ \times 11 = 400.73(元)$$

$$进口环节增值税滞纳金 = 进口环节增值税税额 \times 0.5‰ \times 滞纳天数$$

$$= 247\ 726.38 \times 0.5‰ \times 11 = 1\ 362.50(元)$$

七、滞报金

根据《海关法》的有关规定,进口货物的收货人或其代理人应在运输工具申报进境之日起 14 日内向海关申报,逾期海关将依法征收一定数额的滞报金。征收滞报金的目的是促使货主及时报关,加快口岸货物的运输,保证国家应收的财政收入及早入库。滞报金的起征日期海运、空运、陆运进口货物自运输工具申报进境之日起第 15 日开始;邮运进口货物自收件人收到邮局通知之日起第 15 日开始;转关运输货物自运输工具申报进境之日起第 15 日开始以及货物运抵指运地之日起第 15 日开始。

如第 15 日为星期六、日或法定节假日,则顺延其后的第一个工作日计算。

假如申报期限是 2008 年 9 月 28 日,滞报金起征日原本应当是 9 月 29 日,但国庆放假期间是 9 月 29 日至 10 月 5 日放假,所以应当顺延至 10 月 6 日为起征日,如果 10 月 6 日申报,滞报天数也应当是 1 天。

滞报金的日征收金额为进口货物完税价格的 0.5‰,以人民币"元"为计征单位,不足 1 元人民币的部分免予计征。滞报金的起征点规定同滞纳金。

第四节　进出口税费的缴纳方式与退补

一、税款缴纳

我国纳税义务人目前向海关缴纳税款的方式主要是以货物的进出境地(口岸)纳税为主,也有属地纳税(须经报批)。其中,既有以海关专用缴款书向指定银行交付,也可通过中国电子口岸进行网上电子交付。

海关征收进出口关税、进口环节代征税、滞纳金的时候,应当向纳税义务人或其代理人填发"海关专用缴款书",纳税义务人持缴款书向银行缴纳税款后,银行在缴款书上盖章,纳税义务人把缴款书第一联交还给填发海关,作为支付凭证。

海关退还税款、征收滞报金等,适用其他缴纳凭证。税款缴纳种类及凭证,如表6-1所示。

表6-1　税款缴纳种类及凭证

税款缴纳种类	缴纳凭证名称
进出口关税、进口代征环节税	海关专用缴款书
退税	收入退还书
补税	海关专用缴款书
滞纳金	海关专用缴款书
滞报金	海关行政事业收费专用票据

二、税款退还

本节所讲的税款退还,并非是直接指常规意义上的"出口退税"针对的税款。

(一)退税的适用范围

(1)海关误征导致纳税义务人先前多缴的。

(2)已征税的进口货物,因品质或规格原因原状退货复运出境的。

(3)已征税的出口货物,因品质或规格原因原状退货复运进境,并且已经重新缴纳因出口而退还的国内环节有关税收的。

(4)已征税出口货物,因故未装运申请退关的。

(5)已征税放行的短装、短卸进出口散装货物,如发货人、承运人或保险人对短少部分退赔相应款项,可退短少部分的已征税额。

(6) 已征税放行的品质不良、残损、规格不符的进出口货物，如发货人、承运人或保险人赔偿相应款项，可退该部分已征税额。

(二) 退税的期限及要求

海关发现多征税款的，应当立即通知纳税义务人办理退还手续。

纳税人发现多缴税款，缴税之日起1年内，可书面要求海关退还多缴税款并加算银行同期活期利息；海关受理后30日内查实；纳税人收到通知后，3个月内办理退税手续。退税率是按照当初征税日的税率。退税必须在原征税海关办理。办理退税时，纳税义务人应当填写"退税申请表"连同原进口或出口报关单、原缴款书等送海关审核。

滞纳金已征收的不予退还，进口增值税已予抵缴的不予退还。

三、税款追征和补征

(一) 追补征税款的范围

(1) 货物放行后，海关发现少征或漏征的。

(2) 因纳税人违规少征或漏征的。

(3) 海关监管货物在监管期内因故改变用途，按照规定需要补征的。

(二) 追补征税款的期限和要求

放行后，海关发现少征或漏征税款，且原因不在于纳税人违规等造成的，缴税日或货物被放行之日起1年内，可补征税款。

因纳税义务人违规造成少征或漏征税款的，缴税日或货物被放行之日起3年内，海关可追征税款；并加征少征或漏征税款0.5‰的滞纳金（缴税日或放行日至发现日）。如海关监管货物因纳税人违规造成少征或漏征税款的，规定同上。上述补征税款的缴款书填发后，如果15日内不补交税款，则继续征缴滞纳金。

案例链接

属于追征还是补征?

2004年1月17日，兴达实业有限公司（以下简称兴达公司）以一般贸易方式向某海关申报进口聚酯稀化工原料一批。某海关于同日在征收关税和代征进口环节增值税后，办理了该批货物的结关放行手续。2月25日，某海关经核查发现，对兴达公司所进口的上述化工原料税则归类错误，导致漏征部分税款，遂于3月1日又向兴达公司补征关税和进口环节增值税共计12万余元人民币。

　　兴达公司不服某海关上述补税决定,在缴纳了有关税款后,于 2004 年 3 月 27 日向该海关的上一级海关申请行政复议。兴达公司认为,该公司所进口的聚酯稀化工原料于 2004 年 1 月 17 日经某海关正式审定完税价格并计征税款,已依法办结通关手续,某海关在此之后又责令其补缴税款没有法律依据;上述化工原料现已全部销售,补征税款无法计入成本,该公司可得利润因此遭受损失,某海关对此应给予赔偿。基于此,兴达公司请求复议机关依法撤销某海关 2004 年 3 月 1 日作出的补税决定,退还补征税款并赔偿其有关经济损失。复议机关经审理认为,本案税款短征确系由于某海关自身原因所致(海关归类错误导致税率差异),兴达公司在此过程中并无违反规定情形,但该公司缴纳漏缴税款的法定义务不能因此得以免除。根据《海关法》第 62 条和《进出口关税条例》第 51 条的有关规定,进出口货物放行后,海关发现少征或漏征税款的,应当自缴纳税款或者货物放行之日起 1 年内,向纳税义务人补征税款。本案某海关的补征税具体行政行为符合《海关法》及《进出口关税条例》的上述规定,应予支持;同时,该行政行为并未给兴达公司的财产权益造成直接损失,某海关无须承担行政赔偿责任,兴达公司所提赔偿请求,不予支持。2004 年 4 月 26 日,复议机关作出复议决定:驳回兴达公司的复议请求,维持某海关补征税款的具体行政行为。

　　——资料来源:《中国海关》2005 年第 7 期,"海关能否补征短征税款"

四、延期纳税

　　因发生不可抗力、国家税收政策调整,致使纳税义务人不能按期纳税时,纳税义务人应当向办理进出口申报纳税手续的所在地直属海关提出书面申请,请求延期缴纳税款,附缴税计划和相关材料,由海关总署审批。

　　延期最长不得超过货物放行之日起 6 个月,延期期内可不交滞纳金。延期期满未能缴清税款的,则海关征收延期届满日至缴清税款日止每天 0.5‰的滞纳金。

链接

强 制 执 行

　　根据《海关法》,纳税义务人超过 3 个月仍未缴纳税款的,海关可以采取强制措施,主要包括强制扣缴和变价抵扣。

　　强制扣缴是指海关依法自行或向人民法院申请从纳税义务人的开户银行

或其他金融机构的存款中将相当于应纳税款的款项强制划拨入中央国库。

变价抵扣是指如果纳税义务人的银行账户中没有存款或存款不足，海关可以将未放行的应税货物依法变卖，以销售货物所得价款抵缴应缴税款。如果货物已经放行，海关可以将纳税义务人的其他价值相当于应纳税款的货物或其他财产，以变卖所得价款抵缴应纳税款。

判断改错题

1. 某单位申报出口一批硅锰，海关按照出口税则给予免税放行。1 年后发现该单位当时出口的并非硅锰而是硅锰铁合金，是应征出口税的货物。尽管已过去 1 年，海关还是可以追征已漏征的税款，但其间产生的漏征税款滞纳金海关无权追缴。 （　　）

2. 凡是不用花外汇购买或免费进口的货物都不用交进口关税，因为完税价格是零。 （　　）

单项选择题

1. "海关专用缴款书"不适用于_____税款的缴纳。

    A. 进口关税　　　 B. 补征税款　　　 C. 滞纳金　　　　 D. 滞报金

2. 因纳税义务人违规造成少征税款的，海关应当自_____之日起 3 年内启动_____程序。

    A. 货物放行日　追征　　　　　　　 B. 货物放行日　补征

    C. 缴税日　追征　　　　　　　　　 D. 缴税日　补征

计算题

1. 某进出口公司从美国进口硫酸镁 4 000 公吨，进口申报价格 FOB 旧金山 USD 325000，每运费吨的运费为 USD10，保险费率为 3‰，假定其适用的基准汇率为 USD 100＝RMB 763。而且，硫酸镁的关税税率为 5.5％。请计算应纳关税额。

2. 一辆从日本进口的小轿车价格为 CIF 上海 20 万元人民币，经审定，其完税价格为 20 万元人民币。已知进口关税税率为 34.2％，消费税税率为 8％，增值税税率为 17％。请计算轿车应纳的关税额、消费税额及增值税额。

第七章　一般进出口货物的报关

第一节　一般进出口货物概述

前面我们学到的对于进出口货物的贸易管制，主要是依据货物本身的自身属性分类来划分许可管制的。例如进口固体废物（目录内的），不管什么单位进口，都一律要提交相关的许可证明。

但是，本章开始，我们接触到的海关对于货物的通关监管方式划分则属于另一种划分。例如一台背投电视，当它作为普通进口货物永久地被出售给中国一商场作为待出售商品时，就是一般进口货物；当它作为某次来华展览会的展品（最终还要复运回国）时，它可以作为暂准进境货物通关（这样可以免交进口关税）。我国海关的通关监管方式划分的主要依据，并不是货物本身的自然属性类别，而是主要取决于以下三个因素：

（1）法律法规的规定，以及货物流动的目的、用途。

（2）进出口收发货人的自身条件（如不是所有企业都能享受特定减免税进口货物待遇）。

（3）进出口收发货人的意愿（如本可以保税进口的货物，若企业愿意作为普通一般进口货物报关，只要企业照常缴纳关税等，也未尝不可，只是企业等于白白放弃了保税优惠，要承担更大的经营成本）。

"一般贸易"和"一般进出口"并非存在必然的对应关系，"一般贸易"是和补偿贸易、易货贸易、加工贸易等相区别的概念，反映买卖双方交易的关系。而一般贸易货物在进口时可以按"一般进出口"监管制度办理海关手续，这时它就是一般进出口货物；也可以享受特定减免税优惠（如果法规政策允许的前提下），按"特定减免税"监管制度办理海关手续，这时它就是特定减免税货物；也可以经海关批准保税，按"保税"监管制度办理海关手续，这时它就是保税货物；又如，易货贸易进口货物不是用外汇购买的，不属于一般贸易货物，但海关监管上却划入"一般进出口货物"范围。这说明"一般进出口货物、保税货物……"的划分主要体现的并不是买卖双方交易的关系，而是海关对于货物的一种监管模式。

一、一般进出口货物的含义

一般进出口货物是指在进出口环节缴纳了应征的进出口税费并办结了所有必

要的海关手续,海关放行后不再进行监管的进出口货物。

这类货物在海关监管的所有进出境货物中的比例较大,是本书的重点之一。从监管制度的角度看,海关把所有进出境有关的货物分为一般进出口货物、保税货物、暂准进出境货物、特定减免税货物等。将货物作为一般进出口货物报关,与作为其他货物报关相比,对于进出口人而言主要有以下"优缺点"。

1. 优点

(1) 手续相对较简便,事前除了可能要办理进出口许可证外,无需预先办理保税的申请手续(如手册申请)或特定减免税的备案等一系列手续。

(2) 通关后货物流通自由,由于海关"不再监管"(海关放行即办结海关手续),一般进出口货物可以在通关后永久留在境内或境外,自由流通转让。而保税货物、暂准进出境货物、特定减免税货物等均不可如此。

2. 缺点

进出口环节要缴纳进出口税费,且货物进出口如果应受国家法律、行政法规管制的,进出口货物收发货人或其代理人还应当向海关提交相关的进出口许可证件。

因此,很多和进口货物相关的企业鉴于财务方面的原因,在法律政策允许范围内尽量争取获得特定减免税、保税进口等优惠,而不是简单地在第一时间想到将货物作一般进出口货物报关。

二、一般进出口货物的范围

除特定减免税货物以外的实际永久进出口货物大多属于一般进出口货物的范围,主要包括:

(1) 不享受特定减免税或不准予保税的一般贸易进口货物。

(2) 一般贸易出口货物。

(3) 转为实际进口的原保税进口货物。

(4) 转为实际进口或出口的原暂准进出境货物。

(5) 易货贸易、补偿贸易进出口货物。

(6) 不准予保税的寄售代销贸易货物。

(7) 承包工程项目实际进出口货物。

(8) 边境小额贸易进出口货物。

(9) 外国驻华商业机构进出口陈列用的样品。

(10) 外国旅游者小批量订货出口的商品。

(11) 随展览品进境的小卖品。

(12) 免费提供的进口货物,包括:① 外商在经济贸易活动中赠送的进口货物;② 外商在经济贸易活动中免费提供的试车材料等;③ 我国在境外的企业、机构向国内单位赠送的进口货物。

第二节　一般进出口货物通关程序

一般进出口货物通关程序侧重讲的是海关对于一般进出口货物出入境的监管以及收发货人、代理人配合海关的监管,其他进出口货物,如特定减免税货物、保税货物等也是要依次经过这些程序中的多数环节的,只是在某些环节上和一般进出口货物不同(如不用征税,但多出后期监管环节等)。

从收发货人的角度看,一般进出口货物报关程序(通关程序)由四个环节构成,即进出口申报、配合查验、缴纳税费、提取或装运货物。

一、进出口申报

申报是指进出口货物收发货人或受委托的报关企业,依照《海关法》以及有关法律、行政法规和规章的要求,在规定的期限、地点,采用电子数据报关单和纸质报关单形式,向海关报告实际进出口货物的情况,并接受海关审核的行为。

(一)申报前要做的工作

1. 准备申报单证

准备申报单证是报关员开始进行申报工作的第一步,是整个报关工作能否顺利进行的关键一步。申报单证可以分为报关单、随附单证两大类,其中随附单证包括基本单证、特殊单证。

报关单是由报关员按照海关规定格式要求录入并打印出来的申报单,是所有进出境货物申报必须提交的单据。报关单填制是很复杂的一个知识体系,在本书中有专门章节描述。

基本单证是指进出口货物的货运单据和商业单据,主要有进口提运单、出口装货单据、商业发票、装箱单等。由于绝大多数进出口商品都具备这些单证,这些单证上又记载着关于货物进出口的最基本最重要的一些数据,故称之为基本单证。

在国际贸易实务中,我们提及的有个基本的常识性环节就是出口方(通过中间的银行)把全套单证交给进口方,以交单代替实际交货,称之为象征性交货。现在我们可以进一步了解到:全套单证对于进口方的意义,不仅仅是去提货、去保险公司索偿,还包括向海关报关。递交随附的单证在很多国家报关的时候都是必不可少的环节。

特殊单证主要是指进出口许可证件、加工贸易登记手册(包括电子的和纸质的)、特定减免税证明、作为特殊货物进出境证明的原进出口货物报关单证、出口收汇核销单、原产地证明书等,此外贸易合同、进出口企业的有关证明文件等有时海关会要求报关员提交，在此也被列为特殊单证。

进出口货物收发货人或其代理人应向报关员提供报关单与随附单证，报关员审核这些单证后据此填制报关单。

准备申报单证的原则是：报关单、基本单证、特殊单证必须齐全、有效、合法；报关单填制必须真实、准确、完整；报关单与随附单证数据必须一致。

2. 商品的预归类申请

报关时，报关单上"商品编号"一栏由企业报关员填写。不一样的商品编号，涉及的适用税费、进出口许可等条件可能差别巨大。但商品归类是一项技术性很强的海关工作，企业或个人在实际进出口行为中，如遇《海关进出口商品税则》无具体列名或无法确定的疑难归类商品，可向当地海关的关税部门申请归类咨询。申请办理归类咨询的人员需了解其进出口商品的详尽资料，或由相关工程或技术人员陪同。但归类咨询不具备法律效力。对于需要正式答复的归类问题，咨询人可采用申请《海关进出口商品预归类决定书》的方式得到书面决定。

一般贸易的货物在实际进出口前，申请人可以填写《海关进出口商品预归类申请书》，向进出口地海关提出申请，同时提供足以说明商品归类所得的资料（如进出口合同复印件、商品照片、说明书、分析报告、平面图等），必要时提供样品，直属海关或海关总署在规定工作时限内作出预归类决定，并向申请人签发《海关进出口商品预归类决定书》。《决定书》一式两份，一份由申请人持有，另一份由作出预归类决定的海关留存。

持有《决定书》的申请人在该决定的有效期（1 年）内进出口《决定书》所述及的货物报关时，应向进出口地海关递交《决定书》。海关应以查验等方式核对实际进出口货物与《决定书》所述及商品的一致性。

链接

海关审单、查验环节发现的一些虚假申报案例

某公司 2005 年以来进口的手机锂电池按照手机锂电池芯归入税号 8507.8020.10，享受 9％的暂定税率，后经海关核实其属于完整的锂电池，应归入 8507.8020.90（税率 12％）。

另有一家公司多次申报进口硫化橡胶 O 型圈。原产地日本，申报税号为 4016.9310（暂定税率 5％），后经海关布控查验，货物是汽车减震器上使用的密封圈，应归入税号 4016.9390（税率 15％）。

——案例摘自《审单业务经验汇编》，中国海关出版社出版

3. 申报前看货取样

由于进口货物常常要等到货物到港，收货人才可能知道其真实面貌（这点与出口人熟悉自己的货物不同），所以如果发生错卸、出口人发错货、出口人欺诈等事由导致实际货物与进口人预期的货物不一致，就可能导致报关时"单货不符"，造成海关和进口货物收货人间的误会。因此，海关给了进口人在报关前看货取样的机会。

进口货物的收货人，向海关申报前，因确定货物的品名、规格、型号、归类等原因，可以向海关提出查看货物或者提取货样的书面申请。海关审核同意的，派员到场监管。

查看货物或提取货样时，海关开具取样记录和取样清单；提取货样的货物及动植物及其产品以及其他须依法提供检疫证明的，应当按照国家的有关法律规定，在取得主管部门签发的书面批准证明后提取。提取货样后，到场监管的海关关员与进口货物的收货人在取样记录和取样清单上签字确认。

如果当事人自己放弃行使看货取样的权利，此时所产生的法律后果，只能由收货人自己承担。类似"错发货"等就不能再成为申报不实的理由。

（二）申报的基本知识

进口货物应当由收货人或其代理人在货物的进境地海关申报；出口货物应当由发货人或其代理人在货物的出境地海关申报。经收发货人申请，海关同意，进口货物的收货人或其代理人可以在设有海关的货物指运地、出口货物的发货人或其代理人可以在设有海关的货物启运地申报（一般称为转关）。以保税、特定减免税和暂准进境申报进口或进境的货物，因故改变使用目的从而改变货物性质为一般进口时，进口货物的收货人或其代理人应当在货物所在地的主管海关申报。

进口货物的申报期限为自装载货物的运输工具申报进境之日起 14 日内。申报期限的最后一天是法定节假日或休息日的，顺延至法定节假日或休息日后的第一个工作日。出口货物的申报期限为货物运抵海关监管区后、装货的 24 小时以前（这 24 小时是留给海关查验的起码时间，因为装上运输工具后往往就不方便再查验了）。经海关批准准予集中申报的进口货物，自装卸货物的运输工具申报进境之日起 1 个月内办理申报手续。

链接

出口货物提前申报

很多报关员认为，出口报关的时间一般比进口报关更紧迫。如海运出口货物在多数情况下要依次经过：① 货物运抵码头海关监管区；② 向海关申报；③ 经

过 24 小时以上；④ 轮船装船出运。而经海关批准的提前报关不必受此限制。

一般应该在轮船装货前尽早完成出口通关，否则在实际工作当中容易造成被船方、货代"甩柜"，最终没装上本航次船，最后被迫退关运回出口企业。

"提前申报"是海关为了加速企业通关，在到货之前提前进行单证审核，使货物到港后就能提货/发运的一种便捷通关措施。一般的要求是，提前申报时进口货物的舱单数据已经传送到海关，并且应当确定货物的品名、数量、规格等无误。经批准的企业可以在：① 进口货物启运后抵港前；② 出口货物运入海关监管场所前 3 天内，提前向海关办理申报手续。对于经总署批准的便捷通关企业，还可以实行"无舱单的提前申报"，但这些企业的货物在海关放行前，舱单数据必须要传送到海关。

要指出的是，"提前"的时间量不是无限期的，如有些企业为使货物进出口许可证在有效期内凭以报关，试图打算提前 4 个月向海关申报，这是违反海关管理规定的。

进口货物的收货人未按规定期限向海关申报的，由海关按规定按日征收滞报金。进口货物自装载货物的运输工具申报进境之日起超过 3 个月仍未向海关申报的，即成为"超期未报关货物"，货物由海关提取依法变卖处理。

（三）申报的具体步骤

1. 电子数据申报

进出口货物收发货人或其代理人可以选择终端申报方式、委托 EDI 方式、自行 EDI 方式、网上申报方式等四种电子申报方式中适用的一种，将报关内容录入海关电子计算机系统，生成电子数据报关单。

进出口货物收发货人或其代理人在委托录入或自行录入报关单数据的计算机系统上接受到海关发送的"不接受申报"报文后，应当根据报文提示修改报关单内容后重新申报。一旦接收到海关发送的"接受申报"报文和"现场交单"或"放行交单"通知，即表示电子申报成功。

链接

海关审核报关单流程简述

直属海关审单中心收到报关单电子数据后，通过电脑系统对报关单位和报关员的资格确认后,先开始进入计算机自动审核程序。

1. 规范性审核

报关单电子数据不能通过电脑规范性审核的,海关不接受申报,电子报关数据退回,电脑回执显示"数据入库失败"等信息,允许报关单位按海关要求修改数据后重新申报。

通常出现以下情况时,视为未通过规范性审核,系统不接受申报:

(1)报关单各项目代码填制错误。

(2)进出口标志不正确;进出口日期不正常;进出口日期与舱单不符。

(3)收/发货单位、征免性质、商品名称等项目与征免税证明不符;经营单位或收发货单位、商品名称等项目与加工贸易手册备案不符的。

(4)毛重大于舱单中剩余重量,舱单不能核销;进口舱单未确认。

(5)经营单位或申报单位未备案。

(6)受许可证管制货物无许可证号;许可证号为非法码;许可证电子数据已结案或超过有效期;许可证电子数据已作废的。

(7)无外汇核销单电子数据;外汇核销单重复使用;外汇核销单已作废的。

(8)征免税证明、加工贸易手册无电子数据或已报核、核销、结案或超有效期;加工贸易备案环节未征收保证金。

(9)其他不符合报关单逻辑规范的内容情况。

如果报关单电子数据通过规范性审核,计算机自动接收申报,并记录接收申报时间。但通过规范性审核后,可能会进入两种逻辑通道:一是判别为直接现场交单(俗称绿色通道),二是判别为进入专业化审核程序(针对风险大的、可疑的报关单数据,俗称红色通道)。

红绿通道的申报方式并不是由收发货人自由选择决定的,而是海关根据所申报货物的监管风险大小通过程序内部设定的。目前,我国沿海大部分口岸的海关一般对于保税货物、特定减免税货物、非实际进出境货物、邮运货物、货样广告品等等风险相对较小的货物都列入绿色逻辑通道方式通关,其余的列入红色通道通关。

绿色通道里,海关电脑还要把报关单数据和舱单信息(提运单号、件数、毛重等)进行比对,审核无误后,电脑发送回给报关员"接单交单"回执信息,一般从报关数据发送到审结完毕只需5～10分钟。红色通道需进入人工专业化审核程序。

2. 专业化审核

报关单电子数据经逻辑通道判别为审单中心专业化审核的,计算机按商品分类分派至审单中心实施人工专业化审单。审核重点包括"商品编码、商品名称、申报价格"等重点栏目。一般时间比较长，须 1～4 个工作小时，如果遇到海关审价、归类需要另行确定的，时间还可能会相应延长。

经专业化审单确定有申报错误的，要求报关单位修改报关数据，海关可以将原报关单电子数据退回（有违法走私嫌疑的不得退回修改），计算机自动作报关员差错记分记录，报关单位按规定办理报关单电子数据修改、删除手续。

如果计算机规范性审核便直接通过（判别为直接现场交单），或专业化人工审单通过的，便视为此次报关数据海关审结通过，报关单数据最终还是转到隶属海关报关现场，要求报关员现场交单。

审单作业过程中，海关常通过报关大厅里的电子显示屏及时向报关员通报审单是否通过等结果的信息，尽量避免企业不必要的耽误，方便及时通关。

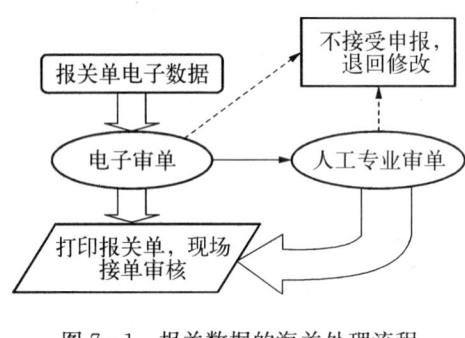

图 7-1　报关数据的海关处理流程

——主要内容摘自《报关辅助人员必读》（中国海关出版社 2008 年出版）等书

2. 提交纸质报关单及随附单证

海关审结电子数据报关单后，进出口货物收发货人或其代理人应当自接到海关"现场交单"或"放行交单"通知之日起 10 日内（这 10 日是指自然日而非工作日，亦即法定假日也要计算在内），持由指定地点机构打印的纸质报关单，备齐规定的随附单证并签名盖章，到货物所在地海关（隶属海关）提交书面单证并办理相关海关手续。

如果 10 日内由于收发货人或其代理人原因，没有现场交单的，海关将撤销先前报关的电子数据，并且有关报关员会被海关记 5 分，报关单位应当重新申报。

另外，海关确认的申报日期对于进出口货物的收发货人很重要，因为这牵涉到滞报金的征收等一系列问题，申报日期是指申报数据被海关接受的日期，不论以电子数据报关单方式申报或以纸质报关单方式申报，海关接受申报数据的日期即为接受申报的日期。若电子数据报关单经过海关计算机系统逻辑检查被退回的（如某些必填栏目未填等），视为海关不接受申报，进出口货物收发货人或其代理人应当按照要求修改后重新申报，申报日期为海关接受重新申报的日期。

在先采用电子数据申报，后提交纸质报关单申报的情况下，海关接受申报的时间以海关接受电子数据报关单申报的日期为准。

并且,进出口货物收发货人或其代理人的申报数据自被海关接受之日起,其申报的数据就产生法律效力,即进出口货物收发货人或其代理人应当开始向海关承担"如实申报"、"如期申报"等法律责任,非因网络故障、退关等等特殊原因不得撤销申报。

目前尚处于试行期的"无纸通关",是利用中国电子口岸及现代海关业务信息化管理系统功能,改变海关验放凭进出口企业递交书面报关单及随附单证办理通关手续的做法,直接对企业联网申报的进出口货物报关电子数据进行无纸审核、验放处理的特定通关方式。该方式适用于资信良好的生产型企业和高新技术企业。

链接

上海海关无纸化通关实现"优、快、准"

近日来,上海浦江海关驻航交所出口报关大厅,一如往日地繁忙,但却秩序井然。报关员小刘先从电子排队叫号机上取了个号,然后就安心地坐在一边等候,轮到了会有语音叫号,同时窗口电子屏也会提醒,那时他就可以到指定窗口办理业务了。

自从上海海关于2007年年底率先在全国实施通关无纸化改革试点以来,报关员们为争抢时间而拥挤在海关窗口的场面已大为改观。而在海关工作区域,装报关单的篮筐也由过去的五种颜色简化为蓝、绿两色,简单明了也易于操作。所有这些,只是改革给人的第一直观印象。

对于这一改革的切身体会,美××精密机电有限公司的一位工作人员显得颇为感慨:"如今我们只要通过计算机系统就可以足不出户完成报关,短短几秒钟就能收到海关的放行回执,凭电子回执可直接办理提发货手续。"他所说的"足不出户报关",其实指的就是这次改革的一大亮点——"无纸通关、企业单证暂存"通关作业模式。

据了解,适用这种模式的试点企业由海关系统自动完成通关审核、验放手续,同时可以自行保存纸质报关单证而无需交到海关。由于报关不用来回跑,单证也无需交到海关,简化的通关手续让企业同时享受到提高通关速度和降低通关成本的双重好处。这种新的通关作业模式还能较好地适应原料配件零库存、生产成品负库存等新的贸易方式和物流运作模式的需要。

"无纸通关、企业单证暂存模式主要面向诚信守法企业,根据守法便利原则,只有高资信的企业才能享受,目前试点的企业也仅有37家。"上海海关监管通关处张亚平处长说，"不过随着改革试点的进一步深入，越来越多的高资信企业会享受到这项 VIP 服务"。

对于绝大多数普通进出口企业而言，海关的通关无纸化改革带给他们的最大实惠莫过于通关速度的明显提升。记者从上海航联报关、上海优佛物流等公司了解到，以前每次报关一般要花上几个小时，繁忙时段甚至要耗费半天时间，如今基本 1 个小时就可以搞定，货物在港口停留时间更短，企业通关成本更低，自然更满意了。

上海浦江海关黄尧根关长对此的解释是："按照以前的审单作业模式，我们的关员需要逐票审核报关单，低风险货物也不例外，就影响了通关速度，特别是低风险单证的流转速度。改革试点后，只有 10％左右的单证需要人工逐票重点审核，近四成的单证可以由关员作快速审核，而约一半的低风险单证可由计算机自动放行，低风险单证的平均作业速度和流转速度提升 1 倍，每票单证作业时间缩短至 7～8 分钟，单证流转时间缩短为 1 小时。"

——摘自"东方网"2008 年 4 月讯，记者卢向青

二、海关查验

海关查验是指海关依法确定进出境货物的性质、价格、数量、原产地、货物状况等是否与报关单上已申报的内容相符，对货物进行实际检查的行政行为。特殊情况下，进出口货物的收发货人及其代理人可以向海关申请提前或延迟查验。如对进出口鲜活商品、危险品、易腐或易变质货物，及其他因特殊事由需要紧急验放的货物、物品，经进出口货物收发货人、物品所有人或其代理人申请，海关可优先安排查验。

在此前的海关审单环节，海关主要着眼于审查报关单各栏目之间的内在逻辑联系，以及报关单和其他单证，如发票装箱单等之间有无矛盾，可以不完全地简称为"单单相符"。那么，查验就是检查"单货相符"的一个环节。

当海关（通常是隶属海关）决定查验时，即将查验的决定以书面通知（"海关查验通知单"）的形式通知进出口货物收发货人或其代理人，约定查验的时间。查验时间一般约定在海关正常工作时间内。但是在一些进出口业务繁忙的口岸，海关也可能应进出口货物收发货人或其代理人的请求，在海关正常工作时间以外安排查验作业。

海关决定布控查验的货物，申报的报关单内容便不得修改和撤销，报关单位不能再要求查看货物，且货物未经允许也不得运离海关监管区。如果海关查验结果

证明单货不符,那么收发货人或其代理人就要承担相应法律责任。

每次查验由2名以上海关关员共同实施。查验时,进出口货物的收发货人、报关员或其代理人应当到场,并负责搬移货物、开拆和重封货物的包装。有些口岸会有武警协同海关关员查验。

链接

径 行 查 验

海关认为必要时,可以对进出境货物径行查验、复验或者提取货样。在下列情况下,海关可在收发货人不在场的情况下径行查验:

(1)有走私违规嫌疑的进出境货物。

(2)超期未报货物。

(3)无主货物。

海关决定径行查验时,要经过海关查验部门科以上领导批准,应通知货物存放场所的管理人员或其他见证人到场,查验完毕后,双方要在查验记录上签字。

有些货物难以从表面上通过感官直接鉴定属性,如化工产品,因此海关设立了化验中心,对于这类货物可以提取样品回海关化验鉴别。

链接

化验数据揪出"孪生兄弟"

记者昨日从大连海关化验中心获悉,日前化验中心通过对出口样品的化验,挽回了近50万元的税收损失。

当日负责该项化验的彭春涛告诉笔者,该批货物的申报品名为硅化锰,400吨,货值为33.6万美元。由于硅化锰和硅锰铁外观非常相像,无法用肉眼区分,可是它们却属于不同税号项下的商品,享受的税收政策区别很大。因此,需要通过化验手段判定具体成分,确定货物性质。

"区别硅化锰和硅锰铁的主要标准是看铁的含量,如果铁的含量超过4‰,这批货物应是硅锰铁,而非货主申报的硅化锰。"小彭指着化验单对笔者说。笔者看到化验数据显示,样品的铁含量超过了4‰。

今年以来,该中心通过化验补税已经达600多万元,补许可证70余宗。

——摘自《大连晚报》2006年9月讯

查验结束后,收发货人或其代理人应认真阅读关员填写的"海关进出境货物查验记录单",确认查验记录准确清楚的,收发货人或其代理人应予以签字确认。

链接

海关查验的现代化改革

据资料统计,对一个集装箱进行人工掏箱检查,一般货物需要3~4个小时,特殊货物需要1~2天,检查费用约700元。而使用威视股份的检查系统(同方威视),一般货物只需3~5分钟,检查费用约170元,那些人工检查极不方便的货物,如贵重物品、密封货物等,也难逃检查系统的火眼金睛。1998年年初,威视股份迈出了第一步。他们研制生产的固定式集装箱检查系统通过产品审定,使我国成为继德、法、美之后第四个掌握集装箱检查系统生产技术的国家。设备主要以直线加速器为辐射源,射线穿透集装箱,箱内的货物在显示屏上形成高清晰度图像。检查人员就可一览无余。

这一设备的使用,对加强海关监管和提高通关速度无疑是具有重大意义的。在固定式系统推出不到10个月的时间里,威视股份又拿出了世界上第一

台以直线加速器为辐射源的车载移动式集装箱检查系统。《深圳特区报》曾在一篇报道中说,日本一家企业经过多方考察后,将价值10亿美元的索尼游戏机的加工订单,投向深圳市一家企业。原因是深圳通关环境良好,海关利用高科技检查货物无须开箱,无损产品,令人放心。报道中提到"大鹏海关近年启用的H986集装箱检查系统平均每3分钟可以完成一个集装箱的检查"。科技通关大大缩短了进出口货物在港口停留的时间。

——节选自马丽,"访清华同方威视技术股份有限公司",

"威视股份"网站 www. nuctech. com,2002 – 08 – 27

三、缴纳税费

海关查验完毕后,如无问题,将根据货物税号适用税率、数量等数据核对计算机系统计算出的税费,打印、签发各类税费专用缴款书。进出口货物收发货人或其代理人在规定时间内,持缴款书或收费票据向指定银行办理税费交付手续,并将银行的缴款回执交还海关。

如纳税义务人自海关填发税款缴款书之日起15日内未向指定银行(或在电子口岸网上缴纳)缴纳税款,海关将在15天后按日加收滞纳税款0.5‰的滞纳金(不属于海关行政处罚,是强制执行行为)。如填发税款缴款书之日起3个月后仍未缴纳的,海关将强制缴纳欠缴的税费以及滞纳金(如通过从企业银行账户中依法扣除、变卖应税货物等途径)。

四、提取或装运货物(分别对应进出口)

海关进出境现场放行是指海关接受进出口货物的申报、审核电子数据报关单和纸质报关单及随附单证、查验货物、征免税费或接受担保以后,对进出口货物作出结束海关进出境现场监管决定,允许进出口货物离开海关监管现场的工作环节。

海关进出境现场放行一般由海关在进口货物提货凭证或者出口货物装货凭证上签盖"海关放行章"。进出口货物收发货人或其代理人签收进口提货凭证或者出口装货凭证,凭以提取进口货物或将出口货物装运到运输工具上离境。

在实行"无纸通关"申报方式的海关,海关作出现场放行决定时,通过计算机系统将"海关放行"报文通过网络发送给进出口货物收发货人或其代理人和海关监管货物保管人。进出口货物收发货人或其代理人在计算机上自行打印海关通知放行的凭证,凭以提取进口货物或将出口货物装运到运输工具上离境。

海关进出境现场放行有两种情况：一种情况是货物已经结关,对于一般进出口货物,放行时进出口货物收发货人或其代理人已经办理了所有海关手续,因此,海关进出境现场放行即等于结关;另一种情况是,货物尚未结关,对于保税货物、特定减免税货物、暂准进出境货物、部分其他进出境货物,放行时进出境货物的收发货人或其代理人并未全部办完所有的海关手续,海关在一定期限内还需进行后续管理,所以该类货物的海关进出境现场放行不等于结关。

货物结关是进出境货物办结海关手续的简称。进出境货物由收发货人或其代理人向海关办理完所有的海关手续,履行了法律规定的与进口有关的一切义务,就办结了海关手续,海关不再进行监管。

进口货物收货人或其代理人签收海关加盖"海关放行章"戳记的进口提货凭证(提单、运单、提货单等),凭以到货物进境地的港区、机场、车站、邮局等地的海关监管仓库提取进口货物。

出口货物发货人或其代理人签收海关加盖"海关放行章"戳记的出口货物装运凭证(装货单、场站收据、运单等),凭以到货物出境地的港区、机场、车站、邮局等地的海关监管仓库办理将货物装运上运输工具运离关境的手续。当然,这只是用以描述放行的基本原理,也有些地方的港区部门是以接收到海关方面传送过来的相关提运单电子放行许可数据为准,纸质单证上的印章检查并不是最终依据。

第三节　需海关签发的报关单证明联

海关签发的进出口货物报关单证明联是指海关在核实货物实际进出境后按报关单格式提供的,用作进出口货物收发货人向国税、外汇管理部门办理退税和外汇核销手续的证明文件。海关出具给报关员的还有一些其他证明不是以报关单格式提供的,是提供给其他政府部门检查的,在本节一并讲述。

进出口货物收发货人或其代理人,办理完毕提取进口货物或装运出口货物的手续以后,如需要海关签发有关的货物进口、出口证明联,且有关进出口申报的贸易方式符合签发证明联的条件的,均可向海关提出申请。常见的证明有如下几种。

一、报关单证明联类

1. 进口付汇证明

国家规定,某些贸易方式下,企业在货物进出口后必须在规定时间内办理外汇核销。对需要办理进口付汇核销的进口货物,报关员应当主动向海关申请打印出具进口货物报关单(进口付汇证明联)。海关经审核,对符合条件的,即在"进口付汇证明联"上签章,签发给报关员。同时,通过电子口岸执法系统向银行和国家外汇管理部门发送证明联电子数据(样式见附录)。

外汇管理局在核销时,不仅要看企业提交的纸质"进口付汇证明联",还要校验核对其是否与"证明联电子数据"一致(防止有人伪造纸质的证明)。

2. 出口收汇证明

出口货物报关单(出口收汇证明联)的签发程序、作用与进口付汇证明联类似。

3. 出口退税证明

对可以在国家税务机构办理出口退税的某些贸易方式下的出口货物,报关员应当向海关申请签发出口货物报关单出口退税证明联(浅黄色)。海关经审核,对符合条件的,予以签发并在证明联上签名、加盖海关"验讫章",交给报关员。同时,通过电子口岸执法系统向国家税务机构发送证明联电子数据。

另外,对于包括无代价抵偿、暂时进出货物、来料加工、易货贸易等在内的 24 种海关监管方式的进口报关单,海关不签发进口报关单证明联。

二、其他证明类

1. 出口收汇核销单

对需要办理出口收汇核销的出口货物,报关员还应当在申报时向海关提交由国家外汇管理部门核发的出口收汇核销单。传统方式是:海关放行货物后,由海关关员在出口收汇核销单上加盖海关"单证章"。出口货物发货人凭出口货物报关单的"出口收汇证明联"和出口收汇核销单等办理出口收汇手续。

有必要说明的一点是:并非所有涉及进出口的报关都存在外汇收付,因此,对于写明贸易方式为援助物资、保税仓库货物、展览品等 42 种情况的报关单,不需使用出口收汇核销单。

2. 进口货物证明书

对于整车进口汽车、摩托车等机动车辆,报关员应当向海关申请签发进口货物证明书,进口货物收货人凭以向国家交通管理部门办理汽车、摩托车的牌照申领手续。

海关放行汽车、摩托车后,向报关员签发进口货物证明书。同时,将进口货物证明书上的内容通过网络传送给海关总署,再传输给有关交通管理部门。

进口汽车的《进口货物证明书》,只能由国家指定的大连港、天津新港、上海港、黄埔港、满洲里口岸、深圳皇岗口岸 6 个整车进口口岸海关签发,并加盖"汽车进口单证专用章"。

杜绝走私拼装车

实施"进口货物证明书"管理的主要目的之一是为了遏制走私拼装车、境外淘汰旧车在我国境内上路,其中走私拼装进口车(化整为零进口)由于在境内由私人组装焊接的工艺远远达不到正规大厂要求,且零件鱼龙混杂,故上路行驶安全隐患极大。向交管部门出示"进口货物证明书"表明该机动车辆是正规渠道新车整车报关进口的。

为便于理解这些证明联的作用,我们可以把它们和进出口的许可证件作对比。进出口的许可证件是商务主管部门等其他政府机关签发给进出口当事人,凭以出示给我国海关看的;而报关单证明联是海关打印出具给进出口当事人,凭以出示给其他相关政府部门看的。

第四节　出口退税简述

出口退税简介

出口退税(一般贸易、易货贸易等方式出口)是一个国家或地区对已报关离境的出口货物,由税务机关将其在出口前的生产和流通的各环节已经缴纳的国内增值税或消费税等间接税税款退还给出口企业的一项税收制度。这是国际贸易中通常采用的、并为各国所接受的一种税收措施,不被视为政府补贴。

实行出口退税的一个很重要的原因在于:出口货物到了外国,可能或必然被外国海关征收增值税等进口环节税,如果我国不把自己国内征收的各种环节税退还给我国出口企业,那么出口货物就等于在境外市场上包含(承担)了双重税负,售价不易降低,在境外的市场竞争能力弱。

出口退税制度的主要目的在于使本国产品以不含税成本进入国际市场,与国外产品在同等条件下进行公平竞争,从而增强竞争能力,扩大出口创汇,同时鼓励企业出口。

同时,税务机关、海关等部门也在通过相关制度的不断完善,严防不法分子采取以假报出口等欺骗手段,骗取国家出口退税款的违法行为。

一、出口退税概述

根据国际社会通行的惯例和我国现阶段的国情,并参考国际上的通行做法,国家税务总局 1994 年发布了《出口货物退(免)税管理办法》,该办法明确规定,有出口经营权的企业出口的货物,除另有规定者外,可在货物报关出口并在财务上作出口销售后,凭有关凭证定期报送税务机关批准退还或免征增值税和消费税。

我国目前主要实行三种退(免)税方法:

第一种是"免、退"税,即对出口环节免征增值税,在加工生产环节已征收的增值税、消费税,按照规定的退税率计算予以退还。该方法主要适用于收购货物出口、代理出口的进出口公司。

第二种是"免、抵、退"税,该方法原理稍显复杂,"免"是指生产企业出口自产货物免征生产销售环节的增值税;"抵"是指以本企业本期出口产品应退税额抵顶内销产品应纳税额;"退"是指按照上述过程确定的实际应退税额符合一定标准时,即生产企业出口的自产货物在当月内应抵顶的进项税额大于应纳税额时,对未抵顶完成的部分予以退税。该方法主要适用于生产型出口企业。

第三种是"免"税,即对出口货物免征增值税,主要适用于小规模出口企业以及来料加工等贸易形式。

这一点不仅对于外销货物的市场报价非常重要(若忽视这点,外销报价的底价势必较高而失去价格竞争力),而且对于报关员的操作也很重要,因为出口货物并非通过海关就万事大吉,要顺利取得出口退税,必须了解相关海关方面的事务。

不是所有出口商品都能出口退税,如按有关规定,出口松香、稀土金属、大部分种类的粮食和钢材不能享受退税。

有的商品出口退税率较高,如机械、电器类等,容易成为不法分子骗取出口退税的目标。因此对于涉及此类商品的出口报关海关将加强查验。

二、出口退税的程序

(一)出口退税监管原理

出口退税管理当中的两个重要环节包括:

(1)海关确实接受过相关货物的出口报关,且轮船、航空公司等货运部门向海关传送货物确实已装运出境的舱单数据后,海关才正式完成出口结关任务,然后发货人(或代理人)才可能拿到报关单的"出口退税证明联"(但出口加工区、保税物流园区以及部分出口监管仓库等除外)。

(2)各地国税局要看到海关签发的报关单"出口退税证明联"等单证以及上级国税机关和海关通过计算机网络发送来的电子信息(因为目前内网系统的电子信息难于伪造),才会把税款退还给申请人。

出口企业可使用17999卡登录中国电子口岸进行出口退税网上预申报、正式申报,同时可上网查询专用发票信息、报关单信息。网上申报退税软件可在"中国出口退税咨询网"免费下载。

电子口岸的出口退税系统有效地杜绝了利用国家出口退税政策实行骗税的不法行为,是针对出口报关单退税证明联的联网核查系统。系统将海关总署从各口岸海关采集的出口退税报关单电子底账数据保存在电子口岸数据中心,企业可以查询出口退税报关单电子数据并选择向国税局进行报送。国税总局收到后通过网络下发给各地国税局供具体操作人员查询。

(二)出口退税的具体程序

贸易型出口企业(如进出口公司)和生产型出口企业的退税手续有所不同,在此以贸易型出口企业为例,描述一下出口退税的大致手续。

贸易型出口企业出口的货物不是自己制造的,而是从境内采购的,采购时应当要求供应方开立增值税发票而非普通发票。

在此之前,外贸企业应当事先在当地税务局申请取得一般纳税人资格,并完成在商务部门的外贸经营备案登记,除了在海关完成电子口岸入网等手续外,还应向主管退税部门办理好出口货物退(免)税认定手续。申报出口退税应该是在出口企业在出口业务发生,并按现行会计制度的有关规定在财务上作出口销售以后。

外贸企业出口货物,然后在海关取得出口货物报关单(退税证明联)后,再去办理出口收汇核销手续,从外管局取回盖好章的出口收汇核销单(退税专用联),再凭有关单证向当地国税局申报出口退税,国税局向国家金库开具"收入退还书",最后外贸企业从银行的国库账户当中取得出口退税款。

在向当地国税局申报出口退税的相关单证中,比较重要的一些单证是:

(1)增值税专用发票(抵扣联原件)(外贸企业提供)。

(2)出口货物报关(出口退税专用联)。

(3)出口收汇核销单(退税专用联)。

(4)《外贸企业出口退税汇总申报表》、《外贸企业出口货物进货申报明细表》与《外贸企业出口退税出口明细申报表》(均要求打印生成表格)。

(5)如货物在境内已缴消费税,出口后要求退还消费税,则还需要提供"税收缴款书(出口货物专用)"或完税分割单等。

如果是出口企业代理其他企业出口的,除另有规定外,出口企业应当在规定期限内向主管税务机关申请开具《代理出口货物证明》,并及时将有关的单证(报关单、核销单等)交回给委托方企业,以便于委托方企业申报出口退税或办理"免抵退"手续。

在很多企业,出口货物报关单(出口退税专用联)等单证都是报关员取得之后带回企业,交给财务部门,接下来和当地国税局打交道就是财务的工作了。

链接

两人涉嫌骗取出口退税3000余万元被判无期

2009年10月22日,上海市第一中级人民法院对一起骗取出口退税案件作出一审判决,被告人李炜和章扬侃均犯虚开增值税专用发票罪、骗取出口退税罪,分别被判处无期徒刑。此前,两人利用虚假"出口"所谓高科技软件的方式,骗取出口退税达3400余万元。

法院审理查明,2004年8月,李炜在香港注册星顺公司。2005年2月,以李炜妻子刘晔为法定代表人的竹川公司在上海注册成立。

与此同时,李炜找到一名软件工程师,委托其开发一个软件。李炜提出的要求相当特别,这个软件必须能申请软件著作权,且能通过软件测试,而且开发时间要快,但是软件的具体功能、类型全都不论。2005年8月,李炜取得了名为"竹川票据打印软件V1.0"的软件,这款软件事实上无法装入硬件板卡。同年10月,李炜取得了软件的著作权,并由此开始得以享受增值税超过3%部分即征即返的优惠政策。

此后,竹川公司以单价4.3万~5.6万元的价格,"销售"4200余套软件给章扬侃的维珍公司,销售金额高达1.93亿余元。在子虚乌有的业务往来同时,竹川公司开给维珍公司增值税专用发票。

接下来,章扬侃在深圳电子产品市场的摊位购得100余块板卡,假称这些普通板卡带有"竹川票据打印软件V1.0"软件,这样即可以享受国家全额退税。章扬侃通过两家进出口贸易公司将板卡出口到在香港的星顺公司。此后,李、章两人分工配合,李炜在上海发货,章扬侃在香港收货,再将板卡带回深圳并快递至上海,如此循环"出口"。由于竹川公司、维珍公司有悖常理的转账方式,引起了相关部门的注意。经过侦查,李炜等人骗取国家高额退税款的行径浮出水面。在此期间,李炜妻子刘晔逃往境外,李炜、章扬侃到案。

法院审理后认为,李炜、章扬侃在没有真实交易的情况下,共同利用国家的出口退税政策与对软件行业的税收优惠政策骗取国家税款,虚开增值税专用发票税额3400余万元,在此基础上骗取出口退税款3400余万元,给国家税款造成特别重大损失,其行为均已构成虚开增值税专用发票罪与骗取出口退税罪。法院由此作出一审判决。

——根据新华网上海10月22日报道整理

判断改错题

1. 对于进口货物,海关是先查验再征税;对于出口货物,由于须征出口关税的货物种类不多,所以海关是先征税后查验。　　　　　　　　　　　　　　（　）

2. 在采用电子和纸质报关单申报的一般情况下,海关接受申报的时间以海关接受纸质报关单申报(现场交单)的日期为准。　　　　　　　　　　　　　（　）

3. 已征出口关税的货物,因品质规格原因原状退运进境,原出口人向海关申请退还已征的出口税,这称为出口退税。　　　　　　　　　　　　　　　（　）

4. 进口货物的收货人在申报之前如果欲向海关书面申请提取货样,必要条件之一是收货人须为 A 类管理以上的企业。　　　　　　　　　　　　　　（　）

5. 进出口货物的收发货人或受委托的报关企业应当自接到海关"现场交单"或"放行交单"通知之日起 10 个工作日内,持打印出的纸质报关单,备齐规定的随附单证等去海关现场交单。　　　　　　　　　　　　　　　　　　（　）

6. 海关可以行使"径行开验"之权力,即若通知收发货人到场但报关员没有前来,海关可以在无须任何其他人在场的情况下自行开拆货物包装,进行查验。
　　　　　　　　　　　　　　　　　　　　　　　　　　　　　　（　）

7. 在进口汽车摩托车时,报关员应向我国海关出示《进口货物证明书》,该证明书是汽摩车辆的进口通关放行凭证。　　　　　　　　　　　　　　　（　）

思考题

1. 电子数据报关单申报不实是否需要承担法律责任?

2. 申报一批进口货物原可享受优惠原产地税率,但外国出口商补办的原产地证书还没寄来,此时应怎样办理通关手续? 如果没有进口许可证件,是否也可这样通关呢?

第三篇
便捷通关与优惠通关政策

第八章 方便报关单位的申报制度

第一节 进出境货物集中申报制度

有些企业的进出口批次很频繁,有时甚至货物经常是同一品名、同一税号、同一单价,如果每次均要反复正式报关,这样必将造成企业和海关通关效率的低下,这时就可以申请适用集中申报。集中申报是指经海关备案,进出口货物收发货人在同一口岸多批次进出口货物的,可以每次先以《中华人民共和国海关进口货物集中申报清单》或者《中华人民共和国海关出口货物集中申报清单》申报货物进出口,并可以于填制"集中申报清单"的次月集中填制上个月所有集中申报货物的进出口货物报关单向海关正式报关。其中一般贸易货物应在次月10日之前(但不得跨年度)、保税货物应在次月底之前到海关办理集中申报手续。

一、货物范围

经海关备案,下列进出口货物可以适用集中申报通关方式:

(1)图书、报纸、期刊类出版物等时效性较强的货物。

(2)危险品或鲜活、易腐、易失效等不宜长期保存的货物。

(3)公路口岸进出境的保税货物。

但下列货物不能适用集中申报:

(1)涉嫌走私违规、正被立案调查的货主的货物。

(2)因侵犯知识产权而被行政处罚的货主的货物。

(3)被列入海关C类、D类管理类别的收发货人的货物。

(4)担保情况发生变更,不能继续提供有效担保的。

二、报关管理规定

（一）备案管理

通常,收发货人应当在货物所在地海关办理集中申报备案手续(但其中加工贸易企业应当在主管地海关办理集中申报备案手续),收发货人申请办理集中申报备案手续的,应当向海关提交《适用集中申报通关方式备案表》,同时提供符合海关要求的担保,担保有效期最短不得少于3个月。

海关应当对收发货人提交的《适用集中申报通关方式备案表》进行审核。经审核符合本办法有关规定的,核准其备案。

（二）报关管理

以集中申报通关方式办理海关手续的收发货人,应当在载运进口货物的运输工具申报进境之日起 14 日内;出口货物在运抵海关监管区后、装货的 24 小时前填制《集中申报清单》向海关申报。如收货人在运输工具申报进境之日起 14 日后向海关申报进口的,不适用集中申报通关方式。

海关审核集中申报清单电子数据时,对保税货物核扣加工贸易手册或电子账册数据;对一般贸易货物核对集中申报备案数据。经审核,海关发现集中申报清单电子数据与集中申报备案数据不一致的,应当予以退单。收发货人应当以报关单方式向海关申报。

《中华人民共和国海关进出口货物集中申报管理办法》第 14 条规定,归并为一张报关单的所有清单,在进出境口岸、经营单位、境内收发货人、贸易方式（监管方式）、起运国（地区）、装货港、运抵国（地区）、运输方式栏目以及适用的税率、汇率方面必须保持一致,这些项目如果存在不一致,就必须分割为若干张报关单分别报关。

收发货人应当自海关审结集中申报清单电子数据之日起 3 日内,持《集中申报清单》及随附单证到货物所在地海关办理交单验放手续。

备案有效期届满可以延续。收发货人需要继续适用集中申报方式办理通关手续的,应当在备案有效期届满 10 日前向原备案地海关书面申请延期。当然,收发货人亦可以在备案有效期内主动申请终止适用集中申报通关方式。

第二节　进出境货物的转关申报制度

原则上,进口货物应在进境的第一个口岸海关完成包括申报查验等手续在内的报关程序,出口货物亦是同理。而我国海关为加速口岸进出口货物的疏运,方便收、发货人办理海关手续,同时分流沿海口岸海关的业务量工作压力,实行转关制度。这也是为何我国境内很多非沿海口岸城市（如苏州、昆山等）海关除了接受空运、铁路公路运输、快件物品的报关外,还会接受海运（如经由上海港）进出口货物的报关的原因所在。

一、转关的含义

转关是指进出口货物在海关监管下,从一个海关运至另一个海关办理某项海关手续的行为,主要包括三种情形:

（1）进口转关,货物由进境地入境,向进境地海关申请转关,运往另一设关地点(指运地)作进口报关申报。

（2）出口转关，货物在起运地出口报关运往出境地，由出境地海关监管出境。

（3）境内转关，海关监管货物从境内一个设关地点运往境内另一个设关地点的报关（如一些加工贸易的区域保税事务等）。

转关示意简图，如图 8-1 所示。

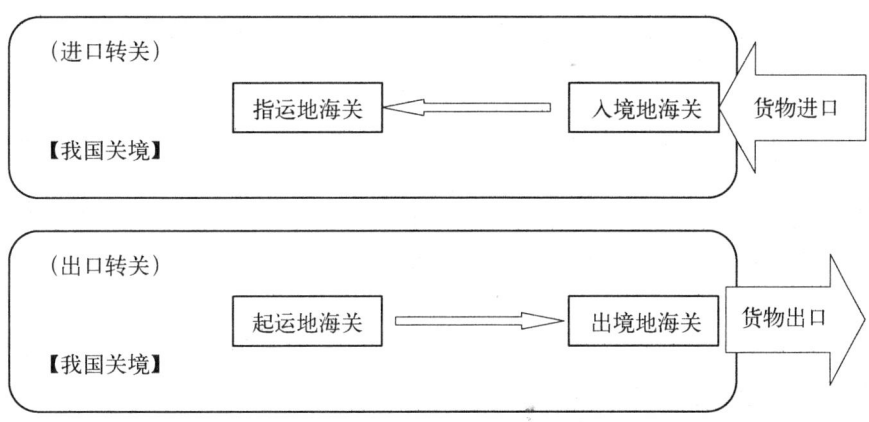

图 8-1 转关示意简图

二、申请转关的条件

1. 申请转关运输应符合的条件

（1）转关的指运地和起运地必须设有海关。

（2）转关的指运地和起运地应当设有经海关批准的监管场所。

（3）转关承运人应当在海关注册登记，承运车辆符合海关监管要求，并承诺按海关对转关路线范围和途中运输时间所作的限定将货物运往指定的场所。

2. 不得申请转关运输的货物

（1）除废纸以外的进口固体废物。

（2）进口易制毒化学品、监控化学品、消耗臭氧层物质。

（3）进口汽车整车，包括成套散件和二类底盘。

（4）国家质检总局规定必须在进出境口岸完成检验检疫的商品。

除这些限制转关货物外，其他进出口货物经海关同意均可办理转关手续。

海关对转关货物的查验，通常是由指运地（进口转关）或起运地（出口转关）海关实施。进出境地的海关认为必要时也可以查验或复验。

以进口转关为例，由于境内转关运输途中货物尚未正式报关但其所处位置已长期位于我国境内的非海关监管场所，所以转关货物是海关监管货物。转关货物应由已在海关注册登记的承运人承运。承运人应按照海关要求在海关限定的路线范围、限定的途中运输时间内将货物运抵指定的场所。海关根据需要，还可以派员押运转关货物。

链接

日照保税物流中心首票"二次转关"货物顺利离境

2010年4月26日晚，通过实行"二次转关"模式在日照海关报关出口的日照达丰国际仓储物流有限公司10个集装箱210吨尿素在上海港顺利装船离港，标志着日照保税物流中心首票"二次转关"货物运行成功。该批货物于4月13日由日照保税物流中心通过公路集装箱运输转关至黄岛口岸，4月20日搭乘内支线船舶"集海之鸿"轮转关到达上海港，再于4月26日搭乘干线船舶"中外运厦门"轮驶离上海港，开往台湾高雄港。

说起这次"二次转关"的成功运作，日照达丰国际仓储物流有限公司陈经理兴奋不已，日照保税物流中心运营以来，因为独有的口岸功能、保税功能、出口退税等优惠政策吸引了公司入驻。但美中不足的是日照港缺乏公司所需的远洋集装箱干线。公司出口集装箱货物必须通过陆路运输到上海、宁波等世界级集装箱港口再行出口。但是从日照到上海路途遥远，陆路运输费用过高，反而增加了出口成本。如何补足美中不足，让企业拥有完美的通关环境呢？日照海关积极开展调研，为日照保税物流中心集装箱货物量身定做了"二次转关"新通关模式，以降低运输成本。即通过陆路转关运输至距离最近的青岛口岸，然后从青岛口岸搭乘内支线船舶转关至上海口岸，换装干线船舶出口。陈经理给记者算了一笔账："走水路比陆路的运输费用要低很多，所以公司相当于选择了最低的运输成本和最低的出口成本，仅这一次尿素出口就给我们节省成本近万元，并保证了货物及时装船，我们真要感谢海关给我们推荐定制的通关模式。"

据日照海关保税物流中心监管部门介绍，他们今后还要申请日照保税物流中心到青岛口岸的内支线运输，获批以后，入驻中心企业的集装箱货物转关出口可以全程水路，费用还将进一步降低。目前，该关正利用业务推介会、走访企业等方式加大宣传力度，鼓励入驻中心的企业利用"二次转关"模式破解运输与成本难题。在日照海关的大力倡导下，"二次转关"通关模式已在辖区内企业中深入人心，一条日照保税物流中心同上海、宁波、天津等世界级集装箱港口远洋航线相连的进出境快速通道正在形成。

——摘自"山东聊城反走私在线网"2010年5月讯

三、转关的方式

一般来说,凡是进口货物的转关,不管是何种方式转关,在进境地海关办理的是"转关"手续,在指运地海关(通常是靠近收货人所在地的)办理的都是"正式报关申报"手续。

凡是出口货物的转关,不论何种方式,"转关"手续与"正式报关申报"手续都在起运地海关一处地方完成。

转关货物申报的电子数据与书面单证具有同等的法律效力,对确实因为填报或传输错误的数据,有正当的理由并经海关同意,可作适当的修改或者撤销。对海关已决定查验的转关货物,则不再允许修改或撤销申报内容。企业可以采取以下三种方式办理转关手续:① 在指运地或起运地海关以提前报关方式办理;② 在进境地或起运地海关以直接填报转关货物申报单的直转方式办理;③ 以由境内承运人或其代理人统一向进境地或起运地海关申报的中转方式办理。

1. 提前报关转关

提前报关方式即在指运地或起运地海关提前以电子数据录入的方式申报进出口,待计算机自动生成《转关货物申请单》,并在信息传输至进境地海关后或货物运抵起运地海关监管现场后,再办理进口和出口转关手续。

对于提前报关的进口转关货物,收货人或其代理人在进境地海关办理进口货物转关手续前,先向指运地海关填报录入《中华人民共和国海关进口货物报关单》电子数据,计算机自动生成《中华人民共和国海关进口转关运输货物申报单》,并传输至进境地海关。提前报关的转关货物收货人或代理人,应向进境地海关提供:

(1)《中华人民共和国海关进口转关运输货物申报单》编号。

(2)《进口转关货物核放单》(广东省内公路运输的,交验《进/出境载货清单》)一式两份)。

(3)《汽车载货登记簿》或《船舶监管簿》。

(4) 提货单。

货物运抵指运地海关监管场所后,在指运地海关办理转关核销和接单验放等手续。海关电子口岸进口转关系统界面示意,如图 8-2 所示。

出口提前报关的转关货物,由货物发货人或其代理人在货物未运抵起运地海关监管场所前,向起运地海关填报录入《中华人民共和国海关出口货物报关单》电子数据,起运地海关提前受理电子申报。货物应于电子数据申报之日起 5 日内,运抵起运地海关监管场所,运抵之后再在起运地海关办理转关手续。货物到达出境地后,发货人或其代理人持起运地海关签发的出口货物报关单等单证向出境地海关办理货物出境手续。海关电子口岸出口转关系统界面示意,如图 8-3 所示。

193

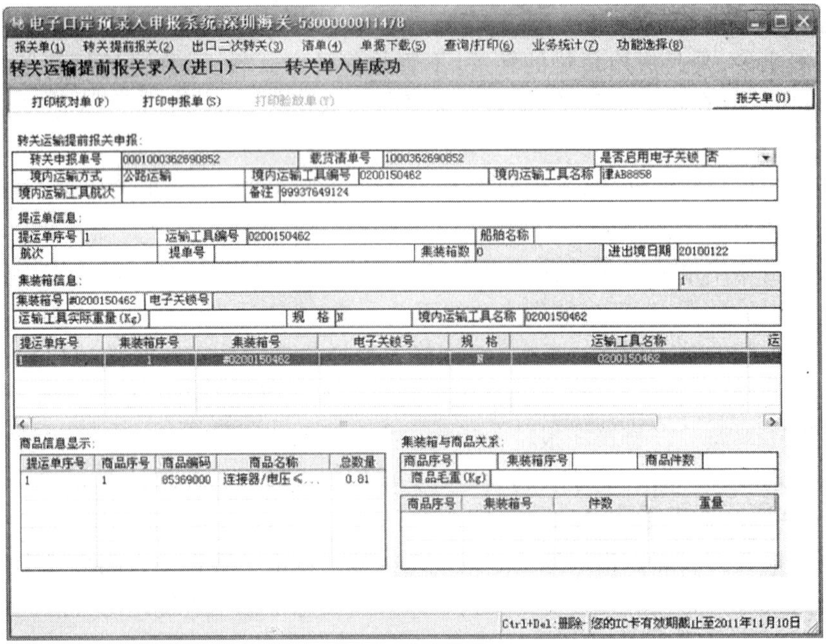

图 8-2　深圳海关电子口岸进口转关系统界面示意

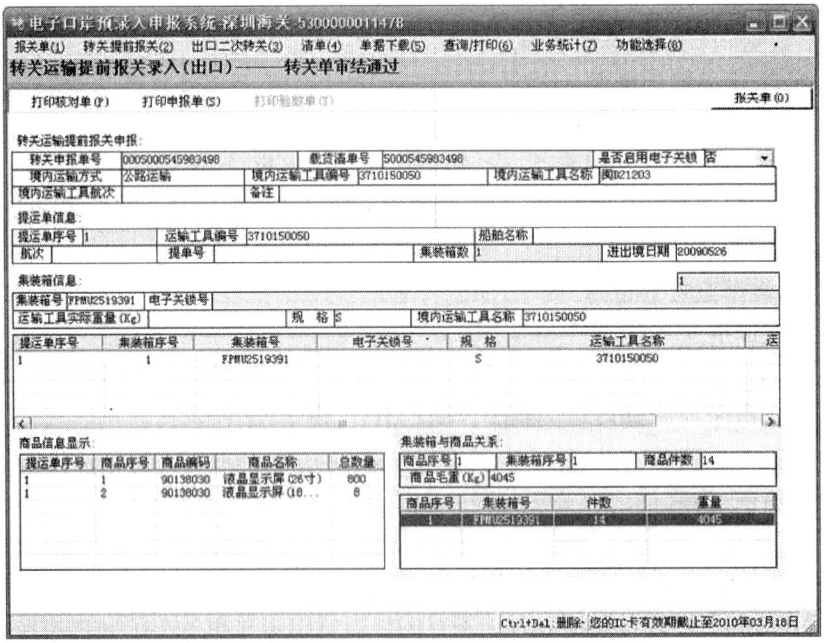

图 8-3　深圳海关电子口岸出口转关系统界面示意

2. 直转转关

直转的转关进口货物收货人或代理人在进境地录入转关申报数据，并持以下单证直接向进境地海关办理转关手续：

(1)《中华人民共和国海关进口转关运输货物申报单》一式两份；广东省内公路运输的，在报关单运输工具栏目录入《进/出境载货清单》条码号，在提运单号栏目录入承运车辆的车牌号。

(2)《汽车载货登记簿》或《船舶监管簿》。

货物运抵指运地海关后，填报录入《中华人民共和国海关进口货物报关单》，向指运地海关办理进口报关、纳税等手续。假如货物最终未能抵达指运地海关（如途中灭失、失踪等等）所在地，海关将追究有关当事人责任，如要求补缴税款和滞报金，等等。

出口直转的转关货物，由货物发货人或其代理人在货物运抵起运地海关监管场所后，向起运地海关填报录入《中华人民共和国海关出口货物报关单》电子数据，起运地海关受理电子申报，随后在起运地海关完成转关手续的办理，货物在海关监管下转关运输至出境地出境，在出境地海关办理的手续参照提前报关转关情形。

链接

海关对于转关管理的规定沿革

以进口货物转关为例，在以前，收货人或其代理人通常首先应当向指运地海关申请"同意接收××运单项下进口货物转关运输至指运地"的关封，然后向进境地海关递交相关材料，其中包括前面所讲的关封、转关运输申报表、提运单、发票等。进境地海关审核货运单证，同意后才能进行转关运输。

货物被运到指运地海关监管场所后，指运地海关应当将"转关运输货物准单"回执联填好并盖章，寄还入境地海关核销（表明进口货物已被正常地运输到指运地报关），转关运输承运人再凭以核销自己的转关登记簿上的有关项目。不过，如今在 H2000 联网转关管理系统当中，已不再需要指运地海关寄还回执联来核销了。

H2000 系统出口转关管理界面示意，如图 8-4 所示。

3. 中转转关

中转转关的管理特征是：① 货物多数和多式联运有关；② 联运的运输方专负

195

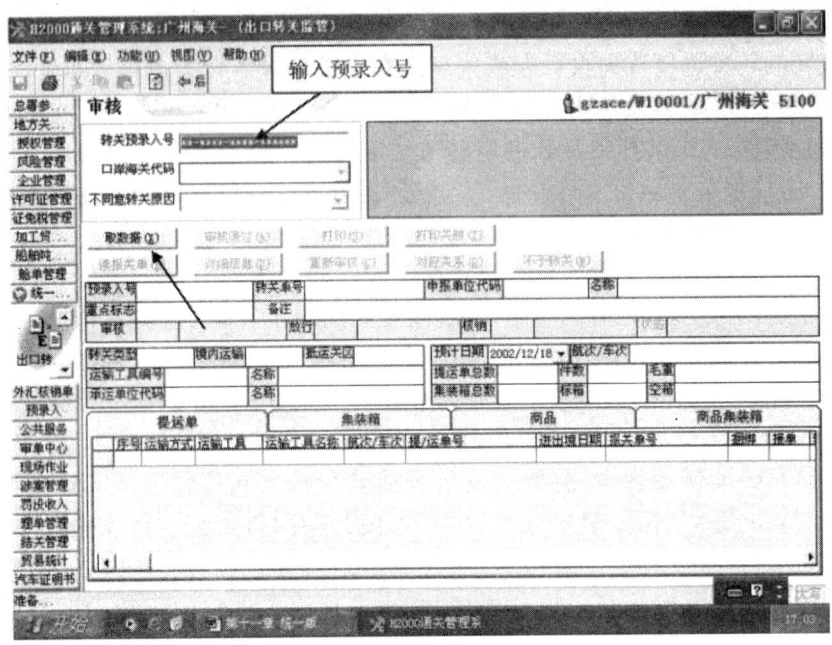

图 8-4 广州海关的 H2000 系统出口转关管理界面示意

责办理转关手续(统一集中办理),收发货人(或其代理人)专负责办理正式报关申报手续;③ 收发货人(或其代理人)先办手续,联运的运输方后办手续。随着第三方物流的发展,在实际当中,中转转关的应用还是很普遍的。

具有全程提运单(如多式联运),需换装境内运输工具的进口中转转关货物,收货人或其代理人向指运地海关办理进口报关手续后,由境内承运人或其代理人批量向进境地海关办理转关手续。运输工具代理人应向进境地海关提供:①《中华人民共和国海关进口转关运输货物申报单》;②《进口货物中转通知书》;③ 进口中转货物按指运地目的港分列的纸质舱单;④ 以空运方式进境的中转货物,提交联程运单。

关于具有全程提运单、需换装境内运输工具的出口中转货物,其发货人或代理人向起运地海关办理出口报关手续后,由境内承运人或其代理人按出境工具分列舱单向起运地海关批量办理转关手续。办理转关时,应当向起运地海关录入并提交下列单证:①《中华人民共和国海关出口转关运输货物申报单》;② 出境运输工具分列的电子或纸质舱单;③《汽车载货登记簿》或《船舶监管簿》。

经起运地海关核准后,签发《出口货物中转通知书》(该通知书有时交由卡车司机随车带至出境地,再转交给联运承运管理方)。出境地海关验核上述单证,办理中转货物的出境手续。

链接

不同转关方式的区别

提前报关方式和直转方式的区别在于：前者必须先在指运地或起运地海关申报（填报关单），后者可直接向进境地或起运地海关申请转关。

中转转关的货物须换装境内运输工具，而且运输公司一般需参与办理转关申报。

4. 境内海关监管货物的转关

海关监管货物的转关运输，除加工贸易深加工结转按有关规定办理外，均应按进口转关方式办理，具体可分为提前报关和直转两种方式，需要深入了解的读者可以参阅中国海关出版社出版的统考教材相关部分内容。值得注意的是，境内海关监管货物的转关涉及转入地（管理上参照进口的"指运地"）和转出地（管理上参照进口的"进境地"），不涉及起运地和出境地，因为是按进口转关方式管理的。

四、报关的期限

（一）直转方式转关的期限

直转方式转关的进口货物应当自运输工具申报进境之日起 14 天内向进境地海关办理转关手续，在海关限定期限内运抵指运地之日起 14 天内，向指运地海关办理报关手续。逾期按规定征收滞报金。这两个"14 天"期限只要超出其中一个，即要征收一次滞报金，如两个期限均超出，则要计算两次滞报金合并征收。若自运输工具进境之日起超过 3 个月未向指运地海关申报的，由海关依照《中华人民共和国海关法》的有关规定处理。

（二）提前转关方式转关的期限

（1）进口转关货物的收货人或代理人应在电子数据申报之日起 5 日内，向进境地海关办理转关手续。超过期限仍未到进境地海关办理转关手续的，指运地海关撤销提前报关的电子数据。

（2）出口转关货物的发货人或代理人应在电子数据申报之日起 5 日内，运抵起运地海关监管场所，办理转关和验放等手续，超过期限的，起运地海关撤销提前报关的电子数据。

从实例来看转关制度给企业带来的方便

实行转关制度不仅减轻了口岸海关的工作压力,而且给企业带来的方便也是显而易见的。假设一自理报关单位位于合肥市,该单位只有1名在职报关员李某。现该单位有一批进口货物要从上海入境,假如没有转关制度,且该单位不委托报关企业,这票货物也不是多式联运,则李某可能需要在上海出差若干天。因为等货、提货、委托报检、申报、查验、征税……一系列工作很难在一两天内完成,这若干天的时间里,这家单位需要李某完成的其他报关相关工作很可能就没人来干了。

转关办理手续比正式报关要简单,通常1天之内便可完成,这样李某可以很快在上海海关办完转关手续,然后跟车在1天内返回合肥,在合肥海关办理正式报关进口手续,不至于耽误很多单位里的其他工作。

并且,在这个案例里,如果这票货物是多式联运的,则对于该单位更为方便,因为承运人(运输方)可以集中在上海海关办理中转转关手续,然后将货物运输至合肥交货,李某可以不用出差,而直接在合肥海关申报了。中转转关制度方便了运输商和收发货人分处异地的条件下的办事分工。

但是,获海关认可、具备资质的海关监管车队收取的运输费用通常要比普通的境内运输车辆的费用高不少,所以在现实中很多内地企业还是选择了口岸清关而不是转关。

当然,转关制度只是一种方便企业办理通关手续的制度,并未和海关监管的方式"捆绑"起来,如后面我们将要接触到的保税货物、减免税进口货物等货物的进口也都可以转关办理进口报关手续,不能误以为只有一般进出口货物才可以转关。

五、运输条件

（一）汽车运输转关货物的要求

不是任何运输公司都能承接转关运输业务,承运转关运输业务的企业应当是经过海关批准的运输企业。且承运转关运输货物的厢式货车货箱两侧通常印有"海关监管"字样,意为汽车运输海关监管货物,汽车技术条件如下:

（1）厢式货车投入运营时,车厢应当安装海关批准牌照,海关总署授权中国船级社统一办理厢式货车的海关批准牌照。

（2）与车架底盘固定一体的厢体结构严密、完整，厢门应该可以较方便地施加关锁（塑料制或贱金属制一次性使用的长条形海关封志，由海关监制），施加关锁后如采用非法手段取出或装入货物，将会损坏关锁，或者在厢体外留下开拆痕迹。

（3）厢体应当没有可供藏匿货物的隐蔽暗格、空隙。

（4）可供海关较方便地检查其可以装载货物的一切车辆空间。

（5）用于固定厢门的铰链、铰链钉等装置，必须保证厢门一旦关闭并上锁后即无法拆换，否则将会留下明显拆卸痕迹，不得使用可以从一面更换而不留下明显痕迹的连接紧固配件。

用于装载海关监管货物的集装箱和集装箱式货车车厢的技术要求，参照《中华人民共和国海关对用于装载海关监管货物的集装箱和集装箱式货车车厢的监管办法》施行。

（二）船舶、铁路运输转关货物的要求

鉴于内支线船舶中转和铁路承运货物的转关过程中，运输工具换驳驶离时限性强、运输途中风险性小的特点，对内支线船舶中转和铁路承运的转关集装箱货物，在其商业封志完好条件下，海关可不必施加海关封志，转关申报单"关锁号"栏目可录入商业封志号。但对已经海关开箱查验或作换箱运输的转关货物，仍应施加海关封志，办理有关转关手续。

判断改错题

1. 凡是在指运地或起运地海关办理进出口手续的，必须由至少两个海关共同完成监管任务，必然要涉及货物在两个海关之间的运输，因此凡是从一个设关地点运往另一个设关地点的货物都是境内转关货物。　　　　　　　　（　　）

2. 出口转关的提前报关手续是先去出境地海关办理转关申报，再去起运地海关填报录入报关单数据。　　　　　　　　　　　　　　　　　　　　（　　）

第九章　进口货物原产地的
确定与税率适用

第一节　进口货物原产地的确定与意义

在正式出版的税则工具书上,同一种税号商品的进口税率通常是不一样的,从税则中摘取的部分页面内容,如表9-1所示。

表9-1　　　　　　　　　　从税则中摘取的部分页面内容

| 税则号列
Tariff Item. | 货品名称 | 最惠
(%)
MFN | 协定(%)CT | | | 普通
Gen | 增值
税率
VAT | 法检
代码
LI | 计量
单位
Unit | 监管
条件
SC |
			东盟 CA	中巴 CP	中智 CC					
40.02	合成橡胶及从油类提取的油膏,初级形状或板、片、带;税目40.01所列产品与本税目所列产品的混合物,初级形状或板、片、带:									
	——丁苯橡胶(SBR);羧基丁苯橡胶(XSBR):									
	——胶乳:									
4002.1110	——羧基丁苯橡胶	7.5	5	6.7	0	14	17		千克	
4002.1190	——其他	7.5	5	6.7	0	14	17		千克	
	——初级形状的:									
4002.1911	——未经任何加工的丁苯橡胶	7.5	5	6.7	0	14	17		千克	
4002.1912	——充油丁苯橡胶	7.5	5	6.7	0	14	17		千克	
4002.1913	——热塑丁苯橡胶	7.5	5	6.7	0	14	17		千克	

税率高低差别的含义就在于:同一类的货物,如果货物的原产地不同,货物进口税率也会有所不同。所以说,货物的原产地、价格估定、商品归类共同构成了海关征税的三大要件。其中商品归类海关可以通过查验实物、化验等办法解决,但货

物的原产地、价格估定就无法通过观察货物的外观等属性得出结论。

一、原产地规则的含义

一国为确定货物的原产地而实施的普遍适用的法律、法规和行政决定。各国以本国立法形式制定出其鉴别货物"国籍"的标准,这就是原产地规则。起初制定原产地规则的目的在于海关统计,后来各国为适应国际贸易不断发展的需要,并为了执行本国关税及非关税方面的国别歧视性贸易措施,必须准确地对于进出口商品的原产地进行认定,而且这种认定有些类似于海关估价,即不单独以进出口方或其代理人的原产地申报为准。

由于各国之间的政治、经济关系的不同,各个国家实行的贸易措施会随货物原产地的不同而有所差别,为实施这些贸易措施,就需要某种规则把货物的"经济国籍"和针对该国货物的有关贸易措施连接起来,这种规则是"原产地规则"。例如,我国决定对于原产于 X 国的某种进口商品征收反倾销税,但在进口的所有某种进口商品当中,哪些是属于原产于 X 国的?就需要适用原产地标准这一工具去判断,对于符合原产自 X 国标准的货物就要征收反倾销税,不符合的就不征收(这属于非优惠原产地规则)。

二、原产地规则的类别

（一）优惠原产地规则

优惠原产地规则又称协定原产地规则,是指一国为了实施国别优惠政策而制定的法律、法规,是以优惠贸易协定通过双边、诸边协定形式或者是由本国自主形式制定的一些特殊原产地认定标准,优惠范围是以原产地为受惠国的进口产品为限。它适用于区域经济一体化、普惠制等单方面或双边特别优惠关税措施的实施。

目前,我国签署的包含优惠原产地规则的贸易协定主要包括:

(1)《亚太贸易协定》(又称曼谷协定)。

(2)《中国—东盟合作框架协议》。

(3)《港澳 CEPA》(全称为《内地与香港/澳门更紧密经贸关系优惠关税安排》)。

(4)《中巴自贸协定》(《中华人民共和国政府与巴基斯坦伊斯兰共和国政府自由贸易协定》)。

(5)"对非洲特惠待遇"及"对也门等国特惠待遇"(我国单方面对贝宁、安哥拉、塞内加尔等 28 个非洲最不发达国家、阿富汗等 3 个亚洲国家、瓦努阿图等 2 个大洋洲国家的部分产品给予特别优惠关税待遇)。

(6)《中国政府和智利共和国政府自由贸易协定》。

(7)《中国政府和新加坡共和国政府自由贸易协定》。

(8)《中国政府和秘鲁共和国政府自由贸易协定》。

(9)《中国政府和新西兰政府自由贸易协定》。

(10)《海峡两岸经济合作框架协议(简称 ECFA)》。

链接

利用原产地规则进行纳税筹划

例如,甲国和乙国之间并没有签订关税互惠协定,而丙国与甲、乙两国均签有关税互惠协定。现在甲国一家汽车公司每年欲向乙国出口大量汽车,由于两国之间没有签订关税互惠协定,所以乙国对甲国汽车公司生产的汽车会征收较高的关税,不利于市场营销。现在,甲国汽车公司就在丙国设立组装厂,由公司本部向丙国组装厂供应配件,组装厂组装后以成品汽车形式向乙国出口。由于组装后的汽车符合原产地规则中的实质性改变标准,因此,汽车的原产地被认定为丙国,从而能够享受关税优惠。

——案例引自王晓玮编著《企业出口退(免)税实务操作与纳税筹划》

(二)非优惠原产地规则

非优惠原产地规则又称自主原产地规则,是本国自主立法制定的,它是为实施最惠国待遇、反倾销和反补贴、保障措施、原产地标记管理、国别数量限制、关税配额等非优惠性贸易措施,以及进行政府采购、贸易统计等活动而认定进出口货物原产地的标准。《中华人民共和国进出口货物原产地条例》是我国规范非优惠原产地规则的主要法律文件。

非优惠原产地规则得名于其所含的规则大部分是为了确认普通税率或惩罚性关税、附加税的适用。而不是像优惠原产地规则那样是为了适用优惠性的低税率而制定的。

链接

某公司伪报原产地逃避反倾销税案

某公司向海关申报进口甲苯二异氰酸酯 60 吨,申报原产地为我国台湾地区,原产厂商为三井化学。海关查验监控人员根据有关资料和以往现场查验经验进行风险分析后,认为该批货物涉嫌故意模糊申报:实际生产厂商可能为日本三井化学聚氨酯株式会社,实际原产地为日本,而非我国台湾地区。

经查验发现,货物随附产品介绍标签注明生产商确为日本三井化学聚氨酯株式会社。而海关总署 2006 年第 40 号公告规定:"根据《中华人民共和国反倾销条例》的规定……自 2006 年 7 月 13 日起,对原产于日本三井化学聚氨酯株式会社的进口甲苯二异氰酸酯,海关按照 12.45% 的税率征收反倾销税。"这批货物的原产商为该公司,属于应征反倾销税的货物。

据了解,该票货物应征收反倾销税近 20 万元人民币及由此带来的 3 万元左右的增值税。该案已移送缉私部门作进一步处理。

——摘自"中国海关事务网"2007 年 12 月信息

三、原产地认定标准

当货物完全是由一个国家(地区)获得或生产制造的时候,货物的原产地认定比较容易,但是,有时候货物的生产或制造有两个及以上的国家(地区)介入,如何认定原产地就会有一定的困难。不过,原产地的认定,在不同规则下,不同国家有着一些大同小异的标准。

链接

初步了解原产地认定的意义

原产地认定的工作,要解决很多问题,举例如下:

(1)怎样防止收发货人为少缴税,谎称货物原产地(把原产地有意错误地说成是受惠国/地区)?

(2)原产地不能以进口方单方面提供的申报为唯一标准,也不能单看商业发票上面的出口商地址,更不能依据货物包装上面的文字说明。一个较可行的办法是实行"原产地证书"制度,但如何管理由境外签发的原产地证书?境外的官方、半官方机构、民间社团又如何认定货物原产地是否真的是在本国呢?这就要依靠原产地认定标准来解决。

(一)优惠原产地认定标准

优惠原产地认定标准包括完全获得标准、从价百分比标准、直接运输标准。因为要照顾到不同国家的贸易利益,所以通过谈判达成的原产地规则在具体环节上不尽相同,但其原则、方法与非优惠原产地规则中的定义大体上是相同的。

1. 完全获得标准

即从优惠贸易协定成员国或者地区(以下简称成员国或者地区)直接运输进口的货物是完全在该成员国或者地区获得或者产生的,这些货物是指:

(1)在该成员国或者地区境内收获、采摘或者采集的植物产品。

(2)在该成员国或者地区境内出生并饲养的活动物。

(3)在该成员国或者地区领土或者领海开采、提取的矿产品。

(4)其他符合相应优惠贸易协定下完全获得标准的货物。

为便于装载、运输、储存、销售进行的加工、包装、展示等微小加工或者处理,不影响货物原产地确定。

2. 税则归类改变标准

如果货物加工后在《税则》中税目一级,即前4位数级,税则归类发生改变,即以使其发生改变的国家(地区)为该货物的原产地,目前主要有章改变标准、4位级税号改变标准和6位级税号改变标准等几种形式。例如,中国—智利原产地自贸协定项下原产地规则既规定了章改变标准,也规定了4位级税号改变标准。

3. 区域价值百分比标准

即在某一国家(地区)对于非该国(地区)原产材料进行加工制造后增值部分如果超过了所得货物价值的一定比例,则认定这"某一国家(地区)"是原产地。这条标准主要用于解决货物的生产、制造在两个及两个以上的国家(地区)完成的情形。该标准可以在最大程度上杜绝借转口贸易而要求转口国(受惠国)签署原产地证书的行为。

从价百分比标准当中的"增值部分比例"在不同协议下有不同的尺度,在此不能一一详述。例如,CEPA项下的原产地规则要求在港澳获得的原料、零件、劳工价值和产品开发支出价值的合计,占在港澳生产或获得产品的FOB价的比例不小于30%。而在《亚太贸易协定》项下,这个比例是45%(对孟加拉国原产地认定是35%)。

4. 直接运输标准

即原产产品必须从受惠国直接运输到进口国的规定。它是为了防止在运输途中经过第三国时可能发生的再加工或调换而采取的技术手段,保证享受优惠待遇的货物符合最后改变标准。

(1)《亚太贸易协定》项下的原产地规则的直接运输,是指货物未经非受惠国关境;或者货物虽经一个或多个非受惠国关境,但其有充分理由证明过境运输完全出于地理原因或商业运输的要求,并能证明货物在运输过程中未在非受惠国关境内使用、交易或消费,以及除装卸和为保持货物良好状态而接受的简单处理外,未经任何其他处理。

(2)CEPA项下的原产地规则的直接运输,是指CEPA香港项下的进口货物应当从香港直接运输至内地口岸；CEPA 澳门项下的进口货物不能从香港以外的地区或者国家转运。

其他如《框架协议》、《中巴自贸协定》等等的直接运输标准与前述大体相似，具体规定请参阅中国海关出版社的教材。

（二）非优惠原产地认定标准

非优惠原产地认定标准主要包括：完全获得标准、实质性改变标准。其认定标准相比较优惠原产地规则而言，要求不很严格，它也是用于解决货物的生产、制造在两个及两个以上的国家（地区）完成的情形。

非优惠原产地认定的"完全获得标准"与优惠原产地认定项下的相似。

链接

非优惠原产地认定的"完全获得标准"

（1）在该国（地区）出生并饲养的活的动物。

（2）在该国（地区）野外捕捉、捕捞、搜集的动物。

（3）从该国（地区）的活的动物获得的未经加工的物品。

（4）在该国（地区）收获的植物和植物产品。

（5）在该国（地区）采掘的矿物。

（6）在该国（地区）获得的除上述（1）至（5）项范围之外的其他天然生成的物品。

（7）在该国（地区）生产过程中产生的只能弃置或者回收用作材料的废碎料。

（8）在该国（地区）收集的不能修复或者修理的物品，或者从该物品中回收的零件或者材料。

（9）由合法悬挂该国旗帜的船舶从其领海以外海域获得的海洋捕捞物和其他物品。

（10）在合法悬挂该国旗帜的加工船上加工上述第（9）项所列物品获得的产品。

（11）从该国领海以外享有专有开采权的海床或者海床底土获得的物品。

（12）在该国（地区）完全从上述（1）至（11）项所列物品中生产的产品。

实质性改变标准由我国制定，对两个及以上国家参与生产或制造的货物，以最后完成实质性改变的国家为原产地。实质性改变的含义是：

首先，以税则归类改变为基本标准，即在某一国家（地区）对非该国（地区）原产材料进行制造、加工后，使其四位税号一级的税则归类发生改变（以我国的标准）。

若税则改变不能反映实质性改变时,适用补充标准:

(1)制造或加工工序标准:指在某一国家(地区)进行的赋予制造、加工后所得货物基本特征的主要工序。

(2)从价百分比是指在某一国家(地区)对非该国(地区)原产材料进行加工制造后的增值部分,须超过所得货物价值的30%。即[(EXW 价－非该国原产材料价值)/EXW 价]×100%≥30%。

海关总署会同商务部、国家质量监督检验检疫总局商定并公布《适用制造或者加工工序及从价百分比标准的货物清单》,如果该清单中具体列明从价百分比、制造或者加工工序等标准,则按列明的标准判断是否发生实质性的改变。

链接

原产地证明书

原产地证明书是证明商品的产地或制造地的一种证明文件。它是受惠国的原产品出口到给惠国时享受关税优惠的凭证,同时也是进口货物是否适用反倾销、反补贴税率、保障措施等贸易政策的参考凭证。原产地证明书一般有三大类:第一类是普惠制原产地证明书,第二类是一般原产地证明书,第三类是某些专业性原产地证明书。

原产地证书一般是出口国作为原产国的政府机构、公共团体等签发的,在我国,多数出口商品的《原产地证书》由各地出入境检验检疫局负责签发。

原产地证书通常是出口商向本国申请签发后,随全套单证交寄给进口人,进口人向进口国海关报关时使用。

譬如,我国与 X 国签订互惠协定文件后,我国的有关货物若出口到 X 国去,进口商向 X 国海关报关需要出示我国有关部门签发的原产地证书(但这与我国报关员关系通常不大);作为对等关系,X 国的货物出口到我国,我国的进口商委托报关员向我国海关报关时,须出示由 X 国的商会等指定机构签发的货物原产地证书。

注意:原产地证并非判定原产地的唯一标准。若海关经查验货物或审核单证认为所提供的原产地证书不真实的,海关将根据原产地规则标准予以确认。

四、向中国海关的进口申报要求

(1)《亚太贸易协定》项下需提交受惠国政府指定机构签发的原产地证书正本,如经其他非受惠国,需提供过境国家未加工证明及全程提单。

(2)《中国—东盟合作框架协议》项下报关时要申明适用中国—东盟协定税

率,提供原产地证书正本和第三联。

(3) CEPA香港和澳门规则项下进口货物报关时要申明适用零关税税率,要提交符合中国海关规定的原产地证书。若是香港产品,还应同时提供"香港海关查验报告",以证明适用绿色关锁制度。

不过在优惠原产地规则中,也存在免于提交原产地证书的情形。例如,中国—智利自贸协定项下原产地规则规定"原产于智利的货物,价格不超过 600 美元的,免予提交原产地证书";中国—巴基斯坦自贸区协定项下原产地规则规定"原产于巴基斯坦的进口货物,每批船上交货价格(FOB)不超过 200 美元的,免于提交原产地证书"等等。这些规定都属于优惠原产地规则中的特殊优惠措施。

其他协定项下的进口货物申报要求大体与上述内容近似,具体详细规定篇幅较长,详见中国海关出版社出版的最新教材,或海关总署网站公布的最新规定。

(4) 如遇适用于非优惠原产地规则的进口货物,原产地证明书也是报关时应当提交的单证,例如进口被列入反倾销、反补贴产品同类的产品时,不论原产于世界上哪一国(地区),都应当提供原产地证,加工贸易进口也不例外。若无原产地证,不立即按"无证到货"处罚,但如海关查验也不能确定货物原产地的,海关按照最高反倾销税率征税,或按照最高保证金征收比率收取现金保证金。

如果进口的货物涉及这些优惠或非优惠原产地规则的,我国进口货物的收货人要重点做好的一个工作是:当初在签订合同时,应当在合同中订明出口商获取并提交原产地证书的义务,如系使用信用证付款,则信用证当中应当一并列明卖方交单付款的交单要求,便于银行审核收取合格的原产地证书。此外,我国海关对于上述这些原产地证书的签发人、格式、内容、正副本数也有一定要求,因此进口合同当中也应一并进行规定。

对于随进口货物的大部分原产地证书,我国海关都有对于其真实性进行核查的权力,如对于 CEPA 优惠原产地证书的真实性,各地海关可以上报海关总署,由总署统一通过电子口岸系统向香港工贸署、澳门经济局查询。

链接

进口企业莫忘使用原产地证书

【案例1】 2011 年 1 月 1 日起,《海峡两岸经济合作框架协议(ECFA)》货物贸易早期收货计划正式实施。昆明海关呼吁云南涉台进出口企业应及时申领原产地证书,享受框架协议带来的协定优惠税率。

滇、台两地经济发展互补性强,云南是一个农业大省,出产的绿色生态食

品、传统医药等产品对台湾市场很有吸引力,云南白药、普洱茶、云南火腿、螺旋藻、袋装松茸等产品在台湾有较高认知度。但因为各种原因,云南特色商品很少进入台湾市场。ECFA 签署后,将促进滇、台合作进一步深化。

对于即将进口或出口属于 ECFA 早收计划范围和被视为大陆或台湾原产产品的企业,昆明海关提醒企业应及时向当地签发 ECFA 原产地证书的机构申领原产地证书,领取到原产地证书的,在进口时即可申请享受关税优惠。

——摘自"中国新闻网"2011 年 1 月讯

【案例 2 】 "从泰国进口的木薯干属于'早期收获'商品,如提供原产地证明,可享受零关税优惠。"近日,湛江光大酒精有限公司报关员小李在办理一票从泰国进口的木薯干通关手续时,海关关员这样提醒他。在现场关员指导下,小李立即联系出口商,及时提供了原产地证明,该批数量为 4 000 吨、货值达 52 万多美元的木薯干全部享受了零关税待遇。

原产地证明作为确定原产国的证明文件,是海关确定原产国、计征税费的依据。如小李申报进口的泰国木薯干,当他提供原产地证明、确定国别后,就可享受零关税优惠;但如果不能提供原产地证明,海关便无法确定为东盟产品,木薯干税费将按关税税率 5%、增值税税率 13% 来计征。

据统计,仅 2006 年 1～7 月份,湛江海关共验核东盟"早期收获"商品的原产地证 26 份,主要商品分别为木薯干和棕榈仁油,分别来自泰国、印尼、越南等国,共计货物进口 6.2 万吨,总价 12 535 万美元,减免关税 878 万元、增值税 58 万元。

——摘自海关总署网站 2006 年 9 月讯

五、原产地预确定制度

进口货物的收货人或经营单位可以向直属海关申请对其将要进口的货物的原产地进行预确定,需提供以下材料:

(1) 申请人的身份证明文件。

(2) 能说明将要进口货物情况的有关文件资料,包括进口货物的商品名称、规格、型号、税则号列、产品说明书等;出口国(地区)或者货物原产地的有关机构签发的原产地证书或其他认定证明;进口货物所使用的原材料的资料;能说明进口货物的生产加工工序、流程、工艺、加工地点以及加工增值等情况说明资料。

(3) 说明该项交易情况的文件材料。

（4）海关要求提供的其他文件资料。

因申请人提交文件资料不完备影响海关进行原产地预确定的，申请人应当根据海关的要求进行补充。海关应在接到申请人的书面申请和全部必要文件资料后的150天内，依据《中华人民共和国海关关于进口货物原产地的暂行规定》作出对有关货物原产地的预确定决定，并告知申请人。

在预确定决定所依据的原产地规则、事实和条件不变的前提下，直属海关作出的原产地预确定决定在全关境范围内持续有效。申请人对于海关的原产地预确定决定不服，或进口货物的收货人对海关根据原产地预确定决定对实际进口的货物所作的原产地认定不服的，可以依法申请行政复议或者向人民法院提起诉讼。

第二节　税率的适用

2010年，我国进口关税总水平降低到9.8%，这就向世界再一次宣告，按照我国2001年加入世贸组织降低关税的承诺，经过9年的努力，现在我国已经全部提前履行完毕加入世贸组织关税减让的承诺，我国关税总水平由加入世贸组织时的15.3%降至目前的9.8%。

例如我国加入WTO后，"入世"对中国信息技术产业发展的影响主要通过1997年通过的世贸组织信息技术协议进行。该协议规定，参加方要在2000年1月1日前取消200种信息技术产品的关税，也就是关税为零。这200种产品主要涉及计算机、电信设备及部件、半导体元件、半导体制造设备、软件、科研设备六大类，中国通过谈判，获准在5年内逐批实现这些产品的零关税，这些信息技术产品的税率又称ITA税率。早在2002年，我国就已经对251个税目的商品的进口最惠国税率实行了ITA税率，其中零税率的就有221种。

一、原产地对于税率适用的影响

进口税则分为最惠国税率、协定税率、特惠税率、普通税率和关税配额税率等税率；出口税则税目对部分出口商品实行暂定出口税率。本部分重点讲述进口货物税率。

（1）原产于共同适用最惠国待遇条款的世界贸易组织成员的进口货物，原产于与中华人民共和国签订含有相互给予最惠国待遇条款的双边贸易协定的国家或者地区的进口货物，以及原产于中华人民共和国境内的进口货物，适用最惠国税率。

（2）原产于与中华人民共和国签订含有关税优惠条款的区域性贸易协定的国

家或者地区的进口货物,适用协定税率(范围包括中国—东盟自由贸易区协定、中国—智利自由贸易区协定、《亚太贸易协定》、《中巴自贸协定》等,协定税率比最惠国税率更低)。

(3)原产于与中华人民共和国签订含有特殊关税优惠条款的贸易协定的国家或地区的进口货物,适用特惠税率(范围包括"对非洲特惠待遇"及"对也门等国特惠待遇"在内的原产于柬埔寨、缅甸、老挝、孟加拉国、也门、马尔代夫、萨摩亚、瓦努阿图、阿富汗、非洲部分国家等 30 多个最不发达国家的部分商品)。

(4)上述之外的国家或地区的进口货物,以及原产地不明的进口货物,在关税的正税范围内适用普通税率。

(5)实行关税配额管理的进口货物,关税配额内的,适用关税配额税率;关税配额外的,按所适用的其他相关规定执行。

(6)任何国家或者地区对其进口的原产于我国的货物征收歧视性关税或者给予其他歧视性待遇的,我国可对原产于该国家或者地区的进口货物征收报复性关税。

对于同时适用多种税率的进口货物,海关选择适用的税率时,基本原则是"从低适用",特殊情形除外,如表 9-2 所示。

表 9-2　　　同时有两种及以上可适用的进口货物最终适用的税率规定

进口货物可选用的税率	税率适用的规定
同时适用最惠国税率、进口暂定税率	应适用暂定税率
同时适用协定税率、特惠税率、进口暂定税率	应当从低适用税率
同时适用国家优惠政策、进口暂定税率	税率从低执行,但不得在暂定税率基础上再进行减免
适用普通税率的进口货物存在进口暂定税率的	适用普通税率的进口货物,不适用暂定税率

二、时间对于税率适用的影响

由于同类货物的税率随着时间变化,会因政策临时变动、税则调整等因素而降低或提高,这种变动在公历年末的时候尤为明显,对于纳税义务人的税负会有较明显的影响。为减少纳税争议,海关统一规定,进出口货物应按海关接受该货物申报进口或出口日实施的税率征税。但也存在特例:

（1）进口转关，适用指运地海关接受申报进口之日实施税率。提前报关进口转关的，适用装载该货物的运输工具抵达指运地之日实施的税率。

（2）出口转关，适用起运地海关接受货物申报出口日实施的税率。

（3）经海关允许进口提前报关的，适用装载该货物进境的运输工具向海关申报进境之日实施的税率。

（4）海关批准，集中申报的进出口货物，应分别适用每次货物进出口（海关接受申报进出境）之日实施的税率。

（5）超期未报被海关依法变卖的进口货物，适用装载该货物的运输工具申报进境日实施的税率。

（6）因违反规定需追征税款的进出口货物，适用违反规定的行为发生日实施的税率；不能确定违规行为发生日时，适用海关发现违规行为日的税率。

（7）对于已放行进境的保税货物、减免税货物、租赁货物，和已放行进出境的暂时进出境货物，下列行为经海关批准后，需缴纳税款的，适用海关接受纳税义务人再次申报日实施的税率：① 保税货物经批准不复运出境的；② 保税仓储货物转入国内市场销售的；③ 减免税货物经批准转让或者移作他用的；④ 暂准进出境货物经批准不复运出/进境的；⑤ 租赁进口货物，分期缴纳税款的。

单项选择题

1. 我国海关对原产地不明的进口货物，一般原则是_____。

   A. 适用普通税率征收关税，有的时候对这种货物还要加征反倾销税等

   B. 适用普通税率征收关税，但不会加征进口附加税

   C. 适用 WTO 最惠国税率征收关税，因为我国已加入 WTO

   D. ABC 都不对

2. 我国某进出口公司从我国香港地区购进一批电视机，该电视机为日本品牌，其中显像管为韩国生产，集成电路板由新加坡生产，其他零件均为马来西亚生产，最后由韩国组装成整机。该公司向海关申报进口该批电视机时，原产地是_____。

   A. 日本　　　　B. 韩国　　　　C. 新加坡　　　　D. 马来西亚

3. 在我国台湾地区纺成的纱线，运到日本织成棉织物，并进行冲洗、烫、漂白、染色、印花。上述棉织物又被运往越南制成睡衣，后又经中国香港更换包装转销我国内地。我国海关应以_____为该货物的原产地。

   A. 日本　　　　B. 中国台湾　　　　C. 越南　　　　D. 中国香港

4. 下列说法中，正确的是_____。

A. 优惠原产地规则都是一国(地区)单方面制定的
B. 优惠原产地规则都是两国(地区)双方共同制定的互惠规则
C. 非优惠原产地规则都是两国(地区)双方共同制定的
D. 非优惠原产地规则通常都是一国(地区)单方面制定的

第十章　暂时进出境货物的报关

第一节　暂时进出境货物概述和特征

单从通关程序环节上看，一般进出口货物是相对而言较为简单明了的一种监管模式，但是这种监管模式却给有关进出口人带来了无法避免的税费、进出口许可限制等诸多"不利"。而有些并非实际进出口的货物，比如跨国巡回演出使用的道具乐器，或来我国参展的只展不卖的国外展览品（最终还要复运回外国去），假如这些货物也要按照一般进口货物的通关程序报关的话，那么进口要缴纳关税及其他税费（复运出境时报关，一般出口并不退原缴纳进口关税），如果涉及许可证管制的还必须要提交许可证（可能包括进口和出口许可证件）。可想而知，这样势必会大大阻碍国际交流，因为暂时进出境货物全部变得和一般实际永久进出口无异了。

不仅存在上述弊端，而且假如海关不另行设置针对暂时进出境货物的监管模式，则暂时进出境货物一进一出，海关统计上记为进口一批货物，又出口一批货物（但事实上最终货物等于没有进出口），会造成海关统计数字的严重失真。

因此，包括我国在内的世界上大多数国家海关对于"暂时进出境货物"实行不同于一般进出口货物通关的管理。当然，这是政策上的优惠，但暂时进出口货物的收发货人要想得到这个优惠，自身还须熟悉规定，并在法律允许范围内选择对自己最有利的报关通关模式。

一、暂时进出境货物概述

经海关批准的为了特定目的暂时进出境的货物都属于暂时进出境货物，暂时进出境货物原则上应当按原状在规定期限内复运出入境。

根据 2007 年 5 月 1 日起施行的《中华人民共和国海关暂时进出境货物管理办法》，暂时进出境货物的范围包括：

（1）在展览会、交易会、会议及类似活动中展示或者使用的货物。

（2）文化、体育交流活动中使用的表演、比赛用品。

（3）进行新闻报道或者摄制电影、电视节目使用的仪器、设备及用品。

（4）开展科研、教学、医疗活动使用的仪器、设备和用品。

（5）在第（1）至第（4）项所列活动中使用的交通工具及特种车辆。

（6）暂时进出境的货样，主要包括用于展示、操作演示、供订货参考，以及被检测、测试的货物样品，但不包括同一收发货人进出口超过合理数量的相同货物。

（7）慈善活动使用的仪器、设备及用品。

（8）供安装、调试、检测、修理设备时使用的仪器及工具。

（9）盛装货物的容器。

（10）旅游用自驾交通工具及其用品。

（11）工程施工中使用的设备、仪器及用品。

（12）海关批准的其他暂时进出境货物。

链接

暂时进出境货物举例

2008年7月在苏州举行的机器人世界杯大赛，有来自30多个国家的200余支参赛队伍从各自国家携带机器人来华比赛，比赛结束后，这些机器人还将会被携带或托运回他们各自的国家和地区，这些机器人就是暂时进出境货物。

我国一厂商向法国出口某种药剂6吨，法国进口商坚持要用法国方面提供的塑桶盛装药剂，于是法国进口商先将空的塑桶托运到中国来，我国厂商将药剂灌入后，向法国出口。这些托运到中国来的空塑桶当初应当以"暂时进境货物"的方式向中国海关报关（可免进口税费），日后向法国出口塑桶盛装药剂的时候再向中国海关办理核销手续。

2008北京奥运会上，外国运动员代表团通过托运或携带等途径运入我国境内的射击用气枪、比赛用自行车等，闭幕后还要运回各自国家去，也属于暂时进出境货物。

二、暂时进出境货物特征

暂时进出境货物有以下特征。

1. 有条件暂时免予缴纳税费

多数暂时进出境货物在向海关申报出境时，不必缴纳进出口税费，但收发货人须向海关提供担保。

前述的第(11)类货物即"工程施工中使用的设备、仪器及用品"，应当按照该货物的完税价格和其在境内滞留时间长短占折旧期的比例计算征收进口关税。具体内容请参见统考教材。

2. 除另有规定外，免予提交进出口许可证件暂时进出境货物不是实际进出口货物,除我国缔结或者参加的国际条约、协定及国家法律、行政法规和海关总署规章另有规定外,暂时进出境货物可以免于交验许可证件。但是,涉及公共道德、公共安全、公共卫生所实施的进出境管制制度的暂时进出境货物,原则上应当凭相关许可证件进出境。例如来上海展出的外国动物的标本,提交入境货物通关单(检疫)是不能免除的。

3. 规定期限内按原状复运进出境

暂时进出境货物应当自进境或者出境之日起 6 个月内复运出境或者复运进境;经收发货人申请,海关可以根据规定延长复运出境或者复运进境的期限。暂时进出境货物在我国海关监管期内不得对其进行加工改装等改变原状的操作。

4. 按货物实际使用情况办结海关手续

海关对暂时进出境货物在初次进出境报关后都有后续监管要求,因此,所有的暂时进出境货物都必须在规定期限内,由货物的收发货人根据货物不同的情况向海关办理核销结关手续。

在国际贸易实务中,有 11 个贸易术语的进出口"清关"义务是分离的,即卖方负责出口清关,买方负责进口清关……但是本章的暂时进出口货物大多不是国际贸易货物,并且其中很多暂时进出口货物有着"货随人走"的特性,所以在本国海关以及在境外海关的清关就不再是"分离"的了,"货随人走"的"人"必须关心在两个乃至两个以上国家或地区的报关事务。

依照海关统计条例规定,暂时进出境货物不列入海关统计。

第二节　暂时进出境货物的报关程序

《报关员资格全国统考教材》中把可全额暂时免于缴纳税费的九项暂时进出境货物按监管方式分为四类:① 使用 ATA 单证册报关的暂时进出境货物;② 不使用 ATA 单证册报关的展览品;③ 集装箱箱体;④ 其他暂时进出口货物(指包括所有 12 项不使用以上 3 种监管方式报关的暂时进出口货物)。

使用 ATA 单证册报关的暂时进出境货物、展览会属于有关部门行政许可项目的不使用 ATA 单证册报关的展览品,以及其他暂时进出口货物的进出境,属于海关行政许可范畴。以下重点介绍前三种暂准进出境货物的报关程序。

一、使用 ATA 单证册报关的暂时进出境货物

"暂准进口单证册"简称 ATA 单证册,是指世界海关组织通过的《货物暂准进口公约》及其附约 A 和《ATA 公约》中规定使用的,用于替代各缔约方海关暂准进出口货物报关单和税费担保的国际性通关文件。它的各国间通用特性使有关进出

口人避免了去逐一熟悉了解别国报关程序、填写异国报关单等一系列麻烦。其他加入《关于货物暂准进口的 ATA 单证册海关公约》等国际公约的国家和地区的海关和我国海关互相承认对方国家签发出具的有效 ATA 单证册（限于特定货物范围）。我国印制的 ATA 单证册究竟被哪些国家、地区的海关承认，则具体要看单证册的绿色封面上的国家、地区名单。

ATA 单证册制度为暂时进出口货物建立了国际统一的通关手续，使暂准进口货物可以凭 ATA 单证册，在各国海关享受免税进口和免予填写国内报关文件（对于相关人来讲是陌生的外国报关单）等通关便利，因此，ATA 单证册又被国际经贸界称为"货物护照"和货物免税通关证。

此外，持 ATA 单证册向海关申报进出境展览品，不需另外再提供担保。不过，虽然除我国缔结或者参加的国际条约、协定及国家法律、行政法规和海关总署规章另有规定外，暂时进出境货物可以免于交验许可证件。但 ATA 单证册不是对许可证和配额的完全代替，但如果进出境展览品及相关货物受公共道德、公共安全、公共卫生、动植物检疫、濒危野生动植物保护、知识产权保护等限制的，ATA 持证人或其代理人应当另外向海关提交进出口许可证件。

自 1998 年 1 月起，我国开始实施 ATA 单证册制度。经国务院批准、海关总署授权，中国国际商会是我国 ATA 单证册的出证和担保协会，负责我国 ATA 单证册的签发和担保工作。

链接

ATA 单证册的适用范围

需要注意的是，有的国家（如英国、日本、法国等）的海关接受专业设备、商业样品、展览会交易会上展出或使用的物品等使用 ATA 单证册报关。但在我国，目前使用 ATA 单证册的范围仅限于展览会、交易会、会议及类似活动项下的货物，具体包括：

（1）展览会、交易会、会议或类似活动中展示的货物。

（2）展览会、交易会、会议或类似活动中为展示境外产品所需用的货物，如为展示境外机器或仪器在演示过程中所需用的货物等；境外展览者设置临时展台用的建筑材料及装饰品，包括电器装置；为宣传示范境外展览品所需的广告品及展示物品，如录像带、影片、幻灯片及装置物品等；供国际会议使用的设备，如翻译用具、录音机及具有教育、科学或文化性质的电影片等。

（3）其他经海关批准用于展示的货物。

除此以外的暂时进出口货物,我国海关不接受持 ATA 单证册办理进出口申报手续(即只能填写普通报关单报关)。也就是说,假设某外国电影剧组持外国印发的 ATA 单证册(摄影录音器材暂时进出境)可以在英、法、日等国通关,但到我国就只能转为填写普通报关单报关。

这里,展览会、交易会、会议及类似活动是指:

(1) 贸易、工业、农业、工艺展览会,及交易会、博览会。

(2) 因慈善目的而组织的展览会或者会议。

(3) 为促进科技、教育、文化、体育交流,开展旅游活动或者民间友谊而组织的展览会或者会议。

(4) 国际组织或者国际团体组织代表会议。

(5) 政府举办的纪念性代表大会。

在商店或者其他营业场所以销售国外货物为目的而组织的非公共展览会不属于这里所称展览会、交易会、会议及类似活动。

（一）ATA 单证册的样式

一份 ATA 单证册由若干页 ATA 单证组成,一般包括以下 8 页:1 页绿色封面单证、1 页黄色出口单证、1 页白色进口单证、1 页白色复出口单证、2 页蓝色过境单证、1 页黄色复进口单证和 1 页绿色封底。如果货物拟去更多国家使用,彩色单证的数目相应增加[注:黄色单证供单证册签发国(地区)海关签注用,白色单证供展出国(地区)海关签注用,蓝色单证供过境国、地区海关签注用]。我国海关只接受用中文或者英文填写的 ATA 单证册。

ATA 单证册项下暂时出境货物,由中国国际商会向海关总署提供总担保。我国海关就 ATA 单证册项下货物的暂时进出境申请批准同意的,应当在 ATA 单证册上予以签注,否则不予签注。

我国印制的 ATA 单证册"黄联"上半页内容(该联由临时出口国/关境海关填写并盖章),如图 10-1 所示。

（二）国际上 ATA 单证册的使用惯例

1. 不涉及税款追偿的 ATA 单证册的使用过程

在 ATA 单证册项下货物完全正常复运进出境的过程当中,如果货主是我国境内的企事业单位,则货主向出证协会提出申请,填写《中国国际商会 ATA 单证

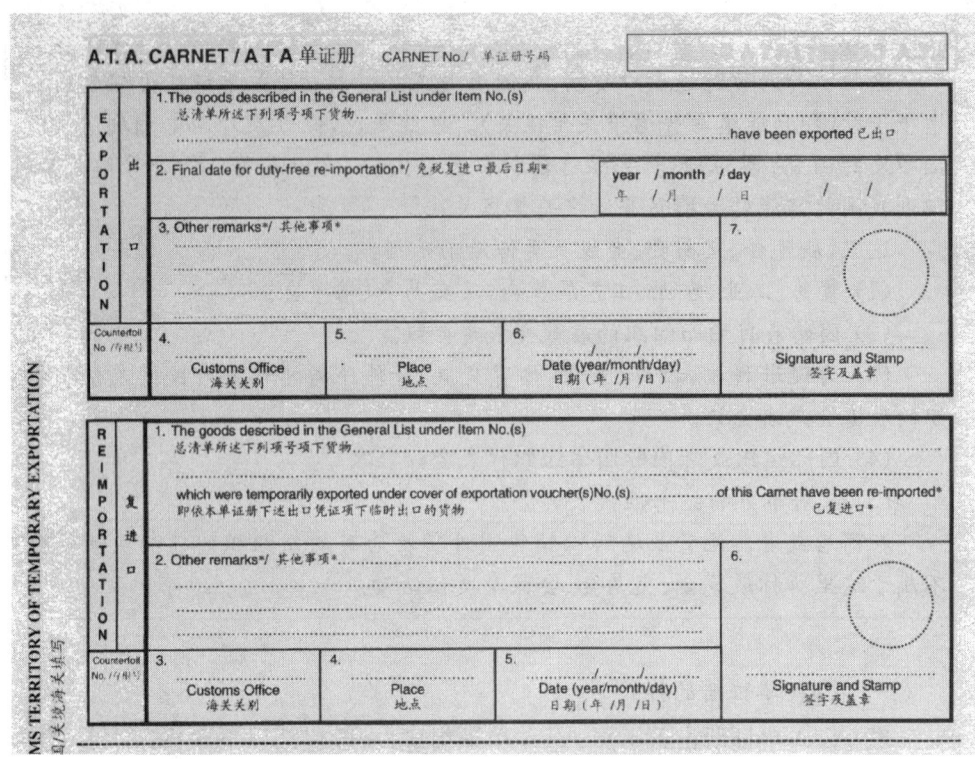

图 10-1 我国印制的 ATA 单证册"黄联"上半页内容

册申请表》，缴纳一定的手续费，并按出证协会的规定提供担保。出证协会审核后签发 ATA 单证册；持证人凭 ATA 单证册将货物在出境国暂时运送出境，又暂时进境到进境国(地区)，进境国(地区)海关经查验签章放行；货物完成暂时进境的特定使用目的后，从进境国(地区)复运出境，又复运进境到原出证国(地区)；持证人将使用过的、经各海关签注的 ATA 单证册交还给原出证协会注销，取回担保。ATA 单证册的整个使用过程到此结束。

　　ATA 单证册持证人向海关提交 ATA 单证册视为提交货物暂时进出境申请。海关关员对提交的 ATA 单证册进行审核，确认真实有效并且接受 ATA 单证册的，视为受理；在 ATA 单证册上作相应签注的，视为批准。

　　还有的情况下，ATA 单证册项下暂时进境货物复运出境时，会因某些原因未经我国海关核销、签注(比如参展客商将货物随行李带出境等等)。此时，我国 ATA 核销中心可凭由另一缔约国海关在 ATA 单证上签注的该批货物从该国进境或者复运进境的证明，或者我国海关认可的能够证明该批货物已经实际离开我国境内的其他文件，作为已经从我国复运出境的证明，对 ATA 单证册予以核销。

通常这种情形下 ATA 单证册持证人应当按照规定向我国海关交纳调整费。

这种情况下，ATA 单证册主要体现出其充当通用报关单证的便利性。

链接

ATA 单证册项下货物进出境的要求

ATA 单证册项下货物，如果属于外商来我国参展等事由的，对于我国海关是先进后出；如果属于我国的企业单位赴外参展等事由的，对于我国海关是先出后进。但不管是哪一种情形，我国海关都有相对较为统一的监管要求。

1. 进境申报（不包括复运进境）

进境货物收货人或其代理人持 ATA 单证册向我国海关申报进境展览品时，先要把单证册上的内容预录入进"ATA 单证册电子联网核销系统"，然后向展会举办地主管海关提交纸质的 ATA 单证册和提货单等单证。我国海关会在白色的进口单证上签注，并留存白色进口单证（正联），白色存根联和其余各页退还。

ATA 单证册的真伪鉴别工作可由中国国际商会协助海关确认。

这种情形下使用的 ATA 单证册多数是境外的商会出具的 ATA 单证册，持证人多是外商。

2. 出境申报（不包括复运出境）

出境货物发货人或其代理人持 ATA 单证册向我国海关申报出境展览品时，应向出境地海关提交国家主管部门的批准文件、纸质 ATA 单证册、装货单等单证。我国海关在绿色封面单证和黄色出口单证上签注，并留存黄色出口单证（正联），退还其存根联 ATA 单证册其他各联。

这种情形下使用的 ATA 单证册多数是中国国际商会出具的 ATA 单证册，持证人多是我国境内的企事业单位。

3. 复运出境、进境的暂时进出境货物

有时暂时进出境货物会在异地海关申报复运进出境，但不论是原地还是异地复运进出境，ATA 单证册持证人应当持主管地海关签章的海关单证向复运出境、进境地海关办理手续。货物复运出境、进境后，主管地海关凭复运出境、进境地海关签章的海关单证办理核销结案手续。但从境外暂时进境的货物转入保税区、出口加工区等海关特殊监管区域和保税监管场所的，不属于复运出境。

2. 涉及税款追偿的 ATA 单证册使用过程

有时，货物未在规定的期限内复运出境，产生了暂时进境国（地区）海关对货物征税(进口关税等)的问题;或ATA单证册持证人未遵守暂时进境国(地区)海关的有关规定,产生了暂时进境国(地区)海关对持证人罚款的问题。而且这两种因素可能兼有,此时ATA单证册的连锁担保功能就体现出来了。

在这两种情况下,暂时进境国(地区)海关可以向本国担保协会提出索赔;暂时进境国(地区)担保协会代持证人垫付税款、罚款等款项后,可以向暂时出境国(地区)担保协会进行追偿;暂进出境国(地区)担保协会垫付款项后,可以向持证人追偿,持证人偿付款项后,ATA单证册的整个使用过程到此结束。

例如我国规定,ATA单证册(不论该ATA单证册是我国还是外国印发的)持证人如果不能在规定期限内将展览品复运进出境的(主要指不能复运出境的情形),我国海关均通过设在北京海关的"ATA核销中心"向担保协会即中国国际商会提出追索。自提出追索之日起9个月内,中国国际商会向海关提供货物已经在规定期限内复运出境或者已经办理进口手续证明的,ATA核销中心可以撤销追索;9个月期满后未能提供上述证明的,中国国际商会应当向海关支付税款和罚款(尽管中国国际商会并无过错,这只是追偿程序的一个环节)。

如果一个国家(地区)的出证协会和担保协会是两个不同的单位,则暂时进境国(地区)担保协会先向暂时出境国(地区)担保协会追偿,担保协会再向该国出证协会追偿。如果持证人拒绝偿付款项,则担保协会或出证协会可要求持证人的担保银行或保险公司偿付款项。

(三)适用我国暂准进出境货物的ATA单证册的有效期

虽然根据国际公约的规定,ATA单证册的有效期最长是1年。但我国海关《暂时进出境货物管理办法》第7条规定,暂时进出境货物应当在进出境之日起6个月内复运出境或者复运进境。且我国海关只接受展览品及相关货物使用ATA单证册申报进出口,因此,ATA单证册项下货物暂时进出境期限为自货物进出境之日起6个月。因特殊情况需要延长期限的,ATA单证册持证人应当向主管地海关提出延期申请,经直属海关批准可以延期,延期最多不超过3次,每次延长期限不超过6个月。参加展期在24个月以上展览会的展览品,在18个月延长期届满后仍需要延期的,由主管地直属海关报海关总署审批。

二、不使用ATA单证册报关的展览品

有时,由于有关企业、个人没有为自己的进出境展览品办理ATA单证册等一些原因,这些展览品就直接按展览品监管(不使用ATA单证册)。向我国海关报关时填写普通报关单("贸易方式"一栏填写:展览品2700)。

还有一种常见情形是:在我国举办的一些国际展览会是有主办方的,主办方

一般是国内的会展企业,于是外国参展商不用另办 ATA 单证册,而是直接将货物托运到中国,收货人是主办方,由主办方(或主办方的代理人)统一向中国海关办理进口报关手续。将来展览结束后的出口报关也由主办方负责,这时一般也不使用 ATA 单证册报关。尽管外国参展商无需直接参与在中国海关的报关,国内的展会主办方也应向外商提示中国海关有关限制进出口的规定。

虽然没有 ATA 单证册,但是正确的报关方式下,如不转为正式进出口,则相关展览品暂时进出境依然也可以享受免税、免一般许可证件的待遇(这与 ATA 单证册项下是一样的)。但是,由于没有国际联保,此时的展览会主办单位或其代理人应当自己向海关提供担保。

经海关批准的暂时进出境货物,在货物收发货人向海关缴纳相当于税款的保证金或者海关依法认可的其他担保后,准予暂时免纳关税。对不征收进出口关税的暂时进出境货物,可凭货物收发货人或其代理人提交的保证函验放。

为促进正常的国际间经济、文化交流,如果在海关指定场所或者海关派专人监管的场所举办展览会的,经主管地直属海关批准,可以就参展的展览品免于向海关提交担保。

(一)进出境展览品的范围

1. 进境展览品

进境展览品包含在展览会中展示或示范用的货物、物品,为示范展出的机器或器具所需用的物品,展览者设置临时展台的建筑材料及装饰材料,供展览品做示范宣传用的电影片、幻灯片、录像带、录音带、说明书、广告等。

在境内展览会期间供消耗、散发的用品(以下简称展览用品),由海关根据展览会的性质、参展商的规模、观众人数等情况,对其数量和总值进行核定,在合理范围内的,按照有关规定免征进口关税和进口环节税,范围主要如下:

(1)在展览活动中的小件样品,包括原装进口的或者在展览期间用进口的散装原料制成的食品或者饮料的样品。

(2)为展出的机器或者器件进行操作示范被消耗或者损坏的物料。

(3)布置、装饰临时展台消耗的低值货物。

(4)展览期间免费向观众散发的有关宣传品。

(5)供展览会使用的档案、表格及其他文件。

前款第(1)至第(5)项所列货物、物品,应当符合以下条件:① 由参展人免费提供并在展览期间专供免费分送给观众使用或者消费的;② 单价较低,作广告样品用的;③ 不适用于商业用途,并且单位容量明显小于最小零售包装容量的;④ 食品及饮料的样品虽未包装分发,但确实是在活动中消耗掉的。

展览用品属于国家实行许可证件管理的,应当向海关交验相关证件,办理进口手续。

以下货物虽然在展览活动中使用,但不是展览品:① 展览会期间出售的小卖品,属于一般进口货物范围;② 展览会期间使用的含酒精饮料、烟叶制品、燃料,虽然不是按一般进出口货物管理,但海关对这些商品一律征收关税。其中属于参展商随身携带进境的含酒精饮料、烟叶制品,则按进境旅客携带物品的有关规定管理。

2. 出境展览品

出境展览品包含国内单位赴境外举办展览会或参加境外博览会、展览会而运出的展览品,以及与展览活动有关的宣传品、布置品、招待品等。

(二) 展览品的暂准进境期限

进境展览品暂准进境期限是 6 个月,即自展览品进境之日起 6 个月内复运出境。延期规定同 ATA 单证册项下货物规定。

(三) 展览品的进出境申报

境内展览会的办展人以及出境举办或者参加展览会的办展人、参展人(以下简称办展人、参展人)应当在展览品进境或者出境的 20 个工作日前,向主管地海关提交有关部门备案证明或者批准文件及展览品清单等相关单证,办理备案手续。这是报关程序的前期阶段。

1. 进境申报和查验

在境内举办的展览会,如展览会属于有关部门行政许可项目的,办展人应当向展览会举办地海关提交相关批准文件或者证明文件和《货物暂时进/出境申请书》及相关材料,经核准后,由直属海关或经直属海关授权的隶属海关一次性对该展览会项下暂时进境展览品作出行政许可决定。

如果展览会不属于有关部门行政许可项目的,办展人、参展人应当向主管地海关提交展览会邀请函、展位确认书等文件以及展览品清单,办理备案手续。

报关申报时,暂时进出境货物收发货人(一般是展会主办单位)应当填制海关进出口报关单,并向海关提交展品清单、《中华人民共和国海关货物暂时进境申请批准决定书》和其他相关单证。进境展览品从非展出地海关进境的,应当转关监管至展出地海关办理相关手续;进境展览品从非展出地海关出境的,应当转关监管至出境地海关办理出境手续。

海关一般在展览会举办地对展览品开箱查验。展览品开箱前,展览会主办单位或其代理人应当通知海关。

展览会展出或使用的印刷品、音像制品及其他需要审查的物品,还要经过海关的审查,才能展出或使用。对我国政治、经济、道德有害的以及侵犯知识产权的印刷品、音像制品,不得展出,由海关没收、退运出境或责令更改后使用。

进境在我国多个城市巡回展出的,展品的暂时进境申请由首个主管地海关核准。展品转至下一个主管地海关后,由该主管地海关监管,凭首个主管地海关签章的行政许可文书和海关单证,免于再次提出暂时进境申请。

2. 出境申报

出境参展(如我国厂商赴境外参加展览会)的展会主办方一般是在外国的会展公司,这类会展公司大多没有在中国海关登记注册过,按照惯例外国的会展公司只负责展品在展出国的海关的通关办理事务,所以出境参展的展品在我国海关的进出境申报一般要由我国的参展方自行办理。

如果展览会不属于有关部门行政许可项目的,参照不使用 ATA 单证册的入境申报办理备案。

在境外举办的展览会,如展览会属于有关部门行政许可项目的,参展人应当向出境地海关提交相关批准文件或者证明文件(原件或复印件)和《货物暂时进/出境申请书》及相关材料,经核准后,由直属海关或经直属海关授权的隶属海关对申请暂时出境的展览品作出行政许可决定。

展览品出境申报手续应当在出境地海关办理。报关申报时,货物收发货人应当填制海关进出口报关单,并向海关提交国家主管部门批文、展品清单、报关单和其他相关单证。由于这种手续相比使用 ATA 单证册较为繁琐,所以现实当中我国出境参展的厂商一般也都自办一份 ATA 单证册以在我国境内报关用。

链接

展览品打包运输须知

为便于海关查验和企业自身通关,展览品运出或复运进口时,不得在装展览品的包装容器内装入个人物品或小卖品等非展览品。组织出境展览的单位,在境外展出期间购买、接受的物品、礼品、资料等,应当另行包装并开列清单,以便向入境地海关申报。

(四)进出境展览品的核销结关

办展人、参展人应当于进出境展览品办结海关手续后 30 日内向备案地海关申请展览会结案。这是报关程序的后续阶段。

1. 复运进出境

进境展览品和出境展览品在规定期限内复运出境或复运进境后,海关分别签发报关单证明联,展览品所有人或其代理人凭以向主管海关办理核销结关手续。

如果展览品未能按规定期限复运进出境,展会主办单位或出境办展的单位应当向主管海关申请延期。

2. 转为正式进出口

进境展览品在展览期间售出的,由展览会主办单位或其代理人向海关办理进口申报、纳税手续,其中属于许可证件管理的,还应当提交进口许可证件。

出口展览品在境外参加展览会后售出的,由海关核对展览品清单后要求企业补办有关正式出口手续。

3. 展览品放弃或赠送

展览会结束后,进境展览品的所有人决定将展览品放弃给海关的,由海关变卖后将款项上缴国库。

展览品的所有人决定将展览品赠送的,受赠人应当向海关办理进口手续,海关根据进口礼品或经贸往来赠送品的规定办理。

4. 展览品损毁、丢失

如不可抗力的原因使展品受损,无法原状复运出境、进境的,相关办展人等应当及时向主管地海关报告,可以凭有关部门出具的证明材料办理复运出境、进境手续;因不可抗力的原因灭失或者失去使用价值的,经海关核实后可以视为该展品已经复运出境、进境。

因不可抗力以外其他原因灭失或者受损的,相关办展人等应当按照货物实际进出口的有关规定补办海关补税补证等手续。

我国海关监管的进境展览品的大体流程是:备案→担保→报关→查验后放行入境→布展→展览→复出境→核销→担保销案,出境展览品与此类同。海关在退还保证金或办理其他担保销案手续之后予以结关。

链接

上海海关:为世博"特码"通关

2010年上海世博会开幕前,上海海关比照奥运会进境物资的优惠政策,主动对上海世博会可能享受的优惠便利政策措施进行了梳理,经海关总署批准后实施,包括统一使用《中国2010年上海世博会进境物资证明函》、放宽世博会暂时进境物资复运出境的批准时间、世博物资统一转关至上海口岸验放等优惠政策,大大降低了世博会境外参展方的参展成本。

上海海关曾通过世博局得知,上海世博会境外参展方不少工作人员对于私人行李物品通关规定不熟悉,可能会在私人行李物品中混杂货物,如展览品等,这会在一定程度上增加通关的复杂性,从而降低通关速度。上海海关对此高度重视,再次组织专家集体会诊,相关业务专家各抒己见,全面梳理出了世博会私人行李物品通关过程中可能会出现的问题,并有针对性地设计了相关业务流程。建议世博局在向境外参展方宣传海关通关规定的同时,按照拟定的业务流程办理手续,从而避免不必要的滞留,保证境外参展方工作人员私人行李物品的顺畅通关。

有一次,突尼斯馆的一件展品希望以 ATA 单证册形式通关,但是缺少了必需的突尼斯海关盖章,不能享受便捷的 ATA 方式。正当对方一筹莫展之际,海关关员小杜建议对方以暂时进出口方式申报通关,这样虽然比 ATA 麻烦一些,但是同样可以享受免税优惠,时间上也不耽误,兼顾严密监管和高效通关的两难,对方不禁向她竖起了大拇指。

240 多个国家和组织的参展方,并非人人了解通关流程,甚至出现了有参展方认为货物到港就会自动报关而耽误多日的情形。为此,上海海关主动服务,密切与上海世博局沟通联系,依托领事馆、行业协会宣传世博会海关政策,及时了解参展方的个性需求,提供 24 小时不间断咨询电话及咨询窗口双语服务,积极向世博会片区负责人以及指定物流供应商宣传海关优惠政策和便利措施。

——节选自《国际商报》2010 年 5 月 4 日有关报道

三、集装箱箱体

（一）范围

集装箱箱体属于运输设备还是货物的属性是不确定的。当货物用集装箱装载进出口时,集装箱箱体就是一种运输设备;当一企业购买进口或销售出口集装箱箱体时,集装箱箱体本身就是普通的进出口货物。

购买或出售的集装箱箱体,作为货物进出口是一次性的。而在大多数情况下,是作为运输设备暂时进出境的,这里研讨的是这种"大多数情况"。例如,我国出口的新造集装箱作为一般出口货物报关,可出口退税,就不是暂时出境货物。

（二）暂准进境集装箱箱体的报关

暂准进出境的集装箱箱体报关有两种情况:

（1）境内生产的集装箱及我国营运人（如我国的轮船公司）购买进口的集装箱在投入国际运输前，营运人应当向其所在海关办理登记手续，集装箱上安装海关批准牌照（中国船级社制发）。因为集装箱将来还要流通回国，然后再出境……如此反复。办理登记手续的目的在于使营运人或者其代理人将来无需对该箱体单独向海关反复办理进出境报关手续，进出境时也不受规定的期限限制。并且该集装箱日后无论是否装载货物，海关均准予暂时进境以及异地出境。

（2）境外集装箱箱体（指集装箱所有权属于境外轮船公司等境外企业的）暂准进境，无论是否装载货物，承运人或者其代理人应当对箱体单独向海关申报，并应当于入境之日起 6 个月内复运出境。如因特殊情况下不能按期复运出境的，营运人应当向暂准进境地海关提出延期申请，经海关核准后可以延期，但延长期限最长不得超过 3 个月，逾期应按规定向海关办理进口报关纳税手续。

经交通部批准核发《国际班轮业务经营者空箱调运备案证明书》后，国际集装箱班轮公司可在境内沿海港口之间调运其周转空箱及租用空箱，途径是凭《集装箱调运清单》先后向调出地和调入地海关申报。

四、其他非 ATA 单证册项下的暂时进出境货物

非 ATA 单证册项下的暂时进出境货物收发货人向海关提出货物暂时进出境申请时，应当按照海关要求提交《货物暂时进/出境申请书》、暂时进出境货物清单、发票、合同或者协议以及其他相关单据。海关就非 ATA 单证册项下暂时进出境货物的暂时进出境申请作出是否批准的决定后，应当制发《中华人民共和国海关货物暂时进/出境申请批准决定书》或者《中华人民共和国海关货物暂时进/出境申请不予批准决定书》。

非 ATA 单证册项下暂时进出境货物申报大体程序可参考非 ATA 单证册项下展品的申报，报关单上"贸易方式"栏填写"暂时进出货物 2600"。暂时进境货物的收货人或其代理人要向海关提供担保，后期也要核销结关，但展览品进出境前期的备案手续在此被暂时进出口的申请和海关许可程序所替代。

判断改错题

1. 凡是展览会上使用的货物和物品都是展览品。 （　　）
2. 属于境外营运人的集装箱箱体，经海关准予登记的，每次进出境无需对集装箱箱体单独申报，也不受期限限制。 （　　）
3. 外商持美国印制签发的 ATA 单证册，欲为一批来华参展的展览品向我国海关报关，此时我国海关会要求该外商再去另办一份中国国际商会签发的 ATA 单证册方为有效。 （　　）

案例分析题

荷兰 N 公司来华参加一国际工业博览会(会上将展示 N 公司生产的最新型木材加工机械),该博览会由中国 Y 集团公司主办,N 公司自身是否可能既不用办 ATA 单证册,又不用填写(或委托报关企业填写)中华人民共和国进出口货物报关单?

第十一章　特定减免税货物的报关

第一节　特定减免税货物概述

有些符合政策条件的货物进口报关时,通过报关单的监管方式(贸易方式、征免性质等)的正确填写以及报关现场交单时附交减免税证明等途径,可以减免税进口。

根据 2009 年 2 月 1 日起施行的《中华人民共和国海关进出口货物减免税管理办法》规定,减免税的税种包括减征或者免征关税、进口环节海关代征税。我国的减免税进口货物可分为法定减免税货物、特定减免税进口货物和临时减免税进口货物。本书主要讨论在报关中经常接触到的前两者。其中法定减免税进口报关程序比较简单,在办理进出口海关手续时,只要货物属性符合法定减免税的规定,不需要进出口货物收发货人事先向海关提出申请,便可由海关关员在工作权限内径直办理减免税,放行后海关也不再监管。而特定减免税货物报关程序比法定减免税货物更复杂。

链接

法定减免税货物

根据有关法律法规规定,下列进出口货物、进出境物品属法定减免税货物、物品:

(1) 关税税额在 50 元人民币以下的一票货物。

(2) 无商业价值的广告品和货样。

(3) 外国政府、国际组织无偿赠送的物资。

(4) 在海关放行前遭受损坏或损失的货物。

(5) 进出境运输工具装载的途中必需的燃料、物料和饮食用品。

(6) 中华人民共和国缔结或参加的国际条约规定减免关税的货物与物品。

(7) 其他由法律法规规定减免关税的货物和物品。

此外,进口环节增值税或消费税税额在 50 元人民币以下的一票货物也应当免征。

在海关放行前遭受损坏的货物，可以根据海关认定的受损程度减征关税。法律规定的其他免征或者减征关税的货物，海关根据规定予以免征或者减征。

一、特定减免税货物的含义

特定减免税货物是指海关根据国家的政策规定准予有条件地减免税进口，使用于特定地区、特定企业、特定用途的货物。这类货物称为"特定减免税货物"，是由于其进口通关方式、海关监管方式与其他通关方式不同，并不代表货物本身自然属性、税则号列有何特殊之处。特定减免税进口通关制度的实施目的，是国家为了鼓励利用外资和引进技术，扩大对外贸易，发展我国的科教文卫事业。

特定地区是指我国关境内由行政法规规定的某一特别限定区域，享受减免税优惠的进口货物只能在这一特别限定的区域内使用；特定企业是指由国务院特定的行政法规专门规定的企业，享受减免税优惠的进口货物只能由这些专门规定的企业使用；特定用途是指国家规定可以享受减免税优惠的进口货物只能用于行政法规专门规定的用途。特定的地区、企业和用途三个条件不必同时满足，只需满足其中一个便可。当然，这也就意味着不是所有企业单位都能享受特定减免税待遇。

链接

西宁海关已审批特定减免税达 1.94 亿元

2006 年上半年，西宁海关已为青海省 20 家企事业单位审批办理减免税证明 76 份，审批总货值 9 858.70 万美元，与上年同期相比增长 16.60 倍；审批减免税款 1.94 亿元，较上年同期增长 14.48 倍。

青藏铁路工程相关设备大量进口和青海盐湖工业集团有限公司青海百万吨钾肥产品综合利用项目下设备的进口，成为今年前 4 个月减免税业务的增长点。

从 4 月份进口减免税商品的征免性质来看，对国内投资鼓励项目青藏铁路公司第二批进口的道岔融雪设备、信号系统等设备及第一批进口的机车备件、工具等减免税款 4 522.89 万元，占审批总减免税款的 71.70%；青海盐湖工业集团有限公司进口的氢氧化钾离子膜电解装置减免税款 1 226.98 万元，占审批总减免税款的 19.45%。

对贷款项目青海省××仔（集团）实业有限责任公司进口的肉食品加工设备减免税款 437.98 万元，占审批总减免税款的 6.94%。

对享受外商投资鼓励项目的西宁××食品有限公司进口的水处理设备减免税款 23.05 万元。

享受科教用品项目减免的单位为青海师范大学、中国科学院西北高原生物研究所和青海省有色地勘局地质矿产勘查院,减免税款 35.52 万元。

——摘自《西海商报》2006 年 5 月新闻

二、特定减免税货物特征

1. 除另有规定外,应提交进口许可证件

特定减免税货物是实际进口货物。按照国家有关进出境管理的法律、法规,凡属于进口需要交验许可证件的货物,除另有规定外,进口收货人或其代理人都应该在进口申报时向海关提交进口许可证件。

2. 进口后在特定的海关监管期限内接受海关监管

进口货物享受特定减免税的条件之一就是在规定的期限,使用于规定的地区、企业和用途,并接受海关的监管。特定减免税进口货物的海关监管期限按照货物的种类而各有不同,以下是不同种类特定减免税货物的海关监管期限:

(1) 船舶、飞机 8 年。

(2) 机动车辆 6 年。

(3) 其他货物 5 年。

海关规定,未经海关许可并补缴关税,擅自出售特定减税或者免税进口用于特定企业、特定用途的未满海关监管期的货物,或者将特定减免税进口用于特定地区的货物擅自运往境内其他地区的,是走私行为;未经海关许可,将特定减税或者免税进口的货物、物品移作他用的,是违反海关监管规定的行为,将面临海关的处罚。

链接

多家企业因擅用减免税设备被查

受国际金融危机等因素影响,一些企业资金紧张、产能闲置、单位价值大的进口减免税设备往往因此成为企业"盘活资产"的重要对象。不过,海关温岭办事处提醒说,7月份以来,温岭市已经有两家企业因擅自抵押进口减免税设备而被立案调查,案值近 2 000 万元,占到台州同类案件数的一半,整个杭州海关辖区更是有 15 家企业涉案,案值 2.19 亿元。

"在进口通关环节享受国家税收减免优惠的进口减免税货物,进口后不属于结关放行,仍是海关监管货物。"这位工作人员提醒说,货物在规定监管年限内的使用,必须符合办理减免税货物审批时核准的特定企业、特定地区或特定用途的规定。因此,这种擅自"盘活资产"的行为是违法的。

海关工作人员分析说,近期进口减免税设备违规案件主要表现为:一是擅自将进口减免税设备抵押给银行以获取贷款;二是将进口减免税设备擅自改变用途,用于非进口时约定用途产品的生产;三是擅自将进口减免税设备交给或租赁给其他公司使用。

除了企业相关人员对法律法规知识不熟悉外,部分企业,特别是集团企业往往习惯在不同子公司之间调配资产,结果忽略了母子公司间的独立法人地位,无意间触犯了进口减免税设备监管的法律法规。

——节选自浙江"温岭新闻网"2009年9月相关资讯,记者王军波

海关须后续监管的特性,决定了特定减免税进口货物一般只能是固定资产类的货物,如仪器设备、机床等等,而诸如电力、食品等消耗性的货物不可能特定减免税进口。

特定减免税进口货物和暂时进境货物是有区别的,暂时进境货物虽然也可在进口报关时免交关税等,但暂时进境货物原则上将来是要复运出境的(因此免交进口关税),且进口人要向海关提供担保(包括 ATA 的联保)。而特定减免税进口货物中的多数将来无须复运出境,如果报关时有征免税证明,无需担保。

第二节　特定减免税进口货物的报关程序

进出口货物减免税申请人(以下简称减免税申请人)应当向其所在地海关申请办理减免税备案、审批手续,特殊情况除外。

一、减免税备案

投资项目所在地海关与减免税申请人所在地海关不是同一海关的,减免税申请人可以向其所在地海关申请办理减免税备案、审批手续,也可以向投资项目所在地海关申请办理减免税备案、审批手续。

投资项目所在地涉及多个海关的,减免税申请人可以向其所在地海关或者有关海关的共同上级海关申请办理减免税备案、审批手续。

减免税申请人可以自行向海关申请办理减免税备案、审批、税款担保和后续管理业务等相关手续，也可以委托他人办理前述手续。委托他人办理的，应当由被委托人持减免税申请人出具的《减免税手续办理委托书》及其他相关材料向海关申请。

减免税申请人在申请办理国家鼓励发展内外资项目、科学研究与教学用品、科技开发用品等进出口货物减免税审批手续前，应当向主管海关递交《中华人民共和国海关减免税备案申请表》，申请办理减免税备案手续，并同时按照有关进出口税收优惠政策的规定向海关提交相关材料。

减免税申请人的申请材料符合规定要求的，海关应当予以受理，海关收到申请材料之日为受理之日；海关受理减免税申请人的备案申请后，应当对其主体资格、投资项目是否符合有关进出口税收优惠政策的要求等内容进行审核。经审核符合要求的，应当准予备案；经审核不予备案的，应当书面通知申请人。

通常，海关应当自受理之日起 10 个工作日内作出是否准予备案的决定。对于一些海关特殊监管区域，则有另外的规定：海关准予保税区内企业备案的，发给企业"企业征免税登记手册"；海关准予出口加工区内企业备案的，批准企业建立"企业设备电子账册"。

二、减免税审批

减免税申请人应当在货物进出口前，向主管海关递交《中华人民共和国海关进出口货物征免税申请表》，申请办理进出口货物减免税审批手续，并同时按照有关进出口税收优惠政策的规定向海关提交相关材料。

减免税申请人的申请材料符合规定的，海关应当予以受理。对应当备案的，海关还应当审查是否已经按照规定办理备案，未按照规定办理备案的，海关不予受理。

经审查符合相关规定的，海关应当作出进出口货物征税、减税或者免税的决定，并签发相应的《中华人民共和国海关进出口货物征免税证明》（以下简称《征免税证明》）。其中对于保税区内企业，海关审核并签注"企业征免税登记手册"后，签发给企业《征免税证明》；而对于出口加工区内企业，海关核准后在"企业设备电子账册"里登记，不再签发《征免税证明》，届时企业不用凭《征免税证明》即可减免税报关进口。

三、报关步骤

《征免税证明》有效期为 6 个月，实行"一批一证"制，即一份征免税证明上的货物只能在一个口岸一次性进口。如果一批特定减免税货物需要分两个口岸进口，或者分两次进口的，持证人应当事先分别申领两张征免税证明。

减免税申请人应当在《征免税证明》有效期内办理有关进出口货物通关手续。不能在有效期内办理，需要延期的，应当在《征免税证明》有效期内向海关提出延期申请。《征免税证明》可以延期一次，延期时间自有效期届满之日起算，延长期限不得超过 6 个月。

《征免税证明》有效期限届满仍未使用的，该《征免税证明》效力终止。申请人仍需要使用《征免税证明》的，可以重新向海关申请办理。

链接

报 关 须 知

与暂时进出口货物同理，企业等单位若要想享受到"减免税进境"的待遇，政策规定只是一方面，企业能否把握好政策规定，正确进行报关，并遵守后期监管的有关规定则是另一方面。如原本完全可以"特定减免税"进口的货物，假如企业由于不熟悉有关规定，当作普通一般进口货物报关，缴纳全部税款等，如果不考虑影响海关统计，也是完全能够合法地通关的，只是该企业多承担了本不必要的税费成本。

企业主管关区直属海关签发的《征免税证明》，上面会预先注明"到货口岸"（海关名称）。如到货口岸不在企业主管关区内的，减免税货物报关进口时口岸海关对企业主管关区直属海关签发的有效《征免税证明》效力亦予以认可。

填制特定减免税货物进口报关单时，报关员应特别注意报关单上"备案号"栏目的正确填写。"备案号"栏内填写 Z 加上"进出口货物征免税证明"上的 12 位长编号，错写 12 位长编号将不能通过海关计算机系统逻辑审核，或者在提交纸质报关单证时无法顺利通过海关审单。

进口单位或其代理人应凭《征免税证明》（或征免税登记手册等）及有关报关单证在进口地海关办理减免税货物进口报关手续。进口单位若未按上述规定申请办理减免税备案、审批手续或者未申请办理税款担保手续的，货物申报进口时，海关予以照章征税。且如果货物征税放行后，进口单位申请补办减免税审批手续的（要求海关退还税款），海关也不再受理。实际操作中，货抵港但征免税证明未到情况下可以向海关申请担保放行。

如果货物报关需要提交其他许可证件的（如重点旧机电产品进口许可证等），特定减免税货物进口报关一般应提交进口许可证件。但通常对外资企业和香港、澳门、台湾及华侨的投资企业进口企业自用的机器设备可以豁免进口许可证件，外商投资企业在投资总额内进口涉及机电产品自动进口许可管理的可以豁免有关许可证件。

按照国家有关规定在进口时免予提交许可证件的进口减免税货物,进行转让、抵押、质押、移作他用或者其他处置前,应当补办有关许可证件。

四、减免税担保

有下列情形之一的,减免税申请人可以向海关申请凭税款担保先予办理货物放行手续:

(1) 主管海关按照规定已经受理减免税备案或者审批申请,尚未办理完毕的。

(2) 有关进出口税收优惠政策已经国务院批准,具体实施措施尚未明确,海关总署已确认减免税申请人属于享受该政策范围的。

(3) 其他经海关总署核准的情况。

减免税申请人需要办理税款担保手续的,应当在货物申报前向主管海关提出申请,并按照有关进出口税收优惠政策的规定向海关提交相关材料。主管海关应当在受理申请之日起 10 个工作日内,作出是否准予担保的决定。准予担保的,应当出具《中华人民共和国海关准予办理减免税货物税款担保手续证明》(以下简称《准予担保证明》)。

进出口地海关凭主管海关出具的《准予担保证明》,办理货物的担保和验放手续。

国家对进出口货物有限制性规定,应当提供许可证件而不能提供的,以及法律、行政法规规定不得担保的其他情形,进出口地海关不得办理减免税货物凭税款担保放行手续。

减免税申请人在减免税货物税款担保期限届满前取得《征免税证明》的,海关应当解除税款担保,办理征免税进出口手续。担保期限届满,减免税申请人未按照规定申请办理减免税货物税款担保延期手续的,海关应当要求担保人履行相应的纳税义务或者将税款保证金转为税款。

五、减免税货物的处置

特定减免税货物进口后,将有一段时间处于海关监管下,在进口减免税货物的监管年限内,减免税申请人应当自减免税货物放行之日起,在每年的第一季度向主管海关递交《减免税货物使用状况报告书》,报告减免税货物使用状况,以便海关日常稽查工作开展。减免税货物解除监管的情形包括以下几种。

1. 监管期满申请解除监管

减免税货物海关监管年限届满的,自动解除监管。海关可以自解除监管之日起 3 年内依法实施稽查。解除监管后,该特定减免税进口货物可以在境内自由转让、处置。

这种情况下,特定减免税进口货物虽然已解除监管,但是其折旧时限已过去若干年,转售价值不高,当事人已不大可能借助当初免税的待遇获取转售的高额利润了。

2. 监管期内申请解除监管

特定减免税货物因故需要在海关监管期满之前解除监管的,减免税申请人应当向海关办理缴纳进口税费的手续。根据货物去向不同,又可分为以下几种情况:

(1) 如果货物需要在监管期内销售转让(给不享受减免税优惠待遇的主体)的,申请人应当向海关提出书面申请,海关按照使用时间审查确定完税价格(即扣除一定折旧)并征税后,签发解除监管证明书,原申请人即可将原减免税货物在境内销售、转让。

(2) 减免税申请人如将减免税货物转让给其他享受同等减免税优惠待遇的单位或者个人的,应当按照下列规定办理减免税货物结转手续:① 减免税货物的转出申请人持有关单证向转出地主管海关提出申请,转出地主管海关审核同意后,通知转入地主管海关;② 减免税货物的转入申请人向转入地主管海关申请办理减免税审批手续。转入地主管海关审核无误后签发《征免税证明》;③ 转出、转入减免税货物的申请人应当分别向各自的主管海关申请办理减免税货物的出口、进口报关手续。转出地主管海关办理转出减免税货物的解除监管手续。结转减免税货物的监管年限应当连续计算,转入地主管海关在剩余监管年限内对结转设备继续实施后续监管。

(3) 原申请人要求将特定减免税货物退运出境的,应当报主管海关核准。减免税货物退运出境后,减免税申请人应当持出口报关单向主管海关办理原减免税进口货物的解除监管手续。

(4) 企业要求放弃特定减免税货物的(注:放弃不是丢弃),应当向主管海关提交放弃货物的书面申请,经海关核准后,按照海关处理放弃货物的有关规定办理手续。海关将货物拍卖,所得款项上缴国库后签发收据,企业凭收据向主管海关申领解除监管证明。

其他特殊情形,如企业破产清算时特定减免税货物的处理、保税区内企业免税进口货物未满海关监管年限申请提前解除监管的等内容,读者如有兴趣可参阅统考教材。

3. 非解除监管的其他特殊处置

(1) 减免税货物的抵押。在海关监管年限内,减免税申请人要求以减免税货物向金融机构办理贷款抵押的,应当向主管海关提出书面申请。经审核符合有关规定的,主管海关可以批准其办理贷款抵押手续。但减免税申请人不得以减免税货物向金融机构以外的公民、法人或者其他组织办理贷款抵押。

减免税申请人以减免税货物向境内金融机构办理贷款抵押的,应当向海关提供下列形式之一的担保:① 与货物应缴税款等值的保证金;② 境内金融机构提供的相当于货物应缴税款的保函;③ 减免税申请人、境内金融机构共同向海关提交《中华人民共和国海关减免税进口货物贷款抵押承诺保证书》,书面承诺当减免税申请人抵押贷款无法清偿需要以抵押物抵偿时,抵押人或者抵押权人先补缴海关税款,或者从抵押物的折(变)价款中优先偿付海关税款。

(2) 减免税货物的使用地点变更。在海关监管年限内,减免税货物原则上应当在主管海关核准的地点使用。需要变更使用地点的,减免税申请人应当向主管海关提出申请,说明理由,经海关批准后方可变更使用地点。

减免税货物需要移出主管海关管辖地使用的,减免税申请人应当事先持有关单证以及需要异地使用的说明材料向主管海关申请办理异地监管手续,经主管海关审核同意并通知转入地海关后,减免税申请人可以将减免税货物运至转入地海关管辖地,转入地海关确认减免税货物情况后进行异地监管。

减免税货物在异地使用结束后,减免税申请人应当及时向转入地海关申请办结异地监管手续,经转入地海关审核同意并通知主管海关后,减免税申请人应当将减免税货物运回主管海关管辖地。

链接

特定减免税货物的范围和减免税范围详解

(一) 特定区域(保税区、出口加工区、保税物流园区、珠澳跨境工业区等)物资

(1) 特定区域进口的生产性基础设施项目所需的机器、设备和其他基建物资。

(2) 特定区域企业自用的生产、管理设备、建设生产厂房、仓储设施所需的物资、设备和自用合理数量的办公用品及其所需维修零配件(征免性质代码填307保税区、399其他地区等)。

(3) 特定区域行政管理机构自用合理数量的管理设备和办公用品及其所需维修零配件。

(二) 特定用途(限于篇幅仅列举其中部分)

1. 科教用品:免进口关税、进口环节增值税、消费税

条件:科研机构、教育部承认其学历的大专院校、国家重点实验室,属合理数量范围内、不以盈利为目的、境内不能生产的进口货物,须直接用于教学科研。

针对科学研究机构和学校中教研设备、仪器大量闲置和重复进口的实际情况,新政策明确规定,经海关核准时单位可以将其免税进口的用于科学研究、科技开发和教学的用品用于其他单位的科学研究、技术开发和教学活动(征免性

质代码填401科教用品）。

2. 残疾人专用品：免进口关税、进口增值税、消费税

条件：民政部直属企事业、省级民政属福利机构、中国残联、省级残联属福利机构、假肢厂、荣誉军人康复医院等特定单位进口的国内不能生产的残疾人专用品（征免性质代码填413残疾人）。

3. 国内投资项目进口物资：免进口关税

国家鼓励发展产业的国内投资项目，投资额内自用设备、随设备进口的技术及配套、备件进口免关税。而其中《国内投资项目不予免税的进口商品目录》所列商品，要照常征税（征免性质代码789鼓励项目等）。

4. 救灾捐赠物资：免进口关税、进口环节增值税、消费税

救灾捐赠进口物资指外国民间团体、企业、友好人士和华侨、香港居民、台湾、澳门同胞及外籍华人无偿向我境内受灾地区捐赠的直接用于救灾的免税进口物资。条件：合理数量范围内，用于官方公布的受灾地区。

5. 集成电路项目进口物资

2000年7月起，在我国境内设立的投资额超过80亿元或集成电路线宽小于0.25微米的集成电路生产企业，其《部分集成电路生产企业免税进口自用生产性原材料、消耗品目录》内的进口生产性原材料、消耗品以及集成电路生产设备零配件，可免缴进口关税（征免性质代码422集成电路）。

此外，特定用途可申请免税的进口项目还包括：外国政府、国际金融组织贷款项目进口物资，石油天然气开采项目设备，远洋渔业、远洋船舶（及船用设备）项目设备部件、扶贫慈善捐赠物资以及其他国务院减免税政策覆盖项目等等。

2009年7月31日，财政部和国家税务总局发布通知，规定了在进口环节中，经国务院有关部门认定的动漫企业为了自主开发、生产动漫直接产品而确需进口的商品，可享受免征进口关税和进口环节增值税的优惠政策。

（三）特定企业

特定企业主要是指外商投资企业，包括符合规定的外商独资企业、中外合资企业、中外合作企业（征免性质代码填601中外合资、603外资企业等）。

外商投资项目投资总额内进口的自用设备及配件等，免进口关税。

国家鼓励发展产业的外商投资企业在企业投资额以外的自有资金，对原有设备更新和维修进口国内不能生产或性能尚不能满足需要的设备及配件等，免进口关税。

无论何种条件下，列入《外商投资项目不予免税的进口商品目录》、《进口不予免税的重大技术装备和产品目录》和《国内投资项目不予免税的进口商品目录》的进口货物均照常征税。例如，汽车、摩托车、电视机、电冰箱、照相机（包括数码的）、复印机（包括数码的）、电话机、微型计算机及外设、传真机等20多种商品进口均不能减免税。

六、临时减免税政策简介

临时减免税是指法定减免税和特定减免税以外的其他减免税，是由国务院授权的部门（不一定是海关总署）按规定，根据某个单位、某类商品、某个时期或某批货物的特殊情况，需要给予特别的照顾而采取的临时性减免税优惠的减免税。其特点是：具有集权性、临时性、局限性、特殊性，一案一批。

例如，国务院规定从 2008 年 7 月 1 日起，对汶川大地震受灾地区企业等单位需要进口的国内不能满足供应的且直接用于灾后重建大宗物资和设备等进口货物，3 年内免征进口关税和进口环节增值税。

链接

免税进口的抗震救灾物资

2008 年 5 月 14 日，上海海关接到武警浙江省消防总队关于一批抗震救灾物资的减免税审批的申请，货物包括价值 8 万美元的起重气垫 15 个、价值 2.6 万美元的堵漏袋 10 个、价值 1.1 万美元的堵漏枪 4 个，上海海关已为其办理了减免税进口通关手续。

台资企业中山市元菱成衣有限公司向拱北海关辖下的中山海关咨询，欲捐赠一批以进料加工贸易方式生产的共 57 264 件服装到地震灾区。该关了解情况后迅速行动，一方面，协助企业联系当地民政部门，办理捐赠衣物相关手续；另一方面，按照总署有关抗震救灾的要求，简化手续、特事特办，立即派员到企业实行"门对门"监管，以最快速度给予了"先登记验放后补办相关海关手续"的通关便利。

——根据海关总署广东分署网站有关资料整理

单项选择题

1. 某外资企业报关员史女士向海关申请特定减免税进口 1 台企业自用设备，报关现场交单时海关关员可能不要求她必须提供的单证是_____。

    A. 货物原产地证明　　　　　　　　B. 商业发票

    C. 提单或运单　　　　　　　　　　D. 进出口货物征免税证明

2. 下列各项货物进口不能适用特定减免税通关的是_____。

    A. 某农业大学进口的色谱分析仪器(国产难以达到精度要求)

    B. 某理工大学购买的进口小轿车

    C. 出口加工区里的某外资企业(在额度内)购买进口自用的集成电器检测设备

    D. 某省残疾人康复中心从美国进口的供聋哑儿童植入并使用的人工耳蜗

判断改错题

1. 在我国关境内,可以特定减免税进口的货物都是不用花费外汇购买进口的商品。　　　　　　　　　　　　　　　　　　　　　　　　　　　（　　　）

2. 特定减免税货物进口单位可以先将减免税货物转卖他人,然后再向海关补办缴税手续解除对货物的监管。　　　　　　　　　　　　　　　　　（　　　）

3. 某外资企业要求把未到监管年限的免税进口发电供电车转内销,在申请内销补税时,海关确定的完税价格比发电车(新车)原进口时的市场价要低。　（　　　）

多项选择题

下列关于进口货物特定减免税海关监管的说法中,正确的有_____。

A. 特定减免税货物只要未满监管年限,便必然不能解除监管

B. 进口特定减免税货物解除海关监管后,便可自由转让

C. 只要进口人向海关有关主管部门申请获得同意并向海关补交税费,海关可以提前解除针对特定减免税货物的监管

D. 在不解除监管的情况下,特定减免税货物也可以在国内转让,前提是货物的受让方(即买方)也要持《进出口货物征免税证明》,这样海关监管目标就转移至接收货物的企业

案例思考题

    某企业询问海关:"我公司现在从海外进口两个集装箱的设备,两张海运提单。总共是两台设备,但是由于一台制管机太大,一个集装箱放不下,最终托运方把制管机拆成五个部分分装,一个集装箱装了四部分,另一个集装箱装了最后一部分和另一台设备混装(发票也是这么显示的)。现在面临特定减免税报关进口,我公司办制管机的'征免税证明'1张,可以用于两张提单的清关吗?"海关有关人员答复:"不可以。"请问海关答复的依据何在?

第十二章　保税加工货物的报关

第一节　保税货物概述

保税制度是一种国际通行的海关制度,是指经海关批准的境内企业所进口的货物,在海关监管下在境内指定的场所储存、加工、装配,并暂缓缴纳各种进口税费的一种海关监管业务制度,这种制度的具体规定和操作是各国海关根据自己国情状况设计的。上述货物则被称作保税货物。保税货物最终是否要缴税,依货物最终去向而定,原则上如果货物或货物的制成品复运出口,则无需缴税。"保税"称呼的由来,是海关对货物"保留征税权"的意思。

保税制度能够使出口企业简化出口手续,减少因纳税而造成的资金占用和利息成本,有利于国内出口加工企业的开办和经营,也有利于实行保税制度的口岸城市的繁荣。因此,世界上许多国家为了促进和鼓励本国对外贸易的发展,纷纷建立保税制度,保税制度曾被誉为"经济维生素"。

保税货物之所以可以"暂缓缴纳各种进口税费"的主要原因在于:从整体上看这些保税进口货物中的大多数不是永久进口的,其最终流向是不确定的,其最终可能会复出口到境外另一个国家(如转口贸易),也有可能改变其原本形态后出口到境外(如加工贸易),还有可能会留在进口国国内。由于其与一般进口货物不一样,所以是否缴纳进口税费,要视货物最终流向而定。

一、保税货物特性

我国《海关法》以法律形式确定了我国保税货物的概念:"保税货物是指经海关批准未办理纳税手续进境,在境内储存、加工、装配后复运出境的货物。"根据这个定义,保税货物应当具有三大基本特性,即经海关批准、属于海关监管货物、应复运出境。

(一)经海关批准

保税货物进境未办理纳税手续,但是不能不办理报关手续。保税货物进境前,必须先得到我国海关的批准,届时货物到达口岸,才能享受保税进口待遇。有的货物其本身已具备保税条件,但假如未经得海关批准,也不能成为保税货物。例如,一家有违规走私前科的企业进口供加工返销出口的手表使用的手表零件,表面上看这是进料加工的料件，可以保税。但是海关鉴于企业以往的表现，可以不同意保税，而采取"先征后退"的方法，进口时对手表零件全额征收进口税费保证金，到手表成品出口时，凭实际出口手表所含的进口零件数量再退还已征收的保证金。

这是为什么呢？因为批准货物保税进口，就意味着该货物可以不办理纳税手续进境，如果审批不当，就可能会给不法分子以可乘之机（如货物最终留在了境内，却逃避缴纳了进口税费）。

（二）属于海关监管货物

保税货物从进境之日起至复运出境（或补交税款转为正式进口），始终在我国海关的监管之下，它在境内的运输、储存、加工、装配、修理都必须接受海关监管，主要是为了防止发生货物的替换、违法内销等违法违规事件。未经海关许可，即使是货物的产权所有者也不得擅自对保税货物作出调换、改装、抵押、转让等处置。而法院判决、裁定或其他行政执法部门决定处理保税货物时，应责令当事人办结海关手续。

海关对于保税货物的监管的执行，很多情况下还会延伸到对于和保税货物有密切关系的企业进行监管，如一部分报关活动相关人。

（三）应复运出境

多数保税货物的最终流向应当是复运出境，因此，经海关批准保税进境后的货物，一旦决定不复运出境，就改变了保税货物的特性，不再是保税货物，而应当按照留在境内的实际性质办理相应的进口手续，如加工贸易进口的剩余料件和副产品经批准内销、保税仓库货物出库进入国内市场等。

我国《海关法》将保税货物限定于两种特定目的而进口的货物，即进行贸易活动（存储）和加工制造活动（加工、装配）。将保税货物与为其他目的而暂时进口的货物（如工程施工、科学实验、文化体育活动等）区别开来。

链接

保税货物和暂准进境货物的区别

暂准进境的货物虽然也免于交纳进口关税，但是它和保税货物还是有所区别的：

（1）暂准进境的货物在我国关境内不得进行加工、装配等改变其性质形状的活动，且应"按原样复运出境"；而有的保税货物则是专为加工、装配等目的进口的，复运出境的是成品或半成品，不是原保税进口的货物原样。

（2）绝大多数暂准进出境货物的进出境并未伴随着货物本身的商业交易，

所有权并未从发货人转移给收货人（不少是进出境人员自己携带或托运进出境的），所以货物有"回到原出口国"的一种倾向；而有很多保税货物（如转口贸易、进料加工的）保税进口时所有权已转移给了收货人。

（3）暂准进境货物的流向是确定的，即原则上通常应在进境之日起 6 个月内复运出境；而一部分保税货物在我国关境内没有明确固定的保税期限，并且还可能由于各种原因最终留在境内需要补办纳税手续，流向并非都是起初便已确定的。

二、保税货物的分类

保税货物按货物流通的目的以及是否改变基本物质形态来划分，可以划分为保税物流货物和保税加工货物。前者是指经海关批准未办理纳税手续进境在境内储存后复运出境或者再次办理正式报关手续进口的货物，又称保税仓储货物，这类货物保税存储期间不得进行实质性的加工；后者基本上是专为开展实质性的加工贸易而进口的料件、包装物、半成品，以及加工后的产成品，但其通关手续以及会计账务处理要比保税物流货物复杂。我国海关对于保税物流货物和保税加工货物的监管模式是不一样的。

需要说明的是：保税制度虽对于企业而言是一种政策优惠条件，但这种优惠并不是由货物本身性质所自然而然带来的，而仍是要由企业去主动争取的。我国海关主要是精心设计并实施有关保税监管制度，企业有关人员要通过学习，才能为自己企业的利益在法律框架内掌握并利用好这个制度。

例如，为加工出口产品而进口的料件，假如企业在报关前没有申请领取诸如加工贸易纸质手册等保税进口报关必备单证，那么，这些料件通常也就只能作为一般进口货物报关，需缴纳进口关税等税费，企业本可享受的保税优惠便丧失了。

第二节　保税加工货物简介

加工贸易主要是指料件从境外进口，在境内加工装配后，成品运往境外的贸易。具体而言，是一国通过各种不同的方式，进口原料、材料或零件，利用本国的生产能力和技术，加工成成品后再出口（某些情况下加工成半成品出口），从而获得加工程序凝结在商品里的以外汇体现的附加价值。

加工贸易是在我国国民经济领域中占有举足轻重作用的重要部分，据统计我国港、澳、台三个地区在内地的投资约有 90％集中在加工贸易领域，客观上提高了我国大陆地区的制造业技术水平，也解决了很多劳动力的就业问题。境内不少地区的加工贸易业务几乎占到对外贸易的半壁江山。

海关对加工贸易保税监管的法律依据主要是《海关法》和经过 2008 年 3 月修订的《中华人民共和国海关对加工贸易货物监管办法》等法律法规。

一、加工贸易的企业

加工贸易中往往有两类企业，即加工贸易经营企业和加工贸易加工企业。加工贸易经营企业是指负责对外签订加工贸易进出口合同的各类进出口企业，包括外商投资企业；加工贸易加工企业是指接受经营单位委托，负责对进口料件进行加工或装配，且具有法人资格的生产企业，以及由经营企业设立的虽不具有法人资格，但实行相对独立核算的并已办理工商营业证照的工厂。

加工企业可以是在主管海关登记成为进出口货物收发货人的企业，也可以是不具有自营进出口权的一般生产企业，但其要开展加工贸易加工业务时，必须在主管海关办理加工企业备案手续。

加工贸易经营企业和加工贸易加工企业可以是同一家企业，也可以不是同一家企业。加工生产企业可以和经营企业不在同一个直属海关关区（如经营企业在上海，加工企业在浙江省，这被称为异地加工贸易）。经营企业不得委托被列入 D 类管理的加工企业承接加工。

二、加工贸易的形式分类

从海关监管的区别来划分，加工贸易的组织形式主要可分为如下几种。

1. 来料加工

来料加工是指由境外厂商免费提供料件，委托我方按照境外厂商要求进行加工，成品由外商销售，我方收取工缴费的一种贸易方式。这种加工贸易方式我方市场经营风险小，但获利也较少。

2. 进料加工

进料加工是指境内企业用现汇从境外购买料件进口生产成品销往境外的加工贸易。其特点是自进原料、自定生产、自定销售、自负盈亏。进料加工又有进料对口和进料非对口之分。进料对口是指经营企业在向海关备案时，既有进口合同，又有出口合同，而且进出口合同是对应的，数量上是平衡的；进料非对口合同是指经营企业为生产出口产品对外签订了料件进口合同，在向海关备案时尚未签订出口合同。

海关对于来料加工和进料加工业务的监管环节是有一些差异的，主要包括：来料加工进口的料件不用对外支付外汇，也就不用办理付汇核销手续，这一点与进料加工不同。另外，来料加工的出口合同大多只有一份，即成品出口给原外商（或外商指定的厂商）；进料加工的出口合同可以有多份，将来产成品可以卖给多个国家的不确定的外商。此外，两者在成品出口含国内采购料件部分的退税规定上也有所不同。

三、加工贸易的一些基本知识

国家规定专为加工出口产品而进口的料件，按实际加工复出口成品所耗用料件的数量准予免缴进口关税和进口环节增值税、消费税。但由于料件进口时尚无法准确预知用于出口成品上的料件的实际数量，所以海关只能先"保留征税权力"，等日后产品实际出口并最终确定了用在出口成品上的料件的实际数量，再确定海关应当免征多少税和补征多少税，以及要求企业补交部分的许可证件。

加工贸易企业进口的是料件和/或半成品，加工后出口的是成品（或结转半成品），前者（进口的料件和/或半成品）是海关批准保税进口的对象。

例如，企业进口手表机芯、表壳、金属表带、电池……生产出手表成品返销境外，在这里机芯、表壳、表带等称为料件，手表称为成品。

手表的装配属于相对较简单的物理意义的加工装配，有的加工贸易工序较复杂技术含量较高，料件繁多，如进口芯片、石英电容、二极管等等料件，再利用境内购买的国产板基，在境内装配加工成电脑主板返销出口，就对海关的监管提出了更高要求。

单耗是指加工贸易企业在正常生产条件下加工生产单位出口成品（包括深加工结转的成品和半成品）所耗用的进口保税料件的数量，单耗包括净耗和工艺损耗。

净耗是指加工生产过程中，保税料件通过物理变化或化学反应存在或转化到单位成品中的数量；工艺损耗是指因加工生产工艺要求，在生产过程中除净耗外所必须耗用的，且不能完全物化在成品（包括深加工结转的成品和半成品）中的加工贸易进口保税料件的数量。工艺损耗中又包括有形损耗（如边角料等等）和无形损耗（如原料不可避免的蒸发、变轻等）。

海关予以保税核销的只有单耗。有关公式是：

$$单耗＝净耗÷（1－工艺损耗率）$$

$$工艺损耗率＝\frac{工艺损耗数量}{全部进口料件数量}×100\%$$

链接

工艺损耗实例解释

例如，海关总署2001年通过考察多家大型玻璃企业后发布的《夹层玻璃加工贸易单耗标准》规定，生产平板玻璃的工艺总损耗率为26.5%，生产PVB胶片的工艺总损耗率为16%，只要控制住了工艺损耗的数字，而净耗又可以通过成品直接衡量出来，企业便不能随意高报单耗了。

为了加强有关单耗的管理,海关总署设有单耗办公室,建立了联络机制,制定了工作程序、审定规程和标准制定规范,还制定了一批行业关注、加工企业关心、海关监管急需的重点敏感商品的单耗标准。2007年3月1日起施行的《中华人民共和国海关加工贸易单耗管理办法》对此作了详细规定。

单耗标准适用于海关特殊监管区域、保税监管场所外的加工贸易企业。

海关管理单耗的主要目的,是为了遏制企业通过高报单耗,擅自内销大量保税货物行为的发生。加工贸易正常情况下理论上应当是进口的料件全部加工成成品(剩余的料件如有多的应当退运出口或补税正式进口)。如果有些进口保税料件实际上没有参与加工成成品(但给海关制造假象是全部加工成成品返销的),企业还私自内销这些进口料件牟利,这就是"飞料"。

链接

变相高报单耗受刑事处罚

1999年至2001年间,沈阳×鹏集团有限公司经营进料加工业务,保税进口冻鸡腿等鸡制品,委托其下属企业沈阳×捷肉鸡公司加工生产成腿肉后复出口。在经营进料加工业务期间,将高出成率、低单耗的鸡全腿向海关申报为低出成率、高单耗的鸡边腿。通过此种高报单耗的方式,沈阳×鹏集团利用在沈阳海关办理的六本进料加工手册中的26票进口报关单,以伪报品名方式将保税进口的鸡爪、鸡胗、翅中、翅尖等鸡制品擅自在国内销售。之后,利用高出成率的鸡全腿生产的腿肉复出口,完成进料加工手册的核销。被告人陈×明作为沈阳×鹏集团有限公司总经理,负责沈阳×捷肉鸡公司的全面工作,其安排被告人刘某以高报单耗的方式向海关申报,并以低出成率、高单耗的鸡边腿向海关备案,致使×鹏集团可以仅用高出成率的鸡全腿就可以加工生产出口合同中规定的产成品数量完成出口。待货物进口后,全面安排沈阳×捷肉鸡公司擅自内销以伪报品名方式保税进口的鸡翅、鸡爪、鸡尖、鸡胗等鸡制品。经核定,沈阳×鹏集团有限公司擅自内销保税进口的鸡制品623 726千克,偷逃应缴税额人民币1 558 950.22元。

后被告人陈×明犯走私普通货物罪,一审被判处有期徒刑3年,缓刑5年。被告单位沈阳×鹏集团有限公司犯走私普通货物罪,判处罚金160万元人民币。

——案例节选自"110网"(www.110.com)判裁案例

加工贸易合同项下保税进口的料件,管理上应实行专料专用制度,不得与国内

其他料件串换使用；同一企业内部同时执行多项合同的，合同与合同之间的保税料件也不应串换，以免给核销造成障碍。在特殊情况下，因加工出口产品急需，经海关核准，经营企业保税料件与进口的非保税料件之间、保税料件与其他保税料件之间可以进行串换，但限于同一企业，并应当遵循同品种、同规格、同数量、不牟利的原则。

而对于拟使用国产同品种、同规格、同等数量的料件顶替进口保税料件的情形规定较严格，该种料件关税税率须为零，商品不涉及进出口许可证件管理条件，并无出售盈利赚取差价等问题，还应事先报经主管海关批准。

链接

私自串换料件引起的巨额补税案

2007 年 4 月 11 日，上海海关的网络上出现了一条"扎眼"新闻——伟××电子科技（上海）有限公司（以下简称"伟××"）由于"擅自转让保税料件"，补税2 811 万元。

据上海海关有关方面人士介绍，补税事件发生在伟××代加工摩托罗拉手机的批件中。由于为摩托罗拉代工手机，伟××需定期从国外进口摩托罗拉手机的原装配件，以"来料加工"方式进口。

根据海关方面的有关规定，这类用于出口产品的料件，进口时享受免关税和增值税待遇，但前提是加工的成品必须用于出口。代加工企业不得以任何形式擅自将产品进行内销。

然而记者了解到，过去 2 年中，伟××却将这些保税的料件用于其他内销的品牌手机的加工，同时用采购国内的同样配件，组装成摩托罗拉手机继而出口，严重违反了海关的规定。

根据伟××一管理人员解释，由于伟××既有大量往国外供货的单子，又有向国内供货的单子，而在内部 ERP 供料系统的管理中，两者并不分开，"所以给国内供货的生产线也使用了国外的进口零件"。

但据 IT 代工行业内的一名资深人士透露："由于进口原装配件通常质量较好，所以代工企业通过转卖内销可以获得一笔不错的收入。"

对代工企业而言，"来料加工"的"料"所有权属于客户，因此，完全没有归属处置的任何权利。而"进料加工"的"料"支配权则在自己，代工企业有条件对"料"进行处置，但若要进行内销，也需要提前向海关申请，进行相关"料件"的补税工作。

　　记者获知，在查税事件后，伟××花巨资引进海关的录料系统，将用途不同的原材料分别录入数据库管理。

——摘自《21世纪经济报道》2007年4月讯

　　保税货物中的保税加工货物报关程序除了和一般进出口报关程序一样有进出境报关阶段外，还有备案申请保税阶段和报核申请核销阶段。

四、加工贸易禁止类、限制类商品

　　凡是禁止进出口的商品都属于加工贸易的禁止类商品（如含淫秽内容的废旧书刊，含有害物、放射性物质的工业垃圾等），且加工贸易的禁止类商品范围通常要大于一般进出口货物禁止范围。

　　除了目录列明的商品外，国家相关部门还规定禁止为种植、养殖等出口产品而进口种子、种苗、种畜、化肥、饲料、添加剂、抗生素等开展加工贸易；禁止以加工贸易方式生产、出口仿真枪支等。

　　加工贸易禁止类商品目录将高耗能、高污染或大量消耗国内资源以及加工技术含量极低的商品逐步列入加工贸易禁止类，目的是不断优化产业结构与加工贸易商品结构，减少贸易顺差。

　　作为企业，了解禁止类商品目录是很有必要的，因为假如某企业对外签订了合同后才知道相关商品不能搞加工贸易，再去协商撤销合同势必会带来很大麻烦。

链接

2009年加工贸易限制类和禁止类目录

　　为积极应对金融危机影响，保持外贸稳定增长，2008年12月31日，商务部会同海关总署联合发布了2008年第120号和121号公告，调整加工贸易限制类和禁止类目录。本次从限制类目录中剔除1730个十位商品编码，具体涉及纺织品、塑料制品、木制品、五金制品等，占加工贸易限制类产品总数的77%，涉及加工贸易出口额约300亿美元；从禁止类目录中剔除27个十位商品编码，主要涉及铜、镍、铝材等产品，涉及加工贸易出口额约15亿美元，占禁止类总金额的30%。

　　调整后的加工贸易限制类目录共计500个商品编码，其中限制出口106个，限制进口394个。

> 2010 年 11 月起，将包括玻璃产品在内的 22 中税号的货物列入加工贸易禁止出口类目录，将钢铁材料等 22 种税号的货物新增入加工贸易禁止进出口类目录。

加工贸易的限制类商品主要包括限制进口的料件和限制出口的成品两大类，其中近 400 种限制进口的料件包括冻鸡、植物油、不锈钢、天然橡胶、食糖、棉纱等等；100 多种限制出口的成品主要包括羊毛纱线、玻璃型材、部分有色金属型材等等。

企业从事保税加工，进口保税料件和出口的成品如果属于限制类商品范围内的，就关系到企业交付银行保证金的多少，具体规定较复杂，参见附录。

链接

关于加工贸易外发加工

加工贸易外发加工，是指经营企业因受自身生产特点和条件限制，经海关批准并办理有关手续，委托承揽企业对加工贸易货物进行加工，在规定期限内将加工后的产品运回本企业并最终复出口的行为。

承揽企业须具有相应的加工生产能力。与深加工结转相比，外发加工的货物所有权并未转移。承揽企业不得将加工贸易货物再次外发至其他企业进行加工。

五、海关对于保税加工货物的监管模式

对于保税加工货物的监管模式在我国境内有两大类。

1. 不在海关特殊监管区域内的手册/账册监管

不在海关特殊监管区域内的保税加工监管实施特征是：企业进口保税料件之前先在海关备案，交或不交保证金，然后经海关许可，保税进口料件，然后将料件运至位于境内普通地区的企业内，置于企业仓库专门区域里保管，届时成品出口，办理核销手续。由于全国加工贸易的企业不可能都搬入为数不多的一些专设的封闭式海关特殊监管区域里面去开工，所以这种"企业星罗棋布式分布"的非封闭式监管目前依然是我国加工贸易监管的主流方式。

（1）纸质手册监管。这是一种传统的监管方式，原理是以合同为单元，一份合同对应着一本（或一套）手册，主要是用加工贸易纸质登记手册（海关印发）进行加工贸易合同内容的备案，凭以进出口，并记录进口料件出口成品的实际情况，最终

凭以办理核销结案手续,核销完毕旧手册收回,待下一次执行新合同再向海关申领新手册。目前该制度还在境内较普遍的范围内实行(纸质手册电子化)。随着对外贸易和现代科技的高速发展,纸质手册将逐渐被其他监管模式所替代。

(2)电脑联网监管。这是一种高科技的监管方式,主要是应用计算机将海关和加工贸易企业联网,在海关电脑数据库内建立电子账册或电子手册,企业备案、进口、出口、核销可通过企业内上网的计算机进行。海关管理科学严密,也节省了海关花费在核销核算上的大量时间和人力,企业通关便捷高效,受到普遍欢迎,这将成为海关对保税加工货物监管的主要模式。

电子手册是针对中小企业的,本质和纸质手册相差不大,依然是以合同为单元,执行保证金台账制度;电子账册是针对大型企业的,是以企业为单元,账册是相对长期性存在的,而不是像以合同为单元那样一项合同履行完毕、核销后就撤销掉的手册。对于应用电子账册的大型企业,不实行银行保证金台账制度。

2. 海关特殊监管区域监管

海关特殊监管区域(封闭式)监管的实施特征是:经国家批准,在关境内(或关境线上)划出一片若干平方公里的区域,这片区域被称为海关特殊监管区域,包括出口加工区、保税区(或跨境工业区)、保税港区等,区域的外围用围墙或其他屏障与外界隔离开来,只留几个通道出入口由海关派驻把守,监管货物的进出境和进出区,企业在区内专门从事保税加工业务。

由于企业此时与外界存在物理围网,私自转卖内销保税物料的风险小,因此,海关特殊监管区域监管的手续和过程要比非封闭式的监管简单。

第三节　海关的纸质手册监管方式

保税加工贸易的海关监管意图,我们暂且可以粗略地理解为:① 海关防止企业进口保税料件,然后私自在境内销售这些保税料件牟利;② 海关防止企业私自销售用保税料件制成的半成品、成品牟利。把握好这两点对于我们理解海关的监管程序是很有帮助的,因为绝大多数监管措施归根到底都可以归结为这两个管理的出发点。

其中,保税加工纸质手册管理方式的基本原理是:

(1) 企业将要执行的加工贸易合同(主要信息是进口哪些料件,出口什么成品,数量是多少)在海关备案,然后应海关要求,把相当于税款金额的一笔保证金存进中国银行(或工行等金融机构)指定账户(或可以不存保证金)。

(2) 海关根据合同信息,印发一本《加工贸易登记手册》给企业,手册上列明计划进口料件的品种、数量以及打算加工成什么产品等信息,然后企业在进口料件报关的时候,凭此手册报关可保税进口。

(3) 加工完毕,成品出口后,企业凭进口料件的报关单、出口成品的报关单、登记手册等等,向海关证明保税进口的所有料件除去参与生产成为成品返销出口(或结转给其他企业)之外,其余进口料件(如果有的话)都得到了合法处理,没有将保税料件私自内销牟利的情形。然后海关通知银行将保证金退给企业。

纸质手册的作用:一是记载保税料件与成品的有关信息,二是作为企业可以以保税加工方式进出口报关的重要凭证。尽管目前海关对保税加工货物的监管已经越来越少地使用这种传统的纸质手册管理方式,但对于纸质手册监管方式的学习目的主要是为了让大家明白保税加工监管的基本原理,其监管的基本程序是合同备案、进出口报关、报核结案。

一、银行保证金台账制度

加工贸易进口料件银行保证金台账制度是指经营加工贸易的单位或企业凭海关核准的手续,按合同备案金额向指定银行申请设立保证金台账,加工成品在规定的期限内全部出口,经海关核销合同后,由银行核销保证金台账。实行这一制度,可以比较有效地防止企业进口保税料件之后销声匿迹造成后续走私行为发生。保证金数额相当于备案合同中进口料件税款(关税加增值税等)的100%或50%(空转除外)。

该制度的具体实施主要是"对加工贸易企业分类管理"和"对加工贸易商品分类管理"两者交叉结合管理的。前者主要是将加工贸易企业分为AA,A,B,C,D五类;后者是通过出台最新目录,将商品分为允许类、限制类、禁止类三种。

加工贸易企业设立台账时分为"实转"和"空转"两种。"实转"是指有关企业在按要求办理银行保证金台账时,将保证金存入海关在银行设立的指定账户。企业在规定的期限内加工出口并办理核销后,银行凭海关开具的台账核销通知办理保证金退还手续,并按活期存款利率计付利息。对在合同规定的加工期限内未能出口或经批准转内销的,海关应及时通知银行将保证金及利息转为税款和缓税利息。其中半实转指设台账可按50%额度支付保证金。

"空转"是指经营企业在银行开设保证金台账,但法规允许其可以不交付保证金的台账运作方式(账目里是"空"的,没有款项,故得名)。

还有的加工贸易可以不开设保证金台账,为了便于表示,将其称为"不转"。

实转和空转、不转的管理差别,对于企业运营资金的周转会产生很大影响。银行保证金台账制度的分类管理详细内容可参见本书附录。

二、合同备案阶段

(一)商务审批

加工贸易必须经过商务主管部门审批才能进入海关备案的程序。商务部门审批通过后,企业凭商务主管部门出具的"加工贸易业务批准证书"和"加工贸易经营企业经营状况和生产能力证明"以及商务主管部门审批同意的加工贸易合同到海关备案。

(二)海关备案

加工贸易合同备案是指加工贸易经营企业持合法的加工贸易合同到主管海关备案,申请保税并领取加工贸易登记手册或其他准予备案凭证的行为。常规监管范围内,如果企业没有"登记手册",在进口料件时通常就享受不到保税进口的待遇。

加工贸易合同备案办理程序可分为材料受理、海关审核、设立(不设)台账、核发手册四个步骤。

海关受理备案的加工贸易合同必须合法有效。加工贸易合同是否合法有效的标志主要是：外经贸主管部门合同审批是否通过，以及合同所涉及的加工贸易进出口国家管制商品是否获得许可。经外贸主管部门审批通过并获得"加工贸易业务批准证"和必需的许可证件的加工贸易合同，应当视为合法有效的合同。对符合规定的加工贸易合同，海关应当在规定的期限内予以备案，并核发加工贸易登记手册或其他准予备案的凭证。

经海关审核通过的合同，海关发给企业"开设银行保证金台账联系单"（不用开设台账的可免），经营企业持该联系单去海关指定的银行开设保证金台账，设立台账后银行签发给经营企业"银行保证金台账登记通知单"。

有下列情形之一的，海关不予备案并且书面告知经营企业：

（1）进口料件或者出口成品属于国家禁止进出口的。

（2）加工产品属于国家禁止在我国境内加工生产的。

（3）进口料件属于海关无法实行保税监管的。

（4）经营企业或者加工企业属于国家规定不允许开展加工贸易的。

（5）经营企业未在规定期限内向海关报核已到期的加工贸易手册，又向海关申请备案的。

异地加工贸易的，台账应当在加工企业所在地开设，由经营企业向加工企业所在地直属海关办理合同备案手续。

（三）申领手册

企业凭该"通知单"在主管海关申领"加工贸易登记手册"，日后凭手册办理加工贸易货物的进出口手续。

纸质加工贸易登记手册可申请分册、续册。分册是指海关在企业多口岸报关周转困难的情况下（为避免手册在不同城市间邮寄传递而丢失的风险和时间的耽误），由企业申请并经主管海关核准，在加工贸易登记手册即总册的基础上，将总册的部分内容重新登记备案，核发的载有该部分内容、有独立编号的另一本《登记手册》。只要是加工贸易企业，已持有海关核发的手册，手册在有效期内且合同未执行完毕的均可向海关加工贸易部门申请发放分册。

分册有效期必须在总册有效期之内，分册的经营单位、加工单位、商品序号、品名、规格、计量单位、单价、币制等必须与总册对应项一致，分册的进出口商品必须在总册审批的商品范围内，商品数量也必须在总册备案的对应商品数量范围内。总册和分册可以分开报关使用，但最后核销时必须一起交给海关。

续册是指加工贸易手册因报关次数频繁造成手册进出口登记栏不够使用，在原手册进出口登记栏用尽或即将用尽的情况下,由企业申请,主管海关核发的与原手册同编号并与原手册装订在一起使用的不独立的手册,续册的实质是原手册的加厚。

三、报关阶段

1999 年,加工贸易计算机数据在全国海关基本实现联网,这样,货物的实际进出口状态就要求和海关已备案数据保持一致,企业不可能备案甲料件而届时保税进口乙料件。

当然,已经在海关登记备案的加工贸易合同,其品名、金额、数量、加工期限、单耗等内容发生变化的时候,企业可以到主管海关办理合同备案变更手续。开设有台账的合同如有需要,还需变更台账。

加工贸易保税货物进出境报关加工贸易企业在主管海关备案的情况在计算机系统中已生成电子底账,有关电子数据通过网络传输到相应的口岸海关,因此,企业在口岸海关报关时提供的有关单证内容必须与电子底账数据相一致。也就是说,报关数据必须与备案数据完全一致,一种商品报关的商品编码号、品名、规格、计量单位、数量、币制等数据必须与备案数据无论在字面上还是计算机格式上都完全一致。只要在某一方面不一致,报关就不能通过。要做到完全一致,首先报关数据的输入必须做到准确无误。

报关员为加工贸易货物进出口报关(常规监管)时要有"登记手册"或其他准予合同备案的凭证。货物只能在《登记手册》上指定或限定的口岸海关办理报关。

如果有关货物属于国家管制的进出口商品,必须提供有关主管部门的许可证件。

加工贸易货物的进出口报关单的填制是很复杂的,如"备案号"栏填写《登记手册》编号,另外涉及的贸易方式、征免性质等栏目的填写规定众多(贸易方式多达30 多种),是海关对于报关员上岗前培训的一个重点和难点。

加工贸易进口料件的通关(如海关准予保税)要经过申报、查验、放行三个阶段。保税货物暂缓纳税,不进入纳税环节。

来料、进料加工的保税料件进口报关后,如因品质、规格、种类不符等原因需要退运出境,更换料件复进的,应当向海关报关出口、进口,来料加工料件退换监管方式代码"0300",简称"来料料件退换";进料加工料件退换监管方式代码"0700",简称"进料料件退换"。

料件经过加工后,一般可能会有四种去向:成品复出口、成为其他保税加工货物、深加工结转、成品内销。

1. 成品复出口

这是保税进口料件的主要去向,需要注意的是,出口成品,属于国家规定应该交验出口许可证的,在出口报关时必须交验出口许可证。

加工贸易的报关须知

需要指出的是：报关至少包括进口料件的报关和出口成品的报关（或深加工结转、余料结转报关等等），只要两次报关中有一次不正确，就会对后面的核销造成障碍。例如，以进料加工形式进口，但成品出口报关是以一般出口方式报关，则两张报关单最后核销时无法对应，核销无法完成，企业将面临处罚。因此对于企业报关员来说，加工贸易报关的任何一个环节都马虎不得。

2. 对其他保税加工货物的处理

其他保税加工货物主要是指加工过程当中产生的剩余料件、边角料等等，理论上，正常情况下假设工艺方案中每 m 个甲料加上每 n 个乙料件……生产出 1 个成品，那么当初进口 m×1 000 个甲料件……加工完毕后全部复出口 1 000 个合格成品，没有料件剩下。但是，这只是一种理想化的情况，现实当中最接近这种理想情况的情形也仅仅只是简单的来件装配，实际当中的情况要复杂得多。

履行加工贸易合同过程中会产生剩余料件（本次加工生产未曾使用，可继续用于下次加工的数量合理的多余进口料件）、边角料、残次品、副产品、受灾保税货物。

（1）边角料，是指加工贸易企业从事加工复出口业务，在海关核定的单位耗料量内、加工过程中产生的、无法再用于加工该合同项下出口制成品的数量合理的废、碎料及下脚料。

（2）残次品，是指在生产过程中产生的有严重缺陷或者达不到出口合同标准，无法复出口的制成品（包括完成品和未完成品）。

（3）副产品，是指加工贸易企业（冶炼等特殊行业）从事加工复出口业务，在加工生产出口合同规定的制成品（即主产品）过程中同时产生的，且出口合同未规定应当复出口的一个或一个以上的其他产品。

（4）受灾保税货物，是指加工贸易企业从事加工出口业务中，因不可抗力（台风、地震、海啸等）原因或其他经海关审核认可的正当理由造成损毁、灭失或短少等导致无法复出口的保税进口料件和加工制成品。

对于履行加工贸易合同中产生的上述剩余料件、边角料、残次品、副产品、受灾保税货物，企业必须在手册有限期内处理完毕。处理的方式有内销（补征税）、结转、退运、放弃、销毁等。除销毁处理外，其他处理方式都必须填制报关单报关。报关后再进入核销程序。

外发加工的成品、剩余料件以及生产过程中产生的边角料、残次品、副产品等加工贸易货物，经经营企业所在地主管海关批准，可以不运回本企业。

关于各种处理方式下报关单应当如何填写以及报关程序和征税的详细规定篇幅较长，请参阅中国海关出版社的有关最新教材。

链接

成都海关支持四川抗震救灾重建工作

调研显示：此次汶川大地震受灾较重的地区有德阳、绵阳、阿坝、成都（都江堰）。这四个地区内现有加工贸易企业43家，正在执行的手册137份，备案金额1.26亿美元。

成都海关关税处采取措施，制订详尽的工作方案，确保加工贸易企业尽快恢复生产。一是整厂受灾或者部分受灾的企业，其保税料件灭失或者虽未灭失，但完全失去使用价值且无法再利用的，经有关部门出具证明、海关核实后，按照受灾保税货物相关规定办理；二是针对受地震影响造成加工贸易料件无法及时运送至加工企业，企业生产无法正常进行，最后可能导致加工贸易手册不能在有效期内核销的情况，对于无法在有效期内核销的加工贸易手册，关税处凭政府商务厅（商务局）证明，经企业申请给予免收风险担保金手册延期手续；三是对于受灾企业手册无法正常核销的，主动加强与商务厅（商务局）的联系，加强对受灾企业相关问题的研究、沟通，共同做好灾后服务工作，为企业提供便利。

——节选自成都海关网站2008年7月新闻

---

3. 深加工结转报关

保税加工货物深加工结转是指加工贸易企业将使用保税进口料件加工的产品转至另一加工贸易企业进一步加工后复出口的经营活动，多应用于进料加工。

链接

深加工结转举例

深加工结转反映的是一种产业链在境内延伸的关系，如甲企业购进原材料，保税进口，制造成石英电容，现甲企业将这批电容以20万元的价格卖给境内乙企业（转入企业），乙企业将利用石英电容生产显卡。当然这种买卖不是企业间可以随意进行的，而是要通过办理相应海关备案、登记、报关手续才可买卖。这批电容结转入乙企业之后，海关对企业的监管对象也从甲企业转移到了

乙企业,也就是说,结转顺利完成后,假如乙企业违规出售电容牟利,海关查处的是乙企业而不是甲企业。

而对于甲企业来说,尽管石英电容实际上尚未复出口,但在核销关系上,海关就视同甲企业的保税货物复出口了,至于乙企业将来是将电容和显卡出口,还是补税内销则与甲企业无关,结转后甲企业可以办理核销手续。

结转程序分为计划备案、收发货登记、结转报关这三个环节。

(1) 计划备案。在货物还没有在企业间流动之前,转出企业应当先在申请表(共 4 联)上填写本企业转出半成品的计划,并向转出地海关备案。

转出地海关备案后,将申请表的后三联退还给转出企业,转出企业把这三联转交给转入企业。然后转入企业凭以在转入地海关备案。

(2) 收发货登记。转出企业将半成品转给转入企业,但每一次都应该在"保税货物实际结转情况登记表"上进行如实登记并盖专用章。

(3) 结转报关。对转出企业而言,深加工结转视同出口,应办理出口报关手续;对转入企业而言,深加工结转视同进口,应办理进口报关手续。顺序是转入企业先在转入地海关办理报关手续,并将报关情况及时通知转出企业,然后转出企业在转出地海关办理出口报关手续,将来转出企业报核的时候,凭该出口报关单以及其他报关单、单证、手册等报核。

链接

为什么要先收发货物再报关?

海关在实际工作当中发现,有些企业在结转货物交接前就先行报关,于是某些居心不良的转出企业在报关后,对转入企业提出提价要求,如果不应允就不发货;也有的是双方企业在报关后因故不能按时足额交接货物(如火灾、交通事故等不可抗力因素所致)。由于深加工结转过程中报关单变更手续麻烦,有些转入企业因此就只能被动地承担额外支出。先发生物流再进行报关有助于双方确认一个公认的准确的货物交接数字。

4. 成品内销

不属于受灾货物的成品有时由于国际市场风险、行情不佳等原因,也会转为内销,一般多见于进料加工。

加工贸易保税进口料件或者成品因故转为内销的,海关凭主管部门准予内销的有效批准文件,对保税进口料件依法征收税款并加征缓税利息,制成品根据单耗关系折算出耗用掉的料件数量计征进口税;进口料件属于国家对进口有限制性规定的,经营企业还应当向海关提交进口许可证件。

四、合同核销阶段

加工贸易经营企业履行合同进行加工,合同履行完毕或因故中止后,就进入核销程序。程序大体上是:企业报核→海关受理→海关核销→退还保证金等。

经营企业应当在规定的期限内将进口料件加工复出口,并自加工贸易手册项下最后一批成品出口或者加工贸易手册到期之日起30日内向海关报核。申请核销的步骤是每个加工贸易经营企业都必须完成的,即便是加工贸易企业因走私行为被海关调查、缉私部门或者法院没收加工贸易货物的也不能例外。

企业若不向海关报核,海关便不可能为企业销案,而且如果企业超期未去报核,还可能面临来自海关的处罚,但并不是报核了就必然能销案,因为海关要对料件单耗等等数据进行仔细审核,现实中,许多加工贸易经营企业即使确实没有走私违规事项,也时常不能迅速顺利地完成核销,这多半是由于工艺损耗和净耗数据的关系难以确定所致。

企业报核的大体步骤如下:

(1)合同履约后,及时将登记手册和进出口报关单进行收集、整理、核对。

(2)根据有关账册记录、仓库的记录、生产工艺资料等查清此合同的实际单耗,并据以填写核销核算表(产品的实际单耗如与合同备案单耗不一致的,应在最后一批成品出口前进行单耗的变更)。

(3)填写核销预录入申请单,办理报核预录入手续。

(4)携带有关报核单证,到主管海关报核,并填写报核签收回联单。有关报核单证包括企业合同核销申请表(预录入)、加工贸易登记手册、原进出口报关单、核销核算表和其他海关需要的资料(如排料图等)。

登记手册或报关单遗失、加工贸易货物被依法没收等特殊情况的报核按照海关相关规定办理。

海关对企业的报核应当依法进行审核,因不符合规定而不予受理的应当书面告知理由,并要求企业重新报核;符合规定的,应当受理。

海关根据以下公式试算核算表上的平衡:

$$进口料件数量=出口成品耗料+节余料件数+边角料数$$
$$+(剩余成品数+残次品数)×单耗/(1-损耗率)$$

根据此算式计算,不平衡的(通常指进口料件数量大于等号右式,且差额数值较大)企业和海关应查找原因。

海关可以采用单证核销和下厂核销两种方式:

单证核销是指海关核销人员经过风险分析,对于风险值较低或无风险、企业管理类别和管理水平较高,报核单证齐全、有效,各项数据符合有关标准或者与海关掌握情形基本吻合,无走私或违规嫌疑的。海关可以在办公场所核对、审核企业报核资料,办理核销结案手续。

下厂核销是指海关核销人员经过风险分析,对风险值较高、企业管理类别较低,报核数据不符合有关标准或者与海关掌握情况不相吻合,有走私或违规嫌疑,有重要问题需要核实,因而对经营企业和加工企业实地采取查账、查库、查实物等手段进行的核销方式。

海关特殊监管区域、保税监管场所外的加工贸易企业申报的单耗在单耗标准内的,海关按照申报的单耗对保税料件进行核销;申报的单耗超出单耗标准的,海关按照单耗标准的最高上限值或者最低下限值对保税料件进行核销。

海关自受理企业报核之日起 20 个工作日内,应当核销完毕,情况特殊的,可以由直属海关关长批准或者由直属海关关长授权的隶属海关关长批准延长 10 个工作日。

经核销情况正常的,未开设台账的,海关应当签发合同核销结案通知书;已开设台账的,海关应当签发"银行保证金台账核销联系单",企业凭以到银行撤销台账。如属"实转"的台账,企业应当在银行领回保证金和应得的利息或者撤销保函,并领取银行签发的"银行保证金台账核销通知单",凭以向海关领取合同核销结案通知书。

链接

少报多进,皮包公司走私亿元布料

珠海市中级人民法院对拱北海关缉私局侦办的"4·09"特大团伙走私布料案 5 名被告作出一审判决。这起走私案案值高达 1.06 亿元,偷逃税额 3 639 万元。

2001 年 4 月 9 日,珠海市志×粘贴制品有限公司(以下称志×公司)以进料加工方式向拱北海关隶属的横琴海关申报进口化纤梳织布 17 469 米,经查实际到货为化纤梳织布 105 600 米,因申报比实际进口数量少 88 131 米,涉嫌走私,被关员查获。拱北海关缉私局受案后,经过深入分析,发现该案幕后可能有一个长期从事"飞料"走私的犯罪团伙。该走私团伙事前就订立了攻守同盟,并

（续上）

且伪造了发错货等一整套证明材料。鉴于从正面难以突破，侦查人员决定从外围迂回包抄，找到该公司运货司机及一些涉案货主，证实志×公司假生产、真走私，并初步掌握其大肆倒卖进口保税布料的事实和在逃主要犯罪嫌疑人的基本情况。

经过一年多的侦查，该案查清事实：1999年11月，黄×斌、李×女等共同出资，利用骗取的资料注册成立外商投资企业志×公司，并制作假的进料加工合同在海关备案，然后利用进料加工手册，采取进口料件时伪报品名、少报多进，出口成品时多报少出等手法，从1999年12月12日至2001年4月9日走私进口化纤梳织布6 135 755米、双面涤纶粘贴布17 228米，其后将上述大部分布料（系保税进口）擅自倒卖。该案的侦破，摧毁了一个长期活跃在珠海、中山等地的特大走私团伙，为国家挽回了上亿元的经济损失。

——摘自《南方日报》新闻，2003年12月

第四节　海关的电子联网保税加工监管模式

链接

传统纸质手册的弊端

传统的纸质手册有其弊端，外在显而易见的弊端主要包括：① 手册丢失会有很大麻烦；② 如果某大中型加工贸易企业合同数量众多，报关员每次去海关需携带的手册的重量、体积很可能超出便携的范围，十分不便；③ 海关人员进行核销并验算手册的单耗数据时，如遇手册数量众多，则录入、计算效率将不可避免地降低，延迟众多企业的通关速度。

此外，如果一家中小企业一个时段内至多只执行一笔加工贸易合同，纸质手册应用在报关领域尚无明显的不便。但如果企业同时执行多笔加工贸易合同，而进口料件（如塑料粒子）一整批运进境内，对这批塑料粒子按规定应当分报关单申报进口（因为一张报关单上只能填一个手册号）。报关员就会为哪一张报关单上应"分配"多少料件而犯难，甚至单单使用其中的一两本手册去报关，最后势必造成海关账目难以平衡。而对于同时要执行几十笔合同的大型电子制造类企业来说，沿用纸质手册几乎到了工作难以为继的边缘。因此，海关监管的信息化、电子化工作，代表着海关加工贸易监管发展的历史方向。

259

一、电子账册的管理模式

电子账册是我国海关的第一代联网监管模式,2003年在全国逐步普及推广,和纸质手册不同,电子账册是以企业为单元的管理,一个企业只有一个电子账册,并且不是每个合同执行完毕了就取消账册,电子账册是长期存续的,其适用对象是加工贸易进出口较为频繁、规模较大、原料和产品较为复杂、管理信息化程度较高较完善的大型加工贸易企业。

也就是说,纸质手册项下货物的保税是"分合同区别对待的保税",合同越多工作越复杂。而电子账册则是将进口料件"整体长期打包保税",这样企业财务人员和报关员的工作负担就减轻了许多。

电子账册本身是集中统一存储在电子口岸数据中心服务器系统上的类似数据库的文件,从应用上看,电子账册项下的货物进出口多数申报工作都通过网络来进行。它基本实现了海关监管与企业实际生产的数据同步,降低了企业的违规率。

链接

外贸开通"电子直通车"

记者日前从合肥海关获悉,我省已经开通外贸"电子直通车"。省内部分企业积极向海关申请设立加工贸易业务电子账册,经海关总署特批,已成功实现了与全国海关联网报关。

记者了解到,对于我省一批出口规模较大、出口品种较多,且通关口岸众多的企业来说,加工贸易常态手册管理已有难度。而电子账册由于实行了总量控制,对进、出、存总量的平衡很容易实现,它可以将订单频繁变动对企业进出口的影响降至最低。与过去相比,实现了电子账册管理的企业一单货物通关的时间可缩短5~7天。同时,由于信息化联网传输省去了企业往返奔波于各个口岸的过程,专职管理加工贸易手册的人员也减少了一半,这也大大降低了企业的成本费用。

合肥海关相关负责人介绍,开展加工贸易设立电子账册是海关对A类管理企业实施的一项便利通关改革,"电子账册管理使得企业进出口通关手续大大简化,满足了企业在国际竞争日益激烈的情况下的'全球营销、快速交货、产品个性化、零库存管理'的需求,从而进一步增强企业国际竞争力。"

——摘自"中国安徽在线网"2008年4月资料

（一）企业条件

申请电子账册管理模式的企业必须具备的条件包括：

（1）在中国境内具备加工贸易经营资格，在海关注册登记，以产品出口为主的生产型企业。

（2）企业内部采用 ERP（或 MRP 等）软硬件系统对采购、生产、仓储、财务、销售等实施计算机化管理，并经过海关认可，是 AA 类、A 类管理企业。企业内部管理规范，无走私违规欠税等不良记录。

（3）能够按照海关监管要求提供真实、准确、完整并具有被核查功能的数据。

（4）有足够的资产和资金为本企业实行联网监管应承担的经济责任提供总担保。

联网监管的电子账册分为两部分，一是以"IT"标记代码开头的经营范围账册；二是以"E"标记代码开头的联网监管（便捷通关）账册，E 账册进口商品项数最多可容纳 9 999 项商品，足够绝大多数企业备案之需，比纸质手册容量大 9 倍多。

（二）报关程序

电子账册项下货物报关程序前后也分为备案、申报、报核与核销三个阶段。但与纸质手册模式不一样的地方是：

（1）电子账册管理模式下，海关不再对每一笔加工贸易合同逐票审批，而是起初便一次性审批。

（2）电子账册实行的是分段备案，分段备案有两重含义：第一层含义是先备案经营范围，在实际加工贸易业务发生前再备案进出口商品；第二层含义是企业可以先备案进口料件和成品范围，等成品加工完毕后，再对成品和实际的单耗数据进行备案（最迟不得晚于相关成品出口前）。

（3）实行电子账册联网监管的企业不实行银行保证金台账制度，且进入电子账册的料件全额保税。海关通过网络调阅并监控企业计算机系统内各种实时数据，和企业电子底账（在海关电脑系统里）进行对比，为海关决定是否进厂核查提供参考依据。

（4）电子账册管理以一定时间段的核销取代单一合同的核销，目前的规定是联网监管模式下企业每 180 天为一个报核周期，企业报核在此分为预报核和正式报核两个阶段。并且使用电子账册的企业在核销期间不影响货物正常报关和通关。

（5）电子账册模式中，经海关审核通过的一个合同结余的料件可自动转为下一期的期初数，若企业实际库存量多于电子底账核算结果，海关会自行调整电子底账余额。而在传统的纸质手册模式当中，余料往往需要人工结转到下一本合同备案手册,增加企业与海关关员劳动量。

在申报阶段,企业将要进出口的保税货物列出报关清单发送给电子口岸,电子口岸在接收报关清单后按企业已备案的料件归并关系自动生成不完整的报关单。企业再补录入报关单的一些其他栏目信息,如提运单号、集装箱号等,完毕后发送报关单到海关,海关审单完成后,企业打印出纸质报关单就可以现场报关了。由于是电子口岸,所以不用像纸质手册那样常常会因为货物从不同城市口岸入境而需要在城市间不断传递手册供报关用。

二、电子化手册的管理模式

电子账册是一种联网监管的成功尝试,但只能适用于大型企业。后来海关总署考虑广大中小企业的需求,开发了第二代联网监管模式即电子手册监管。

电子手册和电子账册对于企业内部的信息化管理与维护要求都比较高,前期投入的时间和人力、费用较大。因而海关总署在取消纸质手册改革试点工作过程中,提出了实现纸质手册电子化的目标。

相比电子手册而言,电子化手册对企业的信息化管理程度要求不太高,在纸质手册被取消后,使用电子化的手册是广大中小型加工贸易企业的必然选择,被称为第三代联网监管模式。

纸质手册电子化后,存放在电子口岸数据中心服务器上的数据库取代了传统的纸质手册。之所以还称之为"手册",是因为电子化手册仍然以合同(订单)为单元管理,这一点本质和纸质手册是一致的。

纳入电子化手册的加工贸易货物进口时,可全额保税。

电子化手册管理也要实行银行保证金台账制度,基本内容和程序与纸质手册一致,其中有两点区别:① 建立电子化手册的 AA 类、A 类管理企业可以不设台账;② 5 000 美元及以下 78 种列明客供服装辅料合同,即使是适用 AA 类、A 类、B 类管理的企业,也要建立电子化手册并备案,纳入电子手册管理。

链接

看通关模式如何推动外贸升级

2005 年 12 月底的一天,上海,×××亨克斯有限公司里,进出口部汪经理正一脸喜悦地端详着一份新鲜出炉的报关单,"有了自己打印报关单的能力,我们公司仅在出口报关单一项上,1 年就能节约 7 万元!"这仅仅是上海海关对加工贸易手册实施电子化管理后为企业带来的诸多福音之一。

加工贸易手册，在加工贸易企业办理货物进出口的过程中，有非常重要的作用，报关时需要它，办理退税也需要它。2005 年 9 月，海关总署开发了 H2000 电子手册系统并在上海等 3 个海关进行试点，截至目前，上海海关第一批试点企业已达到 9 家。

使用电子手册前，企业最头痛的就是遭遇进出口货物"撞车"——同一天里，这批原料自空港口岸进口，那批成品从海运口岸出口，原料和成品都在同一合同项下，使用同一本手册，飞机和轮船航班出发的时间又偏偏靠得很近。"遇到这种情况，我们就成了热锅上的蚂蚁——为了这本珍贵的手册，我们不得不派快递在报关现场等候，这边海关一放行，立刻取出手册，拼命赶往另一个报关现场……就算能够不耽误报关，'撞车'产生的间接费用也要远远高于报关的直接费用。"汪经理说，"好在安装了电子手册系统后，问题迎刃而解。"现在，企业业务员只需在公司电脑上将报关数据录入，通过互联网传输给主管海关。在正常情况下，几分钟后，海关审核通过的回执就能反馈至企业，企业将生成的报关单直接打印下来后即可至海关业务现场办理交单放行。业务员再也无需再带着一本手册四处奔波。

在合同核销阶段，企业也无需提供纸质手册，海关计算机将自动核对企业报核数据与海关底账数据，准确率可高达 100%，极大地提高核销效率。这与从前多本纸质手册在多口岸频繁周转及手册中进出口数据的漏登、误登相比，不仅节约了企业大量的时间和成本，更大大提高了工作的准确性。

——节选自《经济参考报》2006 年 1 月讯

（一）电子化手册的结构

电子化手册是电子口岸数据中心的"纸质手册电子化系统"生成的，电子化手册分为两部分：一部分是建立"备案资料库"，以企业为单元建立，以加工单位的名义开设，每家企业只能建立一个备案资料库，长期有效，企业可根据需要随时增补备案资料库中有关料件、成品的品名等数据；另一部分是"通关手册"，以合同为单元建立，且企业应在备案资料库的范围内向海关申请通关手册备案（一家企业可申请多本通关手册备案）。

电子化手册的主要结构包括：① 表头数据（包括企业名称、主管海关等）；② 料件表；③ 成品表；④ 单损耗表。电子化手册的数据库是加密的，企业无法在企业端的计算机上对手册进行随意修改，而只能读取手册内容；海关在接受企业报关或备案变更的数据后，有权限对手册上数量项目进行相应核减等操作。

（二）业务流程简介

1. 电子化手册的建立

建立电子化手册之前，由商务部门和海关分别先后批准企业实行电子化手册的联网监管。然后企业领到"海关实施加工贸易联网监管通知书"、身份认证 IC 卡等，并在企业内的联网电脑上加装"中小企业模式联网监管系统"（QuickPass 系统）软件。

企业再通过网络向商务主管部门办理加工贸易合同审批。接下来是建立料件、成品的电子化手册归并关系，在海关的计算机中建立电子手册底账。

2. 备案资料库备案

电子化手册在海关的备案分为两种：一种是非分段式备案（手续基本同纸质手册管理），另一种是分段式备案，也就是先进行合同备案，再进行通关备案。不管哪一种备案方式，海关对电子化手册审核要求与对纸质手册的审核要求完全一致，包括审核企业备案申请内容与商务部门出具的"加工贸易业务批准证"是否相符，备案申请数量是否超出了商务部门确定的加工生产能力等。在此重点讲述分段式备案。

（1）合同备案。所有企业在手册备案前向主管海关提供本企业所涉及的保税商品的归类资料，海关对商品进行归类审核，海关核准后，为企业建立加工贸易项号级备案资料数据库，包括：① 料件与成品的税则编码（10 位数）；② 料件与成品的品名；③ 料件与成品的法定计量单位；④ 申报最近一年的加工贸易业绩，以进口总值计算。

（2）通关手册备案。通关手册的备案内容针对的是实际的具体的合同，所以这里的备案需要把料件与成品的具体数量、单价、具体规格、单耗等内容提交给海关。

如果料件、成品还未在合同备案资料库范围内，企业应当增加合同备案资料库内容再继续通关手册的备案。

3. 货物通关申报

加工贸易货物的进出口、深加工结转报关，如系使用电子化手册，可在企业端计算机上完成报关工作，报关时应当将 IC 卡插入读卡器进行企业身份确认，数据中心按照归并关系及其他归并条件，将企业申报的清单自行生成报关单电子数据，由企业将剩余的栏目填写录入完毕后，向海关申报。

如果一个企业在多个不同口岸进出口加工货物的，无需调度手册，可直接在企业计算机上实现全国境内口岸报关。海关可直接通过 H2000 系统调阅企业手册的相关资料，为企业办理通关手续。

4. 报核与核销

企业的加工贸易合同完成后，可以向海关进行电子化手册的报核。

海关对电子化手册核销的基本要求是掌握企业在某个电子手册下所进口的各项加工贸易保税料件的使用、流转、损耗的情况,确认是否符合以下的平衡关系:

进口保税料件(含深加工结转进口)＝出口成品折料(含深加工结转出口)
　　　　　　　　　　　　　　　＋内销料件＋内销成品折料＋剩余料件
　　　　　　　　　　　　　　　＋损耗－退运成品折料

由于使用电子化手册,因而方便了计算机自动化验算工作,大大提高了海关核销效率。

如果电子化手册通过核销核算,海关对手册进行结案处理,并打印"结案通知书"交给企业,企业可以去银行办理台账核销手续。

第五节　出口加工区及其货物的报关程序

一、出口加工区概述

出口加工区是指经国务院批准在中华人民共和国关境内设立的由海关对加工贸易进出口货物进行准封闭式(围墙包围)监管的特定区域。原则上出口加工区位于经国务院批准的现有国家级开发区内,但不一定都在沿海港口附近。相比保税区而言,出口加工区设区的地理限制不大,内地不少城市也有出口加工区,如成都出口加工区、江苏吴江出口加工区、昆明出口加工区、上海青浦出口加工区等。

出口加工区的主要功能是保税加工贸易以及为区内加工贸易服务的储运业务。与保税区相比,出口加工区功能较为单一(目前有若干家出口加工区在试点拓展保税物流等功能)。加工区的设立主要是国家为了改变对加工贸易管理"漫山放羊"的一贯状况,力求集中有限的海关管理资源对加工贸易实行地理范围上的集中高效的管理,通过区域封闭式监管降低擅自内销保税料件牟利的监管风险。一般每个出口加工区均设有一个专门的××出口加工区海关分支机构,并在进出区通道设立卡口监管货物物品的出入。

二、加工区内企业

可以进驻出口加工区的企业有以下三种:① 出口加工型企业;② 专为出口加工企业生产提供服务的仓储物流企业;③ 经海关核准专门从事加工区内货物进出区运输的货运企业。

出口加工区内企业在进出口货物前,应向出口加工区主管海关申请设立电子账册。出口加工区企业电子账册包括加工贸易电子账册和企业设备电子账册,企业凭经海关审核通过的电子账册办理进出口货物的报关手续。

加工贸易电子账册记录保税加工货物(主要是料件、成品类)的进出口,企业设备电子账册用于记录减免税进口货物(主要是固定资产类设备等)的进口。

出口加工区内企业凭出口加工区管理委员会审批签发的《出口加工区加工贸易业务批准证》及所附清单,通过"电子口岸执法系统"以数据传输方式向主管海关办理电子账册备案申请。

海关审核电子账册预录入申请通过后,计算机自动产生电子账册编号。电子账册编码共12位,第1位为标记代码"H",代表出口加工区,第2至第5位为关区代码,加工贸易货物账册第6位为年份,企业自用设备、物资、办公用品、交通运输工具等账册(企业设备电子账册)第6位为D,第7至第12位为顺序号。

出口加工区区内企业开展加工贸易业务,不实行加工贸易银行保证金台账制度,适用电子账册管理,实行备案电子账册的滚动累加、核扣,每6个月核销一次。

根据2007年3月1日起施行的《中华人民共和国海关加工贸易单耗管理办法》,出口加工区内的加工贸易企业不适用单耗标准,申请核销时,海关按照实事求是原则据实核销单耗。

三、加工区物流监管

出口加工区的物流总体上分为货物进出境和货物进出区,其中货物进出境是指出口加工区与境外之间进、出货物,货物进出区是指出口加工区与境内区外其他地区之间的进、出货物。

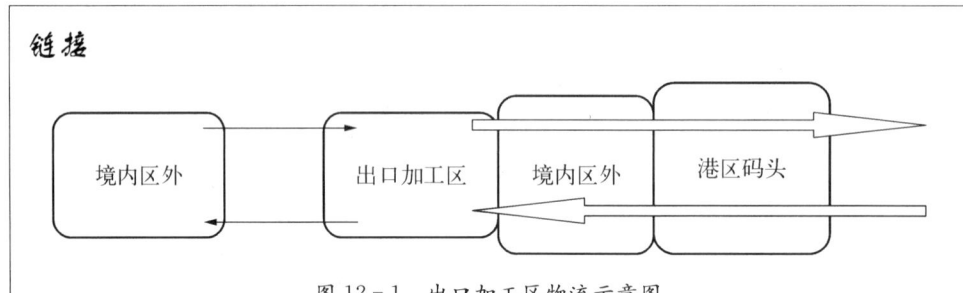

链接

图12-1 出口加工区物流示意图

图12-1中有四个箭头,左边的→代表货物进区(进加工区),←代表货物出区;右边上下两个空心箭头是进出境,向右的箭头代表货物离开加工区出境,向左的箭头代表货物进境进入加工区。

(一)出口加工区与境外之间进、出货物的通关

从境外运入出口加工区的加工贸易货物(料件半成品等)全额保税(在加工贸

易电子账册里登记)。

出口加工区企业从境外运进货物或运出货物到境外,采用备案制,由收发货人或其代理人填录进/出境货物备案清单,向出口加工区海关申报。

加工区与境外之间进出的货物,除国家另有规定的外,不实行进出口许可证件管理。国家禁止进出口的货物,不得进出加工区。

对于在同一直属海关关区内进出境的出口加工区货物,一般按直通式监管。由于各关区实行的直通式监管方式的通关模式各有不同,而鉴于我国大部分出口加工区位于非沿海地区的现状,本部分重点介绍跨关区进出境的出口加工区货物按直转方式办理转关的通关操作。

有些地方,如北京天竺出口加工区要从天津海运进出口货物,进出境地在天津关区,加工区在北京关区,这就是跨关区进出境。

1. 出口加工区进境货物按直转方式办理转关的程序

(1) 货物到港后,收货人或其代理人向口岸海关录入转关申报数据,并持"进口转关货物申报单"、"汽车载货登记簿"向口岸海关物流监控部门办理转关手续。

(2) 口岸海关审核同意企业转关申请后,向出口加工区海关发送转关申报电子数据,并对运输车辆进行加封。

(3) 货物运抵出口加工区后,收货人或其代理人向出口加工区海关办理转关核销手续,出口加工区海关物流监控部门核销《汽车载货登记簿》,并向口岸海关发进转关核销电子回执。同时,收货人或其代理人录入《出口加工区进境货物备案清单》,并凭运单、发票、装箱单、电子账册编号,法定商检商品和国家另有规定的还须凭检验检疫机构出具的《入境货物通关单》以及有关许可证件等单证向出口加工区海关办理进境备案申报手续。

(4) 出口加工区海关审核有关报关单证,确定是否布控查验。对不需查验的货物予以放行,对须查验的货物,由海关实施验货后,再办理放行手续。

(5)出口加工区海关向区内企业签发有关备案清单证明联。

2. 出口加工区出境货物按直转方式办理转关的程序

(1)发货人或其代理人录入《出口加工区出境货物备案清单》,凭运单、发票、装箱单、电子账册编号等单证向出口加工区海关办理出境备案申报。

(2)在出口加工区海关办理出境备案通关手续后,发货人或其代理人向出口加工区海关录入转关申报数据,并持《出口加工区出境货物备案清单》《汽车载货登记簿》向出口加工区海关物流监控部门办理出口转关手续。

(3)出口加工区海关审核同意企业转关申请后,向口岸海关发送转关申报电子数据,并对运输车辆进行加封。

(4)货物运抵出境地海关后,发货人或其代理人向出境地海关办理转关核销手续,出境地海关核销《汽车载货登记簿》,并向出口加工区海关发送转关核销电子回执。

(5)货物实际离境后,出境地海关核销清洁舱单并反馈给出口加工区海关,出口加工区海关凭以签发有关备案清单证明联。

链接

上海海关:税率下调无损加工区引资魅力

近年来,随着我国关税税率的连续下调,越来越多的企业开始享受低税率甚至"零关税"政策,与之相比,出口加工区内企业多年来享受的免税优惠,优势日渐减小。加工区是否依然具备吸引投资的魅力?在上海海关针对区内企业的一次问卷调查中,90%的企业给予了肯定回答。不少企业表示,税收优惠正逐渐从吸引投资的主要角色淡出,出口加工区"一流的速度、一流的服务、一流的形象、一流的效益"取而代之,成为企业看重的焦点。上海出口加工区,正在转型升级中迎来新一轮发展热潮。

出口加工区是上海高新技术产品的生产基地,区内企业进出口货物数量大、批次多,对通关效率有很高的要求。"对以出口为主的大型IT企业而言,能否得到订单直接取决于交货时间的长短。比如,我们的客户就要求订单下达后48小时内交货。在生产水平相差不大的情况下,通关的迅速便捷就成为加工区企业的最大优势,很多客户之所以选择在这里下单,也就是看中了加工区一流的速度。"出口加工区内一家企业负责人说。

为创造一流的速度,上海海关在加工区实施了"提前报关、舱单后核;即时提货、机场直递；实时监控、卡口验放"的新型通关模式。进口货物乘飞机越洋过海时，报关手续同时办理。货物落地，由海关指定"信得过"运输车队直接进入机场货栈提货后，将货物运至出口加工区。"从前，货物被卸下后，要先从机场货栈向货代仓库分拨派送，再从货代仓库运抵加工区，"这位企业负责人告诉笔者，"省去这个环节后，货物流转耗时整整缩短了7~16个小时！"

在国外订单雪片般"飞"入出口加工区的同时，企业进出口报关和登记手册变更备案的次数也直线上升，传统的"纸质报关、人工更改"的报关方式开始跟不上企业快速发展的步伐。对此，上海海关迅速做出反应，职能、技术、业务部门领导数次到业务现场了解情况，经过夜以继日的研发、测试，融无纸报关和联网监管为一体的新型网络化管理模式破壳而出。以区内局域网为依托，出口加工区实现了从企业料件报备、报关、报核到海关审核、放行、核销的全程网络化管理。针对现代企业网上订货、个性服务以及加工贸易料件繁杂的特点，上海海关还建立了加工贸易电子账册，实现联网监管，大大简化了备案和核销手续。目前，松江出口加工区无纸通关货物占50%，月处理报关单达2.5万份。区内联网企业达丰公司负责人告诉笔者，从前企业进行料件备案，采用人工操作需要48小时，实行联网后，这一环节仅需4小时。现在，达丰公司日均报关450票，日申请加贸手册变更300项（次），这在改革前是企业想都不敢想的效率！现在，加工区与口岸两地卡口还实行全天候验放，进出区货物得以一年365天，一天24小时不间断快速流动。

国家建立出口加工区的初衷之一，就是变加工贸易"散养"状态为"圈养"，以封闭运作的方式提供政策优惠，同时加强管理。然而，"封闭"二字曾一度令不少计划入区的企业存在顾虑——加工区的围墙，是否会阻断区内外物资的顺畅流动？

以科技创新推动体制创新，上海海关在5个出口加工区统一建立了集国内货物进出区、区间货物调拨和区内货物调拨7个子系统为一体的信息化管理系统。用一流的技术，成功地打破了阻碍区内外企业物资流动的"藩篱"。"系统建立之前，加工区企业与境内区外企业之间，与其他加工区企业以及与保税区企业之间的货物流动都十分不便，我们每进出一票货物，都要到海关办理申请、报关、报核等多道手续，影响物流效率。"区内某公司经理对笔者说，"现在，上海海关以信息传输取代人工报审，企业只需向海关一次备案就可按需多批送发物，实现了由'逐票申请、逐票报关'向'一次申请、集中报关'的转变。"除此之外，企业急需的原材料无须"先报关后送货"，而可以"先送货后报关"。目前，进出区货物的通关时间已由原来的 2～3 天降至 2～3 个小时,区内货物调拨仅需半小时。现在,上海出口加工区企业购买国内货物的报关票次仅为原来逐票报关的 1/8,大大减少了物流运作成本,增强了与境内区外企业的交流合作。加工区企业原材料"国产化"的比例随之增加——目前,上海出口加工区企业购买国内货物已达 24 万余批次。

2001 年,松江出口加工区内企业,达丰公司生产加工原材料全部依赖进口,2004 年,其国内采购料件比例已超过 30%。达丰公司负责人说:"现在,在出口加工区,我们不仅能享受到'有围墙'的优惠通关措施、规范的通关管理和良好的投资环境,也享受到了'没有围墙'的便捷物流。"

——摘自"上海海关网站"2005 年 2 月资料

区内企业在加工过程当中产生的边角料、残次品、废品等应当复运出境,如因特殊需要须运往区外的时候,由企业申请,经主管海关核准后,按内销时的状态确定归类,并征税。

（二）出口加工区与境内区外其他地区之间货物（不包括经批准进行的深加工结转货物）的通关

从境内区外运进加工区,供区内企业使用的国产机器、设备、原材料、零部件、元器件、包装物料以及建造基础设施,加工企业和行政管理部门生产、办公用房所需合理数量的基建物资等,按照对出口货物的管理规定办理出口报关手续,海关签发报关单出口退税证明联。境内区外企业凭报关单出口退税联等单据向税务部门申请办理出口退（免）税手续。

以下物资运入出口加工区的,加工区主管海关不签发报关单退税证明联:① 从境内区外运进加工区,供区内企业、行政管理部门使用的生活消费用品、交通运输工具;② 从境内区外运进加工区,供区内企业、行政管理部门使用的进口机器、设备、原材料、零部件、元器件、包装物料等。

出口加工区区内企业经主管海关批准,可在境内区外进行产品的测试、检验和展示活动。测试、检验和展示的产品,应比照海关对暂时进口货物的管理规定办理出区手续。

出口加工区区内使用的机器、设备、模具和办公用品等,需运往境内区外进行维修、测试或检验时,区内企业或管理机构应向主管海关提出申请,并经主管海关核准、登记、查验后,方可将机器、设备、模具和办公用品等运往境内区外维修、测试或检验。

区内企业将模具运往境内区外维修、测试或检验时,应留存模具所生产产品的样品,以备海关对运回区内的模具进行核查。

运往境内区外维修、测试或检验的机器、设备、模具和办公用品等,不得用于境内加工生产和使用。

运往境内区外维修、测试或检验的机器、设备、模具和办公用品等,应自运出之日起2个月内运回加工区。因特殊情况不能如期运回的,区内企业应于期限届满前7天内,向主管海关说明情况,并申请延期。申请延期以1次为限,延长期限不得超过1个月。

运往境内区外维修的机器、设备、模具和办公用品等,运回区内时,要以海关能辨认其为原物或同一规格的新零件、配件或附件为限,但更换新零件、配件或附件的,原零件、配件或附件亦应一并运回区内。

1. 出口加工区运往境内区外货物的通关操作程序

(1)出口加工区运往境内区外的货物,由区外企业录入《进口货物报关单》,报关单上的"运输方式"一栏填写"Z出口加工",凭发票、装箱单,法定商检商品和国家另有规定的还须凭检验检疫机构出具的《入境货物通关单》以及有关许可证件等单证向出口加工区海关办理进口报关手续。进口报关结束后,区内企业填制《出口加工区出境货物备案清单》,凭发票、装箱单、电子账册编号等单证向出口加工区海关办理出区申报手续。

(2)货物经出口加工区海关查验放行后,出口加工区海关分别向区外企业核发《进口货物报关单》进口付汇证明联等证明联,向区内企业核发《出口加工区出境货物备案清单》出境收汇证明联等证明联。

对加工区运往境内区外(非海关特殊监管区域)的货物,按进口货物报关,属于许可证件管理的,应出具有效的进口许可证件,并缴纳进口关税和进口环节税,可免交付自货物进境以来的缓税利息。

2. 境内区外运入出口加工区货物的通关操作程序

(1)境内区外运入出口加工区的货物,由区外企业录入《出口货物报关单》,报关单上的"运输方式"一栏填写"Z出口加工",凭购销合同(协议)、发票、装箱单等单证向出口加工区海关办理出口报关手续。出口报关结束后,区内企业填制《出口加工区进境货物备案清单》,凭购销发票、装箱单、电子账册编号等单证向出口加工区海关办理进区申报手续。

(2)货物经出口加工区海关查验放行后,出口加工区海关分别向区外企业核发出口货物报关单出口收汇证明联、出口退税证明联等,向区内企业核发《出口加工区进境货物备案清单》进境付汇证明联。

链接

国家税务总局关于出口加工区耗用
水、电、气准予退税的通知

各省、自治区、直辖市和计划单列市国家税务局：

为了进一步支持出口加工区的发展，经商财政部同意，决定对出口加工区耗用的水、电、气实行退税政策。现通知如下：

一、出口加工区内生产企业（以下简称区内企业）生产出口货物耗用的水、电、气，准予退还所含的增值税。区内企业须按季填报《出口加工区内生产企业耗用水、电、气退税申报表》（见附件），并附送下列凭证向主管出口退税的税务机关申报办理退税手续。

（一）供水、供电、供气公司（或单位）开具的增值税专用发票（抵扣联）；

（二）支付水、电、气费用的银行结算凭证（复印件加盖银行印章）。

二、水、电、气应退税额按下列公式计算……（略）

三、区内生产企业从区外购进的水、电、气，凡用于出租、出让厂房的，不予办理退税。已办理退税的，区内企业应在出租、出让行为发生的次月，向主管出口退税的税务机关申报并缴纳已退还的税款。

四、区外企业销售并输入给出口加工区内企业的水、电、气，一律向区内企业开具增值税专用发票，不得开具普通发票或出口专用发票。

五、区内企业水、电、气退税的登记、审批、管理工作，由主管出口退税的税务机关负责……

六、本通知自2002年9月1日起执行。执行时间以增值税专用发票开具日期为准。2002年8月31日以前开具的发票，不予退税。

（三）拓展保税物流功能的出口加工区

2007年，经国务院批准同意，海关总署在江苏昆山、浙江宁波、上海松江、北京天竺等7个出口加工区开展出口加工区拓展保税物流功能试点，并在其中具备条件、有业务需求的出口加工区开展研发、检测、维修业务试点。

试点区域内，区内企业可开展研发、高技术含量和高附加值产品的检测以及国产出口货物的售后维修业务，但区内不得开展以拆解和翻新为目的的维修业务。

2009年，全国出口加工区开始全面拓展保税物流功能和开展研发、检测、维修业务。经批准开展拓展保税物流功能试点业务的出口加工区内生产企业，可根据生产经营或售后服务的需要,将未经实质性加工的货物运至境外或境内区外相关联的企业。

判断改错题

1. 电子账册实行分段备案,有利于减少企业可能需要反复变更备案当中的单耗数据等的重复劳动。 （　）

2. 一家企业可以有多个电子化手册项下的多个备案资料库。 （　）

3. 进口幼狐,在我国境内养殖 1 年后返销出口成年狐狸,这些幼狐可以以保税加工形式进口。 （　）

单项选择题

1. 加工贸易合同履行过程当中产生的剩余料件、边角料、残次品、副产品等,在海关规定的_____中不需填制报关单向海关申报。
   A. 退运出境　　　　　　　　　B. 销毁
   C. 结转入下一笔合同　　　　　D. 放弃

2. 纸质手册模式下来料加工的相关手续包括:① 开设保证金台账;② 外经贸主管部门审批同意加工合同;③ 企业向海关申请报核;④ 海关发给企业《加工贸易登记手册》。这些手续从前到后、从左到右的顺序应该是_____。
   A. ②①④③　　　B. ①②④③　　　C. ③②④①　　　D. ①③④②

3. 出口加工区运往境内区外的货物,应由区外企业录入_____。
   A. 进口货物报关单　　　　　　B. 出口货物报关单
   C. 进境货物备案清单　　　　　D. 出境货物备案清单

思考题

1. 有人认为:"保税加工货物应当是在办理了成品出口海关放行手续之后,海关予以结关的。"你认为这句话当中的明显错误在什么地方? 试举出有关规定或实际例子来佐证你的观点,这句错误的话经过改正后应该是怎样的?

2. 某企业询问拱北海关:"我公司为进料加工贸易企业,手册超过 10 本,有些进口料件每本手册都会有,报关员在进口时(图省事)只拿着其中一本手册去报关,这样导致其他手册出现负数,不过我们打算在核销时会把进料较多的手册先核销掉,把多余料件相应转入有负数的手册,这样有问题吗?"海关工作人员指出这种做法是错误的,你知道主要原因何在吗? 改为什么样的监管模式可以基本避免这种错误?

3. 假如一家区外的车灯厂把 1 000 个轿车车灯卖给出口加工区内的汽车制造集

团,车灯被运入加工区,装配在轿车上以后,轿车出口,在这个环节中,就车灯而言可以办理出口退税。那么:

(1) 在这个案例当中,按规定出口退税是退给哪一家企业的? 最早大致是在什么时间环节就可办理退税了?

(2) 假设原先没有这个退税制度,而现在有了该制度,对于车灯厂和汽车制造集团之间的车灯买卖成交价大小有什么影响(请给出明确结果)?

4. 根据你的理解,用你自己的话解释一下,为何通过出口加工区这种区域封闭式监管,可以有效"降低擅自内销保税料件牟利的监管风险"?

第十三章　保税物流货物的报关

保税物流货物是指经中国海关批准，未办理纳税手续进境后，在境内进行分拨、配送或储存后复运出境的货物，又称作保税仓储货物。

保税物流货物的明显特征之一便是此类保税货物在我国保税监管场所或海关特殊监管区域内存放期间不得进行冶炼、零件组装、锻造、裁剪等改变物质形态的实质性的加工，这是它与保税加工货物的一个最大区别。保税物流货物进境后多存放于海关保税监管场所内（也有存放于保税物流园区等特殊监管区域的）。

另外，保税物流货物进境前可不用事先向海关备案，这也是其不同于保税加工货物的地方。

保税物流货物在报关的后期一样有报核程序，也就是每一批保税物流货物最终都要根据货物的实际流向（复运出境、投入保税加工、转为实际进口或其他）办结海关手续。

保税监管场所是指经海关批准设立的保税物流中心、保税仓库、出口监管仓库及其他保税监管场所。

保税物流货物进口保税的条件包括：

（1）货物符合保税仓储的条件范围。

（2）货物进口向海关作正确申报，以保税方式报关进口。

（3）货物进境后存储在海关认可的保税监管场所或海关特殊监管区域内。

中国海关建设保税物流监管新模式的目标是：建立以"区港联动"为龙头、以保税物流中心为枢纽、以保税仓库和出口监管仓库为网点的多元化保税仓储物流监管体系，促进现代物流业发展，降低企业物流运作成本。

第一节　对保税仓库及其所存货物的监管

保税仓库是指经海关批准设立的专门存放保税货物及其他未办结海关手续货物的仓库。其不同于普通仓库的特点包括：

（1）保税仓库的设立有一些专门条件，如注册资本最低限额为300万元人民币，有符合海关监管要求的保税仓库计算机管理系统并与海关联网。其成立由直属海关审批,报海关总署备案等。普通物流仓库一般无此特殊要求。

(2) 保税仓库处于海关监管下,主要是由于仓库所存货物属于海关监管货物。海关可以随时派员进入保税仓库检查货物的收、付、存情况及有关账册。海关认为必要时,还可会同保税仓库经营企业双方共同对保税仓库加锁或者直接派员驻库监管,保税仓库经营企业应当为海关提供办公场所和必要的办公条件。

(3) 保税仓库原则上通常不允许存放与海关监管无关的国内贸易的流通货物,如果保税仓库经营企业未经海关批准,在保税仓库擅自存放非保税货物的,海关责令其改正,可以给予警告,或者处 1 万元以下的罚款。也就是说,国内普通仓库的货物不能随意存入保税仓库,保税仓库所存货物更不能随意转存进普通仓库。

链接

保税仓库分类

我国的保税仓库主要是根据使用对象、范围来分类,即分为公用型和自用型两种。但根据所存货物的特定用途和海关管理特点,公用型保税仓库和自用型保税仓库下面还衍生出一种专用型保税仓库。所以,目前我国大体上有三种保税仓库:

(1) 公用型保税仓库(有一定盈利性)。公用型保税仓库由主营仓储业务的中国境内独立企业法人经营,专门向社会提供保税仓储服务。

(2) 自用型保税仓库(非盈利性)。自用型保税仓库由特定的中国境内独立企业法人经营,仅存储供本企业自用的保税货物。

(3) 专用型保税仓库。专门用来存储具有特定用途或特殊种类商品的保税仓库称为专用型保税仓库。专用型保税仓库主要包括液体危险品保税仓库、备料保税仓库、寄售维修保税仓库和其他专用保税仓库。专用型保税仓库有公用的也有自用的。

经主管海关批准,保税仓库里可以对保税货物开展改换包装、打膜、印刷唛码、分拣分类分装等流通性简单整理加工和增值服务。

在地理位置的要求方面,规定了保税仓库应当设立在设有海关机构、便于海关监管的区域。但需要注意的是,保税仓库并不限于设立在海关办公地点或港口附近,更不存在要设立于保税区内的限制。其实我们只要留心一下就能发现,在大城市的市区非常普通的地方,很可能就会发现一所挂着海关监管标牌的保税仓库。

海关总署于 2005 年 7 月在全国推广保税仓库 H2000 电子账册。作为加工贸易产业链上重要串联环节的保税物流载体，保税仓库 H2000 电子账册实现了企业如实申报基础上的电子底账。

保税仓库经营管理方如果不是货主，则仓库管理方应当验证货主企业出具的海关签章的报关单（或同时验证计算机上的海关放行数据），凭以放行有关货物入库、出库。

一、保税仓库所存货物的范围

正如同普通企业有自己的营业经营范围一样，保税仓库应当按照海关批准的存放货物范围和商品种类开展保税仓储业务。通常，特定的某个保税仓库不可能被允许存放所有种类的保税货物。

保税仓库经海关验收合格后，经海关注册登记并核发《中华人民共和国海关保税仓库注册登记证书》方可投入运营。

需要优先遵循的一个原则是：保税仓库不得存放国家禁止进境货物，不得存放未经批准的影响公共安全、公共卫生或健康、公共道德或秩序的国家限制进境货物以及其他不得存入保税仓库的货物。

经海关批准可以存入保税仓库的货物主要包括：

（1）加工贸易进口货物，这类货物在保税仓库内属于保税物流货物，运出保税仓库进入工厂后成为保税加工货物。

（2）转口贸易货物。

（3）供应国际航行船舶和航空器的油料、物料和维修用零部件。

（4）供维修外国产品所进口寄售的零配件。这种零配件（不包括进口耐用消费品，诸如手表、照相机、电视机等维修用零配件）如果用于保修期内维修，可以免税；如果用于保修期外维修，则有关零配件要征税（因为保修期外的修理是收修理费材料费的）。在进口时，海关批准进入保税仓库，缓办纳税手续，等维修使用时办理进口纳税或免税手续。

（5）外商暂存进境货物。

（6）未办结海关手续的一般贸易进口货物。例如，某企业由于资金周转问题暂不能完税进口某商品，但商品已经到港，此时可以先报关将商品运进保税仓库存放，将来若企业有资金足够支付关税等税费，再办理报关手续作为一般进口货物进口。

（7）经海关批准的其他未办结海关手续的货物。

保税仓库的实用功能

1. 简单非实质加工功能

例如，我国 A 厂家出口一批玩具到美国后因包装问题被外商退运回香港，国内厂家一时无法向海关出示因质量不符而退运的商检证书，亦即无法办理正式退运进口报关手续。此时可以将玩具由香港直接运入深圳一保税仓库，派工人到仓库改换合格包装，改换完毕后装集装箱交香港码头复出口。

又如，香港的 H 公司选择深圳一保税仓库代替香港的工场作为简单加工的场所：H 公司购买的产自意大利的大理石先在深圳入境进仓，国内工人在这里挑选、分级、重新装箱，然后再运回香港。境内雇工劳务费仅是香港的 1/10，H 公司大大降低了成本，增加了产品的市场竞争力。

2. 物流仓储功能

例如，香港 C 公司在深圳、东莞均设有工厂，国外的原材料到香港码头后，由于香港寸土寸金，仓储费用昂贵，料件若直接运到一个厂区又恐两个厂区料件不能兼顾，故可将货物以保税方式拖运至深圳一保税仓库存放。待境内工厂需要用料时，派境内厂家的理货员、报关员到保税仓库指定需要的料件，填报好准确的报关文件，以加工贸易方式提货至东莞或深圳厂区继续进行保税加工，完毕后成品再出口。

——部分案例由深圳福汉兴国际运输公司提供

二、保税仓库货物的进出库报关

保税仓库货物的报关程序可以分为进库报关、出库报关和流转报关。

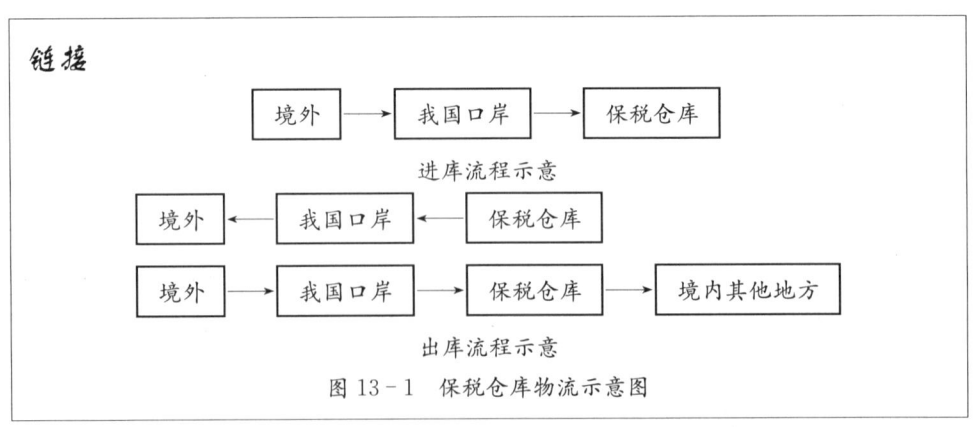

图 13-1 保税仓库物流示意图

（一）进库报关

由于境内出口货物存入的不是保税仓库而是出口监管仓库，所以保税仓库进库报关只存在进口报关一种情形。保税仓储货物进库时，收发货人或其代理人持有关单证向海关办理货物报关入库手续，海关根据核定的保税仓库存放货物范围和商品种类对报关入库货物的品种、数量、金额进行审核，并对入库货物进行核注登记。仓库经理人在货物入库后签收报关单。

如果保税仓库主管海关和进境地海关不是同一个直属海关关区内的，则经海关批准，应当按照海关转关的规定办理进口报关手续，方式有两种：一种是参照直接转关，先在口岸海关办理进口转关手续，再去仓库主管海关办理正式申报；另一种是参照提前报关转关，先去仓库主管海关办理申报，再在口岸海关办理进口转关手续，货物运抵仓库所在地后由主管海关验放入库。

如果保税仓库主管海关和进境地海关是同一直属海关的，经直属海关批准，可以不按转关方式办理，而是在口岸海关办理申报手续，货物放行后直接入库。

（二）出库报关

保税仓储货物出库复运往境外的（如储存转口贸易货物等，简称为出库出口），发货人或其代理人应当填写出口报关单，并随附出库单据等相关单证向保税仓库主管海关申报，保税仓库向海关办理出库手续并凭海关签印放行的报关单发运货物，保税仓库主管海关将报关单等封入关封，货物所有人或其代理人将关封带至出境地海关办理出口放行手续，手续参照出口转关方式办理。

保税仓储货物出库运往境内其他普通地区的（简称为出库进口），除了放弃出库、海关变卖出库外，收发货人或其代理人应当经得海关同意，才可转为正式进口，对于同一批货物，要填制两张报关单，先填制出口报关单，用于"冲销"先前进口入库手续时的进口报关单，监管方式填"保税间货物"；后填制进口报关单，该进口报关单上"贸易方式"栏填写"进料对口"、"来料加工"、"一般贸易"等，不同贸易方式的填写依据的是货物出库后的不同实际用途。

保税仓库方应当凭货主出具的由海关签印放行的进口报关单放行货物出库。

如果出库保税仓储货物每一批货量少、批次频繁的，经海关批准也可以办理集中报关手续。

（三）流转报关

流转报关其实也是一种出库报关，流转的货物是指保税仓库与海关特殊监管区域或其他海关保税监管场所间往来流转的货物。一般规定是按照转关手续办理。

以不同保税仓库之间流转的货物为例，保税仓库货物转往其他保税仓库的，应各自在其仓库主管海关报关,先由入库的一方办理进口报关,再由出库的一方办理出口报关,监管方式均填"保税间货物"。

链接

为何要由入库一方先办理进口报关?

规定先由入库的一方办理进口报关是为了明确货物流转的责任,因为假如规定先由出库的一方办理出口报关,则出库方报完关后,若货物途中灭失,进库方又还没有办理进口报关,则货物丢失的责任归属、缴税义务容易起争议。所以,由入库的一方办理进口报关,货物途中发生灭失责任较为明确。

(四)其他规定

货物在保税仓库所在地进境时,除易制毒化学品、监控化学品、消耗臭氧层物质以外,可免领许可证件。

保税仓库所存货物的储存期限为 1 年。如因特殊情况需要延长储存期限,应向主管海关申请延期,经海关批准可以延长,延长的期限最长不超过 1 年。

保税仓库所存货物是海关监管货物,未经海关批准并按规定办理有关手续,任何人不得出售、转让、抵押、质押、留置、移作他用或者进行其他处置。

货物在仓库储存期间发生损毁或者灭失,除不可抗力原因外,保税仓库应当依法向海关缴纳损毁、灭失货物的税款,并承担相应的法律责任。

保税仓库经营企业应于每月前 5 个工作日之内以电子数据和书面形式向主管海关申报上一个月仓库收、付、存情况,并随附有关的单证,由主管海关核销。

链接

赖昌星利用保税仓库转口功能走私的犯罪行为

赖昌星走私犯罪集团精心设计了多种走私手法,假转口是其常用的一种。这种手法被大量用在香烟走私过程中。

朱昉(海关调查人员):有一种进出口贸易叫转口贸易,就是我的货可能运到中国的某个港口。但是我并不在中国进口,而是我要转运到其他国家去,把你这个地方作为一个中间的跳板。他就采取了这么一种方式。从中国香港或者从欧洲直接进来的香烟,运到厦门以后,说我这是要转口到菲律宾去,这样的话在厦门就不办理正式的进口纳税手续,而是进入厦门的一个保税区或者保税仓库,就暂时存储在这里。

按照转口贸易的正常流程,存储在保税区的货物将在协议时间内被重新运到码头,转口到境外,但是这个过程被做了手脚。

朱昉:从保税区到码头开车要开十几分钟这么一段路程,这个路程当中他把这些运载香烟的车转个弯,转到他自己的塘边仓库——海鑫堆场。

海鑫堆场是由远华集团联合一些企业建立的,实际上是赖昌星走私货物的集散地,把本该送往码头的香烟绕道运到这里,他们要做些什么呢?

赖水强(赖昌星之兄):主要是拉到那边,那边的搬运工人就把关锁剪开,剪开以后东西就卸下来了。

杨建伟(海关侦查人员):他私自把装有香烟的集装箱里的商业封识打开了,然后拿一个空柜子(指集装箱),两个柜子对着,把门都打开,接下来工人就进来把里面这些香烟转移到这个空柜子里。

朱昉:然后把空柜子再合上,再把海关的关锁给封在上面,然后再运到码头上,把空柜子全部装到船上,然后运到韩国去。但是这么做的一个结果就是什么?所有的单证材料上,海关的也好,有关的外运、外代部门的也好,港口的作业记录也好,全部应该说都报的是香烟,然后出口出去了。

记者:以香烟进,以香烟出?

朱昉:对,手续上应该说是看不出任何瑕疵来……

(后赖水强因有坦白交代情节和重大立功表现,一审被减轻处罚,判处有期徒刑7年,并处罚金人民币2 000万元。)

——节选自《揭厦门特大走私案黑幕》新闻调查稿

链接

关于出口监管仓库

出口监管仓库是指由海关批准设立,对已办结海关出口手续的货物进行存储、保税货物配送、提供流通性增值服务的海关监管仓库,出口监管仓库所存货物带有保税物流货物的性质。

出口监管仓库分为出口配送型仓库和国内结转型仓库。出口配送型仓库是指存储以实际离境为目的的出口货物的仓库;国内结转型仓库是指存储用于国内结转的出口货物的仓库,如外商在买断出口货物后,如一时尚未在第三国寻找到理想的贸易伙伴,可先存入出口监管仓库,一旦成交对象确定,即从出口监管仓库内提取货物运往第三国。

对于结转出货的境内企业,货物本身视同外销,但货物是否马上能够办理出口退税,则与存放货物的出口监管仓库是否享受"入仓即退税"政策有关。

出口监管仓库也具有简单加工的功能。外商为了保证输入该国的商品质量,适应国际市场和境外消费者的需要,在其从我国境内购得货物后暂不出口,先存入出口监管仓库,并在仓库内进行分级、挑选、刷贴标志、改换包装等简单加工后再运出境外。

例如,某X公司打算将内地产的充电器和香港的电池组合成一种礼品促销装以后出口,其境内工厂办理出口报关将充电器交至深圳一出口监管仓库(出口配送型),香港的充电电池则以保税方式报关入境,境内的工人在该深圳的出口监管仓库将两种货品按要求包装在一起,再装入集装箱拖至香港码头装船。

目前,海关的有关保税监管部门也负责监管出口监管仓库,而出口监管仓库的监管方式与保税仓库监管方式存在着相似之处。例如,同样存在出库进口、出库出口、出库流转报关等。有关详细内容可参阅中国海关出版社的教材。

第二节　对保税物流中心所存货物的监管

随着我国对外贸易持续发展,加工贸易制造业呈现出许多新特点,其中比较突出的就是生产链的延长对物流供应链提出了更高、更全面的要求,据此,我国海关根据借鉴国外海关的先进管理经验,适应跨国公司运作和现代物流发展的需求的精神,积极探索保税物流管理制度的创新,设计了保税物流中心监管模式。

保税物流中心一般是由地方政府负责组织筹建和申报,由海关总署负责验收和批准设立的海关监管大型场所。我国的保税物流中心分A型和B型两种,A型是非封闭式监管,B型是封闭式监管。本节重点讲较常见的B型保税物流中心。

保税物流中心主要以整合保税仓库和出口监管仓库功能为基础,打破保税仓库和出口监管仓库分别专门存放进境、出境货物且相互隔离的状态,并根据现代物流的发展需要赋予若干新功能。

保税物流中心有政策优势,货物进入中心视同出口,深加工结转货物只要报关进入中心即可享受退税。中心内注册的企业,可自动获得进出口经营权、国际货运代理权、货物境内运输权。

相比保税仓库而言,保税物流中心具备口岸功能,货物出入中心、出入境的报关、备案申报多数情况下在物流中心主管海关便可解决,而不必在主管海关和口岸海关之间来回按转关办理。

链接

山西方略保税物流中心通过国务院验收

2008年12月26日,位于侯马的山西方略保税物流中心经国务院授权,由海关总署、财政部、国家税务总局、国家外汇管理局的联合批准设立。中心共分两期建设,到2009年夏,一期已建成,面积23万平方米,分为海关特殊监管区和口岸功能区,海关特殊监管区域9.03万平方米。完成了隔离围网、巡逻道、智能卡口、视频监控系统、电子地磅、监管仓库、验货专场等设施的建设,中心建有联检办公楼、公用型特殊监管仓、2 842米铁路专用线、专业物流设备、监控中心、信息中心;二期面积200万平方米,海关特殊监管区域40.97万平方米。

侯马位于山西省南部临汾盆地和运城盆地之间,汾河和浍河交汇处的平原地带,临汾、运城、晋城经济"小三角"和晋、陕、豫三省"大三角"的中心。国家四纵之一的大同至柳州铁路与山东日照至荷兰鹿特丹的新亚欧大陆桥铁路交会于此,形成铁路的"金十字",且具有华北最大的铁路货运编组站——侯北铁路编组站。

此外,方略保税物流中心与连云港港务集团经过协商,已经达成合作协议。当日,"五定班列"在两地间正式开通。连云港是新亚欧大陆桥的东桥头堡,亚欧间重要的水陆中转港。连云港港务集团和方略保税物流中心的合作,使"陆海联运"真正在山西形成,对于进一步整合该省南部物流资源,推动山西外向型经济的快速发展有着极为重要的战略意义。

——根据"中国新闻网"2009年6月有关新闻整理

一、B型保税物流中心

B型保税物流中心是指经海关批准,由中国境内一家企业法人经营,多家企业进入并从事保税仓储物流业务的海关集中监管场所。通常应当设在靠近海港、空港、陆路枢纽及内陆国际物流需求量较大,交通便利,设有海关机构且便于海关集中监管的地方。

B型保税物流中心经营企业可以开展以下业务:

(1)保税存储进出口货物及其他未办结海关手续货物。

(2)对所存货物开展流通性简单加工和增值服务。

（3）全球采购和国际分拨、配送。

（4）转口贸易和国际中转业务。

（5）经海关批准的其他国际物流业务。

但不得开展以下业务：

（1）商业零售。

（2）生产和加工制造。

（3）维修、翻新和拆解。

（4）存储国家禁止进出口货物，以及危害公共安全、公共卫生或者健康、公共道德或者秩序的国家限制进出口货物。

（5）存储法律、行政法规明确规定不能享受保税政策的货物。

（6）其他与物流中心无关的业务。

B型保税物流中心的货物保税存储期限一般是2年。

目前我国关境内的大部分保税物流中心都是B型，因此，在监管政策上如非特别强调，所述及保税物流中心均是指B型保税物流中心。

二、物流中心货物进出的申报

海关在保税物流中心设立机构，进出保税物流中心货物的备案、报关、查验、放行、核销等手续统一在中心内办理，海关实行24小时监管和预约通关。

海关对保税物流中心内企业实行电子账册管理和信息化联网管理。

与出口加工区较为相似的是，海关对保税物流中心与境外之间进出的货物实行备案制，对于物流中心和境内中心外区域之间进出的货物实行报关制。

链接

保税物流中心的功能、作用

保税物流中心方便了进出口企业"集中到货，分批报关"或"分批到货，集中报关"，如一张许可证（一批一证管理）项下的多批货物若是分批到货，可以先运入保税物流中心，然后集中一次报关。

以南宁保税物流中心为例，该中心建成前，很多进口的生鲜货物到了广西后要先运到广东的某几家保税冷库存放，然后又再分批报关正式进口返运到西南地区内销。尽管关税负担对于进口企业资金周转的影响减轻了，但是这种在运输上"兜圈子"的做法却是浪费的。南宁保税物流中心一期6万吨冷库建成后，结束了广西没有大规模保税冷库的历史，也省却了在物流上"兜

圈子"的周折。

境内普通区域的国产货物进入保税物流中心视同出口，除中心内企业自用的生活用品、机器设备等货物外，享受出口退税政策，物流中心主管海关签发报关单退税证明联；境外货物进入保税物流中心，海关给予保税。

保税物流中心货物销往境内时，企业可以按出保税物流中心的实际贸易方式向海关办理进口报关手续，这点和保税仓库是一样的；保税物流中心内的货物也可在保税物流中心内企业之间，保税物流中心与保税区、出口加工区、保税物流中心、保税仓库、出口监管仓库和其他保税物流中心等海关监管区域、场所之间转移。

保税物流中心的出现还使得被俗称为"香港一日游"的奇怪物流现象大大减少。所谓"香港一日游"，如某企业要求其境内钢材供应商先将钢材作为一般出口货物运至香港（在香港不作任何加工，为的是出口到香港后可以获得出口退税），然后再以加工贸易的方式从香港"购进"这些已经退税的钢材，进行加工后出口。虽然这种货物"香港一日游"的行为会增加企业的运输成本，但有人通过测算，只要企业获得的税收利益大于增加的运输成本，这种做法就能够为企业带来净收益，或者说至少肯定能解决一些企业的资金周转紧张问题。不过"香港一日游"现象表面上似乎促进了运输业的发展，但实际上造成了社会资源的巨大浪费。

有了保税物流中心，有关企业可要求其境内钢材供应商先将钢材运至保税物流中心，然后再以加工贸易保税进口的方式购进这些已经退税的钢材，进行加工后出口，不必远道去香港周转一圈。企业同样得到了货物"香港一日游"所能带来的全部税收利益。

保税物流中心制度的建立，有助于企业尤其是内地的出口企业及时办理退税手续，减少手续办理耗用时间，提高资金周转率。

第三节　保税区及其相关货物的海关监管

保税区是指经国务院批准在中国境内设立的具有保税加工、储运、转口等功能的受海关监管的特定区域，它比出口加工区的功能更多。我国境内第一个保税区是 1990 年设立的上海外高桥保税区。

目前，经国务院批准设立的保税区共有 15 个（一般均在沿海城市），包括大连保税区、天津港保税区、深圳福田保税区等。

国外也存在着被中文译作"保税区"的区域（bonded area），而且有一些国外的"保税区"还是关境以外、国境以内的地区，但我国境内的保税区并不是关境之外的自由贸易区，我国海关在各保税区内设立专门机构，对进出保税区的货物、运输工具、个人携带物品实施监管。保税区与境内的其他地区之间，设置符合海关监管要求的隔离设施，海关实施封闭式管理。对进出保税区的货物、物品、运输工具、人员及区内有关场所，海关有权依照海关法的规定进行检查、查验。进出保税区人员携带自用物品应以合理数量为限，国家法律禁止进出境物品亦不得携带出入保税区。

在保税区内设立的企业，应当向海关办理注册手续，并依照国家有关法律、行政法规的规定设置账簿、编制报表，凭合法、有效的凭证记账并进行核算、记录有关进出保税区货物和物品的库存、转让、转移、销售、加工、使用和损耗等情况。

链接

保税区的物流图示

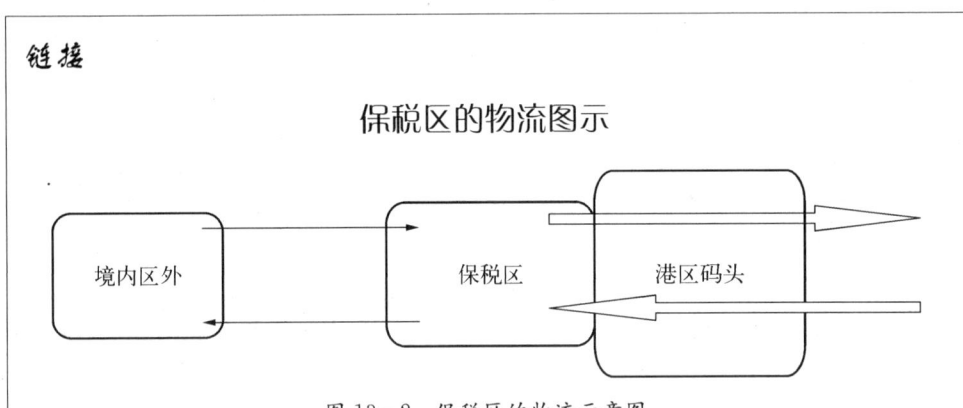

图 13-2　保税区的物流示意图

图 13-2 中有 4 个箭头，左边的 → 代表货物进区（进保税区），← 代表货物出区；右边上下两个空心箭头是进出境，向右的箭头代表货物离保税区出境，向左的箭头代表货物进境进入保税区。当然，不管有没有保税区，货物都是可以直接自境内（区外）出境或直接进境到境内普通地区的，本图只是为了分析说明保税区货物物流方向情形。

一、保税区功能

我国保税区的主要功能是发挥港口优势，引进资金和先进技术，发展转口贸易，拓展国际贸易，开展为贸易服务的加工、整理、包装、储存、运输等业务。具有出口加工、转口贸易、仓储运输和商品展示等功能。

保税区的实用功能

1. 物流分拨功能

香港贸易商 X 公司有一批韩国产的聚乙烯粒子需卖给中山、东莞、广州、深圳等地的十几家工厂,货物到达香港码头后直接运至福田保税区内一仓库,入仓存放。深圳以外的工厂凭加工贸易登记手册在福田保税区办理进口转关手续提货,而深圳的工厂可凭进口集中报关清单直接报关进口,手续简单,运费低廉。

2. 部分代替深加工结转功能

例如东莞的 Q 公司和深圳的 A 公司都是来料加工厂,Q 公司生产的成品,如电阻要卖给 A 公司作料件,以往办理这种跨关区的深加工结转(俗称转厂),手续可能会比较烦琐。现在有了保税区后就变得比较简单了:Q 公司办理东莞至深圳福田保税区的出口转关手续,交货至区内一仓库视同出境,A 公司再用进口报关单办理货物的保税进口手续。

3. 具有出口加工区的加工贸易功能(但不具备进区可立即退税和所有企业设立电子账册监管的特点)

4. 其他功能

例如,东莞某工厂的合同手册即将到期,海关要求工厂的产品必须限期出口方可核销。而这批成品所订的船期又未到,于是他们将货品出口转关至福田保税区入仓库暂时存放,这样入保税区货物可视同出境,厂家的合同核销问题迎刃而解。当船期到时,再由保税区内仓库出货交至码头出境。

——部分案例由深圳福汉兴国际运输公司提供

二、保税区货物通关程序

保税区企业的通关采取属地管理原则,即注册在保税区的企业均在保税区海关办理通关手续,同时采用报关和备案相结合的通关运行机制,即对保税区与境外之间进出境货物的通关根据不同的用途采取备案制和报关制相结合、对保税区与非保税区之间进出口货物的通关采取报关制。

(一)保税区与境外进出货物的通关程序

海关对保税区内加工贸易企业所需进境的料件和转口货物、仓储货物、由保税区运往境外的出境货物,由收发货人或其代理人填写进出境货物备案清单向保税区海关备案;而对保税区内企业进口自用合理数量的机器设备、管理设备、办公用品及工作人员所需自用的应税物品,仍实行报关制。具体操作程序如下所述。

1. 保税区进境货物的通关操作程序

(1) 货物到港后,对于区内自用物资、设备等,由收货人或其代理人录入《进口货物报关单》,将数据传送到海关;对于其他货物,由收货人或其代理人填制、录入《中华人民共和国海关保税区进境货物备案清单》,将数据传送到海关。这两种方式都是向海关申报的方式,只不过填写录入的单据不同。

以下进境货物可以免税报关进口:区内生产性的基础设施建设项目所需的机器、设备和其他基建物资;区内企业自用的生产、管理设备和自用合理数量的办公用品及其所需的维修零配件,生产用燃料,建设生产厂房、仓储设施所需的物资、设备;保税区行政管理机构自用合理数量的管理设备和办公用品及其所需的维修零配件。

(2) 由收货人或其代理人到保税区海关办理申报手续。进口报关应提供的基本单证:

海运:报关委托书、海运提单、发票、装箱单、提货单;

空运:报关委托书、到货通知单、发票、装箱单、运单。

针对不同贸易方式还应提供其他相关资料:如系加工货物需预先办理电子底账,如企业自用物资、设备,应提供《进出口货物征免税证明》,仓储货物应提供"保税仓储进库登记簿"等。

(3) 海关审单放行。对于不需查验的货物,持盖有保税区海关放行章的提货单、备案单或报关单等单证直接在进口口岸提货,委托具备《载运海关监管货物车辆载货登记簿》的专用车辆,将货物运至保税区。

对于海关需要进保税区查验(包括保税仓储)的货物,持海运提单、进境备案单、《载运海关监管货物车辆载货登记簿》到保税区海关办理先放后验手续,即先到保税区海关查验岗位办理"载运海关监管货物车辆载货登记簿"登记签章、其后审单岗位在提货单上加盖放行章。运输车队负责加封封志的完好无损,货物从进口口岸提出后运入保税区查验场地,接受海关查验。查验结果正常的,办理进区手续。

链接

进口车经营的门槛被抬高了

国家发改委颁布的新的《汽车产业发展政策》规定,从 2005 年起,所有进口口岸保税区不得存放以进入国内市场为目的的汽车。记者近日在天津保税区

调查了解到，取消进口汽车保税政策，实行落地交税制后，对口岸汽车进口和广大汽车进口商的影响非常大。

过去，国家对进口汽车实行保税政策，汽车保税区成了进口汽车的"廉价仓库"及"资金蓄水池"。汽车到港后，先存放在保税区，每天每辆车也就交几块钱保管费，直到能卖出去，才交税出库。因此，经营进口汽车并不需要很大的资金流。但是实行落地完税制后，如果进口100万元的汽车就得交50多万元的关税、增值税、消费税等，这样以同样数额的资金进口同样的车，以前可以进3辆，现在就只能进2辆了。

沪上一位经营日本车的车商说，实施"落地完税"制，具体的操作办法可能是整车进口之后，在15天内必须缴纳关税，不能像以前一样进入保税区。这从某种程度上增加了进口车商的资金周转量。他以本公司进口车经营为例说："我们每个月大约进口100辆车，按照每辆20万元关税计算，资金周转量将无形中增加2 000万元左右。这么大的资金量，意味着我们的经营成本和风险都在增大。"

——节选自《解放日报》网络版2004年11月24日

2. 保税区出境货物的通关操作程序

（1）发货人或其代理人填制、录入《中华人民共和国海关保税区出境货物备案清单》，将数据传送到海关。

（2）由发货人或其代理人到保税区海关办理申报手续。出口报关应提供的基本单证：

海运：报关委托书、合同、发票、装箱单、场站收据；

空运：报关委托书、合同、发票、装箱单。

针对不同贸易方式还应提供其他相关资料：如系仓储货物，应提供提货单（一式四联）。

（3）海关审单放行。对于不需要查验的货物，企业持保税区海关关封、保税区货物出区凭单（加工贸易货物）、提货单卡口验放联（保税仓储货物）提货出区，到口岸海关办理出口放行手续。

对于需要查验的货物，海关查验结果正常的，海关制作关封交货主或其代理人。企业应使用具备《载运海关监管货物车辆载货登记簿》的专用车辆，持关封将货物运输至口岸海关办理放行手续。

（二）保税区与非保税区之间进出货物的通关程序

海关对保税区与非保税区之间进出货物的通关采取报关制（填写报关单），货物进出区须办理正常进出口手续。对进出保税区与非保税区之间货物实行严密监管。从保税区进入非保税区的货物,按照进口货物办理手续,从非保税区进入保税区的货物,按照出口货物办理手续。非保税区有进出口经营权的企业从保税区进口或出口货物时,办理视同进口和视同出口手续。具体操作程序如下。

1. 非自用货物从保税区内运到境内区外普通区域(视同进口)

(1) 由收货人或其代理人(区外单位)录入进口报关单,其中报关单上的"运输方式"一栏代码填写"7 保税区",将数据传送到海关。

(2) 由收货人或其代理人到保税区海关办理申报手续。进口报关应提供的基本单证包括报关委托书、合同、发票、装箱单。

针对不同贸易方式还应提供相关资料:如系加工贸易,应提供区外企业"进/来料加工手册";企业自用物资、设备,应提供《进出口货物征免税证明》等;如系仓储提货,应提供提货单等。

针对不同进口货物应提供海关监管条件中所列的相关单证:如通关单、机电产品进口许可证、濒危证、进口药品通关单、重要工业品进口证明、自动进口许可证等。

(3) 海关审单放行。对于不需查验的货物,持盖有保税区海关放行章的提单、报关单或出区凭单等单证经卡口放行出区。

对于需要查验的货物,先到查验场地接受海关查验,海关查验结果正常的,持盖有保税区海关放行章的提货单、报关单留存联或出区凭单等单证经卡口放行出区。

2. 非自用货物从境内区外普通区域运入保税区内(视同出口)

(1) 对于运入区内的货物,由发货人或其代理人(区外单位)录入《中华人民共和国海关出口报关单》,其中报关单上的"运输方式"一栏代码填写"0 非保税区",将数据传送到海关。

(2) 按"有货报关"原则,对于不需要查验的货物,当货物进入保税区卡口时,向卡口海关办理"进区登记表"的填制申报手续,经卡口放行进区。

对于需要查验的货物,当货物进入保税区卡口时,到保税区海关查验场地接受海关查验,海关查验结果正常的,向卡口海关办理"进区登记表"的填制申报手续,经卡口放行进区。

(3) 企业持卡口海关确认的"进区登记表"以及区内企业"进/来料加工手册"(运入区内加工企业货物需要提供)到审单部门办理申报手续,海关放行后,持"进区登记表"正本、报关单留存联向卡口海关换取"进区确认单"。

视同出口报关应提供的基本单证有:报关委托书、合同、发票、装箱单、进区登记表等。

针对不同贸易方式还应提供相关资料：如系入库储存货物,应提供"保税仓储进库登记簿";进区深加工货物,应提供区内企业"进/来料加工手册"。

针对不同出口货物应提供海关监管条件中所列的相关单证:如出口许可证等。

3. 设备进出区

不论是施工还是投资设备,进出区均需向保税区海关备案,不填录报关单。

设备进区,无需缴纳出口关税,也不能得到出口退税,设备如果是从境外进口已征进口税的,进口税费不予退还;设备退去出区,要报保税区海关销案。

三、保税区监管要点

1. 加工贸易管理

(1) 保税区内企业开展加工贸易,进料加工、来料加工不实行银行保证金台账制度,不收保证金,但需办理进口料件备案手续,实施全额保税。

(2) 海关对区内加工企业使用海关监管料件加工的成品,如销往境外的予以免税。销往国内出区时才办理正式进口补税手续。

(3) 区内企业使用海关监管的料件开展加工业务,无加工时限要求。

(4) 区内加工企业开展加工贸易,除了生产国家禁止进出口和需被动配额及污染环境、危害国家安全或损害社会公共利益的产品外,原则上不受加工品种和范围以及产品和产业导向政策的限制。

(5) 区外企业委托保税区企业进行加工业务的,由保税区企业向保税区海关办理委托加工合同登记备案手续,事后核销。

(6) 海关鼓励区内企业开展以出口为导向的加工。同时,也不禁止区内企业加工成品后销往国内市场。海关按下列原则征税：① 区内加工企业全部用境外运入料件加工的制成品销往非保税区时,海关按照制成品征税;② 区内加工企业用部分境外运入料件加工的制成品销往非保税区时,海关按照成品中所含的进口料件征税。

(7) 区内加工企业委托非保税区企业进行出区加工的,应当事先经海关批准,并符合有关海关规定条件。

2. 涉及贸易管制

(1) 保税区内可以设立外商独资、中外合资或中资贸易公司,可直接与境外开展国际贸易和与国内有进出口经营权的企业开展进出口贸易。

(2) 区内企业可以在区内进行货物自由流通,区内企业货物从区内到境外可自由流通,只需向保税区海关办理备案手续。

(3) 对保税区与境外之间进出的货物,除实行出口被动配额管理的外,不实行进出口配额、许可证管理(但易制毒化学品、能够制造化学武器的化工品、消耗臭氧层、废纸等国家规定的特殊货物除外)。

(4)从保税区进入非保税区的,按照进口货物办理手续;从非保税区进入保税区的货物,按照出口货物办理手续。企业在办结海关手续后,可办理结汇、外汇核销、加工贸易核销等手续。出口退税按国家有关规定,必须在货物实际报关离境后才能办理。

3. 关于货物的仓储展示规定

(1)区外企业以一般贸易进口的货物经过海关审核准许后,可以委托区内企业在区内保税仓储或展示。

(2)对区内仓储货物无任何时限要求,企业可以自主分批办理正式出区或直接运到境外手续。

(3)除国家禁止进口的商品外,海关允许保税区仓储企业根据国际国内市场的变化,在保税区内储存国内外需要的商品。

(4)区内仓库可以储存除国家禁止进出口外的所有产品,保税区内的货物可以在区内转让、转移,但区内企业应就货物转让、转移事宜向海关备案。

(5)保税区内的转口货物可以在区内仓库或者区内其他场所进行分级、挑选、刷贴标志、改换包装形式等简单加工。

(6)区内企业可在保税区内举办境外商品和非保税区商品的展示活动。

4. 税收优惠

(1)区内生产性基础设施建设项目所需的机器、设备和其他基建物资,予以免税。

(2)区内企业自用的生产、管理设备和自用合理数量的办公用品及其所需的维修零配件,生产用燃料,建设生产厂房、仓储设施所需的物资、设备,予以免税。

(3)保税区行政管理机构自用合理数量的管理设备和办公用品及其所需的维修零配件,予以免税。

(4)与出口加工区不同,境内其他地区进入保税区的货物虽按照出口报关办理,但并不能马上办理出口退税手续,要等到货物将来实际离境后,保税区海关方可签发货物进区的出口报关单(退税证明联)。

第四节　其他海关特殊监管区域简介

海关特殊监管区域是我国对外开放进程中,继经济特区、沿海开放城市和经济技术开发区之后设立的第四类深化改革、扩大开放的先导区。我国目前设立的这些特殊监管区域分为保税区、出口加工区、保税物流园区、跨境工业园区(位于珠海、澳门间）、保税港区、综合保税区 6 个类型。

海关特殊监管区域可以粗略地理解为是不完全地在海关监管的意义上把境内的指定区域"虚拟"成境外区域，目的是为了方便物流，以及发展区域外向型经济等。

"虚拟"境外区域的表现包括：

（1）通过保税、免税等制度，免除大部分货物的进口关税等税费。

（2）为了减少手续办理的成本和时间耗用，区域和境外之间进出的大部分货物实行备案制，不用办理时间耗费较长的报关手续。但区域和境内其他普通地区之间进出货物实行报关制。

（3）区域和境外之间物流的进出口许可证件的免除（但没有全部免除）。

（4）境内大部分货物（进口的除外）运入海关特殊监管区域，海关可马上签发出口退税证明联。

需要注意的是，以上几条概括性描述并不是普遍适用的，如境内货物运入保税区就不能马上出口退税等。

一、保税物流园区

保税物流园区是指经国务院批准，在保税区规划面积或者毗邻保税区的特定港区内设立的、专门发展现代国际物流的海关特殊监管区域。我国第一家通过封关验收和正式开展业务运作的保税物流园区是上海外高桥保税物流园区。

保税物流园区在功能、业务上有些类似于保税物流中心；在进出区申报程序上则有些类似于保税区，如也是园区和境外之间进出大部分货物采取备案制，园区与境内区外之间进出货物采取报关制等。

进出区报关程序上和出口加工区不同的是：保税物流园区与区外之间进出的货物，只需由区内企业或区外的收/发货人（或其代理人）在园区主管海关办理申报手续，而不是区内企业和区外企业分别各自申报。

从地理位置上看，保税物流园区是在毗邻保税区的特定港区或在国务院已经批准的保税区规划区域内，划出专门供发展现代国际物流产业的独立封闭区域。将保税区的保税仓储功能和临近港口的装卸、运输功能整合起来，实现保税区与港口的一体化运作，重点发展仓储和物流业，并赋予其国际中转、国际配送、国际采购中心和国际转口贸易四大功能。

保税物流园区的出现，一定程度上弥补了我国当前大部分保税区虽毗邻港口，但不是与港口直接相连，港口被人为地排除在保税区外的不足。

保税物流园区也具备货物进出口"一日游"的功能，如料件进入深圳盐田港保税物流园区，就相当于货物实际离境，可以退税，而料件由盐田港保税物流园区出区回到境内参与加工贸易可以保税进口，它可以取代"香港一日游"业务，使费用更省,手续更方便。

链接

某品牌家具利用保税物流园区变成"进口货"

2011 年 7 月,上海海关公开的相关核查结果显示,达××家居股份有限公司的确"从中国进口商品"。

经查,2011 年以来,达××公司通过上海口岸申报进口了 186 票商品,申报原产地包括意大利、中国、西班牙、越南、菲律宾、德国等 10 个国家。其中,原产地申报为意大利的货物共计 124 票,占进口总值的 87%左右;原产地申报为菲律宾的货物共计 11 票;原产地申报为越南的货物共计 9 票。

在 186 票进口商品中,原产地申报为中国的货物共计 11 票,占进口商品总值的 3.5%左右。其中,10 票由国内企业出口至上海外高桥保税物流园区,再按一般贸易方式申报进口;1 票由美国运输至上海,这 1 票报关单共有 15 项商品,涉及 4 个原产国,包括印度、美国、菲律宾和中国。

据业内专家透露,国产家具运入保税物流园区,企业可以马上得到出口退税(增值税)。但是,再以一般进口货物方式将家具运出物流园区申报进口,则要缴纳进口关税和增值税。这样等于货物进区"一日游",企业白白多付了一笔进口关税。企业这样做的目的似乎是为了将国产家具"名正言顺"变成进口家具,但是这并不能改变货物的原产地。

——主要内容根据《重庆晚报》2011 年 7 月 16 日讯整理

二、保税港区

进入 21 世纪,全球经济一体化的趋势日益明显,表现为制造业向亚洲转移,货物贸易、服务贸易以及与之相关的航运、金融等业务持续繁荣。我国与周边国家和地区在港口综合配套服务上的竞争也越来越激烈,这种竞争不仅仅是港口的水深、装卸吞吐能力等的竞争,更多的是一种包含政策、功能在内的综合竞争,是否具备保税条件下的物流处理能力、国际中转功能甚至加工生产配套政策,成为了影响竞争的关键条件。一些国家和地区纷纷设立"自由港"吸引货源,以提高港口竞争能力。我国的港口近几年来虽然取得较大发展,但事实上还不具备真正意义上的世界一流强港。

在这种条件下,我国不失时机地建立起了第一个保税港区——上海洋山保税港区,此后国务院陆续还批准设立了天津东疆、大连大窑湾、海南洋浦、宁波梅山保税港区,以及广西钦州保税港区、厦门海沧、重庆两路寸滩保税港区等保税港区。

以洋山为例,海关对洋山保税港区实施保税区的"保税物流＋保税加工"的功能政策和出口加工区的"入区可退税"政策,某些手续比保税区和出口加工区更为简便,并按照功能划分为港口作业、仓储物流和出口加工三大功能区域,拓展国际中转、配送、采购、国际转口贸易、港区内二次拼箱和出口加工等功能,做到境外货物入港保税。

链接

保税港区功能示例

2008 年 12 月 18 日,重庆两路寸滩保税港区揭牌仪式庆典在重庆寸滩港隆重举行。时任海关总署署长盛光祖宣读了国务院关于同意重庆设立两路寸滩保税港区的批复。力帆集团进出口公司负责人向记者表示,重庆两路寸滩保税港区的设立,将给力帆带来很大实惠。力帆作为出口型企业,以前办理出口退税要跑到上海,来回时间要 40 多天,占用了公司的资金链。而现在在家门口有了保税港区,办理出口退税手续只需 7 天,这将极大地促进该企业的出口发展。

——摘编自"华龙网"同期新闻

保税港区是我国目前发展保税物流政策相对最优惠、功能最齐全的监管形态。保税港区实行封闭式管理,海关对进出保税港区的运输工具、货物、物品及保税港区内的企业、场所进行监管。保税港区内的货物不设保税存储期限,但存储期限超过 2 年的,区内企业应当每年向海关备案。保税港区内货物可以自由流转,但区内企业转让、转移货物之后,应当先由接受货物的企业办理进境货物备案手续(填制备案清单),再由发出货物的区内企业办理出境货物备案手续。

企业在保税港区内搞加工贸易,相比在区外而言有不少便利政策,如区内企业事前可不用办理料件保税进口的备案手续,海关不实行加工贸易银行保证金台账和合同核销制度,且海关对保税港区内加工贸易货物不实行单耗标准管理,海关根据货物进、出、转、存情况实施核库、核查。

境内范围的货物进出保税港区的相关规定与进出保税区、出口加工区等基本一致,区内企业应该填录海关进(出)境货物备案清单,区外企业应当同时填录出(进)口货物报关单,向保税港区主管海关办理进出口报关手续。

保税港区与其他海关特殊监管区域之间的非区内企业自用货物流转实行备案制申报,不退税,也不征收流通环节增值税。但由原不退税监管区域(如保税区和某些出口监管仓)转入港区的,由原转出海关签发报关单退税证明联。

海关对于保税港区与境外之间进出的货物实行备案制管理,区内的收发货人应当如实填写备案清单,向海关备案。保税区、保税物流园区、保税港区地理位置对比示意图,如图 13-3 所示。

| 保税区 | | 港口码头 | | 保税物流园区 ┊ 港口码头 | | 港口码头 ┊ 保税港区 |

图 13-3 保税区、保税物流园区、保税港区地理位置对比示意图

三、综合保税区

综合保税区是国家为推进区域整合试点而批准的,在保税物流业务集中的内陆地区设立的一种新型的海关特殊监管区域。综合保税区是设立在内陆地区的具有保税港区功能的海关特殊监管区域。区内主要功能有物流、加工、展示、通关等,可以全面发展中转、国际配送、国际采购、转口贸易、出口加工、展示等业务,实行国外货物入区保税,国内货物入区退税,区内加工产品不征收增值税,区内货物自由流通且不征收增值税和消费税等政策。

综合保税区和保税港区一样,是我国目前开放层次最高、优惠政策最多、功能最齐全、手续最简化的特殊开放区域。我国目前的综合保税区包括苏州工业园、天津滨海新区、重庆西永、山东潍坊等十几个综合保税区。

综合保税区对于在制造业发达的地区和对于保税物流需求旺盛的内陆地区发展保税业务,具有非常积极的示范和实践意义。

继出口加工区拓展物流功能之后,海关未来将会把具备条件的保税区、出口加工区、保税物流园区整合转型为保税港区或综合保税区,并最终将内陆的海关特殊监管区域整合为"综合保税区",将沿海沿江的海关特殊监管区域整合为"保税港区",实现功能、政策、管理制度、监管模式等的规范统一。

保税区、保税物流园区、保税物流中心、综合保税区、保税港区、保税仓库和出口监管仓库,以及目前处于试点的拓展保税物流功能的出口加工区等,共同构成了我国当前的保税物流监管体系。海关总署正着手就特殊监管区域的名称、功能、政策、法规、管理模式等方面,在广泛征求意见的基础上进行整合和改进,实现功能齐全、政策优惠、管理规范、效益明显的目标,促进对外贸易的可持续健康发展。

判断改错题

1. "保税区进/出境货物备案清单"也适用于保税区与境内非保税区之间进出口的货物。 (　　)
2. 将要用于加工贸易的保税料件不能存放在保税仓库内。 (　　)
3. 从境内非保税区的普通地区进入保税区的货物,应当参照出口货物办理报关手续。 (　　)

第十四章　部分其他海关监管货物的报关与处理

第一节　货样、广告品的报关

国际贸易业务当中,向进口商推销产品往往需要先将商品的实样快递或携带过去,就牵涉到海关对于货样的监管。这种监管有别于对大宗的一般进出口货物的监管,也有别于对个人物品的监管。

在我国海关制度规定中,货样是指专供订货参考的进出口货物样品;广告品是指用以宣传有关商品的进出口广告宣传品。

其中,有进出口经营权的企业购进或售出货样、广告品在海关监管的划分当中称为货样广告品 A;没有进出口经营权的企业(单位)进出口以及免费提供进出口的货样、广告品则称为货样广告品 B。

有的货样广告品是暂时进出境的,报关参照暂时进出境货物管理。在此专门讲述实际永久进出境的货样广告品的报关。

一、许可证件提交的相关规定

如果是进出口货样广告品 A,则在报关单的"贸易方式"栏目填录"货样广告品 A(3010)";如果是进出口货样广告品 B,则在报关单的该栏目填录"货样广告品 B(3039)"。

针对货样广告品 A,有进出口经营权的企业,在其经营范围内进口非许可证件管理的货样、广告品(不论价购、价售或免费提供),可凭经营权向海关申报。

针对货样广告品 B,没有进出口经营权的单位进口数量合理且价值在 1 000 元人民币以下的非许可证件管理的货样、广告品,应当凭其主管司局级以上单位证明向海关申报。数量不合理或价值在 1 000 元人民币以上的,应当凭省级商务主管部门的审批证件向海关申报。

列入《法检目录》范围内的进出口货样、广告品,报关时不能免于提交通关单。

(一)进口有关规定

进口属于许可证管理的货样、广告品,凭进口许可证向海关申报。

进口货样、广告品属自动进口许可管理的机电产品和一般商品，每批次价值5 000元人民币以下免领自动进口许可证。但如果进口的货样、广告品属旧机电产品，需按程序审批并按有关旧机电产品进口的规定申报。

（二）出口有关规定

出口货样每批次货值3万元人民币以下免领出口许可证，但涉及两用物项和技术管制的货样或试验用样品不能免提交两用物项和技术出口许可证。

出口到欧盟、美国以外的国家免领纺织品临时出口许可证，或者符合以下条件之一的可以免领纺织品临时出口许可证：

（1）每批数量不超过50件（套、双、千克或其他计量单位，不包括打、吨等计量单位）的出口样品。

（2）出口美国，属美国进口商自用的非零售以及做了适当标注的金额少于800美元的样品。

二、进出口税收管理的相关规定

永久性进出口的货样、广告品按规定应当照章征税，但无商业价值的或外国政府、国际组织无偿赠送的货样、广告品等可适用法定减免税优惠规定情形的除外。

第二节　租赁进口货物的报关

租赁进口货物是由境外的资产所有者（出租人）按合同规定，用以租给我国境内的承租人，承租人在规定期限内支付租金并享有对该货物使用权的情形下的货物。租赁进口货物分为经营租赁进口货物和金融租赁进口货物。

境内承租人或其代理人在租赁进口货物进口报关时，应当向我国海关提供租赁合同，且不能免除应当提交的进口许可证件和其他单证。

一、经营租赁进口货物的报关

经营租赁进口货物一般最终都要复运出境，但这种经营租赁进口货物不能划归暂时进境货物，所以仍需要向海关缴税。完税价格按租金的总额（一次缴税情形）或第一期租金数额（分期缴纳税款情形）计算。

报关时，应当填制两张报关单：一张报关单的货物价格填写货物的实际市场价格，但不供征税用，只作为海关统计的依据；另一张报关单的货价填写租金的总额或第一期租金数额，供征税参考用。

不论是一次缴税还是分期缴纳税款，海关放行货物进口后，将对货物继续进行监管。租赁期满之后,承租人可向我国海关申报续租、留购,并办理纳税手续。多数情况下,期满后货物复运出境,承租人办理出口报关手续,监管方式填"退运货物4561"。

二、金融租赁进口货物的报关

金融租赁在性质上有些类似于分期付款,大体模式是:境内的设备使用厂家看中境外的某种设备后,即可委托金融租赁公司出资购得,然后租赁公司再以租赁的形式将设备交付企业使用。当企业在合同期内把租金还清后,最终还将拥有该设备的所有权。

通过金融租赁,企业可用少量资金取得所需的先进技术设备,可以边生产、边还租金,对于资金缺乏的企业来说,金融租赁不失为加速投资、扩大生产的好办法。不过,租金的总额一般都大于货价。

金融租赁进口货物一般最终不复运出境,租赁期满后,租赁公司以很低的象征性价格把货物转让给承租人。

按规定,承租人可以选择按照总货价完税,或按租金分期缴纳税款。如果按照租金分期缴纳税款,报关程序可参照经营租赁进口货物,但与经营租赁进口货物区别在于:金融租赁进口货物的另一张报关单货价通常没有填写租金的总额的情形,只会填写第一期租金数额。纳税义务人在每次支付租金后的 15 天内按支付租金额向海关申报,并缴税。

如果按照总货价完税,承租人或其代理人按照货物实际价格向海关申报,按海关审查确定的完税价格向海关缴纳有关税款。和按照租金分期缴纳税款不同的是:按照总货价完税,海关放行进口后,海关不再继续监管租赁货物。

第三节　加工贸易不作价进口设备的报关

加工贸易外商提供的不作价进口设备(以下简称不作价设备)是指与我国境内经营单位开展加工贸易的外商,免费向经营单位提供的加工生产所需设备,不作价设备应不属于《外商投资项目不予免税的进口商品目录》范围。

不作价设备既包括来料加工项下进口的不作价设备,也包括进料加工项下进口的不作价设备。这些设备必须是不作价的,可以是由境外厂商免费提供,也可以是向境外厂商免费借用(临时进口不超过半年的单件的模具、机器除外)。

如果进口设备的一方以任何方式、任何途径,包括用加工费扣付等方式来偿付提供设备的一方设备价款或租金,则该设备便不能被视为不作价设备。

在税费减免的规定上,不作价设备与特定减免税设备都是免税进境的生产设备,但在海关管理上有明显的区别:前者按保税货物管理,后者按特定减免税货物管理。也就是说,不作价设备的认定必须要"依附"于一项加工贸易合同。此外,自2009年1月1日起,海关办理不作价设备加工贸易手册备案或备案变更,在进口环节一律征收增值税,在符合原有关免税规定范围内继续免征关税。

加工贸易不作价设备与特定减免税货物一样,在进口放行后需要继续监管。海关可视情况适用海关担保事务,如对不作价设备收取一定的保证金等。不过,不作价设备如涉及进口许可证管理的,在实际进境时可免交进口许可证件。

一、不作价设备审批和进口手续

(1) 企业持加工贸易合同(协议)以及《加工贸易不作价设备申请备案清单》等企业基本资料向外经贸部门(即商务主管部门)办理审批手续。企业应在加工贸易合同(协议)中明确列明外商以免费方式提供不作价设备。

(2) 企业凭外经贸部门审核的批准件向主管海关办理进口免税手续,海关审核后予以备案并核发"不作价设备登记手册"。

(3) 企业凭手册向口岸海关办理不作价设备进口报关手续。

二、不作价设备的使用和后续监管

企业应设有独立专门从事加工贸易(即不从事内销产品加工生产)的工厂或车间,并且不作价设备仅限在该工厂或车间使用。如企业未设有独立专门的工厂或车间,则在加工贸易合同(协议)期限内,企业每年加工产品必须70%以上用于出口。

海关的监管期限是指不作价设备自进口之日起至海关解除监管之日止,监管期限为5年。在海关监管期限内,企业不得将不作价设备擅自在境内销售、串换、转让、抵押或移作他用。在监管期限内,经营单位应在每年1月份向外经贸部门和主管海关书面报告不作价设备使用情况。

根据规定,如果监管期未满,企业经过申请获得商务主管部门及海关的允许,方可以将设备结转或转让给其他企业,这一点与特定减免税货物有类似之处。但不作价设备的后续监管与特定减免税货物的明显不同在于:若监管期未满,将设备在本企业范围内移作他用或者监管期未满但加工贸易合同已履行完毕,企业打算自己继续留用的,还应再次办理进口报关手续。其中,在设备被转让给其他不能享受减免税优惠或不能进口加工贸易不作价设备的企业的情形下,以及上述的企业自己留用的情形下,企业还需补缴相关进口关税和提交进口许可证件(如需要许可证);另外,即使监管期内企业打算退运设备出境,也依然要经商务主管部门的允许,然后凭批准件、不作价设备登记手册到海关办理退运出境的报关手续。

监管期满的不作价设备,一般应退运出境,如果不退运出境,企业可以留在境内继续使用，也可以放弃给海关。其余具体规定可参见中国海关出版社的最新教材。

第四节　出口退关货物和退运货物的报关

出口退关货物和退运货物有个共同特征，即货物的物流方向发生了和原计划的方向或正常的方向相反的变化。而这个变化又是牵涉到海关通关监管问题的。退关货物和退运货物的区别，如图 14-1 所示。

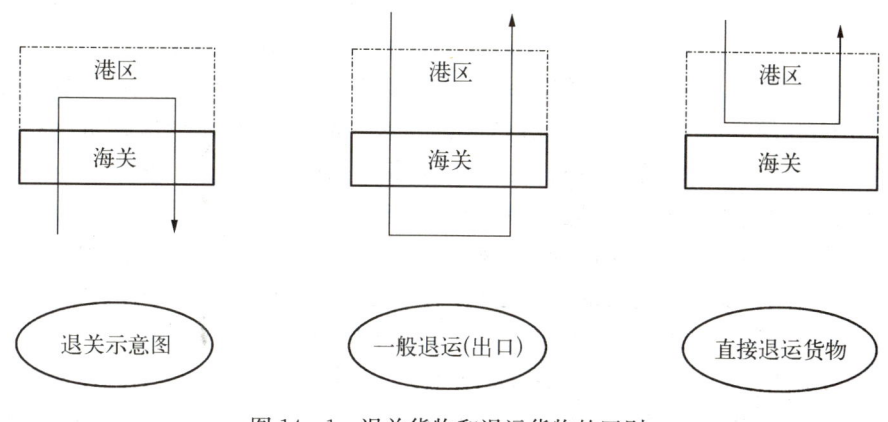

图 14-1　退关货物和退运货物的区别

一、退关货物

退关货物又称出口退关货物，是指出口货物在海关申报出口后被海关放行，但因故未能装上运输工具，发货单位请求将货物退运出海关监管区域不再出口的情形下的货物。

之所以定义上限定其为"被海关放行，但因故未能装上运输工具……"主要是为了遏制虚假退关。有时，某些不法企业一听到海关对其出口货物要求布控查验的消息，就往往以各种托辞和借口提出退关（目的是为了防止被海关发现货物的问题而受处罚，并非真的是由于"未能装上运输工具"），因此，很多海关在接受出口申报时会要求企业确认出口货物已备齐，不得无故退运。

出口货物的发货人或其代理人在得知办结出口海关手续的货物未能装上出境运输工具，并决定不再出口之日起 3 日内，向海关申请退关，经海关核准并撤销出口申报后，凭海关签注的单证提货，运出海关监管场所。已缴纳了出口关税的退关货物，可以自缴纳税款之日起 1 年内向海关申请退还关税。在办理海关手续前，通常应当先到外汇管理局办理出口收汇核销单注销手续，然后再办理退关。

二、退运货物

造成进出口货物被退运的因素很多,例如货物被境内外买方拒收,货物错发、错运、溢装等因素,以及货物由于无许可证无法通关(遇国家贸易管制政策有新调整所致),乃至如进出口货物木质包装检疫不合格等因素,都可能导致被退运。退运货物可分为以下几种。

1. 一般退运货物

一般退运货物是指已办理进出口申报手续且我国海关已放行的退运货物,包括退运出口和退运进口两种情形。退运进出口报关时,报关单上"贸易方式"一栏填写:退运货物4561,原出口、进口的报关单资料仍要向海关提供。

例如,不少企业将货物报关出口后,由于储运过程中货物发生损坏、变形或货品规格不符,境外收货方往往要求退货,遇到这种情况,出口企业应在货物报关出口之日起1年内凭有关单证资料向原出口海关申请办理退运进口手续。同时应当办理原获出口退税返还的手续。

退运会牵涉到外汇核销的问题,因为退货的同时,卖方一般要返还给买方相应款项。而且退运又分为退运时外汇已核销、外汇尚未核销,以及进出口货物部分退运的情形,本章只讲述外汇已核销后货物发生全部退运的情形。

针对原出口货物退运进口,若属已收汇、已核销的情况,由出口商向外汇管理局申领并填制"出口核销退运情况申请表",经外汇管理局盖"收汇核销证明"章后,由原发货人或者代理人凭以向海关办理出口退运货物进口报关。海关凭外汇管理局出具的"出口收汇核销退运情况申请表"办理相应手续,并向出口商出具盖有海关验讫章的退运货物进口报关单。出口商凭外汇局出具的"已冲减出口收汇核销证明",到外汇指定银行办理付汇(付给境外的买方)手续。

链接

出口货物退运进口的原出口退税缴还手续

原出口货物退运进口,如果原出口货物是生产型企业出口的,生产型企业应当向当地国税局申请出具《出口货物退运已办结税务证明》;如果原出口货物是外贸公司出口的,外贸公司应当向当地国税局申请出具《出口货物退运已补税证明》。然后企业凭《出口货物退运已办结税务证明》或《出口货物退运已补税证明》以及其他要求出具的证单向海关申请办理退运。

针对原进口货物退运出口,如我方已经付汇,必须先由进口商向外汇管理局提出申请,办理备案登记,海关凭外汇管理局出具的"进口退运付汇核销备案登记表"

办理出口退运手续,签发进口货物退运的出口报关单。原进口商在收到外商退回的原进口款项时,应填写"涉外收入申报单"。交易附言栏内注明退款,并持海关签发的相应进口货物退运的出口报关单、银行收账通知或结汇水单、外管局签发的"进口退运付汇核销备案登记表"、货物进口合同、运输单据等,向外管局办理进口货物退货退汇处理的手续。

因品质、规格原因,出口货物自出口之日起1年内原状退货复运进境的,不予征进口税。已经征收出口税的,只要重新缴纳因出口而退还的国内环节税,自缴纳出口税款之日起1年内准予退还;进口货物自进口之日起1年内原状退货复运出境,可以免征出口税,已征收的进口税,自缴纳进口税款之日起1年内准予退还。

2. 直接退运货物

直接退运货物是指货物进境后、放行结关前,因特殊原因不能继续办理进口手续,经海关批准全部退运境外的货物。

直接退运货物和一般退运出口货物的主要区别是:一般退运出口货物是在进口通关后发生退运,直接退运货物是在进口通关前发生退运,且直接退运货物不列入海关统计。

链接

直接退运货物的范围

按照直接退运的原因,可分为海关强制要求退运的和应当事人请求直接退运的两种。

1. 海关强制要求退运的货物("责令直退")

(1) 进口国家禁止进口的货物,经海关依法处理后的。

(2) 违反国家检验检疫政策法规,经国家检验检疫部门处理并且出具《检验检疫处理通知书》或者其他证明文书后的。

(3) 未经许可擅自进口属于限制进口的固体废物用作原料,经海关依法处理后的。

(4) 违反国家有关法律、行政法规,应当责令直接退运的其他情形。

对于上述货物,海关向当事人签发"海关责令进口货物直接退运通知书"。

2. 应当事人请求直接退运的货物("申请直退")

(1) 合同执行期间国家贸易管制政策调整,收货人无法补办有关审批手续,并能提供有关证明的。

（2）收货人因故不能支付进口税、费，或收货人未按时支付货款致使货物所有权已发生转移，并能提供发货人同意退运的书面证明的。

（3）属错发、误卸货物，并能提供发货人或运输部门书面证明的。

（4）发生贸易纠纷，未能办理报关进口手续，并能提供法院判决书、贸易仲裁部门仲裁决定书或无争议的有效货权凭证的。

对于上述货物，海关应请求，可向当事人签发"海关准予直接退运决定书"。"申请直退"属于行政许可事项。

为防止收货人以直接退运为借口逃避海关处罚，海关规定，如果海关已确定布控查验的货物，和认为有走私违规嫌疑的货物，将不予应请求办理直接退运。

为保证通关数据完整和舱单正常核销，直接退运货物需凭海关审批件分别办理出、进口报关手续。先办理出口，然后进口报关单"关联报关单"栏填报出口报关单号，即"××（关区代码）××××××××××（出口报关单号）"，进、出口报关单"备注"栏均应注明"海关准予直接退运决定书"或"海关责令进口货物直接退运通知书"编号。报关单上"贸易方式"一栏填写：直接退运 4500。如果是属于承运人的责任造成的错发、误卸、溢卸，获批准退运的，可免填报关单。

经海关批准或者责令直接退运的货物，企业办理通关手续时，不需要提供进出口许可证或者其他监管证件，各种税费及滞报金也免予征收。

案例链接

对"洋垃圾"海关可责令直接退运

2007 年 2 月，浙江省台州×××金属有限公司委托××国际运输公司申报进口一批废五金及废电机，经台州海关开箱查验，发现其中两个集装箱内含有国家禁止入境的废空调。"对于这种藏匿的'洋垃圾'，从 2007 年 4 月 1 日起，海关可依据《中华人民共和国海关进口货物直接退运管理办法》的规定，责令直接退运，不需企业再申请。"杭州海关小俞今天向记者解释说。

该《办法》对进口货物退运的流程和申请手续作了规范，另外还特别区分了货主申请退运和国家责令退运的两种情形。明确区分行政许可和非行政许可的办理程序。对于进口货物收发货人、承运人或其代理人申请直接退运货物的，适用行政许可审批程序；根据国家有关政策法规要求责令直接退运货物的，不适用行政许可审批程序。

——根据 2007 年 2 月 14 日《法制日报》讯整理，记者蔡岩红

3. 加工贸易退运货物

加工贸易项下出口成品发生退运时，贸易方式应分别填报为进料成品退换（代码：4600）和来料成品退换（代码：4400），有别于一般贸易项下出口产品的退运货物（代码：4561）。在申报时须提供原加工贸易手册、原出口报关单的退税联和外汇核销联、外汇核销单以及国税部门和外管部门的有关证明；如果该手册已经在海关办理核销手续，应提供主管海关的手册已核销证明，贸易方式申报为修理物品（代码：1300），并交纳退运成品相应税款的保证金，待货物在海关规定期限内复运出口后，向海关申请退还。

第五节　无代价抵偿货物的报关

无代价抵偿货物是指进出口货物在海关放行后，因残损、短少、品质不良或者规格不符等原因，由进出口货物的发货人、承运人或者保险公司免费补偿或者更换的与原货物相同或者与合同规定相符的货物。

多数退运货物的产生都会伴随着出现无代价抵偿货物，如我国进口商将质量不良的、规格不对的进口货物退运出境给卖方，然后卖方应当"抵偿"一批同种类的质量过关、规格正确的货物给我方，这就是无代价抵偿进口货物。同理假如进口商和出口商地理位置互换，则对于我国海关就是无代价抵偿出口货物。

以进口货物为例，原先有问题的进口货物是第一批，无代价抵偿进口货物是第二批，既然对第一批货物已经全额征收过关税了，那么理论上海关对这批无代价抵偿货物就不该征收关税和要求另行交验许可证。

海关设计无代价抵偿货物通关制度，很大一部分内容是围绕海关怎样鉴别确认后面的这批货物确实是无代价抵偿进（出）口货物而展开的，报关员要学习的是怎样通晓制度的具体环节以配合海关的确认工作。

> **链接**
>
> ### 对无代价抵偿货物属性的规定
>
> 收发货人申报进出口的无代价抵偿货物，与退运出境或者退运进境的原货物不完全相同或者与合同规定不完全相符的，经收发货人说明理由，海关审核

认为理由正当且税则号列未发生改变的（如货物的品牌、外表颜色的不同），仍可归于无代价抵偿货物范围。

收发货人申报进出口的免税补偿或者更换的货物，其税则号列与原进出口货物的税则号列不一致的，不属于无代价抵偿货物范围，属于一般进出口货物范围。

一、海关监管特征

无代价抵偿货物海关监管的基本特征是：

（1）原申报进出口的货物已按规定缴纳了关税（或办理过减免税进口手续），海关对原申报进出口的货物已经放行。

（2）进出口无代价抵偿货物免予交验进出口许可证件。

（3）进口无代价抵偿货物，不征收进口关税和进口代征税；出口无代价抵偿货物，不征收出口关税。但是进出口与原货物或合同规定不完全相符的无代价抵偿货物应当按规定计算与原进出口货物的税款差额，高出原征收税款数额的应当征收超出部分的税款，低于原征收税款且原进出口货物的发货人、承运人或者保险公司同时补偿货款的，应当退还补偿款部分的税款，未补偿货款的，不予退还。

案例链接

如何确认"无代价抵偿"货物

大连某科技有限公司2004年由美国某公司进口一套大豆出仓系统。2005年11月，出仓机的滑动式轴承磨损严重，通过"无代价抵偿"方式更换了一套滑动式轴承，已损部件未退运出境（以下简称"第一次更换行为"）。2006年6月，该轴承又产生严重磨损，经商检部门检验是设计缺陷。企业与外方签订索赔协议，将滑动轴承更换为滚动轴承（以下简称"第二次更换行为"），又拟以"无代价抵偿"方式向海关申报。

第一次更换行为符合"无代价抵偿"货物的定义，但海关对这批更换料件仍应照章征税。原因在于其原进口货物未退运出境且未放弃交由海关处理；第二次更换行为不符合"无代价抵偿"的货物的定义，海关对这批货应以"一般贸易"的方式通关并照章征税。原因在于2006年申报的替换件（滚动轴承）与原进口货物不完全相同或与原货物不完全相符（原进口货物是滑动轴承）。在这个案例中，两者税则号不一致，滑动轴承归入8483.3000.90，滚动轴承则归入8482项下。

——节选自《中国海关》2007年第一期文献，作者张洪光

二、原进出口货物的处理和征免税

原进出口货物属于下列(一)、(二)情况的,海关予以免税放行。

(一)退运进出境

原进出口货物的收发货人或其代理人应当办理被更换的原进出口货物中残损、品质不良或规格不符货物的退运出境或退运进境的报关手续。被更换的原进口货物退运出境时不征收出口关税;被更换的原出口货物退运进境时不征收进口关税和进口代征环节税。

(二)放弃交由海关处理

经买卖双方同意,被更换的原进口第一批货物中残损、品质不良或规格不符货物不退运出境,但原进口货物的收货人愿意放弃、交由海关处理的,海关应当依法处理并向收货人提供凭据,将来凭以申报进口无代价抵偿货物。

原进出口货物数量短少的,不涉及上面两种情况。

如被更换的原进口货物中残损、品质不良或规格不符货物不退运出境且不放弃交由海关处理的,或者被更换的原出口货物中残损、品质不良或规格不符的货物不退运进境,原进出口货物的收发货人应当按照海关接受无代价抵偿货物申报进出口之日适用的有关规定申报出口或进口,并缴纳出口关税或进口关税和进口环节代征税,属于许可证件管理的商品还应当交验相应的许可证件。

三、无代价抵偿货物的报关程序

向海关申报进出口无代价抵偿货物应当在原进出口合同规定的索赔期内且不超过原货物进出口之日起3年。

收发货人向海关申报无代价抵偿货物进出口时除应当填制报关单和提供其他必需的报关单证外,还应当提供以下特殊单证。

(一)进口

(1)原进口货物的报关单。

(2)原进口货物退运出境的出口货物报关单或者原进口货物交由海关处理的货物放弃处理证明或者已经办理纳税手续的单证(短少抵偿的除外)。

(3)原进口货物税款缴纳书或者"进口货物征免税证明"。

(4)买卖双方签订的索赔/抵偿协议。

如海关认为需要时,纳税义务人还应当提交具有资质的商品检验机构出具的原进口货物残损、短少、品质不良或者规格不符的检验证明书或者其他有关证明文件。

无代价抵偿进口货物报关单上的海关监管方式代码填3100,简称"无代价抵偿"。

(二)出口

(1)原出口货物的报关单。

(2)原出口货物退运进境的进口货物报关单或者已经办理纳税手续的单证(短少抵偿的除外)。

(3)原出口货物税款缴纳书(如果出口货物需要征收关税)。

(4)买卖双方签订的索赔/抵偿协议。

海关认为需要时,纳税义务人还应当提交具有资质的商品检验机构出具的原出口货物残损、短少、品质不良或者规格不符合的检验证明书或者其他有关的证明文件。

第六节　溢卸、误卸货物、放弃货物和
超期未报关货物的处理

一、溢卸或误卸的进境货物

(一)溢卸或误卸的进境货物的含义

溢卸进境货物是指未列入进口载货清单、运单的货物,或者多于进口载货清

单、提单或运单所列数量的货物(但不包括按照合同规定的溢短装条款规定限度内所多装的货物,只有超出溢短装条款比例而多装的货物才属于进口溢卸货物)。

误卸进境货物是指应当运往境外港口、车站或境内其他港口、车站而在本港(站)卸下的货物。

链接

溢卸、误卸和短卸

卸货时,船方和装卸公司应根据载货清单和其他有关单证认真卸货,避免发生差错,然而由于众多原因难免会发生溢卸或误卸的情形,还有的时候,从国际运输工具卸下的货物少于进口货物载货清单、提单、运单中所列货物数量,这被称为短卸。

溢卸在大部分情况下是出口商的责任(如一个出口商同时处理好几笔出口交货的合同、货物出库清点数量出错等),但也有可能是运输代理方物流分拨差错等造成的,短卸事故通常是运输方或出口方造成的。误卸一般责任就在于运输方。对于误卸,海关比较容易分辨,因为误卸的集装箱货物在轮船公司发给海关的舱单信息当中是没有该集装箱信息的。短卸部分的货物由于暂时并不存在(是个抽象的"短少"概念),所以不是我国海关监管的重点。

例如,物流公司从韩国某出口商处共接受托运 1 000 吨货物,按要求本该运给日本横滨 A 进口商 600 吨,运给中国上海 B 进口商 400 吨货物。结果由于分拨工作出错,实际变成运给 A 进口商 400 吨,运给 B 进口商 600 吨。对于我国海关来说这 200 吨货物就是溢卸货物。

而溢卸货物由于存在很大的走私瞒报风险,往往必然被海关布控开箱查验,这一点在国际贸易实务操作中是值得引起注意的。

(二) 溢卸或误卸进境货物的报关手续

进口溢误卸货物在报关单上填写的海关监管方式代码是 4539,简称:进口溢误卸。

(1) 根据 2007 年 4 月起施行的《中华人民共和国海关进口货物直接退运管理办法》,属于错发、误卸或者溢卸货物,能够提供发货人或者承运人书面证明文书的,当事人可以在货物进境后、办结海关放行手续前(以书面形式)向货物所在地海关申请办理直接退运手续(监管方式代码 4500)。

(2) 溢卸进境货物由原收货人接受的,原收货人或其代理人应填写进口货物报关单向进境地海关申报,并提供相关的溢卸货物证明,如属于国家限制进口商品的,应提供有关的许可证件,海关验核后按规定征税放行货物。

(3)对运输工具负责人或其代理人要求以溢卸货物抵补短卸货物的,应与短卸货物原收货人协商同意,并限于同一运输工具、同一品种的货物。如非同一运输工具或不同航次之间以溢卸货物抵补短卸货物的,只限于同一运输公司、同一发货人、同一品种的进口货物。对上述两种情况,都应填报进口货物申报单向海关申报。

(4)误卸进境货物,由于牵涉到物权问题,不能由运输工具负责人或其代理人任意处置,而应当分情形处理:① 如属于应运往国外的,运输工具负责人或其代理人要求退运至境外时,经海关核实后可准予办理退运;② 属于应运往国内其他口岸的,由于再办理一遍境内海运托运手续会有较大麻烦(不能按直接退运处理),还会占用不少时间,因此在运输公司给予收货人一定损失补偿以后,为了减少码头货物占压堆场的压力,可由原收货人或其代理人就地向进境地海关办理进口申报手续(简称就地报关进口),也可以经进境地海关同意按转关运输管理办法办理转运手续。

案例链接

误卸进口货物案例

一批进口货物,本应从新加坡运往上海,结果班轮在厦门港加油上水时,误将货物在厦门港卸下,而后班轮驶离。该批货物收货人在江西省九江,于是收货人可以直接在厦门港报关进口这批货物,或者在厦门港办理转关进口手续,然后在九江海关正式报关。

---

(5)对溢卸、误卸进境货物,原收货人不接受或不办理退运手续的,运输工具负责人或其代理人可以要求在国内进行销售,由购货单位向海关办理相应的进口手续。

关于报关期限:溢卸、误卸进境货物,经海关审定确实的,由载运该货物的原运输工具负责人,自该运输工具卸货之日起3个月内,向海关申请办理退运出境手续;或者由该货物的收发货人,自该运输工具卸货之日起3个月内,向海关申请办理退运或者申报进口手续。经载运该货物的原运输工具负责人或者该货物的收发货人申请,海关批准,可以延期3个月办理退运出境或者申报进口手续。超出上述规定的期限,未向海关办理退运或者申报进口手续的,由海关提取依法变卖处理。

溢卸、误卸进境货物属于危险品或者鲜活、易腐变质、易失效、易贬值等不宜长期保存的货物,海关可以根据实际情况,提前提取,依法变卖处理,变卖所得价款按有关规定作出相应处理。

二、放弃进口货物

1. 放弃进口货物的定义

放弃进口货物是指进口货物的收货人或其所有人声明放弃,由海关提取依法变卖处理的货物(注意:放弃不是丢弃)。

国家禁止进口废物、对环境造成污染的货物不得声明放弃,必须退运出境或采取其他方式妥善处理。

2. 可作放弃处理的进口货物

(1) 没有办结海关手续的一般进口货物。

(2) 保税货物。

(3) 在监管期内的特定减免税货物。

(4) 暂准进境货物。

(5) 其他没有办结海关手续的进境货物。

3. 放弃进口货物变卖价款的处理

由海关提取依法变卖处理的放弃进口货物的所得价款,优先拨付变卖处理实际支出的费用后,再扣除运输、装卸、储存等费用。所得价款不足以支付运输、装卸、储存等费用的,按比例支付。变卖价款扣除相关费用后尚有余款的,上缴国库。

三、超期未报关货物

超期未报关货物是指在规定的期限内未办结海关手续的海关监管货物。

(一) 范围

(1) 自运输工具申报进境之日起,超过3个月未向海关申报的进口货物。

(2) 在海关批准的延长期满仍未办结海关手续的溢卸货物、误卸货物。

(3) 超过规定期限3个月未向海关办理复运出境或者其他海关手续的保税货物。

(4) 超过规定期限3个月未向海关办理复运出境或者其他海关手续的暂准进境货物。

(5) 超过规定期限3个月仍未运输出境的过境、转运和通运货物。

(二) 海关处理

超期未报关进口货物由海关提取依法变卖处理:

（1）被决定变卖处理的货物如被列入《法检目录》范围的，由海关在变卖前提请当地出入境检验检疫局进行检验检疫，检验检疫的费用与其他变卖处理实际支出的费用从变卖款中支付。

（2）变卖所得价款，在优先拨付变卖处理实际支出的费用后，按照：① 运输、装卸、储存等费用；② 进口关税；③ 进口环节海关代征税；④ 滞报金的顺序扣除相关费用和税款。若所得价款不足以支付同一顺序的相关费用的，按照比例分摊支付。

（3）按照规定扣除相关费用和税款后，尚有余款的，自货物依法变卖之日起1年内，经进口货物收货人申请，余款予以发还。其中属于国家限制进口的，应当提交许可证件而不能提供的，不予发还；凡申请人不符合进口货物收货人资格、不能证明其对进口货物享有所有权的，申请不予受理。符合条件的申请人（收货人）应当按照海关要求补办货物的进口申报手续，报关单上贸易方式一栏填录"9639海关处理货物"。

海关逾期仍未受理过有效申请的，或虽有人申请但不符合发还余款条件的，余款上缴国库。

第七节 过境、转运、通运货物的报关

根据我国海关规定，过境、转运和通运货物不列入我国进出口统计，但进出境时应当向口岸海关申报。

本节所讲的过境、转运、通运货物的报关有一个特点，它们的报关不是进出口货物收发货人或其特意委托报关的代理人完成的，而多是由货物运输承运人（如轮船公司等）或代理人向海关申报，与收发货人的直接关系并不大。也就是说，其中多数属于以货运企业名义报关的间接代理报关，通俗地讲，这种报关可以是在境外的收发货人都"不知晓"的情况下完成的。并且，过境、转运、通运货物向我国海关的申报，不用录入和填写普通的进出口货物报关单。

一、过境货物的报关

（一）过境货物的概念

过境货物是指从境外启运，在我国境内不论是否换装运输工具，通过陆路运输继续运往境外的货物。一般意义上，很多"国际联运货物"（如经由新欧亚大陆桥运输）就是典型的过境货物。过境货物的范围包括：

（1）与我国签有过境货物协定国家的过境货物，或属于同我国签有铁路联运协定国家收、发货的过境货物，按有关协定准予过境。

（2）对与同我国未签有上述协定国家的过境货物，应当经国家商务、运输主管部门批准，并向入境地海关备案后准予过境。

从境外启运,经我国有关部门同意,载于航空器上越过我国境内领空,或载于船舶上借道通过我国境内领海,继续运往境外的货物,不是过境货物。

（二）禁止过境的货物

我国政府明令禁止过境的货物包括：① 来自或运往我国停止或禁止贸易的国家和地区的货物；② 各种武器、弹药、爆炸品及军需品（通过军事途径运输的除外）；③ 各种烈性毒药、麻醉品和鸦片、吗啡、海洛因、可卡因等毒品；④ 我国法律、法规禁止过境的其他货物物品。禁止过境货物的规定优先于一般过境货物范围规定执行。

有的情况下,不法分子通过伪报货名与国别,借以运输我国禁止过境的货物,海关应将货物作依法扣留处理。

（三）海关对过境货物的监管

我国海关对过境货物的监管的法律法规依据是《海关法》和《中华人民共和国海关对过境货物监管办法》等相关条款。海关对过境货物监管的目的是为了防止发生过境货物（名义上报称过境）在我国境内运输过程中滞留在国内（实际上永久进口）,或将我国货物混入过境货物随运出境,以及防止我国禁止过境货物从我国过境。

我国海关对过境货物的监管要求如下：

（1）装载过境货物的运输工具,应当具有海关认可的加封条件或装置。海关认为有必要时,可以对过境货物及其装载装置进行加封。

（2）运输部门和过境货物经营人应当负责保护海关封志的完整,任何人不得擅自开启或损毁。

（3）过境货物经营人应当持主管部门的批准文件和工商行政管理部门颁发的营业执照,向海关主管部门申请办理注册登记手续。

海关对于过境货物还有一些其他监管要求,如民用爆炸品、医用麻醉品等的过境运输需另行批准方可过境等,可以参考中国海关出版社的教材。

各地海关在对过境货物监管过程中,除发现有违法或者可疑的情事外,一般在做外形查验后,予以放行。如因监管需要,海关也可以对过境货物实施开箱查验。海关在查验过境货物时,经营人或承运人应当到场,负责搬移货物,开拆和重封货物的包装。

（四）过境货物的报关程序

1. 过境货物的进境报关

过境货物进境时,过境货物经营人或报关企业应当向海关递交下列单证：

（1）《中华人民共和国海关过境货物报关单》（一式四份）。

（2）过境货物运输单据（运单、装载清单、载货清单等）。

（3）海关需要的其他单证（发票、装箱清单等）。

过境货物经进境地海关审核无误后，进境地海关在提运单上加盖"海关监管货物"的戳记，并将《过境货物报关单》和过境货物清单制作关封后加盖"海关监管货物"专用章，连同上述提运单一并交经营人或报关企业。

链接

关于关封的小知识

关封是用于海关内部联系、交接有关单证所使用的印有"海关关封"字样，可以加封的档案袋，外形类似于大信封。由于有些单证的交接要依靠报关员等人自己传递到另一个海关，故加封的目的之一是可以防止报关单位相关人员离开海关场所后篡改海关单证内容。

过境货物在进境以后、出境以前，应当按照运输主管部门规定的路线运输。运输部门没有规定的，由海关指定。海关可根据情况需要派员押运过境货物运输。

2. 过境货物复出境

经营人或承运人应当负责将进境地海关签发的关封完整及时地带交出境地海关审核。经出境地海关审核有关单证、关封和货物无误后，由海关加盖放行章，在海关的监管下出境。

3. 过境货物的过境期限

过境货物的过境期限为 6 个月，因特殊原因，可以向海关申请延期，经海关同意后，可延期 3 个月。过境货物超过规定的期限 3 个月仍未过境的，海关按规定依法提取变卖，变卖后的货款按有关规定处理。

二、转运货物的报关

（一）转运货物的概念

转运货物是指由境外启运，通过我国境内设立海关的起点换装运输工具，而不通过境内陆路运输，继续运往境外的货物。例如，国际贸易实务中我们学到的转船、转机等货运操作就属于转运。转运货物不通过境内陆路运输，这点跟过境货物相反。

下列货物禁止转运：

（1）来自或运往我国停止或禁止贸易的国家和地区的货物。

（2）我国法律、法规禁止进出境的货物。

（3）国际禁运的货物。

链接

转运货物和转口贸易货物的区别

转口贸易货物一般是保税报关进口的,这种货物在我国境内停留是由于有我国的转口贸易中间商的存在,是为了转售货物;而转运货物在我国境内即使短暂停留,也仅仅只是为了完成运输全程而作的停留(比如由于无直达班轮、飞机等原因),与转口贸易无关(货物全程由承运方或货运代理方掌控)。也就是说,是否发生中间商业交易,是区分两者的重要标志。

（二）转运货物的条件

进境运输工具载运的货物必须具备下列条件之一,方可办理转运手续:

（1）持有转运或联运提货单的。

（2）进口载货清单上注明是转运货物的。

（3）持有普通提货单,但在起卸前向海关声明转运的。

（4）误卸的进口货物,经运输工具经理人提供确实证件的。

（5）因特殊原因申请转运,经海关批准的。

（三）转运货物的海关监管

海关对转运货物实施监管的主要目的在于防止货物在口岸换装过程中混卸进口或混装出口,上海海关曾为此依法制定了《关于海运国际转运集装箱及其货物的暂行管理办法》、《关于空运国际转运货物监管办法(试行)》等规定。

海关规定,外国转运货物在中国口岸存放期间,不得开拆、换包装或进行加工;海关对转运的外国货物有权进行查验;转运货物必须在3个月之内办理海关有关手续并转运出境,超出规定期限3个月仍未转运出境或办理其他海关手续的,海关将提取依法变卖处理。

（四）转运货物的报关程序

（1）载有转运货物的运输工具进境后,承运人应当在进口载货清单上列明转运货物的名称、数量、起运地和到达地,并向主管海关申报进境。

（2）申报经海关同意后,在海关指定的地点换装运输工具。

（3）在规定时间内运送出境。

案例链接

国内最大宗干果走私案内幕

近年来,随着人们生活水平的提高,榛子、碧根果等进口干果深受百姓欢迎,并成为节日期间的家庭必备。这其中,来自美国、伊朗的进口干果,由于质量上乘而颇受追捧,其进口量和国内售价也不断攀升。然而,2010年12月23日,大连海关在对进口货物进行风险分析时,发现了一个"奇特"的现象:有5个集装箱,约100吨美国产杏仁、榛子等干果申报从大连大窑湾口岸转运,运往周边第三国。

"当时,元旦、春节临近,正值国内干果需求旺季,有人却放弃供不应求的中国市场,将货物转运到并没多少需求的第三国,着实让人费解。"大连海关缉私局副局长孙德顺回想起当时侦办此案的疑点,仍记忆犹新。

随后的办案经历验证了孙德顺的怀疑,但是当时他并没有想到,由此揪出的是一伙"走南闯北"的"走私大鳄"。

大连海关缉私警首先从该批货物的委托进口公司——丹东翰通公司入手。到丹东后不久,缉私警察就发现有两个人与翰通公司过往密切,一是丹东昌昇贸易有限公司的法人代表邹皓坤,另一个是个体经营者那伟。

"在侦查过程中,我们发现那伟这个人'不简单'",当时办案的缉私警察杜晓峰介绍,"那伟经常奔波于辽宁、吉林等地,在丹东期间基本上是'昼伏夜出',还经常更换所乘车辆。"

缉私警决定从那伟找寻突破口,并撒开情报网、蹲坑守候、24小时不间断跟踪等监控方式一一上阵,最终发现了那伟偷偷出入的一个内贸码头。这个内贸码头,国家不对外开放,不许装卸进出口货物,也未设有海关等机构。

为了不打草惊蛇,缉私警在该码头对面远远的小山上设立了埋伏点,并用远程夜视监控设备将码头内的活动"尽收眼底"。缉私警发现,从大连大窑湾口岸转运往第三国的那5个集装箱的干果,又趁夜从境外非设关地的码头被偷偷运回了境内,藏在了一些小仓库和农家院里。实施具体操作的正是丹东翰通公司,而背后的实际操控者则是那伟。

2011年1月,大连海关获悉,那伟等人又从美国采购了各类干果,共计57

个集装箱陆续运抵大连大窑湾港，并准备如法炮制，再次以绕关方式将干果走私入境牟利。这一次专案组立即决定，展开抓捕行动，计划中所有8名抓捕对象全部归案。

办案人员告诉记者，干果的平均税率在25％左右，走私分子的利润主要体现在偷逃税款上。走私分子每走私一个集装箱（20吨），约偷逃税款人民币24万元左右，走私成本8万元左右，利润16万元左右。以来自伊朗的开心果为例，国外采购价为45元/千克，走私后成本为49元/千克，而正常进口的成本为57元/千克。

——根据"法制网"2011年6月报道整理，记者蔡岩红

三、通运货物的报关

（一）通运货物的含义

通运货物是指由境外启运，由船舶、航空器载运进境并由原运输工具载运出境的货物。

案例链接

通运货物的实例

飞机和船舶经过长途行驶，不可避免地要在中途机场码头停靠停泊，加油加水补充食品等等，这就涉及海关对通运货物的监管。还有一种情况是：如集装箱大型船舶停靠我国A港，位于船舱下部的一批集装箱目的地就是A港，因此势必要卸离船舶，但船舱上部堆放的那批集装箱可能因此需要暂时卸到A港码头上，轮船开船前再装回去（该操作被称为翻舱），船舱上部堆放的那批集装箱也是通运货物。

（二）通运货物的报关手续

（1）运输工具进境时，运输工具的负责人应凭注明通运货物名称和数量的船舶《进口报告书》或国际民航飞机使用的《进口和过境的货物、邮件和其他物品清单》向进境地海关申报。

（2）进境地海关在接受申报后，在运输工具抵、离境时对申报的货物予以核查，并监管货物实际离境。运输工具因装卸货物需搬运或倒装货物时，应向海关申

请并在海关的监管下进行。

单项选择题

1. _____是指以某种运输工具从一国的境外启运,在该国边境不论是否换装运输工具,通过该国陆路运输,继续运往境外的货物。

   A. 过境货物　　　B. 转关货物　　　C. 转运货物　　　D. 通运货物

2. 经海关确认的溢卸、误卸货物,从_____3个月内可以由原运输工具负责人或货物所有人向海关办理退运或进口手续。

   A. 卸货之日起　　　　　　　　　B. 运输工具进境之日起

   C. 卸完之日起　　　　　　　　　D. 向海关申报之日起

多项选择题

1. 下列关于退关货物的表述中,正确的有_____。

   A. 出口货物不存在退关

   B. 进口货物不存在退关

   C. 有时进口货物也有退关的

   D. 在得知欲出口的货物未装上轮船后,3天内可以申请退关

2. 下列表述中,错误的有_____。

   A. 加工贸易不作价设备的监管期未满但加工贸易合同已经履约,本企业留用的,企业可以向海关申请解除监管,设备属于进口许可证件管理的,此时可免交许可证件

   B. 加工贸易不作价设备,除国家另有规定的外,进境时免进口关税和进口环节增值税

   C. 金融租赁进口货物一般最终不复运出境

D. 申报进口的货样、广告品属于自动进口许可证管理的,均免领自动进口许可证

判断改错题

1. 装载过境货物的运输工具,应当具备海关认可的施加封志的条件或装置。
                                                                    （　）
2. 对于过境、转运和通运货物,运输工具负责人应当向进境地海关如实申报,并应
   当在规定期限内复运出境。   （　）
3. 若进口货物自运输工具申报进境之日起 3 个月还未向海关申报,海关应将该批
   货物变卖后的所得全数上缴国库。   （　）
4. 境内转关运输就是过境货物在境内路段的运输。   （　）

思考题

1. 放弃进口货物和超期未报关进口货物海关都将变卖,变卖所得价款处理的程序
   有何差别?
2. 某企业报关员网上询问广州海关工作人员:"2007 年我公司从法国进口了一批
   高档化妆品,2008 年,法国总公司要收回并派人在中国销毁此批产品(可能质量
   有问题,法方考虑到化妆品品牌的形象故而销毁)。2009 年,我公司要求法国公
   司补发相同数量的产品,能否免进口关税?"海关工作人员回复:"你公司 2007
   年从法国进口的化妆品,2008 年,由法国公司收回并在中国销毁此批产品,2009
   年你公司要求法国公司补发相同数量的产品,不属于无代价抵偿货物,应予征
   收关税和进口环节税。"请问海关回复的依据何在?

附录

附录一 由中国报关协会监制的代理报关委托书实样

代 理 报 关 委 托 书

编号：00015020665

　　我单位现　　（A 逐票、B 长期）委托贵公司代理　　等通关事宜。(A、填单申报B、辅助查验C、垫缴税款 D、办理海关证明联　E、审批手册　F、核销手册　G、申办减免税手续　H、其他)详见《委托报关协议》。

　　我单位保证遵守《海关法》和国家有关法规，保证所提供的情况真实、完整、单货相符。否则，愿承担相关法律责任。

　　本委托书有效期自签字之日起至　　　年　月　日止。

委托方（盖章）

法定代表人或其授权签署《代理报关委托书》的人（签字）

年　月　日

委 托 报 关 协 议

为明确委托报关具体事项和各自责任，双方经平等协商签定协议如下：

委托方			被委托方		
主要货物名称			*报关单编码	No.	
HS编码	□□□□□□□□□		收到单证日期		年 月 日
货物总价			收到单证情况	合同□	发票□
进出口日期	年　月　日			装箱清单□	提(运)单□
提单号				加工贸易手册□	许可证件□
贸易方式				其他	
原产地/货源地			报关收费	人民币　　　元	
其他要求：			承诺说明：		

背面所列通用条款是本协议不可分割的一部份，对本协议的签署构成了对背面通用条款的同意。	背面所列通用条款是本协议不可分割的一部份，对本协议的签署构成了对背面通用条款的同意。
委托方业务签章：	被委托方业务签章：
经办人签章： 联系电话：　　　　　年　月　日	经办报关员签章： 联系电话：　　　　　年　月　日

CCBA　　　[白联：海关留存、黄联：被委托方留存、红联：委托方留存]　　　中国报关协会监制

附录二 对外贸易经营者备案登记表实样

对外贸易经营者备案登记表

备案登记表编号: 0026□　　　进出口企业代码: 320073958□

经营者中文名称	江苏□通讯电气有限公司		
经营者英文名称	JIANGSU □ COMMUNICATION ELECTRICITY CO.,LTD.		
组织机构代码	739585□	经营者类型 (由备案登记机关填写)	有限责任公司
住　所	江苏省丹阳市开发区□号		
经营场所 (中文)	江苏省丹阳市开发区□号		
经营场所 (英文)	NO□ DEVELOPMENT ZONE DANYANG CITY JIANGSU		
联系电话	0511-69666□	联系传真	0511-69666□
邮政编码	212310	电子邮箱	□iu@163.com
工商登记注册日期	2002-7-2	工商登记注册号	3211812202□

依法办理工商登记的企业还须填写以下内容

企业法定代表人姓名	□	有效证件号	6201046□97
注册资金	伍佰万元		(折美元)

依法办理工商登记的外国 (地区) 企业或个体工商户 (独资经营者) 还须填写以下内容

企业法定代表人/ 个体工商负责人姓名		有效证件号	
企业资产/个人财产			(折美元)

备注		

填表前请认真阅读背面的条款，并由企业法定代表人或个体工商负责人签字、盖章。

备案登记机关

签　章

2006 年 03 月 09 日

· 321 ·

附录三 《进口药品通关单》实样

进口药品通关单

编号：

广州白云机场海关

_____海关：

根据《药品进口管理办法》的有关规定，下列药品已予进口备案，请予办理报关验放手续。

药品名称(中/英)：人用狂犬病纯化疫苗(Vero细胞) Rabies Vaccine Prepared on Vero Cell For Human Use

商品名(中/英)：维尔博 Verorab

收货单位：深圳_____生物制品有限公司

报验单位：深圳_____生物制品有限公司

HS商品编号：30022000   提运单号：020-50190□□

合同号/唛头：SSPBP2009-VE-07/   进口口岸：广州白云机场

药品生产厂：_____A.   产地：□国

剂型：注射剂   规格：0.5ml/瓶

~~批准文~~号：BS20040042 批件号：20090269   包装规格：350瓶/盒(另附0.5ml/支稀释液 570安瓿/盒)

药品批号：E0009-1, E0037-1, E0038-1, E0061-1, E0062-1, E0087-1, E0112-1, E0182-1, E018 3-1, E0198-2, E0130-2, E0297-1, E0129-3, E0298-1, E0303-1, E0331-1, E0304-1, E0607-1, E0199-2, E0228-2, E0252-1, E0589-1, E0590-1.

进口数量：   进口货值：

抽样单位：中国药品生物制品检定所

备 注：

该批药品待抽样检验，检验符合规定后，方可投用使用。

本通关单自签发之日起15日内有效，逾期须重新办理。

(说明：本单由国家食品药品监督管理局统一印制，一式四联，第一联(白)交企业，第二联(红)交海关，第三联(绿)交进口单位，第四联(黄)交口岸药品检验所。)

北京市朝阳区疾病预防控制中心
疫苗资质专用

附录四 《音像制品(成品)进口批准单》空白式样

新闻出版总署音像制品(成品)进口批准单

编号：YXCPJ－2009－0000

进口单位	名　　称	
	联系方式	

原产国家/地区		入境口岸	

境外版权提供单位	
节目品种数量(种)	
进口数量(盘)	
申请进口用途及理由	

注：具体节目名称、载体及数量等见第(2)页至第(　)页。

审批机关意见：	审批机关签章
	公章 年　　月　　日

新闻出版总署音像制品(成品)进口批准单使用说明：1. 新闻出版总署音像制品(成品)进口批准单一式三联,格式内容相同,第一联由进口人留存,第二联由海关留存,第三联由签发单位留存;2. 新闻出版总署音像制品(成品)进口批准单仅限一次报关使用,加盖骑缝章有效,每份审核单仅限填写一个入境口岸,多填无效;3. 新闻出版总署音像制品(成品)进口批准单自签发之日起公历年度内有效,即截至签发年度12月31日止。

共(　　)页,此为第(　　)页

中华人民共和国新闻出版总署监制

323

附录五　中国—新加坡自由贸易区间使用的原产地证书空白式样

ORIGINAL

1. Goods consigned from （Exporter's business name，address，country)	Reference No.
	CHINA-SINGAPORE FREE TRADE AREA PREFERENTIAL TARIFF CERTIFICATE OF ORIGIN （Combined Declaration and Certificate)
2. Goods consigned to （Consignee's name，address，country)	Issued in the People's Republic of China （Country) See Notes Overleaf
3. Means of transport and route（as far as known) Departure date Vessel's name/Aircraft etc. Port of Discharge	4. For Official Use ☐ Preferential Treatment Given Under CHINA-SINGAPORE Free Trade Area Preferential Tariff ☐ Preferential Treatment Not Given（Please state reason/s) Signature of Authorised Signatory of the Importing Country

5. Item number	6. Marks and numbers on packages	7. Number and type of packages，description of goods（including quantity where appropriate and HS number of the importing country)	8. Origin criterion（see Notes overleaf)	9. Gross weight or other quantity and value（FOB)	10. Number and date of invoices

| 11. Declaration by the exporter
The undersigned hereby declares that the above details and statement are correct; that all the goods were produced in
CHINA
（Country)
and that they comply with the origin requirements specified for these goods in the China-Singapore Free Trade Area Preferential
Tariff for the goods exported to
SINGAPORE
（Importing Country)

Place and date, signature of authorised signatory | 12. Certification
It is hereby certified，on the basis of control carried out，that the declaration by the exporter is correct.

Place and date， signature and stamp of certifying authority |

CCPIT

附录六 "暂准进口展品报关清单"式样

暂准进口展品报关清单
DECLARATION FORM FOR TEMPORARY IMPORT EXHIBITS

展览会名称：
Name of Exhibition:

日期：
Duration:

地点：
Venue:

参展公司 Exhibitor				
国别/地区 Country/Region		展馆/展台号 Hall/Booth NO.		地点： Venue:

箱号 C/NO.	尺码(厘米) L×W×H (cm)	毛重 G.W.	净重 N.W.	展品内容规格型号(英文) Decription In English	展品内容规格型号(中文) Decription of Contents in Chinese	原产地 Original	数量/单位 Quatity	单价(USD) UnitPrice (CIF)	总件数 TTL pkgs	总价(US$) TOTAL (CIF)	商品代码 H.S. NO.	a. 已售 sold b. 回运 to be returned c. 放弃/消耗 adandoned/consumer d. 赠送 given away

注：若展品是机械、电器或计算机产品，须报申报机名称、型号及序号，同时必须清楚列明在外箱包装。
Remarks: The brand name, model nos., serial nos., must be declared if exhibits is machine, electric appliances or computer. Also, it must be shown on outside packing surface

Total C. L. F. Value (USD)

承运商编号
(AIR SRA NO.)

此栏必须填写
Must declared

制单人
签字及盖章：
Signature & Company chop

于本"暂准进口展品报关清单"内，展商如有申报不准确或不完整，展品承运商恕不负责，各展商须对所提供的资料负责。
No liability shall be accepted for incorrect, imcomplete or omitted entries. Exhibitor shall be responsible for the contents of the entries.

附录七　《进出口货物征免税证明》实样

进 出 口 货 物 征 免 税 证 明

编号：7031409

批准依据：总署（2008）103号公告

申请单位：电子技术（苏州）有限公司

发证日期：2009 年 01 月 08 日

到货口岸：上海海关

征免性质/代码：自有资金／799

有效期：

合同号：ML011050

第1页　共1页

序号	货名	规格	税号	数量	单位	金额	币制	关税	增值税	其它
1	老化测试电路板（功能测试机用）/型号SX0806		9031900090	9.00	个	2116.00	USD	0%	17%	
2	测试电路板（功能测试机用）/型号JD0003品牌		9031900090	3.00	个	195.00	USD	0%	17%	
3	《以下空白》									
4										
5										

备注：2009SYZ081-002 配备证明审批日期2001年4月25日。

主管海关审批征免意见：

注意事项：
1. 本表使用一次有效，如同一合同货物分口岸进口，应分别签发本表，一份合同内货物分批进口的，应另申请签发本表，分次分批使用本表。
2. 表中"征免性质/代码"按本局审定填写。
3. "审批依据"栏应由主管海关根据免税审批年度H883(H2000)税则商品编号正确填写。
4. 货物进口时应向海关交验本表，具有时效。
5. 本表自签发之日起半年内有效，逾期应由签发本表海关重新确认。

（图为苏州工业园区海关签发的征免税证明，注明到货口岸则是上海关区）

附录八　加工贸易银行保证金台账分类管理的具体内容

保证金台账分类管理内容		限制类商品		允许类商品	
		东　部	中西部	东　部	中西部
AA类管理 企业	纸质手册	空转	空转	不转	不转
	电子化手册	空转	空转	不转	不转
	电子账册	空转	空转	不转	不转
A类管理企业	纸质手册	空转	空转	空转	空转
	电子化手册	空转	空转	不转	不转
	电子账册	空转	空转	不转	不转
B类管理企业	纸质手册	半实转	空转	空转	空转
	电子化手册	半实转	空转	空转	空转
	电子账册	半实转	空转	空转	空转
C类管理企业	纸质手册	实转	实转	实转	实转
	电子化手册	实转	实转	实转	实转
	电子账册	实转	实转	实转	实转
D 类管理企业		不准	不准	不准	不准
海关特殊监管区域企业		不转	不转	不转	不转

　　本表所称中西部地区是指除东部地区以外的其他地区。东部地区包括北京市、天津市、上海市、辽宁省、河北省、山东省、江苏省、浙江省、福建省、广东省。

　　(1) C类管理的企业,不管在什么地区开展加工贸易,进口限制类、允许类商品都要设台账、按全部进口料件应征税款金额全额征收保证金;

　　(2) 东部地区适用B类管理企业开展加工贸易,进口限制类、允许类商品均设台账,进口限制类商品按进口的限制类商品应征税款的50%征收保证金,进口允许类商品不征收保证金;

　　(3) 东部地区 A类管理企业,中西部地区 A 类、B 类管理企业开展加工贸易,进口限制类、允许类商品均设台账,但不征收保证金;

　　(4) 适用 AA 类管理企业,不管在什么地区开展加工贸易,进口允许类商品不设台账,进口限制类商品设台账,但不征收保证金;

　　(5) 适用 AA 类、A 类、B 类管理的企业,不管在什么地区,进口料件(不管是限制类还是允许类商品)金额在1万美元及以下的,可以不设台账,因此也不征收保证金;

　　(6) 东部地区 B类企业从事限制类商品加工贸易台账保证金计算公式:

　　① 进口料件属限制类商品或进口料件、出口成品均属限制类商品的:

　　台账保证金=(进口限制类料件的关税＋进口限制类料件的增值税)×50%

　　② 出口成品属限制类商品的:

　　台账保证金=进口料件备案总值×(限制类成品备案总值÷全部出口成品备案总值)×22%×50%

　　(7) 适用 C类企业从事限制类商品加工贸易台账保证金计算公式:

　　台账保证金=(进口全部料件的进口关税＋进口全部料件的进口增值税)×100%

　　(8) 78 种服装辅料:拉链、纽扣、鞋扣、扣绊、搭扣、撅扣、垫肩、胶袋、花边等,即一般贸易出口合同中订明的由境外厂商提供的辅料以及其他零星进口料件金额在1万美元及以下的,适用 AA 类、A 类、B 类管理的加工贸易企业可以不设台账,因此不需交保证金。

　　适用 AA 类、A 类、B 类管理的加工贸易企业进口金额在 5 000 美元以下的列名的 78 种客供服装辅料不仅可以不设台账,还可以免领手册,但必须凭出口合同向主管海关备案。

附录九　依托电子口岸服务器运作的电子化手册系统界面

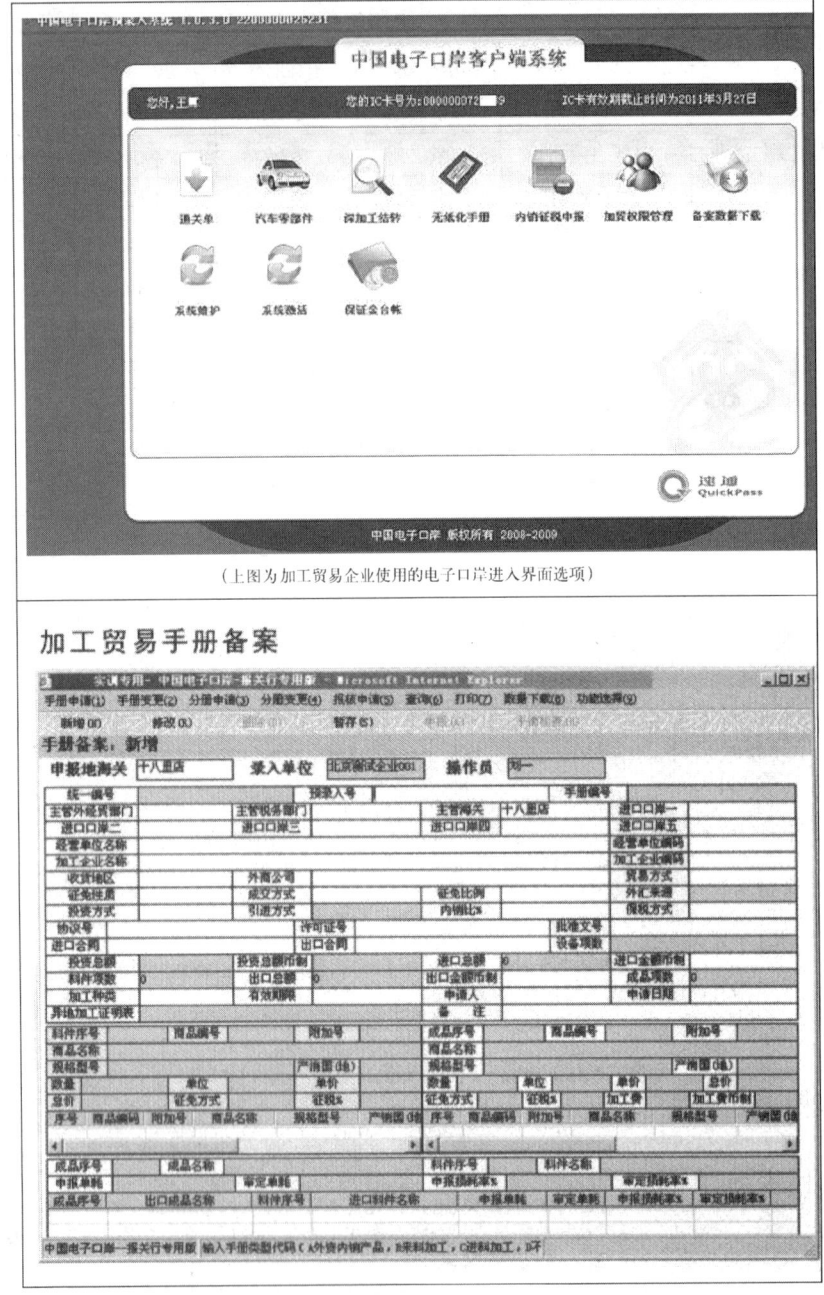

（上图为加工贸易企业使用的电子口岸进入界面选项）

（上图为模拟北京关区电子口岸网中的电子化手册备案界面）

附录十 《加工贸易核销申请表》式样

核销申请表

手册编号		进口合同号		出口合同号	

实际进口料件情况

项号	品名和规格	单位	实际进口数量			
			进口	深加工结转	余料结转	合计

实际出口/转出出口成品耗料情况

成品1:			成品2:			成品3:			成品4:			总耗
出口数量	单耗	总耗	出口数量	单耗	总耗	出口数量	单耗	总耗	出口数量	单耗	总耗	

实际出口额

剩余料件/残次品情况

征税内销情况		剩余料件/残次品情况		备注
数量	总价	数量	处理方式：结转退运/放弃	

边角料/副产品/受灾货物情况

品名和规格	单位	数量	价值	处理方式

申报核销单据

手册数量	主册	续册	分册
报关单分类	进口	出口	
核销申请表	页		
其他单据			

缴税情况

关税税额	
增值税额	
消费税额	

本表内容申报无讹，如有不实，本企业愿承担相应的法律责任。

经营企业盖章	加工企业盖章
经办人签字	经办人签字
年月日	年月日
经营企业电话	加工企业电话

329

附录十一 《出口加工区进境货物备案清单》实样

中华人民共和国海关出口加工区进境货物备案清单

预录入编号： 355047711		海关编号： 233520051355047711		**海关作业联**

进口口岸 昆山加工（2335）	备案号 H23354000009		进口日期 20050411	申报日期 20050414
经营单位（3223540003） ___电子科技(昆山)有限公司	运输方式 其它运输	运输工具名称		提运单号
收货单位 ___电子科技(昆山)有限公司	贸易方式 （5000） 料件进出区	征免性质 （）		征税比例
许可证号	起运国（地区） （142） 中国	装货港 （0142） 中国境内		境内目的地 （32235） 江苏昆山出口加工区
批准文号	成交方式 CIF	运费 000/.000/	保费 000/.000/	杂费 000/.000/
合同协议号 LMPD500298	件数 609	包装种类 纸箱	毛重（公斤） 12564	净重（公斤） 12198
集装箱号	随附单据		用途 加工返销	

标记唛码及备注　乔埠集中报关

集装箱号：

项号	商品编号	商品名称、规格型号	数量及单位	原产国（地区）	单价	总价	币制	征免
1 (50)	49019900	说明书 HFZYJ000610等	5018.91千克 167297.00个	中国 （142）	0.0642	10743.47	USD 美元	全免
2 (53)	48211000	标签 HGDBL103500等	1025.13千克 205026.00个	中国 （142）	0.0049	1015.58	USD 美元	全免
3 (59)	48191000	纸箱 HA51888PC00等	37.08千克 412.00个	中国 （142）	0.2273	93.68	USD 美元	全免
*4 (79)	48219000	未印刷标签 XX190074099等	6116.80千克 1529200.00个	中国 （142）	0.0121	18615.99	USD 美元	全免

税费征收情况

录入员　　录入单位	兹声明以上申报无讹并承担法律责任	海关审单批注及放行日期（签章）	
		审单	审价
报关员	申报单位（签章）	征税	统计
单位地址	___电子科技(昆山)有限公司		
邮编　　　电话	填制日期　2005/04/14	查验	放行

附录十三

中华人民共和国海关进出口货物报关单填制规范

(2008 年 8 月 4 日修订,2009 年 1 月 22 日再次修订)

为规范进出口货物收发货人的申报行为,统一进出口货物报关单填制要求,保证报关单数据质量,根据《中华人民共和国海关法》及有关法规,制定本规范。

《中华人民共和国海关进(出)口货物报关单》在本规范中采用"报关单"、"进口报关单"、"出口报关单"的提法。

报关单各栏目的填制规范如下:

一、预录入编号

本栏目填报预录入报关单的编号,预录入编号规则由接受申报的海关决定。

二、海关编号

本栏目填报海关接受申报时给予报关单的编号,一份报关单对应一个海关编号。

报关单海关编号为 18 位,其中第 1～4 位为接受申报海关的编号(海关规定的《关区代码表》中相应海关代码),第 5～8 位为海关接受申报的公历年份,第 9 位为进出口标志("1"为进口,"0"为出口;集中申报清单"I"为进口,"E"为出口),后 9 位为顺序编号。在海关 H883/EDI 通关系统向 H2000 通关系统过渡期间,后 9 位的编号规则同 H883/EDI 通关系统的要求,即 1～2 位为接受申报海关的编号(海关规定的《关区代码表》中相应海关代码的后 2 位),第 3 位为海关接受申报公历年份 4 位数字的最后 1 位,后 6 位为顺序编号。

三、进口口岸/出口口岸

本栏目应根据货物实际进出境的口岸海关,填报海关规定的《关区代码表》中相应口岸海关的名称及代码。特殊情况填报要求如下:

进口转关运输货物应填报货物进境地海关名称及代码,出口转关运输货物应填报货物出境地海关名称及代码。按转关运输方式监管的跨关区深加工结转货物,出口报关单填报转出地海关名称及代码,进口报关单填报转入地海关名称及代码。

在不同海关特殊监管区域或保税监管场所之间调拨、转让的货物,填报对方特殊监管区域或保税监管场所所在的海关名称及代码。

其他无实际进出境的货物,填报接受申报的海关名称及代码。

四、备案号

本栏目填报进出口货物收发货人在海关办理加工贸易合同备案或征、减、免税备案审批等手续时,海关核发的《中华人民共和国海关加工贸易手册》、电子账册及其分册(以下统称《加工贸易手册》)、《进出口货物征免税证明》(以下简称《征免税证明》)或其他备案审批文件的编号。

一份报关单只允许填报一个备案号。具体填报要求如下:

(一)加工贸易项下货物,除少量低值辅料按规定不使用《加工贸易手册》及以后续补税监管方式办理内销征税的外,填报《加工贸易手册》编号。

使用异地直接报关分册和异地深加工结转出口分册在异地口岸报关的,本栏目应填报分册号;本地直接报关分册和本地深加工结转分册限制在本地报关,本栏目应填报总册号。

加工贸易成品凭《征免税证明》转为减免税进口货物的,进口报关单填报《征免税证明》编号,出口报关单填报《加工贸易手册》编号。

对加工贸易设备之间的结转,转入和转出企业分别填制进、出口报关单,在报关单"备案号"栏目填报《加工贸易手册》编号。

(二)涉及征、减、免税备案审批的报关单,填报《征免税证明》编号。

(三)涉及优惠贸易协定项下实行原产地证书联网管理(香港 CEPA、澳门 CEPA,下同)的报关单,填报原产地证书代码"Y"和原产地证书编号。

(四)减免税货物退运出口,填报《减免税进口货物同意退运证明》的编号;减免税货物补税进口,填报《减免税货物补税通知书》的编号;减免税货物结转进口(转入),填报《征免税证明》的编号;相应的结转出口(转出),填报《减免税进口货物结转联系函》的编号。

(五)涉及构成整车特征的汽车零部件的报关单,填报备案的 Q 账册编号。

五、合同协议号

栏目填报进出口货物合同(包括协议或订单)编号。

六、进口日期/出口日期

进口日期填报运载进口货物的运输工具申报进境的日期。

出口日期指运载出口货物的运输工具办结出境手续的日期,本栏目供海关签发打印报关单证明联用,在申报时免予填报。

无实际进出境的报关单填报海关接受申报的日期。

本栏目为 8 位数字,顺序为年(4 位)、月(2 位)、日(2 位)。

七、申报日期

申报日期指海关接受进出口货物收发货人、受委托的报关企业申报数据的日期。以电子数据报关单方式申报的,申报日期为海关计算机系统接受申报数据时记录的日期。以纸质报关单方式申报的,申报日期为海关接受纸质报关单并对报关单进行登记处理的日期。

申报日期为 8 位数字,顺序为年(4 位)、月(2 位)、日(2 位)。本栏目在申报时免予填报。

八、经营单位

本栏目填报在海关注册登记的对外签订并执行进出口贸易合同的中国境内法人、其他组织或个人的名称及海关注册编码。

特殊情况下填制要求如下:

(一)进出口货物合同的签订者和执行者非同一企业的,填报执行合同的企业。

(二)外商投资企业委托进出口企业进口投资设备、物品的,填报外商投资企业,并在标记唛码及备注栏注明"委托某进出口企业进口"。

(三)有代理报关资格的报关企业代理其他进出口企业办理进出口报关手续时,填报委托的进出口企业的名称及海关注册编码。

九、收货单位/发货单位

(一)收货单位填报已知的进口货物在境内的最终消费、使用单位的名称,包括:

1. 自行从境外进口货物的单位。

2. 委托进出口企业进口货物的单位。

（二）发货单位填报出口货物在境内的生产或销售单位的名称,包括:

1. 自行出口货物的单位。

2. 委托进出口企业出口货物的单位。

（三）有海关注册编码或加工企业编码的收、发货单位,本栏目应填报其中文名称及编码;没有编码的应填报其中文名称。使用《加工贸易手册》管理的货物,报关单的收、发货单位应与《加工贸易手册》的"经营企业"或"加工企业"一致;减免税货物报关单的收、发货单位应与《征免税证明》的"申请单位"一致。

十、申报单位

自理报关的,本栏目填报进出口企业的名称及海关注册编码;委托代理报关的,本栏目填报经海关批准的报关企业名称及海关注册编码。

本栏目还包括报关单左下方用于填报申报单位有关情况的相关栏目,包括报关员、报关单位地址、邮政编码和电话号码等栏目。

十一、运输方式

运输方式包括实际运输方式和海关规定的特殊运输方式,前者指货物实际进出境的运输方式,按进出境所使用的运输工具分类;后者指货物无实际进出境的运输方式,按货物在境内的流向分类。

本栏目应根据货物实际进出境的运输方式或货物在境内流向的类别,按照海关规定的《运输方式代码表》选择填报相应的运输方式。

（一）特殊情况填报要求如下:

1. 非邮件方式进出境的快递货物,按实际运输方式填报;

2. 进出境旅客随身携带的货物,按旅客所乘运输工具填报;

3. 进口转关运输货物,按载运货物抵达进境地的运输工具填报;出口转关运输货物,按载运货物驶离出境地的运输工具填报;

4. 不复运出（入）境而留在境内（外）销售的进出境展览品、留赠转卖物品等,填报"其他运输"（代码9）。

（二）无实际进出境货物在境内流转时填报要求如下:

1. 境内非保税区运入保税区货物和保税区退区货物,填报"非保税区"（代码0）;

2. 保税区运往境内非保税区货物,填报"保税区"（代码7）;

3. 境内存入出口监管仓库和出口监管仓库退仓货物,填报"监管仓库"（代码1）;

4. 保税仓库转内销货物,填报"保税仓库"（代码8）;

5. 从境内保税物流中心外运入中心或从中心运往境内中心外的货物,填报"物流中心"（代码W）;

6. 从境内保税物流园区外运入园区或从园区运往境内园区外的货物,填报"物流园区"（代码X）;

7. 从境内保税港区外运入港区（不含直通）或从港区运往境内港区外（不含直通）的货物,填

报"保税港区"(代码 Y),综合保税区比照保税港区填报;

8. 从境内出口加工区、珠澳跨境工业区珠海园区(以下简称珠海园区)外运入加工区、珠海园区或从加工区、珠海园区运往境内区外的货物,区外企业填报"出口加工区"(代码 Z),区内企业填报"其他运输"(代码 9);

9. 境内运入深港西部通道港方口岸区的货物,填报"边境特殊海关作业区"(代码 H);

10. 其他境内流转货物,填报"其他运输"(代码 9),包括特殊监管区域内货物之间的流转、调拨货物,特殊监管区域、保税监管场所之间相互流转货物,特殊监管区域外的加工贸易余料结转、深加工结转、内销等货物。

十二、运输工具名称

本栏目填报载运货物进出境的运输工具名称或编号。填报内容应与运输部门向海关申报的舱单(载货清单)所列相应内容一致。具体填报要求如下:

(一) 直接在进出境地或采用"属地申报,口岸验放"通关模式办理报关手续的报关单填报要求如下:

1. 水路运输:填报船舶编号(来往港澳小型船舶为监管簿编号)或者船舶英文名称。

2. 公路运输:填报该跨境运输车辆的国内行驶车牌号,深圳提前报关模式的报关单填报国内行驶车牌号+"/"+"提前报关"。

3. 铁路运输:填报车厢编号或交接单号。

4. 航空运输:填报航班号。

5. 邮件运输:填报邮政包裹单号。

6. 其他运输:填报具体运输方式名称,例如:管道、驮畜等。

(二) 转关运输货物的报关单填报要求如下:

1. 进口

(1) 水路运输:直转、提前报关填报"@"+16 位转关申报单预录入号(或 13 位载货清单号);中转填报进境英文船名。

(2) 铁路运输:直转、提前报关填报"@"+16 位转关申报单预录入号;中转填报车厢编号。

(3) 航空运输:直转、提前报关填报"@"+16 位转关申报单预录入号(或 13 位载货清单号);中转填报"@"。

(4) 公路及其他运输:填报"@"+16 位转关申报单预录入号(或 13 位载货清单号)。

(5) 以上各种运输方式使用广东地区载货清单转关的提前报关货物填报"@"+13 位载货清单号。

2. 出口

(1) 水路运输:非中转填报"@"+16 位转关申报单预录入号(或 13 位载货清单号)。如多张报关单需要通过一张转关单转关的,运输工具名称字段填报"@"。

中转货物,境内水路运输填报驳船船名;境内铁路运输填报车名(主管海关 4 位关别代码+"TRAIN");境内公路运输填报车名(主管海关 4 位关别代码+"TRUCK")。

(2) 铁路运输:填报"@"+16 位转关申报单预录入号(或 13 位载货清单号),如多张报关单需要通过一张转关单转关的,填报"@"。

（3）航空运输：填报"@"＋16位转关申报单预录入号（或13位载货清单号），如多张报关单需要通过一张转关单转关的，填报"@"。

（4）其他运输方式：填报"@"＋16位转关申报单预录入号（或13位载货清单号）。

（三）采用"集中申报"通关方式办理报关手续的，报关单本栏目填报"集中申报"。

（四）无实际进出境的报关单，本栏目免予填报。

十三、航次号

本栏目填报载运货物进出境的运输工具的航次编号。

具体填报要求如下：

（一）直接在进出境地或采用"属地申报，口岸验放"通关模式办理报关手续的报关单

1. 水路运输：填报船舶的航次号。

2. 公路运输：填报运输车辆的8位进出境日期〔顺序为年（4位）、月（2位）、日（2位），下同〕。

3. 铁路运输：填报列车的进出境日期。

4. 航空运输：免予填报。

5. 邮件运输：填报运输工具的进出境日期。

6. 其他运输方式：免予填报。

（二）转关运输货物的报关单

1. 进口

（1）水路运输：中转转关方式填报"@"＋进境干线船舶航次。直转、提前报关免予填报。

（2）公路运输：免予填报。

（3）铁路运输："@"＋8位进境日期。

（4）航空运输：免予填报。

（5）其他运输方式：免予填报。

2. 出口

（1）水路运输：非中转货物免予填报。中转货物：境内水路运输填报驳船航次号；境内铁路、公路运输填报6位启运日期〔顺序为年（2位）、月（2位）、日（2位）〕。

（2）铁路拼车拼箱捆绑出口：免予填报。

（3）航空运输：免予填报。

（4）其他运输方式：免予填报。

（三）无实际进出境的报关单，本栏目免予填报。

十四、提运单号

本栏目填报进出口货物提单或运单的编号。

一份报关单只允许填报一个提单或运单号，一票货物对应多个提单或运单时，应分单填报。

具体填报要求如下：

（一）直接在进出境地或采用"属地申报，口岸验放"通关模式办理报关手续的

1. 水路运输：填报进出口提单号。如有分提单的，填报进出口提单号＋"＊"＋分提单号。

2. 公路运输：免予填报。

3. 铁路运输：填报运单号。

4. 航空运输：填报总运单号＋"_"＋分运单号,无分运单的填报总运单号。

5. 邮件运输：填报邮运包裹单号。

(二) 转关运输货物的报关单

1. 进口

(1) 水路运输：直转、中转填报提单号。提前报关免予填报。

(2) 铁路运输：直转、中转填报铁路运单号。提前报关免予填报。

(3) 航空运输：直转、中转货物填报总运单号＋"_"＋分运单号。提前报关免予填报。

(4) 其他运输方式：免予填报。

(5) 以上运输方式进境货物,在广东省内用公路运输转关的,填报车牌号。

2. 出口

(1) 水路运输：中转货物填报提单号;非中转货物免予填报;广东省内汽车运输提前报关的转关货物,填报承运车辆的车牌号。

(2) 其他运输方式：免予填报。广东省内汽车运输提前报关的转关货物,填报承运车辆的车牌号。

(三) 采用"集中申报"通关方式办理报关手续的,报关单填报归并的集中申报清单的进出口起止日期〔按年(4位)月(2位)日(2位)年(4位)月(2位)日(2位)〕。

(四) 无实际进出境的,本栏目免予填报。

十五、贸易方式(监管方式)

本栏目应根据实际对外贸易情况按海关规定的《监管方式代码表》选择填报相应的监管方式简称及代码。一份报关单只允许填报一种监管方式。

特殊情况下加工贸易货物监管方式填报要求如下：

(一) 进口少量低值辅料(即5 000美元以下,78种以内的低值辅料)按规定不使用《加工贸易手册》的,填报"低值辅料"。使用《加工贸易手册》的,按《加工贸易手册》上的监管方式填报。

(二) 外商投资企业为加工内销产品而进口的料件,属非保税加工的,填报"一般贸易"。

外商投资企业全部使用国内料件加工的出口成品,填报"一般贸易"。

(三) 加工贸易料件结转或深加工结转货物,按批准的监管方式填报。

(四) 加工贸易料件转内销货物以及按料件办理进口手续的转内销制成品、残次品、半成品,应填制进口报关单,填报"来料料件内销"或"进料料件内销";加工贸易成品凭《征免税证明》转为减免税进口货物的,应分别填制进、出口报关单,出口报关单本栏目填报"来料成品减免"或"进料成品减免",进口报关单本栏目按照实际监管方式填报。

(五) 加工贸易出口成品因故退运进口及复运出口的,填报"来料成品退换"或"进料成品退换";加工贸易进口料件因换料退运出口及复运进口的,填报"来料料件退换"或"进料料件退换";加工贸易过程中产生的剩余料件、边角料退运出口,以及进口料件因品质、规格等原因退运出口且不再更换同类货物进口的,分别填报"来料料件复出"、"来料边角料复出"、"进料料件复出"、"进料边角料复出"。

(六) 备料《加工贸易手册》中的料件结转转入加工出口《加工贸易手册》的,填报"来料加工"

或"进料加工"。

（七）保税工厂加工贸易进出口货物，根据《加工贸易手册》填报"来料加工"或"进料加工"。

（八）加工贸易边角料内销和副产品内销，应填制进口报关单，填报"来料边角料内销"或"进料边角料内销"。

（九）加工贸易进口料件不再用于加工成品出口，或生产的半成品（折料）、成品因故不再出口，主动放弃交由海关处理时，应填制进口报关单，填报"料件放弃"或"成品放弃"。

十六、征免性质

本栏目应根据实际情况按海关规定的《征免性质代码表》选择填报相应的征免性质简称及代码，持有海关核发的《征免税证明》的，应按照《征免税证明》中批注的征免性质填报。一份报关单只允许填报一种征免性质。

加工贸易货物报关单应按照海关核发的《加工贸易手册》中批注的征免性质简称及代码填报。特殊情况填报要求如下：

（一）保税工厂经营的加工贸易，根据《加工贸易手册》填报"进料加工"或"来料加工"。

（二）外商投资企业为加工内销产品而进口的料件，属非保税加工的，填报"一般征税"或其他相应征免性质。

（三）加工贸易转内销货物，按实际情况填报（如一般征税、科教用品、其他法定等）。

（四）料件退运出口、成品退运进口货物填报"其他法定"（代码0299）。

（五）加工贸易结转货物，本栏目免予填报。

十七、征税比例/结汇方式

进口报关单本栏目免予填报。

出口报关单填报结汇方式，按海关规定的《结汇方式代码表》选择填报相应的结汇方式名称或代码。

十八、许可证号

本栏目填报以下许可证的编号：进（出）口许可证、两用物项和技术进（出）口许可证、两用物项和技术出口许可证（定向）、纺织品临时出口许可证、出口许可证（加工贸易）、出口许可证（边境小额贸易）。

一份报关单只允许填报一个许可证号。

十九、启运国（地区）/运抵国（地区）

启运国（地区）填报进口货物启始发出直接运抵我国或者在运输中转国（地）未发生任何商业性交易的情况下运抵我国的国家（地区）。

运抵国（地区）填报出口货物离开我国关境直接运抵或者在运输中转国（地区）未发生任何商业性交易的情况下最后运抵的国家（地区）。

不经过第三国（地区）转运的直接运输进出口货物，以进口货物的装货港所在国（地区）为启运国（地区），以出口货物的指运港所在国（地区）为运抵国（地区）。

经过第三国（地区）转运的进出口货物，如在中转国（地区）发生商业性交易，则以中转国（地区）作为启运/运抵国（地区）。

本栏目应按海关规定的《国别（地区）代码表》选择填报相应的启运国（地区）或运抵国（地

区)中文名称及代码。

无实际进出境的,填报"中国"(代码 142)。

二十、装货港/指运港

装货港填报进口货物在运抵我国关境前的最后一个境外装运港。

指运港填报出口货物运往境外的最终目的港;最终目的港不可预知的,按尽可能预知的目的港填报。

本栏目应根据实际情况按海关规定的《港口航线代码表》选择填报相应的港口中文名称及代码。装货港/指运港在《港口航线代码表》中无港口中文名称及代码的,可选择填报相应的国家中文名称或代码。

无实际进出境的,本栏目填报"中国境内"(代码 142)。

二十一、境内目的地/境内货源地

境内目的地填报已知的进口货物在国内的消费、使用地或最终运抵地,其中最终运抵地为最终使用单位所在的地区。最终使用单位难以确定的,填报货物进口时预知的最终收货单位所在地。

境内货源地填报出口货物在国内的产地或原始发货地。出口货物产地难以确定的,填报最早发运该出口货物的单位所在地。

本栏目按海关规定的《国内地区代码表》选择填报相应的国内地区名称及代码。

二十二、批准文号

进口报关单中本栏目免予填报。

出口报关单中本栏目填报出口收汇核销单编号。

二十三、成交方式

本栏目应根据进出口货物实际成交价格条款,按海关规定的《成交方式代码表》选择填报相应的成交方式代码。

无实际进出境的报关单,进口填报 CIF,出口填报 FOB。

二十四、运费

本栏目填报进口货物运抵我国境内输入地点起卸前的运输费用,出口货物运至我国境内输出地点装载后的运输费用。进口货物成交价格包含前述运输费用或者出口货物成交价格不包含前述运输费用的,本栏目免于填报。

运费可按运费单价、总价或运费率三种方式之一填报,注明运费标记(运费标记"1"表示运费率,"2"表示每吨货物的运费单价,"3"表示运费总价),并按海关规定的《货币代码表》选择填报相应的币种代码。

运保费合并计算的,填报在本栏目。

二十五、保费

本栏目填报进口货物运抵我国境内输入地点起卸前的保险费用,出口货物运至我国境内输出地点装载后的保险费用。进口货物成交价格包含前述保险费用或者出口货物成交价格不包含前述保险费用的,本栏目免于填报。

保费可按保险费总价或保险费率两种方式之一填报,注明保险费标记(保险费标记"1"表示保险费率,“3”表示保险费总价),并按海关规定的《货币代码表》选择填报相应的币种代码。

运保费合并计算的,本栏目免予填报。

二十六、杂费

本栏目填报成交价格以外的、按照《中华人民共和国进出口关税条例》相关规定应计入完税价格或应从完税价格中扣除的费用。可按杂费总价或杂费率两种方式之一填报,注明杂费标记(杂费标记“1”表示杂费率,“3”表示杂费总价),并按海关规定的《货币代码表》选择填报相应的币种代码。

应计入完税价格的杂费填报为正值或正率,应从完税价格中扣除的杂费填报为负值或负率。

二十七、件数

本栏目填报有外包装的进出口货物的实际件数。特殊情况填报要求如下:

(一)舱单件数为集装箱的,填报集装箱个数。

(二)舱单件数为托盘的,填报托盘数。

本栏目不得填报为零,裸装货物填报为“1”。

二十八、包装种类

本栏目应根据进出口货物的实际外包装种类,按海关规定的《包装种类代码表》选择填报相应的包装种类代码。

二十九、毛重(千克)

本栏目填报进出口货物及其包装材料的重量之和,计量单位为千克,不足 1 千克的填报为“1”。

三十、净重(千克)

本栏目填报进出口货物的毛重减去外包装材料后的重量,即货物本身的实际重量,计量单位为千克,不足 1 千克的填报为“1”。

三十一、集装箱号

本栏目填报装载进出口货物(包括拼箱货物)集装箱的箱体信息。一个集装箱填一条记录,分别填报集装箱号(在集装箱箱体上标示的全球唯一编号)、集装箱的规格和集装箱的自重。非集装箱货物填报为“0”。

三十二、随附单证

本栏目根据海关规定的《监管证件代码表》选择填报除本规范第 18 条规定的许可证件以外的其他进出口许可证件或监管证件代码及编号。

本栏目分为随附单证代码和随附单证编号两栏,其中代码栏应按海关规定的《监管证件代码表》选择填报相应证件代码;编号栏应填报证件编号。

(一)加工贸易内销征税报关单,随附单证代码栏填写“c”,随附单证编号栏填写海关审核通过的内销征税联系单号。

(二)含预归类商品报关单,随附单证代码项下填写“r”,随附单证编号项下填写××关预归类书××号。

(三)优惠贸易协定项下进出口货物:

1. 优惠贸易协定项下进出口货物均按以下要求填报：

"Y"为原产地证书代码。优惠贸易协定代码选择"01"、"02"、"03"、"04"、"05"、"06"、"07"、"08"、"09"、"10"、"11"填报。

"01"为"亚太贸易协定"项下的进出口货物；

"02"为"中国—东盟自贸区"项下的进出口货物；

"03"为"内地与香港紧密经贸关系安排"(香港 CEPA)项下的进口货物；

"04"为"内地与澳门紧密经贸关系安排"(澳门 CEPA)项下的进口货物；

"05"为"对非洲特惠待遇"项下的进口货物；

"06"为"台湾农产品零关税措施"项下的进口货物；

"07"为"中巴自贸区"项下的进出口货物；

"08"为"中智自贸区"项下的进出口货物；

"09"为"对也门等国特惠待遇"项下的进口货物；

"10"为"中新(西兰)自贸区"项下的进出口货物；

"11"为"中新(加坡)自贸区"项下的进出口货物；

"12"为"中秘自贸协定"项下的进出口货物。

2. 具体填报要求如下：

(1) 实行原产地证书联网管理的,随附单证代码栏填写"Y",随附单证编号栏的"＜＞"内填写优惠贸易协定代码。例如香港 CEPA 项下进口商品,应填报为："Y"和"＜03＞"。一票进口货物中如涉及多份原产地证书或含有非原产地证书商品,应分单填报。

(2) 未实行原产地证书联网管理的,随附单证代码栏填写"Y",随附单证编号栏"＜＞"内填写优惠贸易协定代码＋"："＋需证商品序号。例如"亚太贸易协定"项下进出口报关单中第 1 到第 3 项和第 5 项为优惠贸易协定项下商品,应填报为："＜01：1～3,5＞"。

三十三、用途/生产厂家

进口货物本栏目填报用途,应根据进口货物的实际用途按海关规定的《用途代码表》选择填报相应的用途代码。

出口货物本栏目填报其境内生产企业。

三十四、标记唛码及备注

本栏目填报要求如下：

(一) 标记唛码中除图形以外的文字、数字。

(二) 受外商投资企业委托代理其进口投资设备、物品的进出口企业名称。

(三) 与本报关单有关联关系的,同时在业务管理规范方面又要求填报的备案号,填报在电子数据报关单中"关联备案"栏。

加工贸易结转货物及凭《征免税证明》转内销货物,其对应的备案号应填报在"关联备案"栏。

减免税货物结转进口(转入),报关单"关联备案"栏应填写本次减免税货物结转所申请的《减免税进口货物结转联系函》的编号。

减免税货物结转出口(转出),报关单"关联备案"栏应填写与其相对应的进口(转入)报关单

"备案号"栏中《征免税证明》的编号。

（四）与本报关单有关联关系的，同时在业务管理规范方面又要求填报的报关单号，填报在电子数据报关单中"关联报关单"栏。

加工贸易结转类的报关单，应先办理进口报关，并将进口报关单号填入出口报关单的"关联报关单"栏。

办理进口货物直接退运手续的，除另有规定外，应当先填写出口报关单，再填写进口报关单，并将出口报关单号填入进口报关单的"关联报关单"栏。

减免税货物结转出口（转出），应先办理进口报关，并将进口（转入）报关单号填入出口（转出）报关单的"关联报关单"栏。

（五）办理进口货物直接退运手续的，本栏目填报《准予直接退运决定书》或者《责令直接退运通知书》编号。

（六）申报时其他必须说明的事项填报在本栏目。

三十五、项号

本栏目分两行填报及打印。第一行填报报关单中的商品顺序编号；第二行专用于加工贸易、减免税等已备案、审批的货物，填报和打印该项货物在《加工贸易手册》或《征免税证明》等备案、审批单证中的顺序编号。

优惠贸易协定项下实行原产地证书联网管理的报关单，第一行填报报关单中的商品顺序编号，第二行填报该项商品对应的原产地证书上的商品项号。

加工贸易项下进出口货物的报关单，第一行填报报关单中的商品顺序编号，第二行填报该项商品在《加工贸易手册》中的商品项号，用于核销对应项号下的料件或成品数量。其中第二行特殊情况填报要求如下：

（一）深加工结转货物，分别按照《加工贸易手册》中的进口料件项号和出口成品项号填报。

（二）料件结转货物（包括料件、制成品和半成品折料），出口报关单按照转出《加工贸易手册》中进口料件的项号填报；进口报关单按照转进《加工贸易手册》中进口料件的项号填报。

（三）料件复出货物（包括料件、边角料、来料加工半成品折料），出口报关单按照《加工贸易手册》中进口料件的项号填报；如边角料对应一个以上料件项号时，填报主要料件项号。料件退换货物（包括料件、不包括半成品），进出口报关单按照《加工贸易手册》中进口料件的项号填报。

（四）成品退换货物，退运进境报关单和复运出境报关单按照《加工贸易手册》原出口成品的项号填报。

（五）加工贸易料件转内销货物（以及按料件办理进口手续的转内销制成品、半成品、残次品）应填制进口报关单，填报《加工贸易手册》进口料件的项号；加工贸易边角料、副产品内销，填报《加工贸易手册》中对应的进口料件项号。如边角料或副产品对应一个以上料件项号时，填报主要料件项号。

（六）加工贸易成品凭《征免税证明》转为减免税货物进口的，应先办理进口报关手续。进口报关单填报《征免税证明》中的项号，出口报关单填报《加工贸易手册》原出口成品项号，进、出口报关单货物数量应一致。

（七）加工贸易料件放弃或成品放弃，本栏目应填报《加工贸易手册》中的进口料件或出口成品项号。半成品放弃的应按单耗折回料件,以料件放弃申报,本栏目填报《加工贸易手册》中对应的进口料件项号。

（八）加工贸易副产品退运出口、结转出口或放弃,本栏目应填报《加工贸易手册》中新增的变更副产品的出口项号。

（九）经海关批准实行加工贸易联网监管的企业,按海关联网监管要求,企业需申报报关清单的,应在向海关申报进出口（包括形式进出口）报关单前,向海关申报"清单"。一份报关清单对应一份报关单,报关单上的商品由报关清单归并而得。加工贸易电子账册报关单中项号、品名、规格等栏目的填制规范比照《加工贸易手册》。

三十六、商品编号

本栏目应填报由《中华人民共和国进出口税则》确定的进出口货物的税则号列和《中华人民共和国海关统计商品目录》确定的商品编码,以及符合海关监管要求的附加编号组成的 10 位商品编号。

三十七、商品名称、规格型号

本栏目分两行填报及打印。第一行填报进出口货物规范的中文商品名称,第二行填报规格型号。

具体填报要求如下:

（一）商品名称及规格型号应据实填报,并与进出口货物收发货人或受委托的报关企业所提交的合同、发票等相关单证相符。

（二）商品名称应当规范,规格型号应当足够详细,以能满足海关归类、审价及许可证件管理要求为准,可参照《中华人民共和国海关进出口商品规范申报目录》中对商品名称、规格型号的要求进行填报。

（三）加工贸易等已备案的货物,填报的内容必须与备案登记中同项号下货物的商品名称一致。

（四）对需要海关签发《货物进口证明书》的车辆,商品名称栏应填报"车辆品牌＋排气量（注明 cc）＋车型（如越野车、小轿车等）"。进口汽车底盘不填报排气量。车辆品牌应按照《进口机动车辆制造厂名称和车辆品牌中英文对照表》中"签注名称"一栏的要求填报。规格型号栏可填报"汽油型"等。

（五）由同一运输工具同时运抵同一口岸并且属于同一收货人、使用同一提单的多种进口货物,按照商品归类规则应当归入同一商品编号的,应当将有关商品一并归入该商品编号。商品名称填报一并归类后的商品名称;规格型号填报一并归类后商品的规格型号。

（六）加工贸易边角料和副产品内销,边角料复出口,本栏目填报其报验状态的名称和规格型号。

（七）进口货物收货人以一般贸易方式申报进口属于《需要详细列名申报的汽车零部件清单》（海关总署 2006 年第 64 号公告）范围内的汽车生产件的,应按以下要求填报:

1. 商品名称填报进口汽车零部件的详细中文商品名称和品牌,中文商品名称与品牌之间用"/"相隔,必要时加注英文商业名称;进口的成套散件或者毛坯件应在品牌后加注"成套散件"、"毛坯"等字样,并与品牌之间用"/"相隔。

2. 规格型号填报汽车零部件的完整编号。在零部件编号前应当加注"S"字样,并与零部件编号之间用"/"相隔,零部件编号之后应当依次加注该零部件适用的汽车品牌和车型。

汽车零部件属于可以适用于多种汽车车型的通用零部件的,零部件编号后应当加注"TY"字样,并用"/"与零部件编号相隔。

与进口汽车零部件规格型号相关的其他需要申报的要素,或者海关规定的其他需要申报的要素,如"功率"、"排气量"等,应当在车型或"TY"之后填报,并用"/"与之相隔。

汽车零部件报验状态是成套散件的,应当在"标记唛码及备注"栏内填报该成套散件装配后的最终完整品的零部件编号。

(八)进口货物收货人以一般贸易方式申报进口属于《需要详细列名申报的汽车零部件清单》(海关总署 2006 年第 64 号公告)范围内的汽车维修件的,填报规格型号时,应当在零部件编号前加注"W",并与零部件编号之间用"/"相隔;进口维修件的品牌与该零部件适用的整车厂牌不一致的,应当在零部件编号前加注"WF",并与零部件编号之间用"/"相隔。其余申报要求同上条执行。

三十八、数量及单位

本栏目分三行填报及打印。

(一)第一行应按进出口货物的法定第一计量单位填报数量及单位,法定计量单位以《中华人民共和国海关统计商品目录》中的计量单位为准。

(二)凡列明有法定第二计量单位的,应在第二行按照法定第二计量单位填报数量及单位。无法定第二计量单位的,本栏目第二行为空。

(三)成交计量单位及数量应填报并打印在第三行。

(四)法定计量单位为"千克"的数量填报,特殊情况下填报要求如下:

1. 装入可重复使用的包装容器的货物,应按货物扣除包装容器后的重量填报,如罐装同位素、罐装氧气及类似品等。

2. 使用不可分割包装材料和包装容器的货物,按货物的净重填报(即包括内层直接包装的净重重量),如采用供零售包装的罐头、化妆品、药品及类似品等。

3. 按照商业惯例以公量重计价的商品,应按公量重填报,如未脱脂羊毛、羊毛条等。

4. 采用以毛重作为净重计价的货物,可按毛重填报,如粮食、饲料等大宗散装货物。

5. 采用零售包装的酒类、饮料,按照液体部分的重量填报。

(五)成套设备、减免税货物如需分批进口,货物实际进口时,应按照实际报验状态确定数量。

(六)根据《商品名称及编码协调制度》归类规则,零部件按整机或成品归类的,法定计量单位是非重量的,其对应的法定数量填报"0.1"。

(七)具有完整品或制成品基本特征的不完整品、未制成品,根据《商品名称及编码协调制度》归类规则应按完整品归类的,按照构成完整品的实际数量填报。

(八)加工贸易等已备案的货物,成交计量单位必须与《加工贸易手册》中同项号下货物的计量单位一致,加工贸易边角料和副产品内销、边角料复出口,本栏目填报其报验状态的计量单位。

（九）优惠贸易协定项下进出口商品的成交计量单位必须与原产地证书上对应商品的计量单位一致。

（十）法定计量单位为立方米的气体货物，应折算成标准状况（即摄氏零度及1个标准大气压）下的体积进行填报。

三十九、原产国(地区)/最终目的国(地区)

原产国(地区)应依据《中华人民共和国进出口货物原产地条例》、《中华人民共和国海关关于执行〈非优惠原产地规则中实质性改变标准〉的规定》以及海关总署关于各项优惠贸易协定原产地管理规章规定的原产地确定标准填报。同一批进口货物的原产地不同的，应分别填报原产国(地区)。进口货物原产国(地区)无法确定的，填报"国别不详"(代码701)。

最终目的国(地区)填报已知的出口货物的最终实际消费、使用或进一步加工制造国家(地区)。不经过第三国(地区)转运的直接运输货物，以运抵国(地区)为最终目的国(地区)；经过第三国(地区)转运的货物，以最后运往国(地区)为最终目的国(地区)。同一批出口货物的最终目的国(地区)不同的，应分别填报最终目的国(地区)。出口货物不能确定最终目的国(地区)时，以尽可能预知的最后运往国(地区)为最终目的国(地区)。

本栏目应按海关规定的《国别(地区)代码表》选择填报相应的国家(地区)名称及代码。

四十、单价

本栏目填报同一项号下进出口货物实际成交的商品单位价格。无实际成交价格的，本栏目填报单位货值。

四十一、总价

本栏目填报同一项号下进出口货物实际成交的商品总价格。无实际成交价格的，本栏目填报货值。

四十二、币制

本栏目应按海关规定的《货币代码表》选择相应的货币名称及代码填报，如《货币代码表》中无实际成交币种，需将实际成交货币按申报日外汇折算率折算成《货币代码表》列明的货币填报。

四十三、征免

本栏目应按照海关核发的《征免税证明》或有关政策规定，对报关单所列每项商品选择海关规定的《征减免税方式代码表》中相应的征减免税方式填报。

加工贸易货物报关单应根据《加工贸易手册》中备案的征免规定填报；《加工贸易手册》中备案的征免规定为"保金"或"保函"的，应填报"全免"。

四十四、税费征收情况

本栏目供海关批注进(出)口货物税费征收及减免情况。

四十五、录入员

本栏目用于记录预录入操作人员的姓名。

四十六、录入单位

本栏目用于记录预录入单位名称。

四十七、填制日期

本栏目填报申报单位填制报关单的日期。本栏目为8位数字，顺序为年(4位)、月(2位)、日(2位)。

四十八、海关审单批注及放行日期(签章)

本栏目供海关作业时签注。

本规范所述尖括号(<>)、逗号(,)、连接符(-)、冒号(:)等标点符号及数字,填报时都必须使用非中文状态下的半角字符。

主要参考文献

(1) 海关总署报关员资格考试教材编写委员会. 报关员资格全国统一考试教材(2010 年版)[M]. 北京：中国海关出版社, 2010.

(2) 海关总署政法司. 完全通关 800 问[M]. 北京：中国海关出版社, 2005.

(3) 白雪燕, 等. 海关系统公务员初任培训教材[M]. 北京：中国海关出版社, 2007.

(4) 章国胜, 等. 海关调查与稽查[M]. 北京：中国海关出版社, 2002.

(5) 黄熠, 等. 海关通关管理[M]. 北京：中国海关出版社, 2002.

(6) 徐道文, 等. 海关货运监管[M]. 北京：中国海关出版社, 2002.

(7) 徐道文, 等. 海关行邮监管[M]. 北京：中国海关出版社, 2002.

(8) 徐道文, 等. 海关对企业管理业务[M]. 北京：中国海关出版社, 2002.

(9) 郑跃声, 孟杨, 等. 海关法律概论[M]. 北京：中国海关出版社, 2002.

(10) 李鹏南, 刘石桥, 等. 海关税收管理[M]. 北京：中国海关出版社, 2002.

(11) 《报关实用手册》编写组. 报关实用手册[M]. 北京：企业管理出版社, 2002.

(12) 姜维, 陈柯妮. 报关业务实战教程[M]. 上海：立信会计出版社, 2005.

(13) 王延春, 等. 海关估价[M]. 北京：中国海关出版社, 2005.

(14) 海关总署监管司. 审单业务经验汇编[M]. 北京：中国海关出版社, 2007.

(15) 李鹏南, 等. 海关保税监管[M]. 北京：中国海关出版社, 2002.

(16) 天津报关协会. 报关辅助人员必读[M]. 北京：中国海关出版社, 2008.

(17) 张久慧. 出口货物退税政策详解与操作实务[M]. 大连：大连出版社, 2007.

(18) 熊斌. 加工贸易企业关务作业统筹[M]. 北京：中国海关出版社, 2009.

(19) 刘庆珠. 报关实训[M]. 北京：首都经济贸易大学出版社, 2009.

(20) 张炳达. 国际贸易实务(第二版)[M]. 上海：立信会计出版社, 2009.

(21) 海关总署网站：www. customs. gov. cn.

(22) 中国海关律师网：www. customslawyer. cn.

(23) 中国海关事务网：www. 51cus. com.

(24) 深圳福汉兴国际运输有限公司网站：www. fortunedf. com. cn.